U0903652

汪曾祺先生（1920.3.5—1997.5.16）

逯泰熙　摄

北京领读文化传媒有限责任公司 出品

百年

1920—2020

曾祺

梁由之 编

天津出版传媒集团
天津人民出版社

目 录

前言

汪　朗

书缘与人缘

原载 2019 年 11 月 30 日《文汇报 · 笔会》

书缘与人缘是唐德刚先生的一个书名，我借来做篇名，倒也切合。

在出版界的“票友”中，梁由之先生大概是策划出书最多的人了。他本行与出版不搭界，却花费了不少时间精力给人出书。仅我所知，他的作者群中就有黄裳、钟叔河、朱正、葛剑雄、骆玉明、何立伟等一大串名字。由于他读书多而杂，而且眼光很“毒”，常能看出作者的苦心孤诣，因此很受一些文化人的认可。不少人和他只见了一面，简短交谈之后便同意将作品交给这个“圈外人”出版，而且还是欣然同意。这也应了一句老话，货卖识家。

这几年，由之先生盯上了我们家老头儿汪曾祺的作品，除了把汪曾祺生前自编的二十多本文集挑出十几本重印了一遍，还策划了好几个系列，有厚厚六本的选集《汪曾祺文存》，有新编文集《前十年集》《后十年集》，外加《汪曾祺书信集》，还有专为孩子们阅读的《青少年读本之汪曾祺作品》，一本全新的书画集听说也快出来了。经一人之手把汪曾祺的作品弄出这么多花样来而且章法分明像模像样的，梁由之先生应该排在第一。由之一向很挑剔，但对老头儿的作品却十分熟悉且偏爱，又一直留意写汪曾祺其人其文的相关文章。有了这些铺垫，如今他要编一本《百年曾祺》的纪念文集，也就是水到渠成的事儿了。

编选这种纪念文集，有点费力不讨好。文章都是别人的，编选者无有盛名可享，无厚利可图，万一哪篇文章选得不合适，还得听凭各色人等说三道四，干忍着。不过由之对此似乎并不在意，甚至有些我行我素。辛亥革命百年纪念之际，他曾经编过一套《梦想与路径：1911—2011 百年文萃》，将一百年来对中国现代化进程产生过影响的200位作者的256篇文章收录其中。别的且不说，单是将这些作者的著作翻上一遍，工作量就够吓人的。但是由之先生却干成了。如今这套书在旧书市场上的价格已经翻了几倍，这也是读者对于梁由之"衡文"水准的一种认可吧。

梁由之也写过不少书，有《百年五牛图》《大汉开国谋士群》《孤独者鲁迅》《天海楼随笔》等，看得出他的各种积累相当丰富，完全可以推出更多的作品，但是他近年却更钟情于给别人出书。他对一些好作品问世后受到冷落十分痛惜，总想找到合适时机将它们捡拾起来，再度出版，为读者提供更好的精神享受。同时，也乐于推出新人新作。这种特立独行的执着让人敬佩，尤其他还是业余出版家。有一两回，我私下有点觉得他企图心过大。结果，他说要做的，都做出来了。

这本《百年曾祺》，体裁多样，内容很多，有老头儿多年好友对他的缅怀，有亲戚熟人的回忆，有专家学者的文学评论，也有我们这些家人的追念。这些年，回忆汪曾祺的文章颇有一些，对于他的作品的评论文章数量更多，如何选取最合适的作品收入文集，由之先生可谓费尽心机，往往为了一篇文章的取舍反复斟酌，来回折腾。对这个据说脾气很大事情很多的家伙，揽这份活儿，堪称“耐烦”。

如果说这本书有什么不足，那就是对汪曾祺说的好话可能多了些，有分量有见地的文学批评文章少了点。这些年老头儿的作品受到许多读者的喜欢固然是事实，但是他的文章也有欠缺之处，比如说“骨力”有些不够。如果这本纪念文集中能够多收录几篇对他的作品和创作风格进行深刻剖析之类的文章，可能有助于读者更好地了解汪曾祺其人其文，书的分量恐怕还会增重。不过，为尊者讳，为逝者讳，乃中国文化之传统，百年又是大年头，作为选家的由之先生，恐怕也只能从俗吧。

2019年11月11日

——汪曾祺不是整天为『思想』而焦虑的作家。或者说，在别人惯常的思想的终点，他开始了自己的另类思想。他忠实于、顺服于命运，关心在命运中辗转挣扎的平凡人物的内心，和这些平凡人物一起『思想』，一起体验属于自己的生活，而不是按别人哪怕是多数人的思想去思想。读汪曾祺的小说，看不到居高临下的启蒙者对黥首下愚的面命耳提或施舍怜悯，也看不到逆子谪臣的忧天将压与顾影自怜，只看到无数小人物和汪曾祺一起呼吸，一起说话，一起或悲或喜。读者身临其境，浑然忘却了由知识分子编织的强行覆盖在中国民众身上的那层叫作『思想』的破棉被。『我所追求的不是深刻，而是和谐。』不『深刻』，是不愿假装『深刻』，『和谐』并非麻木遗忘，乃是躲避所当厌恶的，亲近所愿亲近的。

——郜元宝

舒 非

汪曾祺侧写

原载 1988 年 5 月 4 日《文艺报》

汪曾祺应安格尔和聂华苓夫妇之邀，赴爱荷华参加国际写作计划，来回都取道香港，我有幸两次都会到他，在南国阳光充沛的秋初与岁末。尤其是后一次，还陪了他两三天，留下了深刻难忘的印象。

一

汪老今年六十有七（1920年出生），外表看来比实际年龄小。虽然双鬓凝霜，但他那神采奕奕的眼睛和与眼睛配合得天衣无缝的两道浓眉，时时显现出活力和睿智。正如诗人顾城所说：“北京作协开会，整个会场有一双眼睛最聪明，那就是汪曾祺。”据说这次赴美，颇有几位中外女士赞汪老眼睛很亮，这是后来汪老得意地悄悄告诉在香港的好朋友董秀玉。

汪老中等身材，背微微有点儿驼。皮肤是健康的褐色，连手指也是，使人感觉不像长期伏案灯下，倒反而像经常在户外活动似的。

他说有次和友人在北京一家小茶馆对饮，邻桌有一老者默默注视他，末了对旁人说：“别看此人相貌平平，笔下功夫可不同凡响。”汪老觉得奇怪，问何以得见？老头儿答曰：“单凭执盏的三根指头就可看出！”

二

接触之中，我觉得最有趣莫过于见到汪老“笑”：他把头歪过一边去，缩起脖子，一只手半掩着嘴——就这样“偷偷地”

笑。那模样，直叫人想起京剧《西游记》里的美猴王，当捉弄整治猪八戒得逞之后，闪在一边得意洋洋，乐不可支，愈想愈开心。

汪老如此陶醉的情景并非时时可见，只有在他谈到那些有趣非常或值得玩味的事才露出来。看到那种从心底由衷发出的笑，你也会被感染得快活起来。比如在返北京前夕，我陪他去银行兑换钱。他把口袋里的整叠美金掏出来，因为面值不等，有五元十元，也有一百二百，汪老数了几张便不耐烦了，他回头对我说："我最不懂数这个，越数越糊涂。"我说帮他数，他说不必了，一把将钱递给银行职员。看银行职员一张张摊开来点，汪老笑了，那神情仿佛是将一件苦差事聪明地推搪了，于是喜上眉梢。

据说在爱荷华作家交流座谈会上，汪老觉得讲多了创作经验没啥意思，灵机一动，忽然取出他自己画的国画作品（带到美国送陈若曦的），那幅画很简单，只在角落里画一支梅花，题了款，其他皆空白，汪老讲演的题目便临时改成"中国画空白与小说的关系"。到会听众当然欢迎，因为这是个不容易听到的、很富中国美学意义的题目，翻译却目瞪口呆，说不出话来。汪老提到此情形便觉得好笑，像小学生干了什么恶作剧的事一般。

三

我们的话题自然聊到沈从文，因为谁都知道汪曾祺是沈从文的学生，而且沈老一直也只承认汪曾祺是他的弟子。汪曾祺相当敬佩沈老，他说不仅沈从文本人，"师母和孩子们也都是情操、境界很高的人"。沈老将稿费捐给湘西，家里人人皆赞成。

沈从文在西南联大教书时，汪曾祺修他的课，他笑说，沈老常把他的小说（当时汪曾祺念一年级），拿去教四年级学生的课。

我问汪老，沈从文后来不写小说了，是否会不甘心，汪老认为也未必，他说沈从文研究古代服饰，也是侧重文化艺术的角度，与小说创作实际上是很有共通之处。

四

讲到鲁迅，汪老说："鲁迅是伟大的。""在鲁迅之前，白话小说只是试验阶段，都未成熟，到了鲁迅，一个成果才出来。"

他认为鲁迅是痛苦的先驱者，而"沈从文不痛苦，却很寂寞"。

汪老对自己如何评价呢？他答曰："是乐观的。"其实，我们从他的小说亦可领略得到。

五

有朋友说汪曾祺的小说是比较淡的，又有些朋友说汪老的小说很有味道，两种说法加在一起，便是"淡而有味"。他的作品，人物与作者往往有点距离，即作者不竭力渲染着色，只是用恬淡的白描，将人物勾勒、烘托出来，留下很多空间，让读者去思索和补充，因此很堪咀嚼和回味。

"有人说我的小说跟散文很难区别，是的。我年轻时曾想打破小说、散文和诗的界限。"

“不直接写人物的性格、心理、活动。有时只是一点气氛。但我以为气氛即人物。一篇小说要在字里行间都浸透了人物。”

“我不喜欢布局严谨的小说，主张信马由缰，为文无法。”“我也不喜欢太像小说的小说，即故事性很强的小说。故事性太强了，我觉得就不大真实。”“对我所未见到的、不了解的，不去以意为之作过多的补充。”

我想，汪老这种“淡而有味”的小说是很考功力的，倘若没有厚实的基础、深邃的思想和丰富的人生阅历，写出来的，可能味如嚼蜡了。

六

《受戒》是汪曾祺脍炙人口的名篇，在这诗一样的小说里，我们见到这样一位农家少女：

> 白眼珠鸭蛋青，黑眼珠棋子黑，定神时如清水，闪动时像星星。

有一双美丽眼睛的姑娘，还有一双漂亮的脚丫子：

> 她挎着一篮子荸荠回去了，在柔软的田埂上留了一串脚印。明海看着她的脚印，傻了。五个小小的趾头，脚掌平平的，脚跟细细的，脚弓部分缺了一块。明海身上有一种从来没有过的感觉，他觉得心里痒痒的。这一串美丽的脚印把小和尚的心搞乱了。

小说描绘的是一个勤快、老实、憨气却又不失聪慧的刚出家的小和尚和漂亮、伶俐、活泼多情的农家姑娘的故事。背景是中国农村山明水秀的天地，人情乐天知命，风俗淳朴温厚，人和自然融合在一起。

> 青浮萍，紫浮萍。长脚蚊子，水蜘蛛。野菱角开着四瓣的小白花。惊起一只青桩（一种水鸟），擦着芦穗，扑鲁鲁鲁飞远了。

语言文字鲜活考究，富音乐美，读来可以琅琅上口如诗歌，却又毫不费力和刻意，信笔而至，行云流水，姿态横生。

汪老说沈从文曾批评一位当代作家，说："写景是不能用成语的。"

汪老说舒婷的散文也不错，比如她写夏夜，说"揉揻一路虫鸣"，某某则不，说："虫叫被脚步声吓跑了。"

《受戒》篇末注明"写四十三年前的一个梦"，这个"梦"，其实是汪老自己的初恋故事。

七

我们谈到一位颇有浪漫传说的女作家林徽因，汪老认为当年有不少作家文人倾慕她的气质才华，但是，他郑重地加了一句："不至于'乱'。"

很正色的一句话，可以感觉到汪老在这方面传统的观念，他自己亦承认受儒家影响较大。

说到张爱玲，汪老说：“国内长期不提是不对的，不过，海外也捧得太高了。”

我们谈冰心，汪老说冰心值得尊重：“现在国内，老中青、左中右的作家都尊敬她”，冰心散文，虽“小”，但美，经得起时间的考验。

我想起不久前，一位朋友告知我一件意味深长的事——假如有年轻人上门求题词，冰心经常不假思索，挥笔写下：

淡泊以明志

宁静以致远

八

有人将沈从文、汪曾祺、钟阿城、贾平凹等名字串连起来，认为他们一脉相承，代表了中国传统的文化小说极重要的一支。

汪老也提到阿城和贾平凹。他认为贾平凹写得多，高峰已见到，阿城则未，他曾为文评论阿城的“三王”，认为他有可能成为“大作家”。虽然很久没有新作，而且一直扬言要投笔从商，汪老相信阿城始终要回到小说创作的道路上来。

这次，他们有机会在美国重逢，阿城告诉汪老，在与人接洽生意时，常因不知觉地观察起对方而忘了谈判些什么。

谈到这些，汪老又笑了。他说阿城在美做独行侠，啃面包，逛艺术馆、博物馆，并非一般的走马看花或如教科书上写的去“照本宣科”一番，而是很下功夫在学习，从独特的角度观赏。汪老十分欣赏这一点。

艺术是金字塔，涉猎愈多基座愈宽厚稳固，塔尖方能拔得高，他摇头说：“国内有些作家太缺乏和忽轻这方面的修养。”

九

临走的前一天早上，我们办完琐事，因为还有些时间，我建议汪老就近去看看中华文化促进中心举办的“石鲁回顾展”。汪老很高兴，连声说好。

那天阳光明亮，我们步上大桥，整个维多利亚港宽阔的海面尽入眼帘，海水蓝湛湛，几条船，拖着晶亮跳跃的浪花在疾驰。

汪老望着海景，对我讲起在美时，曾见到梵高的原作。他说以前见的均是复制品，已深感其震撼力，这次看到原作，更是吃惊，因为“太棒”了。他用手指比画，形容梵高用的颜料有多厚，他说有一幅“自画像”，头发一根一根都是很厚的颜料，“简直像用毛笔画的，而不像是用油画刷子”。

在美国时，他也对一些黑人的雕塑、陶瓷感兴趣，他说那些佚名作品，造型、线条自然大方，浑然天成，很简单，却很有味道。

十

爱荷华大学的一位黑人教授，在听过汪曾祺的演讲后十分佩服，他专门邀请汪老到他家中深谈。他对汪老诉说美国黑人最困扰的问题——“无根”可寻。因为美国黑人最多只能查上三代，再往上便是奴隶，而奴隶是无族谱的。不错，黑人奴隶皆来自非洲，但究竟是非洲哪个国家，哪个民族，则无法知晓。

“美国黑人没有祖国，甚至连非洲国家也不认同他们，因为他们是美国人。”汪老转述黑人教授的悲哀，说：“那是最深沉的悲哀。”我相信，因为汪老是扎根很深的中国作家，他比一般人更深爱着民族的传统、神髓和精华。

十一

有人说石鲁是中国的梵高。原因是两位画家甚有相似之处：一样狂热追求绘画艺术，穷毕生精力；一样是死后作品才愈受推崇、珍视；更悲惨的是两人都患精神分裂，都死于艺术创作的旺盛之年——不同的只是：梵高吞枪自杀，而石鲁死于癌症。

我们在三个大厅的每一幅作品前驻足良久。有些作品，汪老看得很仔细。有的画，画面寥寥几笔，非常潇洒，汪老说那得自“八大”。他指着其中一条幅，有菊有石，画面原来四平八稳，突然，在下方，冒出一株用三锋尖笔画的劲竹。汪老说这是神来之笔：“构思时绝对想不到的，而因为它，画面才活起来。”

见到汪老对着一幅小小的画会心微笑，我俯身一看，原来是石鲁晚年随心所欲之作，题款龙飞凤舞：“不知是荷花。”

汪老说自己作画，很少用颜料，只有淡墨和浓墨之分，“有一次需要点绿色，我便挤了点菠菜汁上去”。

十二

集小说家、画家、书法家、剧作家甚至美食家于一身——

汪老能烧一手好菜，他在家管烧菜，“一脚踢”，太太要帮他买菜他都不肯，因为“那是构思的过程”。——我问哪样为主？汪老说当然是小说创作了，“那才真正显示我生命的价值。”他说画画、书法是玩儿的，而写剧本是“混饭吃”。汪老是北京京剧院的高级编剧，几次要求退休，剧院都不肯放，因为是“金招牌”。

汪曾祺早慧，二十岁便开始写小说，近半个世纪，居然总共只出了四五个集子，篇篇掷地有声，确是贵精不贵多的典型！

汪老说自己下笔很快，在昆明开会，同房的作家见他犀利“快笔”，大为惊讶。实际上他花很多时候打腹稿，“吃饭也想，炒菜也想，走路也想，就像十月怀胎，成熟了，才将腹中小说誊到稿纸上。”因此，我们见到汪老的手稿，一手飘逸俊秀的行书，通篇稿子从头至尾几乎不动一字。

“开头和结尾都要先想好，小说想讲什么亦要想清楚。”

“年轻的时候，别人这样写，我偏不，我常要跟别人不同。”

汪老记性特别好，他说当年念大学，上课老懒得做笔记，要考试了，便等同学睡下后，将笔记借来翻翻。此次赴美，演讲或写文章，引用古典诗词、典故或古代小说，也都是信口而出。

那年写《沙家浜》剧本，有一次，学员将第二场三场的原稿弄丢了，急得要哭，汪老说不怕，“我可以从第一个字起，一字不漏地背到最后一个字”。

汪老平日花很多时间读书，问他都读些什么？汪老说：“读闲书。”古典的，外国的，什么都看。也不做笔记，只是偶尔在书眉或扉页上写几个字，那是提醒自己，彼时彼地读到此处，脑子里在想些什么。

1988年1月

郜元宝

汪曾祺论

百年曾祺

原载 2009 年第 8 期《文艺争鸣》

1920-2020

一

祖籍安徽、生于江苏高邮、作品也多以高邮为背景的汪曾祺（1920—1997），青年时代（1939—1944）就读于抗战时期最高学府“西南联大”中国文学系，亲聆梅贻琦、刘文典、杨振声、朱自清、罗常培、冯友兰、闻一多、金岳霖、吴宓、唐兰等名师教诲，小说创作更得沈从文悉心指导，和略早成名的穆旦及另外三位（袁可嘉、郑敏、杜运燮）后来所谓“九叶诗人”一样，是西南联大 8 年在文学创作上结出的硕果。他也是四十年代“大后方”最有希望的两个青年小说家之一，另一个是路翎。当时在重庆，胡风以路翎为骄傲；在昆明，闻一多、沈从文也不吝啬对汪曾祺的夸奖。

沈从文向别人推荐汪曾祺时说：“他写得比我好。”汪曾祺平生事业离不开西南联大：从西南联大开始创作，晚年“复出”后（二十世纪八九十年代）又频频回顾西南联大。汪氏文学生涯持续五十余年，虽年届六旬才享大名，但他的根一直深植于现代文学传统。中国新文学相对成熟的两段（二十世纪四十年代和二十世纪八九十年代）叠印于汪曾祺生命中。八九十年代以现代作家身份坚持创作的还有巴金和孙犁。孙犁晚年随笔、《芸斋小说》和巴金《随想录》尽管重要，但只是他们漫长文学生涯中的一个阶段。像汪曾祺这样成熟于现代文学末期、等了三十多年才“复出”、作品百分之九十完成于八九十年代的主要活跃于当代新时期的现代作家，绝无仅有。汪曾祺是帮助我们认识中国现代和当代文学连续性的一个绝好样板。

中学时代，汪曾祺就对沈从文小说一见倾心。在西南联大后，沈从文开的三门课（“各体文习作”“创作实习”“中国小说史”）他都选了。习作课上他写了最早的小说《悒郁》和《灯下》。《灯下》记店铺上灯后各色人物，在沈从文指导下几经修改（最后一稿完成于抗战胜利后上海）定名为《异秉》，刊于1948年3月《文学杂志》第二卷第十期。汪后来不同意夸大沈对他的影响，但始终视沈为文学上的恩师，一生执弟子礼甚恭，八十年代后更有多篇文章阐发沈从文小说特色及文学史地位，是那个时期重新肯定沈从文的潮流中最可贵的研究成果之一。

大学期间，汪曾祺与同学创办《文聚》杂志，在上面发表诗歌小说。“同学少年都不贱。”其中有后来成为语言学家的朱德熙、李荣，著名哲学家王浩，年轻时热衷法国后期象征诗派而晚年主要翻译名家的王道乾，还有以《未央歌》《人子》闻名于海外的鹿桥（吴讷孙）等。

1944年，因体育和英语不佳延迟一年毕业的汪曾祺先在昆明北郊西南联大同学自办的“中国建设中学”执教两年（1945年小说《老鲁》对这所学校有所描写），后辗转到上海，由沈从文托李健吾介绍，到民办“致远中学”任中文教师两年（1983年小说《星期天》即回忆这段上海经历）。在昆明和上海，汪曾祺发奋写作，作品频频揭载于战后上海的文学期刊。尽管社会动荡不安，但他似乎已经定意要以文墨谋生。

1948年初，汪曾祺到北平游荡半年，暂栖北平历史博物馆。1949年初北平和平解放，他立即报名参加“四野”南下工作团，打算随军到广州，为下一阶段写作积累素材。不料5月至8月间在武汉被留下参与接管文教单位，9月又派到汉口第二女子中学当副教导主任。

这年4月，巴金在上海经营的文化生活出版社推出汪曾祺第一本小说集《邂逅集》(同时还有穆旦诗集《旗》)。《邂逅集》收汪曾祺初期作品八篇（《复仇》《老鲁》《艺术家》《戴车匠》《落魄》《囚犯》《鸡鸭名家》和《邂逅》)。该集遗漏了他漂泊昆明—上海—北京时的不少作品，但尚能反映前期创作特色。结合现代意识流和传统白描手法，用语尖新，颇显雕琢生涩，多以昆明、高邮为背景，常用儿童视角描摹少年朦胧情事，关心底层手艺人和小商贩的悲欢，同故事的意义呈现方式一样，结构也于随意中见匠心。《鸡鸭名家》一篇尤其出色。删除头尾意识流，单看中间写“炕房师傅”余老五炕鸡、炕鸭以及陆长庚（“陆鸭”）帮人唤回失散鸭群两段，跟二十世纪八十年代《异秉》《鉴赏家》《故里三陈》《八千岁》已无甚区别。这篇风神俊逸、生活气息浓郁而时代背景淡化的精致短篇，极写身怀一技的底层手艺人和商贩热爱生活、苦中作乐、忠于职业、超脱利害、用志不分、技进于道，多少有点传奇化的精神风貌，揭示平凡人生的诗意。二十世纪八十年代汪曾祺“复出”后的作品，基本元素此时似乎都已具备。汪曾祺小说特点一开始就很鲜明，用一句话概括，就是艺术家写艺术家、匠人写匠人、小人物写小人物，作者和人物之间惺惺相惜，灵犀相通。即便放在整个现代文学三十年传统中，《邂逅集》的光芒也难以掩抑。

但天地玄黄的转变关口，现代文学体制迅速瓦解，新的文学共同体尚未建立，这位历史夹缝中的后起之秀并未引起文坛的足够重视。

从《邂逅集》出发，汪曾祺距小说大家似乎只有一步之遥：沈从文三十多岁就进入了创作的全盛期。

1961年春被派到内蒙古沽源马铃薯研究站，用半年时间绘成《中国马铃薯图谱》和《中国口蘑图谱》两巨册。汪父菊生精于绘事，自幼熏染，汪曾祺也常寄意丹青，作文每有画意——汪氏晚年常以无人看出此点为憾，其实这也是现代作家的传统之一，只是当代如此“横通”的作家近乎绝迹，读者也就不甚关心了。

1961年底，他写了《羊舍一夕》，刊于《人民文学》1962年第6期。次年，中国少年儿童出版社根据《人民文学》编辑萧也牧建议，约汪曾祺写了小说《王全》《看水》，连同《羊舍一夕》一起，以《羊舍的夜晚》为书名正式出版。这是他的第二本小说集。他带着感恩戴德的心情努力贴近新社会脉搏，也熟悉笔下生活，但显然还未能适应骤然流行的价值体系和精神氛围。《羊舍的夜晚》放在当时同类作品中自有特色，若与《邂逅集》相比则是明显的退步，作品多有勉强的痕迹，作家并没有按自己的路子放开来写。1987年汪曾祺评老友林斤澜的“矮凳桥系列”，提到林斤澜1966年前一些因表现“社会主义新人”而走红的小说时说，“我总觉得那个时候，相当多的作家，都有点像是说着别人的话，用别人也用的方法写作。斤澜只是写得新鲜一点，聪明一点，俏皮一点。我们都好像在‘为人做客’。”说的是林斤澜，也包括他自己。《羊舍的夜晚》不失为“百花时期”短暂繁荣的点缀，却预示着汪曾祺自主创作轨道的长期阻断。六十年代初汪曾祺小说创作出现了短暂活跃，很快证明这只是假象。他的时间还没到来。

1960年代，他写信给西南联大老同学、北京京剧团艺术室主任杨毓珉，经党委书记薛恩厚、副团长萧甲同意，1962年1

月终于调北京京剧团任编剧，从此一直在该团工作至离休。

西南联大之外，对汪曾祺一生至关重要的文教单位，该算北京京剧团了。

1964 年，汪曾祺和京剧团同事根据沪剧《芦荡火种》改编的同名京剧参加全国京剧现代戏观摩演出受到好评，从此开始了用京剧形式改编当红作品的漫长代笔时期（曾参与改编《红岩》、浩然小说《雪花飘》《杜鹃山》《山城旭日》《草原烽火》《敌后武工队》《平原游击队》等）。代人捉刀，非自主写作，但也并非全无益处，比如使他有机会更加亲近民间文艺，而舞台演出对剧本语言的高难度要求，也有助于他进一步淬炼汉语。

二

1977 年底到 1980 年初，汪曾祺写了一些小说和论文，但真正标志他回到偏离已久的自主创作轨道上的，是 1980 年 3 月的短篇《黄油烙饼》。这篇小说写大食堂、大跃进，但并无“伤痕”“反思”文学那种思想紧张，没有政治思考、历史反省以及与此相关的要不要宽容、要不要向前看等意识形态命题，更没有赤裸裸的“人啊，人”的喟叹。作者把时代记忆转换为七八岁孩子“萧胜”对奶奶、父亲和母亲的亲情，以及萧胜被父亲从老家（苏北？）带到“坝上”（内蒙古）时对自然风物一路的观感（类似屠格涅夫、契诃夫写孩子眼中的俄罗斯草原），最后奇峰突起，归结为萧胜天真而严肃的问题：“干部开会干嘛吃黄油烙饼？”

小说注重的不是社会政治，而是孩子的内心，是更具稳定性的风物人情。与孩子的世界有关的那份柔情与灵性，代替了同一时期文学挥之不去的沉重与枯燥，这才是汪曾祺的自主创作。

以往研究界很重视汪曾祺二十世纪八十年代后那批启发了“文化寻根”的“风俗画小说”。其实在这以外，受汪曾祺启发的还有“先锋作家”。《黄油烙饼》以儿童小手翻看历史巨册的举重若轻的方法，也被所谓“先锋作家”（莫言、苏童、余华）广泛运用。

寻根，风俗画，儿童视觉，相通点都是强调自主写作：不受潮流影响，写自己熟悉的生活。在论林斤澜的那篇文章中，汪曾祺认为“每一个作家都应当找到自己的老家”。写《黄油烙饼》时的汪曾祺还没有“找到自己的老家”，但已经走在回家的路上了。

1980—1981，对汪曾祺和中国文坛都值得大书特书。

1980 年 5 月 20 日，《雨花》刊发了汪曾祺“一九四八年旧稿”《异秉》的改写版。8 月 12 日，他又完成了“写四十三年前的一个旧梦”的短篇《受戒》（刊于 1980 年第 10 期《北京文学》）。《异秉》因发表刊物较偏僻，文学界还来不及做出反应，而《文艺报》《北京文学》则纷纷载文盛赞《受戒》。尽管批评的声浪也不小，但小说还是荣获了 1980 年度“北京文学奖”。

《受戒》当时影响超过《异秉》。其实，《受戒》（包括后来的《大淖记事》）未脱沈从文影响，《异秉》则更多显示了汪曾祺的特色。改写后的《异秉》凝聚了汪氏三十多年创作空白期所积蓄的生命能量，充分体现了他的追求：对普通人坚韧活泼的生命力和生活情味的敬意，对小人物无伤大雅的缺点的善意，洗尽新文艺腔，一丝不苟的白描，看似略不经意实则匠心独运的谋篇布局以及语言的精到、分寸、传神。《异秉》是汪曾祺复出之后的新起点。

紧接着，8月20日作短篇《岁寒三友》；12月11日作短篇《寂寞和温暖》；12月29日作短篇《天鹅之死》。1981年初《人民文学》发表了《晚饭后的故事》。2月4日（“旧历大年三十”）作短篇《大淖记事》（刊于1981年第4期《北京文学》，《小说月报》《新华月刊》转载，荣获1981年度全国优秀短篇小说奖和1981年度“北京文学奖”）。5月11日作短篇《七里茶坊》。6月6日作短篇《鸡毛》。6月18日作短篇《故里杂记》。8月4日作短篇《徙》。8月19日作短篇《故乡人》。真是“一发而不可收”。年逾六旬的汪曾祺在文学上再次出发，一年之内连续发表《异秉》《受戒》《大淖记事》《岁寒三友》《七里茶坊》等名篇，一举奠定了他在中国当代文学史上的牢固地位。

相对于当代文坛普遍的高产，汪曾祺创作量很低。1993年他在为江苏文艺出版社出版的《汪曾祺文集》作序时说，“把作品大体归拢了一下，第一个感觉是：才这么一点！”这话包含空抛岁月、造化弄人的无奈，也显示了一种自傲和满足。就凭“这么一点”，他已经不能被抹煞了。

“新时期”既是文学渴望回复本位的时期，又是文学和政治意识形态紧密合作的蜜月期。许多重操旧业的中老年作家都以感恩戴德之心，主动配合时代主题（政治反思、思想解放），甚至直接介入当下政治改革（如农村联产承包责任制）。这些在“复出”的汪曾祺系列新作中都看不到。如果将汪曾祺1981年底发表于《上海文学》上的短篇《皮凤三楦房子》和1979年高晓声的《李顺大造屋》略加比较，就不难发现汪没有高晓声那根敏锐的政治神经，也没有高晓声那种急于用文学参与和回应政治改革的兴奋。他有意将时代背景隐藏起来，曹雪芹所谓“朝代年纪”或多数当代作家竭力追求的时代感，都被他虚化了。“复出”的汪曾祺是新时期文学浓郁画布上最淡定的一笔，是兴奋的文学年代最冷静的一种声音。中国文学特有的浮胀豪迈与汪曾祺无关。他倾心于喧嚣的时代主题之外古老乡镇普通人辛劳而认真的日常生活，发掘岁月所积的风物人情的恒久魔力，贪恋浓酽厚重的生活趣味，感叹无法逃避的生命的悲凉。

二十世纪八十年代初文学才刚复苏就出现了“大器晚成”的汪曾祺，不能不引起人们的惊奇。尤其令人深思的是，汪曾祺并非像他自己所说的那样从未经历大事件、接触大人物，但他何以有偌大定力，抛开大事件大人物，独自游走于同时代文学所承载的时代精神洪流之外，像他所钦佩的《小城畸人》作者舍渥德·安德生那样，自信而专注地与王二、小英子、明海、巧云、十一子、陶虎臣、陈泥鳅、陈小手、八千岁、高北溟这些在潮流之外甚至根本被甩到时代之外的过往的困苦卑微的小人物们絮絮而谈？

这或许要“感谢”他对“样板戏”被动创作原则的深切认识和刻骨反感。与“样板戏”那种人为的结构和角色出场的刻板程式相反，他的小说结构偏偏显得很随意，像不加修剪的藤蔓一样旁逸斜出而又自成一体；“样板戏”要求“三突出”，他小说偏偏不喜欢突出什么，人物一个接一个出场，看上去很随便，没有主要人物或中心人物，更没有叱咤风云的英雄人物（“文革”以后变相的英雄人物在文学中并未绝迹）。“样板戏”喜欢写大事件，他偏偏不喜欢，甚至连大事件的背景也虚化了。总之，他是因为深知非艺术、伪艺术的三昧，这才懂得追求真艺术。

据林斤澜回忆，二十世纪七十年代末北京出版社计划出一批新老作家的选集，林主动请缨去找当时许多人不知道的汪曾祺，动员他重新执笔创作小说，汪当时的状态是“心神不宁”“心灰意冷”，竟这样回答老友的鼓励：“写什么呀，有什么好写的呀。”二十世纪七十年代末这件往事，颇有点鲁迅当年在绍兴会馆与鼓动他加入《新青年》阵营的钱玄同之间那场著名的对话的阴郁之趣。

非群体的个别性熬炼提醒汪曾祺，“新时期”最后固然再次“解放”了他，但“新时期”差点抛弃了他，这样的“新时期”本质上很可能并不属于他。被荒谬的时代捉弄是可怕的，被拨乱反正的新时代遗弃则更可怕。汪曾祺不是同时期其他作家那样的“重放的鲜花”，不是结束再教育而光荣“回城”的“知情”（那些长大成人的昔日“八九点钟的太阳”），不是主人翁；他没有显赫的政治资本值得炫耀，没有一度蒙垢却终于洗清的名誉值得“恢复”。因此，他不可能回到高晓声、王蒙、张贤亮或红卫兵/知青作家的光荣、梦想、激动、忠诚与舍我其谁，他只能回归二十世纪八十年代初还无人想起的二十世纪四十年代——那被全民族深度遗忘的至今也还面目模糊的斑驳岁月，他的青春年华。

所以举国狂欢之际，他的“复出”那样淡然，缺乏应有的时代热力。整整三十年磨炼之后，他对政治已有某种程度的看透与规避。没有这种看透与规避，就没有他的“复出”。没有这种看透与规避，“复出”的汪曾祺也不会写出和文学潮流那样不甚配合的“淡化”之作。

林斤澜还披露了这一事实："乍暖还寒"季节，《受戒》写成后，有知情者打算把"小和尚谈恋爱"的故事作为汪的"思想新动向"报上去，《北京文学》李清泉听说此事，出于好奇把稿子拿去看，这才发表出来，而最初引起的回应也是批评性的；《异秉》由林斤澜交给《雨花》新任主编叶至诚、高晓声，三个多月没下文，原来编辑部有人强烈反对，最后主编做主才得面世。直到二十世纪八十年代末，汪曾祺《晚翠文谈》还差点被退稿，而他生前也只开过一次作品讨论会（1987年由作协发起、《北京文学》承办）。1993年海南岛的一次文学活动中，读者不甚了解应邀前来的汪曾祺，主办者不得不打出"《沙家浜》作者"的招牌来以示招徕。据说汪氏到死也无一间属于自己的房子，其住房先是由太太施松卿单位分配，相当逼仄，晚年所居稍宽敞，却是孝顺的儿子将自己的住房让给父亲。二十世纪八十年代中期以后，文坛虽然越来越重视汪曾祺，1997年汪曾祺逝世后，对他的研究和关注也有增无减，但"复出"之初汪曾祺曾克服重重阻力，而整个"新时期"乃至新世纪，文坛对他的接纳也并非全无保留：记住这一点，对于深入了解汪曾祺和所谓"汪曾祺热"，不无益处。

这很大程度上是因为汪曾祺没有"思想"。他自己说过：

"我的作品确实是比较淡的，但它本来就是那样，并没有经过一个'化'的过程——说我淡化，无非是说没有写重大题材，没有写性格复杂的英雄人物，没有写强烈的，富于戏剧性的矛盾冲突。但这是我的生活经历，我的文化素养，我的气质所决定的。我没有经过太多的波澜壮阔的生活，没有见过叱咤风云的人物——我只能写我所熟悉的平平常常的人和事，或者如姜白石所说‘世间小儿女’。我只能用平平常常的思想感情去了解他们，用平平常常的方法表现他们。这结果就是淡，但是‘你不能改变我’，我就是这样，谁也不能下命令叫我照另外一种样子去写。”

他“淡化”的岂止是“重大题材”“性格复杂的英雄人物”“强烈的，富于戏剧性的矛盾冲突”。被他“淡化”的乃是中国作家最难“淡化”的政治热情。1991年《泰山片石》又说：

“我是写不了泰山的，因为泰山太大。我对泰山不能认同。我对一切伟大的东西总有点格格不入。——我是生长在水边的人，一个平常的、平和的人。我已经过了七十岁，对于高山，只好仰止。我是安于竹篱茅舍、小桥流水的人。以惯写小桥流水之笔写高达穷奇之山，殆矣。”

这都说得非常形象。在有些人看来，规避政治和时代精神，肯定会局限汪曾祺的思想深度。其实汪曾祺的看透和规避政治并非遗忘政治。在1986年一次讨论巴金《随想录》的座谈会上，他劝巴金不要再写了，“他的责任应该由我们担起来。”他的不少小说，包括去世前一年的《当代野人系列》，都是写“文革”的。何况，他也并非“没有经过太多的波澜壮阔的生活，没有见过叱咤风云的人物”，他只是不喜欢正面迎着政治冲上去，更不习惯于每饭不忘政治，而是穿过政治帷幕，在政治车轮碾过的地面上拣起一些陈迹来摩娑凭吊。“折戟沉沙铁未销，自将磨洗认前朝。”，杜牧《赤壁》这句诗，比较能够用来形容汪曾祺对政治的态度和处理方式。直接迎着政治冲上去乃至每饭不忘政治的文学，当然有价值（比如杜甫），而汪曾祺的避开政治或者穿越政治，当然也会为之付出应有的代价，比如缺乏火热的时代感以及个体和时代之间的张力，无法造成崇高沉郁的美学境界，但这是各人性之所近，勉强不来，就如汪曾祺所说的，“你不能改变我”。

汪曾祺的“思想”确实很简单：“我的朴素的信念是：人类是有希望的，中国是会好起来的。我自觉地想要对读者产生一点影响的，也正是这点朴素的信念。我的作品不是悲剧。我的作品缺乏崇高的、悲壮的美。我所追求的不是深刻，而是和谐。这是一个作家的气质所决定的，不能勉强。”同一年《晚翠文谈·自序》又说：

“我的气质，大概是一个通俗抒情诗人。我永远只是一个小品作家。我写的一切，都是小品。就像画画，画一个册页、一个小条幅，我还可以对付；给我一张丈二匹，我就毫无办法。”

今天哪位作家如果也这样阐述自己的“思想”，一定会被别人视为没思想或思想浅薄，但这恰恰是汪曾祺真实的思想状态。

汪曾祺不是整天为“思想”而焦虑的作家。或者说，在别人惯常的思想的终点，他开始了自己的另类思想。他忠实于、顺服于命运，关心在命运中辗转挣扎的平凡人物的内心，和这些平凡人物一起“思想”，一起体验属于自己的生活，而不是按别人哪怕是多数人的思想去思想。读汪曾祺的小说，看不到居高临下的启蒙者对黔首下愚的面命耳提或施舍怜悯，也看不到逆子谪臣的忧天将压与顾影自怜，只看到无数小人物和汪曾祺一起呼吸，一起说话，一起或悲或喜。读者身临其境，浑然忘却了由知识分子编织的强行覆盖在中国民众身上的那层叫作“思想”的破棉被。“我所追求的不是深刻，而是和谐。”不“深刻”，是不愿假装“深刻”，“和谐”并非麻木遗忘，乃是躲避所当厌恶的，亲近所愿亲近的。

中国当代文学在整体上摆脱捆绑回归文学自身的航道，据说要到二十世纪九十年代以后才实现。其实即便在二十世纪九十年代，文学是否真的摆脱了捆绑也很难说。但这个问题，二十世纪八十年代初重返文坛的汪曾祺已经悄悄解决了。他的丝毫不张扬的先知先觉，不能不令人钦佩。

三

完成旧作《异秉》重写的同一天（1980 年 5 月 20 日），汪曾祺还写了《沈从文和他的〈边城〉》（他二十世纪八十至九十年代不断讲述沈从文的系列文章的首篇），这确实具有象征意味，标志着他的“复出”与“其他作家”的鲜花重放或知青 / 红卫兵作家的凯旋回城不同，乃是一个早熟的现代作家向他实际所属的现代文学传统的致敬。

汪曾祺的“复出”不是忘我地拥抱时代精神，而是跳出同时代大多数作家都裹挟其中的时代精神，寻回他的自我。而他的寻回自我，乃是向青年时代一度徜徉其中的现代精神的“复归”。

通常说汪曾祺是“老作家”，这不仅指他的年龄，也指他始于二十世纪四十年代而非二十世纪五十年代的文学谱系。汪曾祺是活在当代文学体制中的现代作家，他的“复出”标志着“现代”在“当代”的复活。在 1987 年那次作品讨论会上，有人说他是中国士大夫文化培养起来的最后一位作家，这种概括虽然得到许多人赞同，但“士大夫文化”作为一个概念毕竟太过宽泛。

对汪曾祺这位经历现代文学洗礼、解放后又“沉入于国民中”的作家来说，他的精神素质用任何一个时代的士大夫文化来比拟恐怕都不合适。王蒙曾说汪曾祺是“遗老式”作家。如果这是指汪曾祺生在当代却并不完全认同当代文学价值体系而念念不忘现代文学神圣家族的诸价值体系，王蒙的定位还是比较准确。

许多人注意到，汪曾祺二十世纪八十年代一系列新作都是对二十世纪四十年代旧作的重写和改写。这样的重写和改写并不限于《异秉》。1947 年短篇小说《职业》，就在 1980、1981 和 1982 年三次被重写，最后以同题发表。1947 年刊于《大公报》的散文《蔡德慧》，则于 1984 年被改写为小说《日规》。1985 年的《桥边小说·詹大胖子》是对二十世纪四十年代《小学校的钟声》某些情节的续写、补写和改写。实际上，《受戒》《大淖记事》《故里三陈》《徙》等以故乡高邮为背景的小说，某种程度上都可以视为汪曾祺对从《鸡鸭名家》开始就蕴蓄于胸但因时代阻隔未能畅言的“菰蒲深处”的情事的续写、补写和重写。

比如，汪曾祺说他早就想写《大淖记事》，只是不知故乡人所谓“da lao”之“lao”究竟怎么写，迟迟未敢下笔。后来在内蒙听那里人称大的水面为“淖”，这才把幼时姑且用过的“大脑”改为“大淖”，信心十足地写起《大淖记事》来了。这是他在语言上精益求精不苟一字的佳例，但也说明早年某个创作动机如何经过几十年酝酿渐趋成熟，而这也是对有形无形的“旧作”不断续写、补写和重写，是逐渐归回自主创作的轨道。

续写、补写、重写“旧作”，并非单纯的“怀旧”，而是通过对旧作或腹稿的改写，缅怀旧时精神氛围，巩固与旧时传统的联系，以此作为在“新时期”重新出发的动力。这是主要的，至于有研究者对比原作和改作，判断孰高孰低，自然也很有趣，但其学术价值，恐怕还在其次。

汪曾祺小说，除少量取材于北京京剧团和张家口沙岭子农业科学研究所（包括沽源马铃薯研究站）的生活，大部分都是对家乡高邮以及昆明西南联大的追忆。无论哪一种情况，都不是直接介入当下现实。他的创作，总体上是“向后看”的。

写高邮（主要是回忆中儿童与青少年时期亦即三四十年代高邮）的小说散文，比较为人所熟知。这类似舍伍德·安德森写小城温涅斯堡，福克纳写约克纳帕塔法镇，乔伊斯写都柏林，沈从文写湘西，无疑是汪曾祺所有作品中最重要的一部分。写北京京剧团的《讲用》《晚饭后的故事》《云致秋行状》《尾巴》《迟开的玫瑰或胡闹》《生前友好》以及写下放劳动的《黄油烙饼》《寂寞和温暖》《七里茶坊》《护秋》《尴尬》等，也即关于“文革”和“十七年”的作品（包括九十年代《当代野人系列三篇》），数量不小，但往往单薄，感情投入也不够。可与写高邮相媲美的另一部分，是取材云南、昆明及西南联大的作品。他写旧事比写近事更成功。1987年丁聪在《三月风》杂志上为汪曾祺画一幅头像，汪题画诗说：“近事模糊远事真，双眸犹幸未全昏。衰年变法谈何易，唱罢莲花又一春。”《七十书怀》又说：“书画萧萧余宿墨，文章淡淡忆儿时。”《菰蒲深处·自序》更坦言：“我的小说多写故人往事，所反映的是一个已经消逝或正在消逝的时代。”

高邮是汪曾祺第一故乡，云南则是第二故乡（主要是西南联大）。汪曾祺写云南的作品数量庞大，综合起来甚至超过写高邮的。小说方面，八十年代以后，初步统计有《鸡毛》(1981)、《钓人的孩子》、《拾金子》、《航空奖券》(1982)、《职业》(1982)、《求雨》(1983)、《日规》(1984)等。1984年开始，汪曾祺散文逐渐超过小说，起始几篇，就都是絮说云南今昔的，如《翠湖心影》《泡茶馆》《昆明的雨》《跑警报》《昆明的果品》等。这以后写云南的散文越来越多，如《昆明的花》(1985)、《昆明菜》、《滇南草木状》、《杨慎在保山》、《吴三桂》(1987)、《烟赋》(1991)、《昆明的吃食》、《昆明年俗》(1993)等。

其中最多、最重要的，还是对沈从文和西南联大的回忆。这方面重要散文有《沈从文和他的〈边城〉》(1980)、《沈从文的寂寞》(1982)、《沈从文先生在西南联大》(1986)、《博雅》(1986)、《金岳霖先生》、《观音寺》(1987)、《西南联大中文系》、《一个爱国的作家》(1992)、《星斗其文，赤子其人》、《沈从文转业之谜》(1988)、《吴雨僧先生二三事》(1989)、《新校舍》(1992)、《又读〈边城〉》(1993)、《地质系同学》(1993)、《中学生精读沈从文》(1994)、《唐立厂先生》、《闻一多先生上课》、《梦见了沈从文先生》(1997)。回忆西南联大的散文，从1980年一直写到1997年，也就是从正式以作家身份"复出"一直写到去世为止。

汪曾祺的二十世纪八九十年代始于《沈从文和他的〈边城〉》(1980)，终于《梦见了沈从文先生》(1997)，他和沈从文的关系确实非同一般。从小说角度看，有一点最值得注意，就是汪曾祺多次说过他的小说到处有"水"，"有水气而没有土气"，不属于一般意义上的"乡土小说"，因为乡土是固定的村落文化，水则流动不居，不受乡土限制。对"水"的意象这种强烈的自觉显然来自沈从文的名文《我的创作与水的关系》。汪曾祺小说也像沈从文一样，将贫困野蛮残忍的世界和仍然到处涌现美好人性人情的世界放在一起做对照，愤激和爱怜、批判和赞赏难以分拆，又因这两个世界不可避免的共存而在整体上生出无穷悲凉。写《受戒》前几个月，汪曾祺集中重读了沈从文小说，他承认："他（沈从文）的小说，他的小说里的人物，特别是他笔下的那些农村的少女，三三、夭夭、翠翠，是推动我产生小英子这样一个形象的一种很潜在的因素。""我曾问过自己：这篇小说像什么？我觉得，有点像《边城》。"如果说《受戒》像《边城》，《大淖记事》的"巧云"不也和《受戒》的"小英子"一样，是沈从文笔下三三、夭夭、翠翠的延续吗？而《大淖记事》的结尾：

"十一子的伤会好么？

会。

当然会！"

更是脱胎于汪曾祺在《沈从文和他的〈边城〉》里再三赞叹的《边城》的结尾：

"这个人也许永远不回来了，也许明天回来。"

但也仅止于此。

如汪曾祺本人所说，不可夸大沈从文的影响。二十世纪八十至九十年代汪曾祺不断回忆沈从文，并非实用主义的借鉴或挟师自重，而是一个作家对另一个作家由衷的赞叹和朴素的感恩（他钦佩沈从文成名之后毫不隐晦废名的影响）。其实汪曾祺与沈从文的不同之点多于相同之处。沈从文湘西小说是盛年之作，美化想象中的湘西，又火气十足地批判抽象把握的现代工业社会，总有一种向别人吃力地证明什么的味道。汪曾祺高邮小说则是六十多岁以后执笔，作者经历了二十世纪五十年代至六十年代翻天覆地的变化，虽然未脱赤子之心，却不再有“少年客气”，无须美化什么，证明什么，也不想反对什么、批判什么，只是深情地捕捉、回味、欣赏珍藏心底的人生的美好。再说高邮之外，汪曾祺还有第二故乡西南联大，而沈从文就不可能像汪曾祺那样不断深情地回味青年时代的大学生活。汪曾祺固然佩服沈从文的语言，几十年后对沈从文偶尔写在书上的一段“题记”，“某年某月，见一大胖女人从桥上过，心中十分难过。”还记忆犹新。但他并不全盘接受或全面肯定。他说，“《边城》的语言是沈从文盛年的语言，最好的语言。既不似初期那样的放笔横扫，不加节制；也不似后期那样过事雕琢，流于晦涩。”又说：“沈先生写作，共三十年。头一个十年，是试验阶段，学习使用文字阶段。当中十年，是成熟期。”而“成熟的标志”就是《〈从文自传〉附记》所谓“脱去‘矜持、浮夸、生硬、做作’”。可见对“沈从文体”，汪曾祺有分析，也有取舍。在二十世纪八十年代的汪曾祺和二十世纪三四十年代的沈从文之间，毕竟横亘着二十世纪五十、六十、七十年代，因此在沈从文之外，汪曾祺不可能不接受别的影响和滋养，他固然带着沈从文的影响起步，却必然要走出沈从文的影响，形成自己的风格。

西南联大老师中，让汪曾祺记忆不舍的还有闻一多。这位二十世纪二十年代新月诗人、二十世纪三十年代古典文学研究名家、二十世纪四十年代民主斗士，在汪曾祺记忆中留下的最具神韵的细节，是写信怪他对自己居高临下“俯冲”了一番，他给汪曾祺的回信则幽默地称后者也不甘示弱地“高射”了一阵。这是高手过招在文辞上留下的美谈！汪曾祺对语言的敏感和毕生追求，与闻一多对汉语文学（《诗经》、《庄子》、六朝和“初唐四杰”）的研究，有师承关系（汪曾祺认为林斤澜小说写“性”的用语就是闻一多所谓“廋词”）。汪曾祺二十世纪八十年代在哈佛、耶鲁和宾夕法尼亚大学围绕“中国文学中的语言问题”进行的连续三场轰动一时的讲演，都是对闻一多三四十年代相关研究的深化。

还有金岳霖。关于这位古怪的哲学家，汪曾祺记录过一个精彩的细节，当有人问金岳霖为何研究枯燥的逻辑学时，回答竟是：“我觉得这很好玩！”汪曾祺不也曾在叙述尴尬悲苦之后不忘补充一笔“生活，是很好玩的”吗？汪曾祺画画、做菜、喝茶、吃酒、抽烟（直接进肺）、考据名物、抄书、写笔记、写小说，都津津有味，自得其乐，浑然忘忧，其中就有金岳霖的影子。

不仅老师，西南联大同学的美好情操，无伤或有伤大雅的脱略形骸，也是他反复回忆的对象。《跑警报》写西南联大学生对日本飞机轰炸“不在乎”，真是栩栩如生，妙趣横生，“为反映‘不在乎’，作《跑警报》。”这似乎模仿欧阳修《五代史伶官传序》的结尾也真是“不在乎”。《泡茶馆》对西南联大学生在昆明茶馆自由自在的生活的回忆也令人神往，汪曾祺甚至宣布：“我这个小说家是在昆明的茶馆里泡出来的。”《新校舍》对西南联大师生全方位的特写非常精彩，结语更点出他取材西南联大生活的系列散文的主旨：

“有一位曾在联大任教的作家教授在美国讲学。美国人问他：西南联大八年，设备条件那样差，教授、学生生活那样苦，为什么能出那样多的人才？——有一个专门研究联大校史的美国教授以为联大八年出的人才，比北大、清华、南开三十年出的人才都多。为什么？这位作家回答了两个字：自由。”

这位“曾在联大任教的作家教授”不知是谁（夏济安或钱钟书？），但不妨把这段话看作汪曾祺本人的内心独白。他回忆西南联大，是要更深地沉浸到自由美好的空气中去。隔着四十多年距离回望青春年华，尽管是散文，信息量和动人效果，即使同学鹿桥（吴讷孙）写于当时的长篇《未央歌》也无法与之相比。把汪曾祺《跑警报》《新校舍》《泡茶馆》《鸡毛》《日规》和另外几篇回忆西南联大师生的散文与《未央歌》相对应描写略作比较，高下立判。幸亏有了汪曾祺，我才能平静对待近年来有点被炒热的《未央歌》神话。海内外对这部四十年代生涩粘滞的青春写作，评价或许过高了。

四

一般认为，二十世纪八十年代末，汪曾祺基本告别小说创作，转而经营散文艺术。还有人认为，汪曾祺散文成就超过了他的小说。这个说法部分地获得他本人的首肯（《蒲桥集》自拟封面广告说：“齐白石自称诗第一，字第二，画第三。有人说汪曾祺的散文比小说好，虽非定论，却有道理。”）

但这就有两个问题。

一、汪曾祺小说、散文本来就没有清楚界限，他呼吁“散文化小说”，对“笔记体小说”有倡导之功，许多散文可以说是小说，许多小说可以说是散文，因此比较九十年代汪曾祺的小说和散文孰轻孰重，比较困难。

二、二十世纪九十年代，文学和社会变化太快，刺激神经的大事、新事、奇事、怪事太多，一般读者（包括研究者）对二十世纪九十年代汪曾祺关注不够，又因其散文后来居上，就更容易忽略他的小说。其实，二十世纪九十年代汪曾祺并未抛弃小说。频频写出引人注目的许多散文名篇的同时，他的小说创作也不在少数。即以江苏文艺出版社出版的《汪曾祺文集》未及收录的二十世纪九十年代以后小说而论，按发表刊物粗略统计，就有《小芳》《卖眼镜的宝应人》《水蛇腰》《百蝶图》（分别刊《中国作家》1991/5、1994/2、1995/4、1996/6），《尴尬》、《辜家豆腐店的女儿》、“小说三篇”（《喜神》《丑脸》《兽医》）、“小说两篇”（《小孃孃》《合锦》）（分别刊《收获》1993/1、1994/3、1995/4、1996/4）、“小说四篇”（《小姨娘》《忧郁症》《仁慧》《露水》）、“当代野人系列三篇”（分别刊《小说家》1993/6、1997/1），以及刊载于《山花》《北京文学》《天涯》《上海文学》《长江文艺》《小说界》《大家》《作品》《平顶山日报》《钱江晚报》《大公报》等报刊不下二十篇小说，还有笔者见到八篇、不知是否最晚完成的《聊斋新义》（其中三篇收入《文集》），以及列入计划后来放弃但不知是否动笔的长篇小说《汉武帝》。

综合上述两种情况，对汪曾祺二十世纪九十年代是否放弃小说创作（包括是否“衰年变法”），还须慎重研究。

比如，汪曾祺二十世纪九十年代的小说较之二十世纪八十年代明显“短”了起来。越写越短，有的干脆就被编入杂志的“微型小说”栏，而他自己早在1986年就提倡过“小小说”。汪曾祺的“小小说”并不单靠巧智而流于取巧（他也写了一些类似

“笑话”的小制作，如《红旗牌轿车》《生前好友》)，而是大段“留白”，三言两语存其主干，其他尽在不言中。但主干——故事本体——须蕴蓄饱满。比如《水蛇腰》《白蝶图》《卖眼镜的宝应人》《小姨娘》《小孃孃》等，故事人物均久蓄于胸（“卖眼镜的宝应人”在《大淖记事》中就登场了），作者长期揣摩，有些地方仍未参透（或不愿参透），于是就用极简省的笔墨加以勾勒，把熟悉而神秘的两种元素一并呈现，像老人的没头尾的嘟哝。《百蝶图》中那个母亲，明知无理，偏偏害怕儿子娶出色的媳妇，最后弄得母子疏远，汪曾祺的写法，好像是把张爱玲《金锁记》浓墨重彩的曹七巧大刀阔斧加以改削，损而又损，成为一笔淡远的写意画。读汪曾祺九十年代的“小小说”，仿佛观看开得绚烂的花，在慢镜头中被“回放”到当初含苞欲吐的状态。

其他如《小芳》等“故意写得没有才华”、近似“直录”的作品，也是八十年代的追求在九十年代被推向极致。这种返璞归真的简笔，八十年代许多写得较长的作品中已经开始运用，但那时是在细针密线一片云锦中偶弄闲笔，到九十年代的“小小说”则成了主要方法。对此他自己曾有交代：“我六十岁写的小说抒情味较浓，写得比较美，七十岁后就越写越平实了。”

汪曾祺九十年代的“小小说”和近乎“直录”的朴实无华的作品，并非老年“撒手”“炫智”，反倒是老年人对生命难得的温情、谦虚与敬畏，不同于他时常自我警戒的“干枯”。

1950 年 7 月，汪曾祺离开武汉，到北京市文联主办的《北京文艺》当编辑（该杂志后改为《说说唱唱》)。市文联主席老舍慧眼识英才，预言“北京有两个作家今后可能写出一点东西，一个是汪曾祺，一个是林斤澜……”汪曾祺在老舍手下工作时间不长，1954年秋即调离北京文联到中国民间文艺研究会《民间文学》任编辑。这段时间他对戏剧和民间文学产生了浓厚兴趣。1954年写京剧剧本《范进中举》，1955年整理评书《程咬金卖柴筢》，1956年作《且说过于执》《鲁迅对于民间文学的一些基本看法》等。其他可注意的有小说《下水道和孩子》及散文《国子监》。至此，汪曾祺擅长的主要文学体裁——小说、散文、戏剧——都有较成熟的作品，从中可以看出他在古今中外文学传统中所吸取的多种营养。

中国古代和外国文学的启发，他自己提到过屈原《九歌》、颜之推《颜氏家训》、《世说新语》、温飞卿、李商隐、元人小令、苏轼、欧阳修、宋人笔记、归有光散文、李渔戏剧和剧论、汪中的赋、《聊斋志异》、屠格涅夫、契诃夫、阿索林、弗吉尼亚·伍尔芙、舍渥德·安德生等，比较复杂，姑置勿论。

此处还是略说现代作家对汪曾祺的帮助——中国文学的"现代"才是汪曾祺的主要倚仗，而汪曾祺也最为全面地"占有"了现代文学的优秀传统。

先说散文。汪曾祺是先写小说，后写散文，所以散文的起点比小说更高。1957年《国子监》融叙事、抒情、考证、批评于一炉，走的正是"京派"散文鼻祖周作人的路子。八十年代以后，《宋朝人的吃喝》《锒铛》《水母》《贾似道之死》《老学闲抄》《八仙》《城隍·土地·灶王爷》《五味》《四方食事》等以"杂学"为根基的散文随笔更有意循着周作人的路子前进。继模仿陶渊明《桃花源记》、范仲淹《岳阳楼记》之后，他还"拟作"过知堂名篇《故乡的野菜》。《汪曾祺自选集·自序》曾谓散文作者要"克制感情"，否则就有如"老年人写情书"的危险，这虽然比不上周作人完全否定散文能够表达感情那么透底，毕竟是相当接近了。汪曾祺为他的散文集《蒲桥集》（1989年）所拟封面广告说：“此集诸篇，记人事、写风景、谈文化、述掌故，兼及草木虫鱼、瓜果食物，皆有情致。间作小考证，亦可喜。娓娓而谈，态度亲切，不矜持作态。文求雅洁，少雕饰，如行云流水。春初新韭，秋末晚菘，滋味近似。”虽然事后自谦“这不是我的成就，只是我的追求”（《汪曾祺文集·自序》），但毕竟是他有意的“追求”，而“追求”的方向与周作人就多有相通之处。

汪氏散文当然不是“知堂体”的重复。有关文学传统、中外“杂学”、民俗、掌故、草木虫鱼和瓜果菜蔬的考证，比周作人要稍嫌单薄，也没有那样浓郁的书卷气。论视野之宽、腹笥之广、思想之深、文字之润极而枯，汪皆逊于知堂老人，晚年大写“四方食事”，已稍稍偏离知堂论食传统，以至被人误解为精于美食，但他回忆故乡高邮和云南生活的记事之文，要比周作人的同类散文来得更富足。至于“草木虫鱼、瓜果食物”，因为多有经验核实，风味也不同于知堂的纯粹书斋考究。

通过周作人的品题，汪曾祺还与废名结缘，悟出这位知堂弟子的散文化小说或小说化散文妙在“把晚唐诗的超越理性直写感觉的象征手法移到小说里来了”，又说废名“善于捕捉儿童的飘忽不定的思想和情绪”，是不自觉地“运用了意识流”。汪曾祺是八十年代“重新发现”沈从文的功臣，也直接推动了学术界研究废名的风气。以废名小说为印证，汪曾祺对周作人介绍的日本诗人大沼枕山的“一种风流吾最爱，南朝人物晚唐诗”别有会心，他后来的散文虽多写底层细民，却像专写贵族的《世说新语》那样竭力精准传达人物精神风貌，又如晚唐诗歌，字斟句酌，以求“超越理性直写感觉”。

但汪曾祺也看出废名往往陷入怪诞晦涩和囿于自我，正如他对周作人、沈从文在文学上的局限也皆有所察。这就得力于他识见卓特，能够越过有直接师承关系的沈从文、废名、周作人而更上层楼，去仰望鲁迅。他断言“中国五十年代以前的短篇小说作家不受鲁迅的影响的，几乎没有”（《谈风格》），这句话不仅洞悉了现代文学的底蕴，也说明他取法乎上，与现代文学的优良传统血脉相通。

再看小说。沈从文启发他作文须有山水之助，要将风俗画式人性人情美与自然山水美相糅合，这已人所共知，无须多说。相比之下，老舍对汪曾祺的影响一直被忽视。四十年代在昆明的汪曾祺无缘亲炙远在重庆的老舍，但五十年代和老舍短暂的共事使他和这位风格迥异于其师沈从文的文学前辈结下不解之缘。戏剧（京剧）和民间文学是汪曾祺小说艺术两大资源，这方面老舍的启发超过沈从文。汪曾祺为现代京剧撰写的文学性极高的剧本（他认为演出一直“辜负”了剧本）在戏剧语言向古典文学借鉴方面，或许超过老舍话剧，但汪曾祺和老舍相同点更重要。汪曾祺1986年纪念老舍的小说《八月骄阳》借太平湖看门老人张百顺之口说：“合着这位老舍他净写卖力气的、耍手艺的、做小买卖的苦哈哈、命穷人？——那他是个好人！”这也是他的夫子自道。沈从文小说写湘西年轻女子人性之美往往过于诗化，老舍小说的人物或许不美，却因为对普通人的日常生活的平视，而别具一种真实丰厚、值得怜悯又值得尊敬的尘俗性，这也正是汪曾祺的特点。《受戒》《大淖记事》等作品受沈从文影响较深，其他大量作品则更靠近老舍。中年以后汪曾祺定居北京，长期浸淫于京剧艺术，染上特殊的“京味”。有人说汪曾祺是最后一个“京派作家”，这“京派”的传统，与其追根至沈从文，不如溯源到老舍。

另一个值得注意的作家是赵树理。解放后，汪曾祺落户北京，不仅与戏剧（主要是京剧）结缘，对民间文学也所知甚深（戏剧和民间文学本来就是联体）。这段经历对汪曾祺影响很大。此前，他尽管比较喜爱中国各地的民间文学，但并未认真考虑如何加以汲取。出身于西南联大中文系的汪曾祺本来是一位学院派作家，前期创作虽多写故乡人事，但欧化因素远远超过本土文化，这在《邂逅集》中表现得很明显。四十年代“大后方”作家，无论西南联大自由主义系统（比如穆旦、汪曾祺）还是重庆以胡风为中心的左翼/鲁迅系统（比如路翎），吸收民间文学都很不够。上海沦陷区张爱玲的俗文学根底虽深，但属于市民文化范畴，与植根大地的民间文学泾渭分明。真正把新文学传统（自由主义或左翼）与民间文学杂糅，创化出新的文学样式的，是赵树理、孙犁、李季等北方作家，他们的探索因为有明确的理论支持和每天遭遇的北方民间生活环境的滋养，成就显著，与在“大后方”积极倡导通俗文学、一直就介乎雅俗之间的老舍遥相呼应，共同奠定了现代文学一个崭新的传统。汪曾祺进入北京文艺界，同时结识了老舍和赵树理（时任《说说唱唱》副主编），对他们两位从人品到小说艺术都钦敬不置。《汪曾祺全集》有多篇文章回忆老舍和赵树理，对他们两位的作品，汪曾祺也非常熟悉，特别是他们在艺术上的一些特殊的贡献，更是如数家珍。老舍的正直、善良、豪爽、幽默、谦逊、和畅，赵树理的质朴、平易和简练，都深深影响了八十年代以后汪曾祺的创作。因着这一份机缘，汪曾祺真心诚意走出了西南联大自由主义文学（或者说沈从文）的传统之局限，自觉融入这股来自民间的清新健朗的文学潮流，转益多师，左右采获，遂成大家。没有与老舍、赵树理在文学上结缘（不止于人际交往），《邂逅集》作者就不可能成长为《异秉》《大淖记事》的作者。汪曾祺说，“中国的说唱文学、民歌和民间故事、戏曲，对我的小说产生了不小的影响，主要是在语言上。”这是举语言一端来概括他所受民间文学的益处。语言是一切文学元素最后的凝聚，一种影响如果落实到语言，就说明这种影响的深入了。从《邂逅集》到《异秉》《大淖记事》以至九十年代一大批新笔记体小说或小小说，确实可以看到汪曾祺的语言由刻意雕琢、尖新谲怪到自然朴实、轻松淡定的变化轨迹。

汪曾祺是活在当代文学体制中的现代作家，他所继承的现代文学传统，从小说角度看，不仅有西南联大自由主义作家沈从文等的传统（留恋往昔、不赶潮流、自由独立、强调西化和世界化），也包括一开始就和新文学主流有所疏离的老舍的京派（京味）传统以及以赵树理、孙犁、李季等作家为代表的延安/北方新的民间文学传统。汪曾祺小说是新文学内部雅俗两种文学传统的汇合。

在沈从文、老舍和赵树理身上，本来就存在着突破自身局限而走向对方的倾向（沈从文是“京派”绅士却自称乡下人，老舍、赵树理、孙犁等以俗为主但从未放弃俗中求雅），只不过两派基本坚守壁垒，不失故常。解放后，国统区和解放区两支文学队伍“会师”，许多作家的风格慢慢掺杂了新的因素而有所变化，但文风丕变者很少。解放后延安/北方新的民间文学占据主导和正统地位，昆明、重庆的传统被压抑，双方的融合比较困难，孙犁还是孙犁，赵树理还是赵树理，老舍还是老舍，巴金、沈从文、胡风、路翎、穆旦等的变化也不大（他们只有中断或放弃而没有根本改变其固有风格）。八十年代以后，重新执笔的巴金风格基本不变，很少吸收民间文学元素；孙犁则相反，晚年散文与《芸斋小说》倾向于以知堂老人为代表的老辣深刻的京派传统，放弃了“抗日小说”清新朴厚的泥土气息。巴金是坚守自我，孙犁是放弃自我，殊途同归，都未能在坚守自我的同时走向或新或旧的自我以外的他者。

真正实现新文学内部雅俗合流的是汪曾祺，他以自己的方式将中国新文学两种现代性因素集于一身，其创作对中国新文学来说具有迟到的总结意味——新文学内部雅俗合流本应在解放后两支队伍“会师”之后完成，不料竟延迟到八十年代。汪曾祺好像是现代文学中雅文学的一粒种子，落在五十年代以后的现实生活土壤，自觉吸收现代文学的俗文学营养，最后破土而出，长成栋梁。

这是一段多么奇特而艰难的文学因缘。

以后还会出现汪曾祺这样的作家吗？很难想象。

五

汪曾祺的影响，可说的甚多，这里只就两点稍加申论。

一是关于“江苏作家群”，二是“语言”。

汪曾祺之后，当代江苏作家群，从苏童、叶兆言、顾前到朱文、韩东、吴晨骏、刘立杆以及移居外地的张生、海力洪、魏微等，虽个性迥异，但有一点似乎都可以看出汪曾祺的影响：这些青年作家都善于发现人的小卑微、小聪明、小志气、小情趣、小龌龊；直率地写出，满有宽容和怜悯。汪曾祺的小说人物多么卑微，又多么实在，你岂敢自以为是地凌驾于这些小人物之上？朱文《我爱美元》《把穷人统统打昏》，韩东《在码头》《美元胜过人民币》和近作《扎根》《我和你》《小城好汉之英特迈往》，也一律粗、野、俗、穷酸、狭邪，然而都令你不可小视。中国文坛向来喜欢虚张声势、掼派头、装门面的货色，其实跟汪曾祺所开创的江苏作家群这个自甘卑微的传统相比，真是不值一提。应该对这一群江苏作家脱帽致敬。像他们这样不断地掘下去，多少还能掘出中国生活与中国心灵的某些真实来。相反，如果一味涂抹，粉饰，虚飘，真不知末路会怎样。

以前我隐隐觉得，汪曾祺和朱文、韩东、顾前等青年作家有一种隐秘的联系。但这些青年作家多写后现代城市，汪曾祺则写三四十年代苏北小镇和云南昆明，时间地点都有距离，高邮咸鸭蛋和南京大萝卜似乎风味难调。及至读到汪曾祺 1983 年一篇回忆四十年代末在上海民办“致远中学”教书生活的短篇《星期天》，这才有信心认定，九十年代崛起的南京（江苏）青年作家群乃是汪曾祺一系文学的延续。《星期天》不愧为一部经典，可视作“江苏青年作家群”（也包括周边上海、杭州等地青年作家如西飏、张旻、吴玄等）描写当代都市青年形象的先驱。但至今还很少有人注意到《星期天》的重要性。

不妨再回到《异秉》。作者依次写“王二”家如何与别家不同，王二卤货摊子的陈设及其生意发展的过程，“源昌烟店”

如何逐渐萧条，“保全堂”及其“管事”“刀上”“同事”“相公”之间的森严等级，王二“发达”之后如何舍得听说书和过年赌博——这种平行叙述并没有明显的中心线索（王二似乎是中心似乎又不是），但读时并不觉得琐碎，反而觉得一直有个看不见的中心约束着。最后似乎无意中牵出闲人“张汉”，分头叙述的各色人等都聚集起来，听他讲有关“异秉”的事。这在结构上就算圆满了，而先前那个若隐若现的中心线索也终于露出水面，分散的叙述在更深邃的心理层面聚拢起来成为一个整体：原来，那些平常看似懒散而无所用心或者虽然认真地生活但并无高远关怀的人们，对自己无法理解的命运，都有一种顺从和敬畏。因为无法理解，故对于命运又采取滑稽态度，直至将命运降低为可以在茅房里暗暗操作的发迹诀窍！对生命的这种掺和着颓败的认真，混合着滑稽的庄严，调和了美丽的悲凉，汪曾祺并无一点轻视与嘲弄。相反，他的一丝不苟的笔墨本身就显示出对这群小人物的理解、同情甚至敬畏和礼赞。而这样的小人物，汪曾祺之后，就都跑到韩东、朱文的笔下来了。

《异秉》写王二经营卤货摊子操持一家数口生计是那么尽心尽力、全力以赴，又是那么从容不迫、满有信心。和王二一样，作者对他笔下世界也充满感情。如果让他腾出手来对这样的王二加以“批判”，来点“启蒙”，恐怕就不是他所乐意的了。汪曾祺热爱生命，并非因这生命符合某个抽象的理想图式，乃因它是藏垢纳污、瑕瑜互见的生命本身。他的目的，是要写出生命的粗糙背后的精致，卑微底下的庄严。

这就难怪他总喜欢选择有一技在身的匠人或艺人，他们尽管清寒，一旦沉浸于自己的技艺，就有可能摆脱生命的粗糙与卑微，显出那隐藏的本来的高贵。即使一般贫民，汪曾祺也乐意写出他们的普通谋生方式可能抵达的神乎其技乃至技进于道的境界，比如余老五炕鸡炕鸭不差毫厘、惊心动魄的拿捏火候，“陆鸭”对并非自己放养的失散鸭群的神秘控制力，王二经营卤货的得心应手，“八千岁”经营米店的精打细算，连万顺监制“茶干”的如有神助，“岁寒三友”与“故里三陈”的各怀一艺，卖果子李三暗自揣摩成为“鉴赏家”，以至于行走四乡的锡匠、“靠肩膀吃饭”的挑夫，都并不满足于被动求生，总要竭力使自己的营生拥有无异于艺术创造的美感。

这些生活重压也不能消灭或者就因重压而迸发的创造力和想象力，往往出其不意，给无聊琐碎中的人以感动和警醒。比如，《星期天》写民办中学校长赵宗浚看到“新认识的女朋友”王静仪和在学校借住、“一直没有见他主演过什么片子”的电影演员赫连都完美配合的舞蹈，不觉自惭形秽，“为自己的圆圆的下巴和柔软的、稍嫌肥厚的嘴唇感到羞耻。”就连首饰店伙计出身的史地教员史先生也不禁赞叹：“这才叫跳舞！”这篇小说的结构也很绝。赫连都与汪静仪起舞之前，作者用一、二、三、四、五、六、七、八呆板的自然数字排列法逐个介绍上海福熙路上一家民办中学的校长、教导主任、教导主任同学、英文教员、史地教员、体育教员、算术教员、杂役、校工和国文教员“我”，虽然各人一点“传奇”都写得相当幽默，但幽默所衬托的恰是平淡无奇和无聊琐碎。赫连都与汪静仪起舞之后，结构大变，分散的人物陡然聚拢在两位忘情的舞者周围，呼吸都被控制，同时叙述节奏也加快了，刚才还拖沓慵懒，这时却如急管繁弦，并在史先生一句“这才叫跳舞！”的轻声赞叹中达到高潮，最后又补写赵校长自惭形秽，以及（形成鲜明对照）两位“围棋国手”不仅对“美的东西”无动于衷，还在背后不怀好意地推测赫连都是否为共产党，犹如高潮过后一段恰到好处的袅袅余音，给人启发似乎是：有艺术细胞，其人可爱；无艺术细胞，其人可鄙，也可怕。

汪曾祺就这样善于在灰色人生中发掘艺术的元素。但所谓“艺术”，并非艺术家的特长，乃是不学而能、不被垄断的天性，与中国人并不陌生的百无聊赖、卑微琐碎中弄出来的那些奇技淫巧，也有所不同（比如“国手”引以自傲的“围棋”）。如果说，四十年代的《邂逅集》显出汪曾祺小说的特色是小人物写小人物、匠人写匠人、艺术家写艺术家所特有的那份惺惺相惜、灵犀相通，那么八九十年代的汪曾祺就把这个特色推到了极致。

对此学术界也有不同评价。董健、丁帆、王彬彬主编《当代文学史新稿》“第十七章”，在扼要分析介绍汪曾祺八十年代小说代表作之后，笔锋一转说：“但汪曾祺作品并非没有可质疑之处，对底层社会的生活方式，对民间的价值标准，汪曾祺往往无条件地认同、称颂。”证据之一是“《受戒》中对‘荸荠庵’里和尚们生活情状的描写，就并不应该完全肯定”。原来汪曾祺写了和尚喝酒、娶妻甚至吃肉而又“神情很庄重”地念“往生咒”，《当代文学史新稿》编者认为，这些都属于鲁迅所批判的中国国民喜欢“做戏”和“吃教”的劣根性，汪曾祺应该及时站出来加以批判才是：“对中国人的‘做戏’习性，对中国人的‘吃教’行为，鲁迅曾作出了尖锐批评。而汪曾祺在《受戒》中，则以欣赏的语气把中国民间‘做戏’和‘吃教’，表现得淋漓尽致。不能不说，这是对‘五四’启蒙精神的一种偏离，是精神状态上的下移和倒退。”

这恐怕不妥。鲁迅所谓“吃教”“做戏”有特定语境，不可一概而论。人生艰难，每分钟都“较真”的人，大概没有，“做戏”总免不了，免不了的“做戏”就在情理之中。至于“吃教”，也并非完全不可。许多宗教教义都明确规定神职人员应该也只能从其侍奉中获取生活资料。晚年鲁迅对他小时候“三师兄”的高论，即“和尚没有老婆，小菩萨那里来”就肃然起敬，认为“这真是所谓‘狮子吼’，使我明白了许多道理，哑口无言……经此一喝，我才彻底的省悟了和尚有老婆的必要，以及一切小菩萨的来源，不再发生疑问”。既然如此，《受戒》中类似描写又有何不可呢？

汪曾祺的“语气”也并不全是“欣赏”。汪曾祺小说确有“语气”，但成分比较复杂，并非传达干巴巴的“价值标准”或“启蒙精神”，乃是运斤成风的艺术家沉酣于所描写的对象时必有的物我两忘的气象。这“语气”因为混沌，所以容易被误解，好处却是能最大限度地写出真实。作者的任务是将真实和盘托出，客观上是否达到讽刺针砭的效果，尽在不言之中，如何领会、评价、取舍，是读者的事。至于作者，应该允许他在成功揭发真实之际，字里行间自然带出一份自豪和忘形，如庖丁解牛之后，“为之四顾，为之踌躇满志。”

这现象在汪曾祺作品中比比皆是。《陈小手》写愚蠢横蛮的团长将刚替他难产的老婆成功接生而使母子平安的陈小手一枪打下马，就颇为“风趣”，“团长说：‘我的女人，怎么能让他摸来摸去！她身上，除了我，任何男人都不许碰！这小子，太欺负人了！日他奶奶！’团长觉得怪委屈。”这“语气”是欣赏？讽刺？谴责？批判？哀怜？原谅？饶恕？恐怕都有。

因为既“贴着人物写”，又融入作者自己微妙的判断，“语气”就比较复杂了。《异秉》写陶先生、陈相公听了张汉有关异秉的胡扯淡之后，赶紧偷偷去厕所实验一番，“语气”是不动声色的，但读者不难感觉到那份被压抑的“霍然向然，奏刀騞然，莫不中音”的得意。作者的态度并非简单的嘲弄和讽刺——晓得陶、陈二位在“保全堂”的窘况，对他们这点小聪明、小愚蠢，自然会怀有一份哀怜。《大淖记事》写“刘号长”霸占处女巧云、打伤和巧云情投意合的善良的小锡匠十一子之后还觉得吃亏，而巧云也并不声张、奋起反抗或痛不欲生，十一子也愿意娶她为妻——叙述这一切，作者并非如某些粗糙的左翼文学那样义形于色，他既如他终生服膺的沈从文的指教——“贴着人物写”——体贴人物心意到一个地步以至于准确地模仿人物语言为叙述语言，又在此基础上希望进而超越人物心理，比如站在受害者巧云一家和锡匠们之上，写出人物自己尚未意识到的命运的实情，写出为恶者（刘号长、团长）的浑然不觉，也写出受害者战胜羞辱困苦之后的生命尊严与生命所本有的欢乐。《八千岁》写凶横的“八舅大爷”，“一见虞小兰，相见恨晚”，也有点蹊跷。虞小兰是宋侉子情人，“相见恨晚”说的应是“八舅大爷”，是贴着“八舅爷”心理着笔，但虞小兰似乎也乐意，宋侉子更心服口服（他本来每次把钱花光就自觉地离开虞小兰）。《鸡毛》写“缺德”的西南联大学生金昌焕，《航空奖券》写“联大中文系”一个“为人端谨”、附庸风雅、薄情少爱的学生彭振铎，《星期天》写随便诬人为共产党的两个“围棋国手”，皆能入乎其中，出乎其外，既“贴着人物写”，又站在人物之上追求更客观的把握，从而达到寓讽刺于悲悯宽恕的效果。

晚年颇受訾议的《小孃孃》（也有人誉之为汪曾祺九十年代的《受戒》），写姑侄恋的不能自拔、悲欣交集、愁苦郁结，明显不同于《一辈古人》中“薛大妈”（以及同名小说的主人公）给人拉皮条而浑然不辨善恶。《小孃孃》中两个“乱伦”男女的精神压抑并不单纯因为世间“物议”，更非因为知识分子“启蒙”和“批判”所致。他们的愁苦郁结发自内心，所以更加不易解决。这就超越了风俗画描写一般采取的客观承认态度（也不等于欣赏），触及人心更深处，也就是朦胧自觉的罪感和耻感。

这都是“对‘五四’启蒙精神的一种偏离，是精神状态上的下移和倒退”吗？恐怕未必。彼人也，我亦人也，何竟动辄“启蒙”，轻言“批判”。“勿论断人”，难矣！“启蒙”，不应是自上而下的教训，由外向内的灌输，须诉诸主体自觉，否则就不免生硬。像《钓人的孩子》《天鹅之死》《虐猫》等过于暴露的批判和过于直接的抒情，就失掉了汪曾祺小说“语气”特有的混沌，尽管作者自己很看重，仍然要算是败笔。

汪曾祺谈林斤澜“矮凳桥系列小说”展现温州人的“皮实”，一语中的，说“皮实”“就是生命的韧性”，并进一步发挥道：

“能够度过困苦的、卑微的生活，这还不算；能于困苦卑微的生活觉得快乐，在没有意思的生活中觉出生活的意思，这才是真正的‘皮实’，这才是生命的韧性。矮凳桥是不幸的。中国是不幸的。但是林斤澜并没有用一种悲怆的或是嘲弄的感情来写矮凳桥，我们时时从林斤澜的眼睛里看到一点温暖的微笑。

林斤澜你笑什么？因为他看到绿叶，看到一朵朵朴素的紫色的小花，看到了‘皮实’，看到了生命的韧性。‘皮实’是我们这个民族的普遍的品德。林斤澜对我们的民族是肯定的，有信心的。”

这与其说是讨论林斤澜，不如说是汪曾祺夫子自道。我们从汪曾祺之后的江苏作家群优秀作品中，看到的也就是这种“皮实”，这种“生命的韧性”。

“皮实”“韧性”是坚强，忍耐，善良，乐观，却不等于顽梗、恣肆。汪曾祺笔下的升斗小民，韧则韧矣，但几乎个个谦和自卑，甚至心里藏着难以愈合的伤口。固然很“韧”，但又很“藏”——小说《小姨娘》用一“藏”字写出人物的隐退自守，并非生硬古怪的文言借用，乃是顺手拈来的乡谈。以乡谈写乡人，形容刻画，妙到毫巅，其知人也深矣。

以往，文学界关于汪曾祺对“青年作家”王安忆、铁凝、阿成、曹乃谦、钟阿城、何立伟、魏志远、曾明了、徐卓人等的启发注意较多，主要归结为两点，即“文化寻根”和“风俗画小说”。但我以为恰恰在这两点上，被影响者和影响者之间距离很远。

关于“文化寻根”，汪曾祺说：

“近来有人写文章，说我的小说开始了对传统文化的怀恋。我看后哑然。当代小说寻觅旧文化的根源，我以为这不是坏事。但我当初这样做，不是有意识的。我写旧题材，只是因为我对旧社会的生活比较熟悉，对我的旧时邻里有较真切的了解和较深的感情。我也愿意写新的生活，新的人物。但我以为小说是回忆。必须把热腾腾的生活熟悉得像童年往事一样，生活和作者的感情经过反复沉淀，除净火气，特别是除净感伤主义，这样才能形成小说。”

汪曾祺要“寻”的不是抽象或远古民族文化之“根”，而是早年切身经历的社会人生（所谓“旧题材”）的底蕴。他的“根”深植于自己曾参与其中的现代文学和现代学术传统，这就使汪曾祺写“旧题材”与一般所谓“文化寻根小说”不同。汪曾祺不同意有人说阿城写道家思想，他认为《棋王》就是“关于吃和下棋的故事”，至于《孩子王》，“我也看不出有什么道家的痕迹。我不希望阿城一头扎进道家里出不来。”他写儿时高邮，写青年时代昆明和西南联大，都并不刻意追寻民族文化之“根”或“苍苍莽莽的古文化”，他写的是自己的生活记忆，因为读书多，思考深，沉淀久，自然带出浓郁的文化气息，这是从活人的生命中流出来，不是向外面和远方寻求得来。这个意思在《吃食和文学·咸菜和文化》中讲得更明白：“小说要有浓郁的民族色彩，不在民族文化里腌一腌、酱一酱，是不成的，但是不一定非得追寻得那么远——寻找古文化，是考古学家的事，不是作家的事——我们在小说里要表现的文化，首先是现在的，活着的；其次是昨天的，消逝不久的。理由很简单，因为我们可以看得见，摸得着，尝得出，想得透。”

关于“风俗画小说”，他说：“我以为风俗是一个民族集体创作的生活的抒情诗——写一点风俗画，对增加作品的生活气息、乡土气息，是有帮助的——很难设想一部富于民族色彩的作品而一点不涉及风俗。”但他再三强调写风俗的目的是写人，“写风俗，不能离开人——写风俗不能流连忘返，收不到人物身上。”“风俗画小说，在本质上是现实主义的。”“记风俗多少有点怀旧，但那是故国神游，带抒情性，并不流于伤感。风俗画给予人的是慰藉，不是悲苦。”他并且指出，“风俗画小说是有局限性的。一是风俗画小说往往只就人事的外部加以描写，较少刻画人物的内心世界，不大作心理描写，因此人物的典型性较差。二是风俗画一般是清新浅易的，不大能够概括十分深刻的社会生活内容，缺乏历史的厚度，也达不到史诗一样恢宏的气魄。因此，风俗画小说常常不能代表一个时代的文学创作的主流。这一点，风俗画小说作者应该有自知之明，不要因为自己的作品没有受到重视而气愤。”对“风俗画小说”这样的反思，只有汪曾祺才有。在据说受他影响的上述青年作家的作品中，很难看到类似的思考，在他们的作品中也没有产生类似“汪曾祺的高邮”那样色彩浓郁特点鲜明的风俗画般的小说世界。

这并非否认汪曾祺在“寻根”和“风俗”两点上对青年作家的影响。影响是有的，只不过区别更大。

六

“寻根”（“旧题材”中的个体生命之“根”）、“风俗画”、“儿童视觉”、生命的“韧性”和“皮实”以及结构的“随便”和“散文化”，这些都是汪曾祺留给中国当代文学的宝贵遗产。

此外，“语言的朴素”或许是汪曾祺最希望对青年作家有所启发的一点。《汪曾祺文集·自序》（1993年5月23日）说：

“我希望青年作家还能从我这里接受一点影响是：语言的朴素。”

八十年代以来，语言问题渐渐为中国文学界所重视，引起这一切的人即汪曾祺。1987 年，他在哈佛、耶鲁、宾夕法尼亚大学连续发表三场演讲，皆以“中国文学的语言问题”为题，此后又写了多篇谈语言的文章。江苏文艺出版社出版的《汪曾祺文集》“文论卷”，许多文章都和语言有关。语言问题始终是汪曾祺理解文学的基点，也是他小说创作的主要着力点。

“语言不只是一种形式，一种手段，应该提到内容的高度来认识。”“世界上没有没有语言的思想，也没有没有思想的语言。”这是汪氏讨论文学语言的出发点。“语言是小说的本体，不是附加的，可有可无的。从这个意义上说，写小说就是写语言——语言的粗糙就是内容的粗糙。”就是说，语言并非附属于文学的工具，相反乃是文学赖以存在的根据；语言直接制约着文学。作家用什么样的语言写作，直接就可以看出他的文学才性。

汪氏所谈的“语言”当然是汉语，不过他所使用的“语言”概念不等于西方现代语言学那个以语音为中心而排斥文字的语言概念，乃是从声音与文字、“声音语”和“文字语”、口头语和书面语的关系着眼，具体考察“中国文学的语言”。他的结论，毋宁说是“字本位”的，即强调中国语言和中国文学始终受中国文字制约：

“写小说用的语言，文学的语言，不是口头语言，而是书面语言。是视觉的语言，不是听觉的语言。有的作家的语言离开口语较远，比如鲁迅；有的作家的语言比较接近口语，比如老舍。即使是老舍，可以说他的语言接近口语，甚至是口语化，但不能说他用口语写作，他用的是经过加工的口语。”

这就从根本上颠覆了“五四”以来认定文学语言唯一基础只能是口语的信念，重新提出书面语的地位和性质问题：语言可能并不等于说话发声，文字也可能并不只是记录语音的工具，即并不仅仅是无关乎语言核心的游离性存在。

汪曾祺敢于批评“五四”，对抗“五四”以来占统治地位的文学观和语言观，用自己的方式思考文学和语言问题（他多次提到闻一多对他的启发）：“小说是写给人看的，不是写给人听的。”“中国字不是拼音文字。中国的有文化的人，与其说是用汉语思维，不如说是用汉字思维。”（他甚至鼓励京剧剧作家们直接“用韵文想”！）“我不太赞成电台朗诵诗和小说，尤其是配了乐。我觉得这常常限制了甚至损伤了原作的意境。听这种朗诵总觉得是隔着袜子挠痒痒，很不过瘾，不若直接看书痛快。”

八十年代重提“中国文学的语言问题”，汪氏所见之深，远为现在一些谈论语言者所不及。汪氏有关语言的卓见，主要表现在敢于冲破德理达所谓“语音中心主义”的西方现代语言学藩篱，从文字书写而不是从发声说话的方向追问语言的本质及其对文学的制约，将我们对文学语言的思考从“音本位”重新拉回到“字本位”。他想阐明的主要一点是：撇开汉字直思汉语的问题几乎不可能。

在文化交往中，尽管民族语言首当其冲，却往往最不受重视，因为语言的问题在本国已然扯不清楚，向外国人以及含辛茹苦在外国语言文化中讨生活的海外华人讲中国语言和中国文字，更容易变成对牛弹琴。在萨伊德所谓“东方学”的构造过程中，西方确实涌现出不少研究中国语言文字的专家，但这也仅限于“古代汉语”。这以后，研究现代中国的新一代汉学家们很快就开始轻视现代中国的语言问题；他们以为可以穿过现代中国语言的透明的墙壁直接把握现代中国。这是他们从事现代中国研究的前提性假设。取消这个假设，愿意整个置身汉语现代性转变的实际过程，他们的现代中国研究就应该是另一副样子了。但这种情况不太会发生，因为忽略现代汉语或转而借助影像媒体来研究现代中国，不仅是西方汉学的新的潮流，也是西方汉学的基本方法论必然导致的结果。汉语（包括汉字）必须被忽略，否则就不可能有现代西方的汉学研究，不可能有效地抹杀隐藏在变动不居的“现代汉语”内里的中国心灵与中国生活的丰富差异性。

现代西方汉学这种逻辑也得到了来自中国现代文化特别是中国现代知识分子语言观念的强有力呼应：中国文化的现代性转换本身就是忽略汉字之特点进而忽略汉语之特点的一个历史性过程。一个显著的事实就是：“小学”曾经是古代中国学术基础，而“现代汉语”的研究或广义的现代中国语言学在整个现代中国人文科学中仅仅满足于扮演一个甚至与文学无关的专门学科。

汪曾祺在美国讲中国现当代文学，没有用西方人想听而许多中国作家也爱讲的现成题目，偏偏选择西方人不想听、听不懂而许多中国作家不爱讲也讲不好的语言问题，不讲则已，一讲就从近代以来备受挤压的汉语讲到更加被挤压的汉文字，讲出了不仅中国作家和学者讲不出恐怕西方汉学家也想象不到的许多真知灼见。

此举盖有深意存焉：这位秉承了现代中国文学优秀传统的温和而倔强的老人，满怀善意地向外国人介绍“中国文学的语言问题”——中国文学最根本也最易被忽略的问题——同时也借此机会，向长久忽略现代中国语言问题的西方汉学界以及中国文学界发出委婉的也是最强烈的抗议。

重读汪曾祺，应品味他半个世纪锻炼而成的汉字艺术。沈从文说许多读者看他的书只是“买椟还珠”。若不深入汪曾祺的语言细节，读其书，也会堕入“买椟还珠”的空虚罢。

“语言的朴素”，并非悃愊无华，不事藻饰。除《小芳》等晚年作品以外，汪曾祺小说散文大多错比文华、绮黻纷披。他所说的“朴素”乃指语言的准确、本色和有根。

比如，他发现高邮人所谓“da lao”的“lao”原来就是内蒙人所说的“淖”，顿时欢喜跳跃，终于找到语言和实物本真的联系，可以下笔无憾了。他欣赏阿城写苍鹰在天空“移来移去”。鹰在飞，但距离远，人眼看起来就不见其“飞”只见其“移”。他听说“东来顺”涮羊肉所用的羊从“坝上”赶到北京先要“zhan”几天，一直不明何谓“zhan”，后翻《清异录》，有“鹿以倍料精养者曰栈”的说法，初步肯定“zhan”应作“栈”。再翻《清异录》另一处注释，“栈羊，圈内饲养的肥羊。”就更加肯定了。又回想《庄子·马蹄》有“编之以皂栈”，查陆德明释义说，“皂，马闲也；栈，木棚也。”知道“栈”不仅是用精饲料喂养，还要用木栅栏圈起来。又看《水浒传》郓哥取笑武大郎“你怎地栈得肥‘腯腯’地”，也就豁然贯通。他于是感慨：“这个字先秦时就用，元明小说还有，现代口语也还活着，其生命可谓长矣。”小说《王全》有一段说“这地方管缺心眼叫‘俅’”。他本来写不出这个字，特地写信给西南联大老同学、语言学家李荣，才知道出处与写法，于是联想起京剧《李逵负荆》的念白“众家哥弟一个个佯‘俅’而不睬”，知道“佯俅”就是装傻，于是得出结论：“作家和演员都要识字。”

汪曾祺所谓“语言的朴素”，就是“识字”，讲究语言的准确、本色和有根——不仅有语言学的根据，还要有古往今来作者运用的出处，“无一字无来历。”这样的“朴素”，就是地道的汉语，与普通所谓“文彩”不是一回事。

但如此“朴素”，自然也就有“文彩”。

“很多歌消失了。”

这是1981年汪曾祺回忆高邮“县立五小”的小说《徙》的突兀的开头。

1985年，小说《茶干》结尾又说：

“一个人监制的一种食品，成了一地方具有代表性的土产，真也不容易。不过，这种东西没有了，也就没有了。”

汪曾祺过世，很多人想起了这两句话。“逝者如斯夫，不舍昼夜。”这也无可奈何。汪曾祺这样的小说家以后还会出现吗？这里或许用得上为汪曾祺反复赞叹的《边城》那个暧昧的结尾：

“这个人也许永远不回来了，也许明天回来。”

2002年，我曾作文讨论汪曾祺语言思想，附在同年刊于《当代作家评论》的《音本位与字本位——在汉语中理解汉语》之后。2004年，与钱理群、李庆西一起替上海教育出版社编《大学文学》，选入《异秉》，写了篇赏析性短文。2008年应《作品》《名作欣赏》之约，先后两次改写那篇赏析文。本文想在上述文章基础上作一次综合考察，但也只谈汪曾祺小说、散文和文论，不敢涉及戏剧与诗歌。

笔者妄议文学，已逾廿载，汪曾祺书迄未遍读。汪先生生前，甚至未曾看过一篇他的作品。“文学评论”，误人误己如此。今草此文，敢言“还债”，略舒歉疚而已。

——他总是对那些生活琐事有浓厚兴趣，吃的、看的、玩的，巨细靡遗，都不放过。他的小说为什么总使人想起《清明上河图》来，道理就在此。这信是散文么，还是小说，说不清楚。他晚期的有些短篇，就是这样，没有情节，甚至没有人物，只有一点气氛，却能中人欲醉。

——黄裳

黄　裳

故人书简

——忆汪曾祺

录自《故人书简》，海豚出版社，2012年版认识曾祺，大约是在1947至1948年间，在巴金家里。那里经常有萧珊西南联大的同学出入，这样就认识了，很快成了熟人。常在一起到小店去喝酒，到DD’S去吃咖啡，海阔天空地神聊。一起玩的还有黄永玉，一个写小说的，一个刻木刻、画画的，都是才气纵横但穷得叮当响的“文化人”。曾祺那时在福煦路上的致远中学教书，我跟他去玩过，但实在没有什么好玩。但就是这么个毫无趣味的地方，他还为之留下了一篇小说——《星期天》。没有好久他就北上了。到天津后给我寄来一信。

黄裳，我已安抵天津。也许是天气特别好，也许我很“进步”了，居然没有晕船。但此刻又觉得宁可是晕船还好些，可以减少一点寂寞。刚才旅馆茶房来，让他给我沏壶茶来，他借故搭讪上来，“茶给您沏，我看您怪寂寞的，给您叫个人来陪陪罢”。我不相信他叫来的人可以解除我的寂寞，于是不让他叫，倒留着他陪我聊了一会。很简单，拆开一包骆驼牌，给他倒杯茶，他即很乐意地留了下来。这家伙，光得发亮的脑袋，一身黑中山服，胖胖答答的，很像个中委。似乎他的道德观比我还强得多。他问我结了婚没有，我告诉他刚准备结婚，太太死了。他于是很同情，说：“刚才真不该跟您说那个胡话。”我说我离开这儿八九年没有回来了，他就跟我大聊“日本”时候情形，问我当初怎么逃出去的。他又告诉我旅馆里住了几个做五金的，几个做玻璃、做颜料的，谁半年赚了四十亿，谁赔了。最后很关心地问我上海白面多少钱一袋。我这才发现在上海实应当打听打听面粉价钱，这儿简直遇到人就问这个。天津的行市我倒知道了，一百八、一百九的样子。北平一袋贵个十万光景。那位中委茶房再三为我不带货来而惋惜，说不管带什么来，抢着有人要。“我就可以跟您托出去，半个钟头就托出去，这哪个不带货呀！”可是假如我带的是骆驼牌呢！这儿骆驼牌才卖四万八，上海已经卖到五万六了。加立克也才三十二万，我在上海买的是三十四万，有的铺子标价还是三十六万！

天津房子还是不太挤，我住的这间，若在上海，早就分为两间或三间了。这儿饭馆里已经卖“春菜”了。似乎节令比上海还早些。所谓春菜是毛豆、青椒、晃虾等等。上开三色，我都吃了。这儿馆子里吃东西比上海便宜，连吃带喝还不上二十万。天津白干没有问题，要好得多，因为甫下船，又是一个人，只喝了四两，否则一定来半斤。你在天津时恐还是小孩子，未必好好地喝过酒，此殊可惜。

我住的旅馆是“惠中”，不知你知不知道，在上海未打听，又未读指南之类，一个旅馆也不晓得，但想来“交通”“国际”之类一定有的吧。至于雇了三轮车而随便说了个名字，他拉到交通，交通没有“房子”，一招弯就到这儿来了。地近劝业场。各处走了走，所得印象第一是这里橱窗里的女鞋都粗粗笨笨，毫无“意思”。我测量一个都市的文化，差不多是以此为首项的。几家书店里看了看，以《凯旋门》《秋天里的春天》最为触目。有京派人士所编类乎“观察”型的周刊（?），撰稿为胡适、贺麒、张印堂等人，本拟买来带回旅馆里一读，而店里已经“在打烊中”了。以后若遇此样刊物，必当买来，看过，奉寄阁下也。

鸭梨尚未吃，水果店似写着“京梨”，那么北京的也许更好些么？倒吃了一个很大的萝卜。辣不辣且不管他，切得那么小一角一角的，殊不合我这个乡下人口味也——我对于土里生长而类似果品的东西，若萝卜，若地瓜，若山芋，都极有爱好，爱好有过桃李柿杏诸果，此非矫作，实是真情。而天下闻名的天津萝卜实在教我得不着乐趣。我想你是不喜欢吃的，吃康料底亚巧克力的人亦必无兴趣，我只有说不出什么。

旅馆里的被窝叫我不想睡觉，然而现在又没有什么地方可去了。附近有个游艺场，贴的是《雷雨》和《千里送京娘》，这是什么玩意儿呢？一到，马上就买票，许还听得着童芷苓，然而童芷苓我本来就没有兴趣。这儿票价顶贵才六万多。据说北平也如此，还更便宜些。那么以后我听戏与看电影的机会将会均等了。中委茶房说得好，“北京就是听戏”！

然而我到北京怎么样还不知道呢，想起孙伏园的《北京乎》?

我还是叫中委给我弄盆水洗洗脚吧，在那细看着教人心里不大明亮的床上睡一夜吧，明儿到北京城的垃圾堆上看放风筝去。曾祺，三月九日。

信是用钢笔、蝇头小字写的。字迹娟秀如其人。就像平常聊天一样，这信写得自如，丰满，情趣盎然。五十年后重读，就和促膝谈笑一样。他总是对那些生活琐事有浓厚兴趣，吃的、看的、玩的，巨细靡遗，都不放过。他的小说为什么总使人想起《清明上河图》来，道理就在此。这信是散文么，还是小说？说不清楚。他晚期的有些短篇，就是这样，没有情节，甚至没有人物，只有一点气氛，却能中人欲醉。我说过，散文与杂文中间没有一条必定的界限，在曾祺，散文与小说也是如此。

到北平后，大概生活颇不如意，也许不久就住到午门朝房里去了。这中间，应该还有些信，失落了。保存下来的是写在涵芬楼制的红格笺纸上的一封。

黄裳兄，同学有研究语言学者，前曾嘱代请上海熟人打听《外来语大词典》，天马书店出版。上海现在不知还买不买得到。当时回答他说，问问人大概是可以的。说完了跟着就忘了。今天他来问，有消息么，觉得非常不好意思。实在该写一封信了。我的上海熟人适宜于代办这一宗差事的除了阁下还有谁呢？劳您驾，往后若是串书店，顺便问问他们掌柜的。若是遇到，请先垫款代买了。见书界权威唐弢氏，代为致候之余，亦请便问问此事。我准备更大地佩服他。他的地址是不是仍是从前那一个，前两天有汉学研究所赵君编《一千五百个中国小说和戏剧》，附作者小传，有他一条，他想寄一份表之类的东西请他填一填，希望告诉他的不错。

案上二表，一正指三点，一则已三点一刻，鸡鸣肚饿，只说事务，无法抒情矣。得把两篇劳什子文章赶好的时候再畅叙幽怀一番如何。

黄永玉言六月底必离台湾，要到上海开展览会，不知其近在何所否？我自他离沪后尚未有信到他，居常颇不忘，很想知道他现在怎么样了。少年羁旅，可念也。

我仍是那样，近来忽然有了从未有过的胃病，才吃便饱，放下筷子就饿。饱起来不住打嗝，饿起来不可当，浑身一点气力也无。可能此是一时现象，若竟长此下去，不亦糟乎！身体不能随意使用，那就真是毫无希望了。

林徽因已能起床走走，已催沈公送纸去，会当再往促之。

此处找事似无望，不得已时只有再到别处逛逛去，困难亦殊多。我甚寂寞，得便望写信说琐屑事，为候诸相识人。曾祺候安。六月廿六日。

在上海时，曾祺常陪我逛旧书店，因此才将访书之事见托。研究语言学者人约是朱德熙。辞典后来没有找到。那时我正起劲收集名人手迹，曾托他转请林徽因写一张。后来终于没有如愿。他还是住在北平写文章，曾寄来一篇小说《赵四》给我看，此文未收入他的自选集，可能在“文学丛刊”的一本集子里。他有一长信说起此文。

黄裳，刚才在一纸夹中检出阁下五月一日来函，即有“北平甚可爱，望不给这个城市所吞没。事实上是有很多人到北平只剩下晒太阳听鸽子哨声的闲情了”者，觉得很有趣味。

而我今天写的是前两天要写的信。今日所写之信非前两天之信矣。唯写信之意是前两天即有的耳。即在上次的信发了之后的一天。事情真有想不到的！我所写《赵四》一文阁下不知以为如何？或者不免觉得其平淡乎？实在是的。因所写完全是实事。自然主义有时是没办法的事。我对于所写的东西有一种也许是不够的同情，觉得有一种义务似的要把它写出来。（阁下能因其诚实而不讥笑之乎？）因此觉得没有理由加添或是加深一点东西。而，在我正在对我的工作怀疑起来（这也许是我寄“出”的原因）的时候。警察来谈天，说赵四死了！我昨天还看见他的？（即我文章最后一段所记）——是的，一觉睡过来，不知道为什么！死了。警察去埋他的。明华春掌柜的倒了霉，花了钱，二百多块。我又从警察口中得知他到明华春去，最初是说让他们吃剩下的给他一点吃，后来掌柜的见他挺不错的，就让一起吃了。还跟大家一块分零钱。德启说：没造化——吃不得好的。我想我的文章势必得加一句了。而我对我的文章忽然没有兴趣起来，我想不要它了。我觉得我顶好是没有写。而我又实是写了。我不能释然于此事。而我觉得应当先告诉你一下。你把它搁着吧，或者得便什么时候（过一阵子）退给我。或者发表了也可行。反正这是无法十全的事。

昨写信未寄，今日乃得廿九日的复信，觉得信去得实在是快，有如面对矣，为一欣然。拙作的观感已得知矣，不须另说了。阁下评语似甚普通，然甚为弟所中意，唯盼真是那样的耳。稿发不发表皆无所谓，然愿不烦及巴公。烦及巴公，总觉得不大好似的。弟盖于许多事上仍是未放得开，殊乡气可笑耳。或送交范泉如何？其应加之一句，一时尚不能得，以原稿不在手头，觉得是写在空虚里一样。或请阁下代笔如何？弟信得过，当无异议。如能附记两句为一结束，是更佳耳。

P家打麻将，阁下其如何？仍强持对于麻将之洁癖乎？弟于此甚有阅历，觉得是一种令人苦痛的东西。他们打牌，你干吗呢？在一旁抽烟，看报，翻弄新买的残本（勿怪）宋明板书耶？甚念念。意不尽，容当续书。弟祺顿首、一日。

巴公想买的《性与性之崇拜》已问不到。该书由文徵阁伙友携来，是替人代买的，现已不知转往何处去矣。唯当再往问之。

（以下细说关于《赵四》的两处增改。“第三或四页，赵四来打千道谢之后，写赵四模样，‘小小的……’一段最后，‘他体格结构中有一种精巧’两句抹去，改作‘他骨骼很文弱，体重不过九十镑。满面风霜，但本来眉目一定颇清秀。——小时他一定是很得人怜爱的孩子……’”）

阁下于此事作何种态度？——我简直是麻烦你。

前信说“下次谈旅行的事”，但此刻我心中实无“旅行”。大概还是那个样子。旅行是一种心理，是内在的，不具体，不成为一个事件，除非成为事件的时候，忽然来了，此间熟人近有动身者，类多是突然的。盖今日人被决定得太厉害，每有所动，往往突然耳。突然者，突乎其然，着重在这个“突”字。来上海若重到致远中学教书，亦无甚不可耳。然而又觉有许多说不通处！这算是干嘛呢。黄永玉曾有信让我上九龙荔支角乡下去住，说是可以洗海水浴，香港稿费一千字可买八罐到十罐鹰牌炼乳云。我去洗海水澡么，哈哈，有意思得很。而且牛乳之为物，不是很蛊惑人的。然我不是一定不去九龙耳。信至今尚未复他。他最近的木刻似乎无惊人之进步。我的希望只有更推远一点。我最近似乎有点跟自己闹着玩儿。但也许还是对浮动的心情加一道封条为愈乎？你知道这个大院子里，晚上怪静的，真是静得“慌”。近复无书可读，唯以写作限制自己耳。

北平已入零下，颇冷。有人送我冰鞋一双，尚未试过大小，似乎忒大了。那么，可以转送大脚人也。物价大跳，但不大妨事，弟已储足一月粮食，两月的烟。前言连烟卷也没得抽了，言之过于惨切。“中国烟丝”一共买过一包耳。所囤积者盖“华丰”（？）牌也，这在北平，颇为奢侈，每一抽上，恒觉不安。婆婆妈妈性情亦难改去也。

昨睡过晚，今天摹了一天的漆器铭文，颇困顿，遂不复书。颇思得佳字笔为阁下书王维与裴迪秀才书一过也。下次信或可一聊北平文人之情绪，如何？然大盼阁下便惠一书以慰焦渴也。此候安适、弟曾祺顿首。十一月卅日。

在这封长信里，曾祺述说了他对小说的一些意见。他的作品往往是“平淡”的。因为往往写的完全是“实事”。这在他晚期三篇一组的短篇中，表现得最着实。他甚至吝啬得不肯多加一点“多余”的东西，要这样做时会觉得“没有兴趣起来”。这种写作上的“洁癖”，真是没有办法的事。从这封信里，从他的作品里，似乎可以隐约地察觉到他受废名，也许还有阿左林的影响颇深。他执着地“写真实”，他叹息说自然主义似乎是不可抗拒的。他晚期小说写得少，散文写得多，似乎也是一种“返祖”，在他看来，小说就是散文，而更喜爱的还是后者。手头找不到《赵四》了，如得重读，当可更能理解他说这一番话的真意。在手头没有了原稿的情况下，他还清楚地记得他曾写下过的一切，要在什么地方删改、增添点什么东西，希望作品更完美、更接近他理想的境界，实在显示出他对写作的忠诚。

信里反映了他困居愁城寂寞的心情。有的熟人“突然”走掉了，踏上了“旅行”的征途。他却无奈地摹写漆器的铭文。可惜找不到他预告要写的“北平文人之情绪”的信，否则就可以看到他浮沉于这个小圈子里的种种光影。

这以后就是长长的睽隔，不知道他“行脚”到哪里去了。1954 年与妻去京，才匆匆见了一面，不记得在一起喝酒了没有。

他在编《说说唱唱》，颇有点落魄的样子。偶然在书店里买到少儿出版社出版的一册《羊舍的一晚》，是曾祺的新作，高兴极了。书中有永玉的几幅木刻插图，看来是精心刻成的。知道他们还常过从，从永玉的来信中时时提起曾祺，那时他大概已经加入北京京剧团做编剧了。这一步跨得好远，从小说散文到京剧编剧，真不知道他是怎样跨过去的。那时我在写一部小说，写成两万多字，曾请吴晗看过，又请永玉转给曾祺一看，他寄来一信。

黄裳兄：永玉和际垌叫我读一下《鸳湖记》，顷已拜读，你写了东西，首先是值得庆贺的事，向你道喜！

小说看来甚长。已经写了两万五千字，人物才出场，故事才开了一个头，全篇岂不要有二十万字么？那么，这是一个长篇。全篇已经写完了么？我很想有机会读一读全文，也许可以提出一点读后感。单看开头，未免有点茫然，这里面有些段落字句显然是为了后面的情节而伏置的，在“此时”还不会发生作用。

单看开头，只有两点意见。

一、行文似乎过于纡缓。也许我看惯了京戏，喜欢明白了畅。写了三四个京戏本子，觉得“自报家门”式的人物出场办法，大是省笔墨、醒精神之道。现在大家都很忙，报纸的读者尤多是劳人，过于精雕细刻，也许不一定很配胃口。有一个很鲁莽的想法，不如前面浓浓地写上一大段风景，接着就点名，把几个主要人物的名姓角色拉出一个单子，然后再让他们动作起来。

二、个别标点抄写时可能弄错了，有的按常例应是逗点处标成了句点，或者是把原有的破折号丢了，有语意断促之感。

一个希望是，还是尽量写得简短一些。这可能是我的偏见，我是只能写短篇，并且也只读短篇的。

我仍在写京戏，日前以一星期之力，写成一个剧本（速度可与郭老相比！），名曰《凌烟阁》。但是，只是一个一个地在写，却未有一个演出，终其身作一个案头剧本作家，这事就不太妙！

奚啸伯在上海演出，以《范进中举》打炮，曾往看乎？“听”说他对原著“整理、加工、提高”了（此贵报所云），不知“高”到如何境地也！此颂曼福不尽！

曾祺顿首，十二月九日。（一九六二）

老朋友到底是老朋友，虽然委婉，他的批评意见是对的。小说也不曾续写下去，成了断尾巴的蜻蜓。作为编剧，他是勤奋的，案头剧也不知写了多少，存稿仍在否？

他曾随剧团到上海演出，大概带来的就是《沙家浜》。在一起喝了酒，萧珊请我们到家里去吃了一次饭。曾祺不再像过去那样意气风发，老成了许多。这是自然的。

二十世纪八十年代初曾几次赴京，却总未能见面。一次约他一晤，他来了一封信，是在画纸上大笔挥洒的。

黄裳兄：来信收到，真是很久不见了！从你的文章产量之多，可以想见身体不错，精力饱满，深以为慰。

很想来看你。但我后日即将应张家口之邀，到彼“讲学”，明日须到剧院请假，并要突击阅读张家口市青年作者的小说（约有三十篇），抽不出时间，只好等以后有机会再晤谈了。——张家口这回有点近于绑票，事情尚未最后谈妥，他们已经在报上登了广告，发了票，我只好如期就范！

我的小说选印出后即想寄给你，因为不知道你现在通信处，拖下来了。兹请运燮兄转奉一册，即乞指教。

同时附上拙画一幅。我的画你大概还没有见过吧？这一幅我自己觉得很不错，不知你以为如何？

我近期发现肝脏欠佳，已基本上不喝白酒，异日相逢，喝点黄酒还可以。即候暑安！曾祺顿首。十七日。

这实在是他给我最后的一封信。后来还曾结伴赴港访问，苏南共游。我发现曾祺兴致很好，随处演讲，题诗，作画，不知疲倦。不过促膝神聊的机会没有了。重读旧信，我还是怀念过去的那些日子。

曾祺谢世，瞬已半载。久想写点什么给他作纪念。可是万语千言，竟无下笔处。偶然检出几通遗笺，重读一过，觉得这里面还保留着故人的风貌。重温昔梦，邈若山河。即以此为曾祺纪念可也。

1997年12月4日

林斤澜

注一个“淡”字

—— 读汪曾祺《七十书怀》

原载《中国作家》1991 年第 5 期

马年上元灯节，汪曾祺七十寿辰，全家三代九人团聚。七十称古稀，“三”在俗语里是“好事不过三”，“九”可是太极中的极阳之数了。总之，在在生欢喜心。没有邀请外人参加，“不足与外人道也”。大约也没有外人要求前来，这与一个“淡”字有关，且听慢慢道来。

设想那天上午，儿子儿媳带着孙女到来，大女儿大女婿带着外孙女到来。设想那天早晨，写了首“书怀”诗，诗兴中寿翁偷喝了一口早酒。孙女外孙女进门一叫抱住，会立刻闻见，又会立刻嘟嘟地报告奶奶（姥姥）：“爷爷（姥爷）喝酒了。”老太太会告诉女婿儿媳：“你们爸爸惜命了，忌白酒了。”可是柜子里的白酒瓶子，怎么自己空了呢？

不消说，重要节目是家宴。寿翁整个是美食家，整个既会食又会做，不过早在六十花甲当时，已宣布退出烹坛。何必动用宣布二字？只因远客近客吃了人家的当面说好不算数，背后说好才是“真生活”，不免口碑远传海外。烹坛接班人中一把手是儿子汪朗。老爷子为了“安全着陆”，声称一把手青出于蓝。儿子不无得意，但说还靠老头点拨。二把手是二女儿汪朝。大女儿汪明自称劳动力，未嫁前还自号贫雇农，可见气魄非凡。老大人施松卿是翻译高手，偶尔涉足烹坛，仿佛误入禁区，只能让人热烈欢送出，只得笑吟吟给儿媳、女婿、孙女、外孙女分点心递水果，不过也敢是非褒贬。真正的评论家是二女儿，她守在父母身边。大约十来年前，老爷子还在“花甲”，正在“衰年变法谈何易”，连续以《异秉》《受戒》《大淖》一新耳目的时候。有天，二女儿说：“我爸爸的小说还是不登头条的好，放在第三四篇合适。”稍迟疑，找补一句：“林叔叔，您的也一样。”这话怎么听好？林某考察诸叔叔的女儿们，再没有机会说得这般言语出来。十来年后的今天想起，也还只能说“这话怎么听好！”

不过把话收住，想象七十寿辰寿筵上，不会有这种话头。也不会有老爷子怀念的带四个轱辘的自制兔子灯，给孙女外孙女拉着跑。因为华居局限，九口人到齐只可三个姿势：“立如松，坐如钟，卧如弓”，“不宜出行”。

过后，曾祺写了一篇《七十书怀》，发表在四川的《现代作家》上。很多人没有读到，只在报纸上看到摘要，像是“简明新闻”。

摘要没有摘上《七十书怀出律不改》，这是一首七律：

悠悠七十犹耽酒，唯觉登山步履迟。
书画萧萧余宿墨，文章淡淡忆儿时。
也写书评也作序，不开风气不为师。
假我十年闲粥饭，未知留得几囊诗。

文章后半，又解释道：“……‘出律’指诗的第五六句失粘，并因此影响最后两句平仄也颠倒了。我写的律诗往往有这种情况，五六两句失粘。为什么不改，因为这是我要说的主要两句话，特别是第六句，所书之怀，也仅此耳。改了，原意即不妥帖。”

摘要者放过“也仅此耳”的“原意”，着重在第四句的“淡淡”两字上。

关于“淡淡”，寿翁又自有一段解释，文字不多，层次倒不少。若只摘出几句来，有碍全貌，想想还是都抄它出来“妥帖”。

有一个文学批评用语我始终不懂是什么意思，叫作“淡化”。淡化主题、淡化人物、淡化情节，当然，最终是淡化政治。“淡化”总是不好的。我是被有些人划入淡化一类了的。我所不懂的是：淡化，是本来是浓的，不淡的，或应该是不淡的，硬把它化得淡了。我的作品确实是比较淡的，但它本来就是那么样，并没有经过一个“化”的过程。我想了想，说我淡化，无非是没有写重大题材，没有写性格复杂的英雄人物，没有写强烈的、富于戏剧性的矛盾冲突。但这是我的生活经历，我的文化素养，我的气质所决定的。我没有经过太多的波澜壮阔的生活，没有见过叱咤风云的人物，你叫我怎么写？我写作，强调真实，大都有过亲身感受，我不能靠材料写作。我只能写我所熟悉的平平常常的人和事，或者如姜白石所说“世间小儿女”。我只能用平平常常的思想感情去了解他们，用平平常常的方法表现他们。这结果就是淡。但是“你不能改变我”，我就是这样，谁也不能下命令叫我照另外一种样子去写。我想照你说的那样去写，也办不到。除非把我回一次炉，重新生活一次。我已经七十岁了，回炉怕是很难……

有关这一段，我听见一些议论。有人说，他说不懂淡化是什么意思，倒不懂他为什么说这个。有人欣赏“你不能改变我，不能命令我照另外一种样子去写”。有人不同意“‘淡化’总是不好的”……看来，大多是只看见报上的摘要，没有读到全文。若细看全文的各个层次，问题可能就没有了，也就是“化”了。

因此我也不细说别人的看法，只说说我自己的一些感想。

曾祺解说他的“淡”，说到文化素养，说到气质，但第一句话是“我的生活经历”。看到这句话，我心里磕绊一下。“磕绊”是不能顺利通过也。

一九八八年，在北京座谈曾祺的作品，好几位评论家做了认真的准备，有的远道赶来。我作为座谈的主持人，当时就以过于“小型”为憾，那也是“钱儿”的关系吧。今日回想起来，“虽小却好”，那诚恳的气氛，那认真的思考，学术空气回旋不散形成怀念——都可以说作怀恋了。

有几位同意一种说法，汪曾祺继承了源远流长的“士大夫”文化。光“士大夫”这三个字，就表明了中华民族特有的东西。有人慨叹只怕这样的作家，以后不大可能产生了。因为那是需要从小开始的“琴棋书画”的熏陶，今后不大会有这样的境遇。

这就说到曾祺的“经历”了。我想“从小开始”大约是不错的，“从大以后”另作别论。

曾祺不时说起他父亲作画，他见机钻了去傻看——看傻了的情景。“见机”是因为他父亲疏懒，须得春秋佳日，花月佳时，仿佛心血来潮才打开画室。可以说是一种“纯情”的行为，不是职业不是事业或什么业，总是不以为业吧。画得怎么样呢？反正乡里中颇有名气，求画的不少，拿了纸来卷成卷儿，贴一条小红纸——叫作“签”吧，上书“敬求法绘，赐呼某某”，堆了一堆。到了个什么日子扫扫房，他父亲一卷一卷拿起来看看姓名，往旁边一扔一扔：

“过世了。”

“不在了。”

试想时日的悠悠。

父子都爱喝酒，父亲给儿子斟酒，说：

“多年父子成兄弟。”

这句话震动过少年的心。汪朗“烹坛”接班过程中，还有别的更加动情的事件，猜想曾祺心里，都出现过这句话。

抗日战争发生，曾祺在扬州念完中学，读了沈从文的小说，绕道越南，进入云南，去读西南联大的中文系。加入像俞平伯在北京倡导的昆曲社清唱——叫作“拍曲子”。大约三十年后，汪曾祺奉命写样板戏，写出阿庆嫂开茶馆的那几段唱词道白，那要没有渊源怕办不到。

八十年代的编辑新人、文坛新秀，有的以为汪曾祺是样板戏时期出现的新作家。其实他在四十年代就出过小说集子。在西南联大上学中间，在沈从文的写作课上，就写起小说来了。沈从文向文艺界推荐他的小说，用语简单，分量不薄：“他的小说写得比我好。”

曾祺读完大学的学年，不说是高才生吧，也是有了作品的人，却没有拿到文凭。原因是体育不及格，不及格的原因是不去上体育课。这种事情其实若让流亡学生办起来，好办得很，公了私了硬了软了，都是了得了的。曾祺虽也来自沦陷区，但不在流亡学生之数。他是书生。不用说旧社会，就是今日，文凭这张纸按“白马非马”的句法，这张纸不是纸。这个书生偏偏只把它当张纸，甩手一走。

抗日忽然胜利了，解放战争紧跟上来。曾祺在上海混了一阵，到北京，失业。

旧社会的失业学子是什么情况？和现在的待业知青可不一样。现在就算吃不得父母的饭，总还可以在老屋里摆张单人床。若是“练练”摊呢，再走一步“倒倒”呢，发不发的单瞧你自己了。在旧社会，没有这样的头路。后来，还是他老师沈从文，给在“推出斩首”的午门城楼上，找到一个“出土”饭碗。这里的引号不是引的曾祺的话，也不是我的词儿，是我听来的。

那时候我还没有认识曾祺，他的文章也不知读到过几分之几，他自己手里也不齐全。只知道没有读见呻吟或是叫喊，倒有一句话不能忘记：“北方不接受我。”

我想着这是“超过”沈从文了。沈从文在自叙经历时说：“这乡下人又因为从小飘江湖，各处奔跑，挨饿，受寒，身体发育受了障碍，另外却发育了想象……”在感谢别人的帮助时说，若不，“……就卧在什么人家的屋檐下，瘪了，僵了，而且早已腐烂了。”

“不接受我”，倒像是谈龙谈虎时候周作人的意思。老民国政府欠薪不发，周作人说是“政府代我们储蓄”。住房狭窄，来客只好坐在书房里，书房只有一把藤椅比较舒适。他写道：“凑巧没有客厅。”

曾祺在六十九岁时，写过一篇“自报家门”，有关失业的事只写道：“到北京，失业半年，后来到历史博物馆任职。”

曾祺说自己“衰年”“回到”“平实”。从“北方不接受我”到“到北京，失业半年”，文字上是“平实”了。也可以说“淡”之又“淡”了。

林斤澜

纪终年

原载 1997 年第 4 期《收获》

汪曾祺1920年旧历上元灯节，出生在江苏高邮。小时候，他多才多艺的父亲自制了个兔儿灯，下带轱辘，让他过生日拉了跑前跑后，七十岁还惦念这灯，这乡土的烛光如梦的灯节。

终年七十七，“古稀今不稀”。好像走得也突然，刚写完的稿子还没有交稿，要画要字的正不少，还有官司盯着，小报上新有挑剔，当然，有邀请，有约会，有盼望见面的文友……

曾祺走后第二天，忽然觉得这回辞世早有准备。这一觉，仿佛眼前一亮，把些纷乱印像水洗一样清晰了。什么从容、豁达、安详……都成了陈词。我想说是一种境界。什么境界？想说是“审美”。他是一个真正的艺术家，先让我这么说着吧。

我们刚去四川，参加一个“跨世纪”的笔会，回来才一周。5月11日晚上，他大量吐血，估计可有千多CC——一位特护指着吊瓶说，总有两三瓶。当即呼叫急救车，送到友谊医院抢救，止住了血，16日上午8点还好好的，10点再次出血，这回是向下走，立刻摸不着脉息，量不着血压，继续抢救两小时，不治。

住院头尾才六天，好友同行都还不知道，辞世消息一传出来，我这里电话不断，大家当然是震惊。

其实早在1994至1995年的春节前，他住过一回医院，检查出来肝不好，食道静脉曲张，如同瘤子。也考虑过手术处理，可要大开刀，年事又高，怕扛不住。只吃药，忌食硬的、干的、炸的东西，再，断酒。

一时间，精神萎顿，反应迟慢，口齿也有点不清楚了。有青年同行近年练功，仿佛得道，他问汪老脸色怎么那么黑？我说生来就黑，小名小黑子。这位说黑跟黑不一样，这黑是肝得过，还有隐患。往下没有直白，只是沉下脸来。可是曾祺自己总说不过有的指标偏高，儿女们也是后来才看见成沓的“病历”。

先后不少文友，都对脸色发生疑问。我因常见面，倒看得平常一些。到了秋天，力劝他和夫人施松卿到我家乡走走，散散心。我家乡温州，是江南水乡，又是浙东山“瓯”，经济发展，也别具一格。终于成行，同行中有比他年长的，但接待人员看外表都先去搀扶他，不只一位悄悄说，有可能汪老是最后一次出游了。我说不会，不能。不可从此滑坡。精神还是比在北京开朗。是不是和断酒断得太急也有关系，可以喝点啤酒试试。

人们喜欢他的字，他也有兴致写。有天晚会，还登台唱了几句昆曲。车能去船能到的地方，都去，下车下船就近散散步。过后写了几篇散文，虽是星星点点，却生机葱茏。

平安进入1996年，服用“蚂蚁”偏方，请人按摩。气色日渐明亮，肌肉见壮，思想活跃，我说老头好像麦苗返青了。在他家里夸口出游是个转折点。

一天下半夜，老伴老施起夜眩晕，摔倒地上，曾祺惊醒。老伴是老年血管硬化，大脑缺血昏迷。咫尺之地，曾祺连拉带拽，竟努力了两个小时，才回到床上等待天亮。不想施松卿夫人从此衰弱，不久卧床不能自理。

这是发生在蒲黄榆旧居里的事。旧居狭窄，有的同行抱不平，说，这样的老作家有几个？还住在贫民窟里。曾祺自己从来不谈这些事情——家里议论，都不插话。这时长子汪朗，分到虎坊桥三室一厅的大单元，让给老人进住。儿女们包办了装修，置了新家具。门厅宽敞，进门焕然，我不觉贺道：老头发了！曾祺若无其事，发也谈都不谈。

他的书房小些，秉性不爱也不会收拾，立刻书本堆到地上，纸张挼的摞的不是地方。自己多半站着，躬身在大书桌上写毛笔字，画花卉。老伴躺在隔壁屋里，醒着时，刻把钟叫声曾祺，他就过去站一会儿。

有时候小声说：这怎么写东西呢（指的是本行文章）！

曾祺的字比画好，但渐渐地只顾画花画草，写字不算多，说，写字要想词儿。

有天，打电话问我，你在缩编古典小说？报上说的。沉吟一会儿，小声：不要浪费生活。我说是少年读物，也不费很多时间。他不作声。我想说你也不要整天画画，想想还是先画吧，画吧，画段时间再说。

有天，来电话说，当天《北京日报》副刊上有篇好文章，作者不见经传。我说我家没有《北京日报》，他说他寄给我，又说太慢，有点着急的样子。我说我下楼到报摊上买一张。接着我转了两个报摊，都没有“进”这个报。只好打电话给我女儿，从办公室借一张回来。第二天，他又约了邵燕祥三人各写一篇短评一起发表。

有时候，曾祺沏一杯绿茶，坐在已画未画纸团纸卷中间的沙发上，好像那张沙发倒是后来挤进来的；点烟，直眼，烟灰寸长自落，伸手在看不见的地方，摸稿纸，竟也能摸到钢笔。以后一气呵成，出来一篇小说。小说也越写越短。

几个人合编一套散文选，说好由他写序。等到编成，他差不多忘记了，给过他的资料也找不着了。再凑点资料给他，过几天又不知哪里去了，那就随便写吧，竟写了快三千字，大家叫好。

老来文章越好的话，不断听见。这里只记下他的师母张兆和先生说：下笔如有神。又感叹这样的作家不多见，越来越少了。

这次去四川参加笔会前，我让他挑个头，约几个人谈谈短篇小说。他说谈什么？我说新近小会上，他有两句话没有展开来。一句是他在用减法写小说。还有一句是没有点荒诞没有小说。又要他把新近发表的，挑三两篇给我，有用处——卖了个关子。

我知道这几年他不看《北京文学》。我说现在是小章主事。今年搞了个短篇小说大奖赛，出了些好作品，特别是出了新人，刊物有了起色。不过有一点，现在的短篇小说，大多是字数少些就算短篇……仿佛是碰着了不知哪根筋，他立刻说："好吧，等四川回来。"

我主张去趟四川，把一些事情推到回来再计较，这中间还有个由头：曾祺做梦也梦不到摊上官司。事关版权枝节，曾祺表示了歉意，谁知调解不成，后来人家还是开价要"费"。

儿女们劝他不要管，剩下的事务由他们承担。朋友们也说就这么点事，年老体弱，犯不着烦恼，放开，拉倒。

曾祺却总觉着名利上头，一生淡泊，临老却泼上脏水，把件汗衫脱也脱不下来，贴在身上好比裱褙。竟连续几天睡不着觉，下半夜两三点钟还睁着眼，只好吃药。这时候是不是喝点酒了呢？没有细问。不过他的女儿说吃饭的时候只喝一杯两杯，可是家里的酒瓶好像漏了。

出去吧，散散心去吧。

四川的笔会活泼，接待隆重。只不过和曾祺不住在一处，出入不同车。两三天后，听说跟他要字要画的人很多，直写到半夜，也有躺下了还叫起来的时候。

从成都到了宜宾五粮液酒厂，听说他开了白酒戒。曾祺去年恢复喝点酒，我观察心理生理上都得到好处。先喝啤酒，后喝葡萄酒。汪朝说越喝越多，传达室小卖部的“中国红”，差不多是为他“进”的。现在又开白酒一戒，这可大胆了。但食不同桌，不知究竟。

同时登记归程车船机票，有人绕道三峡，又有九华山邀请，还有四川别地的逗留。我找到曾祺，问有什么思想活动，他说回北京。我说好，惦记老伴了吧。他小声说：归心似箭。我说宜宾就有飞北京的班机。他说还有点东西留在成都。我说那就一起回成都，立刻飞北京。只怕又有耽搁。

5月4日，各自回到家中，本打算休息一阵，再一同去趟江苏南通，这是到四川前约下的。不想才三两天，打电话来说，女作家们在太湖有个聚会，特请老头参加。我想了解一下怎么回事。又听说南京要曾祺先去他们那里，有点什么出版事务，还有电话台的什么主意，幸好儿女坚决反对，汪朝说老头“折腾”不起。幸好幸好，要不发生在路上了。

11日晚上10点多钟大出血。电梯工说，廊道上都闻到血腥味儿。女儿们在各自家里，老伴精神不济，还不能全叫她知道。小阿姨急得直哭，这一通忙乱可以想见。

13日我才接到电话。汪朝忙中抽空打了几次才知道。

14日下午3时，“探视”开始，我走进病房，先看见大女儿汪明夫妇。汪明招呼道：您的好朋友来了。我看见了两个吊瓶，

“特护”在右脚插针地方绑纱布，再看见枕头那里一把管子什么的，有插进鼻孔的，有堆在嘴边的。曾祺闭着眼睛，我小心轻轻走到床前，不想他睁开眼来，清晰说道：还是那个地方……我赶快接过来说：静脉曲张。

医生进来交代：不要说话，光听着。又缓和一句：少说，多听，好吧。

曾祺的脸变小了，不黑，倒苍白。摘掉假牙，又插管子，贴橡皮膏，下巴收缩潦草……怎么会有清晰的发音？睁睁眼睛，可又怎么闪闪光芒？早有人说过，汪老有冷光。有人说“奕奕”，有人说“炯炯”，大概都是有特殊印象，却说不准确，只好沿用现成的词汇。

一个人从青年到老年，相貌当然会有变化，总有几个跳跃的阶段。经常见面的老朋友反倒感觉不明显，有一位杨早先生说“汪先生的生母是我祖父的堂姑”，1994年才初见“汪爷爷”，写下这么个印象：

> 有文章说，汪老捂着嘴偷笑的时候，很显“猴相”。我悄悄地观察了一阵，果然不错，他眼里时时闪现的光芒，总让人想起一个字：精。而且我还发现了一点奇事：汪先生在仰头、低头、侧头的时候，从不同角度看去，模样都截然不同，就好像一个人有很多副面孔似的。

这时我在病床前，发生奇异的感觉，恰好想到这个“精”字。想到不止一两位文友的议论：晚成。老来写成“精”了。

曾祺闭目养神，出小声，好像是“走四个不是？”

四个？哪来的数字？赶紧回想平日闲谈，有没有类似的意思，想不起来。

他小声：冯牧，荒煤，还有谁？

同年龄段中，端木蕻良也走了不久。为纪念端木，我约了几篇稿子。曾祺说难写，但还是如期交稿。有什么难？当时端木坎坷我们都很清楚，清楚到难以下笔……这时又数上也难？多么像上路时点点同伴？我赶紧说没有了没有了，再也没有了。

一会儿，更像自言自语，提起刚走不久、可年轻得多的刘绍棠。说那天在八宝山，大家从灵堂出来，一位作家说，和绍棠的“礼数”——这两个字听不真——到此结束。曾祺大声点，一句一顿，清楚又平和：怎么这样？这叫朋友？可交吗？

北京京剧院来了两位，送来支票，代表领导慰问。曾祺睁眼，抬头抱拳，和善周到，说道剧院困难，我还添麻烦……那两位把话拦住，小心告辞。

我和汪明夫妇说，谁也不能永久，谁也得走。可是我们怎么也要进入下一个世纪，这已经是眼面前的事了，没有问题了，我和曾祺都约好了，下世纪也不服老，还要划拉划拉点东西。

曾祺不作声，面露安详的微笑。

“特护”谷女士在文艺界工作过，喜欢文学。她和汪明穿插着说，那天曾祺刚抢救回来，止住了血，平躺着，不想两手放到脑后——刚才是忽然抬手抱拳——说：以后写东西，可有得好写。

大家笑起来，曾祺还不作声，不过嘴边的管子有动静，“特护”过来整理。那个管子分岔，钳着三个夹钳，滴里嘟噜。“特护”又笑道：老先生逗着呢，说给他咬上“嚼子”了。

汪明夫妇有事先走，汪明到床前俯身，叮咛好好休息。没事了，只要好好休息就好。还说下回带两个小狗来，叫小狗来看看爷爷……

两个小狗指的是孙女小卉和外孙女小蕊，一个初二一个初一。曾祺不说什么，可是两眼慈祥，并且闪闪。

探视时间过了，我盯着他说，有什么事要办叫他们打电话给我。曾祺也不说什么，可两眼的光芒叫人不由得又想起精灵。我走过医院好像地下迷宫的廊道，那眼光一直在面前。

15日他像睡足了，多像没有困劲了。虽也闭闭眼睛，但脑子在活动。从忽然开口说出的话听来，心情愉悦，思想格外敏锐，也不说谁谁走不走的话了。

他身体里有足够的水分，那是从吊瓶从插管进去的。但食道严禁食物通过，连一滴水也不许可。“特护”向我们解释的时候，曾祺闭着眼插上两个字：

“戒严。”

因此口腔咽喉，在感觉上，十分干渴。偏偏这个部位重要又敏感，舌头翻不过来……曾祺又插嘴：

“天安门戒严。”

“特护”笑起来，曾祺仿佛抓住机会，指指舌头。“特护”笑着拿个针管，滴两滴在舌头上，说只能两滴，才到不了食道，喉咙就给吸收了。

曾祺说他现在有了监护人。“特护”说再拍也坚持原则。我说等他好了给你画张画。“特护”说没有那么大的要求，送本书就行。昨晚上老先生还说这才知道上甘岭的日子不好过。

我们都夸起来，说思想进步，渴了想上甘岭，烫着想邱少云，做什么想雷锋，脑子里都是英雄形象。

曾祺闭着眼，徐徐说道：什么时候，还开心，这样的朋友不可交。

大家更加说得热闹，肯定体力逐渐恢复，精神一天比一天开朗。“特护”说前天做医疗透视，脱掉衣服拍片，老先生说怎么拍裸体照。

曾祺插嘴说：“老头子什么好拍的。”

“特护”说，前天还总是说拍电视。一会儿说谁谁谁拍什么，什么镜头怎么怎么了，听不明白，也记不住。一阵一阵的迷糊，说胡话。

曾祺静默一会儿，觑着眼，小声说，前天看屋子是绿色的，豆绿？草绿？不像今天的奶黄……

我想着房间要是绿色可阴暗多了，另外一个天地了。

曾祺慢慢说道，不是迷糊，那是第二思维……

这时他儿子汪朗进来，曾祺提高声音：是，那是第二思维。

汪朗先一愣，接着说：怎么了，今儿第二思维了。

曾祺只管说自己的，这儿那儿，尽是镜头。

汪朗高兴起来，说，也怪，吐血当时，是最清醒的时候，交代哪张画放在哪里，送到哪里。什么文章写好了，交给谁。

曾祺小声解释：正好，都写出来了。

我说这还有完吗？都是什么呀？

曾祺说，都是约了的。小声：有一篇写铁凝，还比较满意。

我跟汪朗说，那是给“时代”那一组里的。

汪朗点头：交代清楚着呢。

我这才惊觉：第二思维！一个艺术家的鲜活想象。曾祺觑着眼，思索——凝视绿色，思索——凝视闪闪的镜头，他走进审美境界了。在生与死的“大限”地方，迷糊，却看见了美。

曾祺新近说，他把用思索的地方，改用凝视了。因为凝视是动态，还富有感情。

16日中午，汪朝来电话，立刻想到有新情况，但汪朝的声音镇定。说上午8点钟还要眼镜，要看书。10点钟再次出血，这回是便血。我知道医生有言在先，再出血就没有办法了。不觉失声叫道，怎么会这样！汪朝静默，再说什么不知是我没有听清还是她说不清楚了。

大前天，汪朝说虽没有什么要求，还是要把住院的事，通知中国作协和北京作协，可是医院里的电话不大好打，我说这些电话由我来打吧。

两个作协的电话都打通了。北京作协即将开作代会，换届，忙得赛过红白喜事。赵金九书记接到电话，当天下午就和我一道去了医院，看见曾祺精神很好，一起聊得高兴。才转天，我把辞世消息告诉北京作协办公室，刚放下电话，铃声又响，是赵金九和北京文联副书记陈世崇两位叫我在家稍候，他们立即来了，一同到曾祺家中，向汪朝夫妇表示震惊和慰问，对丧事提了建议。丧事由北京京剧院主办，中国作协和北京作协协助。

中国作协至此还没有露面。

施松卿夫人一直卧床，怕她承受不了，只好能瞒多久就多久。

沈从文先生的一位公子经营花卉公司，要包办灵堂，儿女们也谢绝了。

我这里电话不断，有本地有外地，有在旅途的，有辗转打过来的，有饮泣不成声，有埋怨诸多，有建议……归总说给汪朝，她说有些“抒情的”怕做不到，有些学术性的从长计议。一并附记文末。

有的报纸上对医疗存疑。有的竟做标题说是“累死的”。我没有说过这样的话，在这段时间里，和有些报刊也没有接触。曾祺一家，日常平和，在这重大变故中，也正如曾祺说的“凝视”世界而已。一并附笔说明。

邓友梅

漫忆

汪曾祺

原载 1997 年第 5 期《文学自由谈》

汪曾祺和林斤澜是1949年以后我结识得最早的朋友。说这个没有自吹之意。他二位成仙得道，我望尘莫及，是后来的事。四十七年前还处在大哥二哥相差不多的阶段。曾祺虽已出过小说集，是沈从文先生入室弟子，但这没给他戴上光环，倒还挂点阴影，被认为曾是另一条道上跑的车；斤澜在中国是地下党员，蹲过国民党军事监狱，九死一生跑回来后只着迷写剧本，写的不少却一部都没上演过（至今也没听说有人上演），相比之下当时处境最顺的倒是我。小八路出身，写工农兵，在“批判武训传”等“战斗”中表现得既“左”又“粗”。文章虽写得平平却被认为“党性较强”。我与曾祺、斤澜感情密切，好心的同志还提醒：“交朋友要慎重，不要受小资产阶级意识的影响！”

他俩没嫌我“左”得讨厌，我也没觉得他们“右”得可怕，成了推心置腹的朋友。我对这二人细品起来还有区别。跟斤澜是北京人艺的同事，又是我把他拉进北京文联，完全平起平坐。我喝他的酒，他抽我的烟，谁也不等对方招呼。只是我喝酒有啥喝啥，不挑不拣。他要烟却目标分明。给次的他不要，指着我的口袋喊：“凤凰，凤凰，你有好烟在兜里揣着呢！”我只好把藏着的好烟拿出来共享。对曾祺我当兄长对待。写文章虚心地听他批评；读书诚恳地请他指导，连喝酒都照搬他的喝法。曾祺家住东单三条，文联在霞公府，上下班经过王府井。路边有个小酒铺卖羊尾巴油炒麻豆腐，他下班路上常拐进去“吃一盘麻豆腐”，他约我去，由他付钱，麻豆腐之外每人还要二两酒。他并不劝酒，只是指着麻豆腐对我说：“光吃麻豆腐太腻，要润润喉。”说完就抿口酒。我亦步亦趋，吃一口麻豆腐润一下喉，没多久酒量就上了新台阶！

讣告上说曾祺“终年七十七岁”，可我怎么也不相信，那时他才交“而立之年”。中国人提倡“老要张狂，少要稳当”，汪曾祺算个典型。若只见过他古稀之后的“张狂”相，绝想不出他年轻时稳当样儿！他三十岁时的扮相是：清瘦脸上常带稀疏络腮胡碴，背微驼腰略弯胸脯内含，穿一件蓝春绸面出风滩羊皮长袍，纽绊从未扣齐；脚上是港造上等皮鞋，好久未曾擦油；左手夹着根香烟，右手里端着一杯热茶。说话总是商量的语气，没见他大喊大叫过。有次文联内部开会，某领导人观察了他一会，发言时增加了点新内容。他说：“现在是新中国了么，我们文化干部也讲究点扮相么。要整洁，要充满朝气，别弄得暮气沉沉好不好……”他担当的角色，也没法不暮气。他是老舍、赵树理手下的大管事，在《说说唱唱》编辑部负责日常工作。《说说唱唱》本是“大众文艺创作研究会”的机关刊物，专门团结、联系北京城的闲散文人、卖稿为生的作者（跟现在的专业作家不是一个意思），如社会言情小说作家张恨水、陈慎言，武侠技击作者还珠楼主，原《红玫瑰画报》主编陶君起，大清国九王多尔衮的王位继承人、专栏作者金寄水，参加这里的工作的还有来自解放区的革命艺人王尊三、大学教授吴晓铃、既会演话剧还会写单弦的新文艺工作者杜彭等。各有各的绝活，哪位也不是省油的灯。汪曾祺却应付自如，开展工作、结交朋友两不误。这些人之间有时还闹别扭，却没听过谁跟曾祺有过节儿。这就靠了他的“稳当”作风。汪曾祺办事处人，不靠作派，不使技巧，不玩花活，就凭一副真面孔，一个真性情。对谁都谦虚有礼，朴素实在。真谈起问题来，你才发现此人学问有真知灼见，写作有独到之功，使你敬而不生畏，爱而不生烦。

令我服气并为之不平的，是他为公忘私，个人利益服从工作需要的作风。他是上过旧大学的知识分子，是曾有过小名气的作家，按理（政治课上学来的革命道理）他得满脑袋个人主义，缺乏革命精神。因此他申请入党时支部曾责成我与他保持联系，进行“帮助”。结果我发现他的政治觉悟比我还强，个人主义不说比我少也要比我隐蔽点。我正在写作上冲刺，为了保护写作时间，凡对我创作有影响的事我一律推开。汪曾祺第一本小说集《邂逅集》1948 年出版，曾引起文坛轰动。轰动声中来到北平，转过年就参加四野南下工作团。五十年奉命再回到北京，从此当起了编辑。大家查查他的作品集就明白，从这时候起到 1958 年止，没有再写过一篇小说。他全部精力都奉献给编辑工作了。那时期《说说唱唱》和《民间文学》的原稿上，每一篇都能看到他的劳动痕迹。他从不为自己失去写作时间叫苦，更不肯把编辑工作付出的辛劳外传。有的作者出名多年，仍不知自己出道与汪曾祺有关。

《说说唱唱》设在一幢日本式小楼里。日本式房子有大壁橱，专放废稿。来稿每天以百件计，可用量不到百分之一，壁橱里废稿如一座小山。想从这里发现可用之稿，也就如深山探宝。新收到的来稿还处理不完，也没谁花功夫到那里钻探，可汪曾祺竟从这里沙里淘金般淘出篇名著来。他为什么和怎么去那里开矿的，我已忘记，只记得那篇稿子涂抹很乱，满纸错别字外加自造怪字如天书一般。任何编辑初读此稿，都会望而生畏，读不完三两页就照理扔进退稿堆，可汪曾祺以超常的毅力读完了后，认为思想、艺术都大有新意！是篇不可多得的佳作！花功夫改了些勉强能辨认的错别字，把它呈到了主编赵树理面前。树理看着拍案叫绝，索兴亲手又改写了几段，润色了几处，这才拿到《说说唱唱》发表。结果一鸣惊人，中国从此有了篇小说名著《活人塘》，升起颗写作明星陈登科，却不知汪曾祺于此有功。登科是我老同学，我对他的创作成就佩服得五体投地，但对他“欲与仓颉试比高”的雄心壮志却不敢恭维。举例来说，他那原稿中写了好几个“马”字，下边都少四个点（即简化字那一横），前言后语的情节也都跟“马”不相干，汪曾祺面对这字抽了半盒烟，最后也没认出来。幸遇高人康濯，猜着念“趴”，理由是“马看不见四条腿，那不是趴下了吗”？为慎重特别去信问陈登科，他回信证明就是念“趴”，并为编辑能认出他创造的字而欣慰！整篇中汪曾祺碰上的这类难题有多少？他从来没跟人谈过。

当然汪曾祺办的事，也不都令人服气。部队里出了个能人祁建华，发明“速成识字法”，为扫盲工作创造极大成绩。汪曾祺要找人写“通讯”（那时还不兴叫“报告文学”）供《说说唱唱》发表。他不便指挥别人，就叫我随他和姚锦一块去采访。我问由谁执笔写？他说采访完再商量。采访完他和姚锦像商量好似的说：“三人你最小，当然由你干，你交个初稿，我们俩修改，算集体创作。”我当天开了点夜车，第二天一早就交出初稿供他们修改。等刊物出版后我一看，文章一字未改不说，却署了个颇为奇怪的名字：“锦直。”我问汪曾祺：“这名谁起的？锦直是什么意思？”汪曾祺说：“姚锦起的，锦直就是姚锦的侄子！”我说：“他这么写你也不改改？”姚锦又抢着说：“他改了，原来我写的是汪锦侄，是汪曾祺、姚锦两人侄子之意。他把汪字删去了……”我这才知道上了这大当。

那时没人认为汪曾祺懂京戏，连他自己也不这样认为。北京文联有人专管戏曲改革，副主席中有一位就叫梅兰芳，而且文化局与文联合署办公，戏改科就在编辑部楼下，哪个团要演新戏，都要请他们去指导、审查。文化局和文联的业务干部，差不多都有一个“审查证”，什么时候要看戏，进剧场通行无阻。我们那个办公楼里几乎人人会唱戏，连通讯员都能扎上大靠上台唱《界牌关》，可就没人听说汪曾祺也懂京剧。

曾祺看戏倒是有水平的，有些见解不是那些里手们所能提出。我和他看《伐子都》，他看完议论：“很有点儿希腊悲剧的韵味！子都人格分裂，被良心自责和内心恐惧折磨得发疯，白日见鬼，好，想象力丰富，编得有深度，演得有魅力，这种大写意的表演法是中国传统戏剧艺术的优势！”看裘盛戎的铫期，前半部对剧本的编排结构、对裘的唱功作功，他赞不绝口。演到铫期父子绑上法场，他击节叫好说：“真是大手笔，好一出大悲剧。”但演到马五回朝搬兵，砸了金殿，逼着皇上赦免铫氏父子，并带铫刚到前线杀敌立功，他像气球泄了气，连连摇头。全场观众都出口长气露出笑容时，曾祺却遗憾地再三叹气说：“完了，完了，挺好一出大悲剧，叫这么个轻佻的结尾毁了！”

比起看戏来，曾祺更爱读书。有一阵曾祺读《儒林外史》挺入迷，看稿累了就跟我们聊几句《儒林外史》令他佩服的篇章。他认为最精彩的部分是对范进老丈人的描写。平时他对范进举手就打，张口就骂，范进中举后高兴得发了疯。要靠他打范进嘴巴来治病了，他手举起来却哆嗦得打不下去了！这看起来滑稽可笑，细一思忖却让人心跳。中国人有这种心态的岂止只有屠夫？

可谁也没想到在这阵闲谈之后，有天他拿来部钉成本的稿件，带点恶作剧的神情对大家说：“闲着没事我写着玩，弄了个这个。你们谁想看看解闷？”看到题目是《京剧剧本·范进中举》，屋里人都嗯了一声，好像说：“就凭你这洋派、沈派、现代派的小说作者，也会写京剧？”

几个朋友先后都看了，得出的意见几乎一致。人人钦佩，没有谁说写得不好。有的说：“寓意深刻，很有文采！”有的说：“遣词用语玲珑剔透！可算得高雅游戏之作。”可也没有一个人说适合上演，在舞台上会红！

这剧本就搁在那儿了。剧本是1952年，或1953年春天写的。那时他和我都还在北京文联工作。此后我进“中央文学讲习所”学习，他调到“民间文艺研究会”，都离开了北京市文联。

1956年我从文学讲习所毕业，响应伟大领袖“有出息的文艺工作者，要到工农兵群众中去”的号召，到建筑公司做了基层干部。有天忽然接到曾祺电话：“喂，《范进中举》由奚啸伯排出来了，星期天在庆乐彩排，你瞧瞧去好不好？”

老实讲连这剧本的事我都忘了。能看看彩排当然好，不光我去了，还带了公司一位曾在剧团拉过胡琴的朋友和一位宣传部同事，一清早就去了大栅栏。

看彩排的人不多，主要是文化局戏改科同志和文联同事。大多数是内行。

奚啸伯先生是票友出身，颇有文人气质，是梨园界少数几个懂书法会写字的人之一，演《范进中举》怕是再难找到比他合适的人了。不过奚先生嗓子有个特点，音色好，音量较弱。他又是票友出身，虽然身上不错，但纤巧而欠夸张，因此这出戏听起来有味而不叫远，看起来有趣欠火暴。这一来就突出了这剧本适宜读而未必适于演的特点。所以戏看完，朋友们都觉得词雅意深，但未必会得到普通观众接受。但戏改科的同志对此还是十分支持的。

他们跟我说："曾祺头一次写戏，能达到这水平就不错了。他以后要能接着再写，准会越写越好。"

我深知他是一时高兴，不会拿写剧本当正业。

果然，不久就来了个文艺早春。中央宣传工作会议召开，号召百花齐放，百家争鸣，报刊的架子放下了，面目亲切平和了，文章的题材、体裁、风格多样化起来，真有点轻松灵活的味道了。汪曾祺没再弄剧本，倒是写起他拿手的散文来了。《公共汽车》《下水道和孩子》在《人民文学》上、在《诗刊》上一篇接一篇发了出来。发一篇招来一阵掌声。这是他进入新中国后第一次在全国性的大刊物上发表纯文学作品，也是我们相识后我见他最意气风发、得意而不忘形的时期。

汪曾祺在1962与1963年，竟然陆续写出了《羊舍一夕》等小说。这是新中国成立后，他发表的首批小说。接着在安排工作时，靠着北京有关单位和热心老朋友们的帮助和支持，以他写过《范进中举》为理由，把他调进了北京京剧团，当起了专业编剧。当时我在外地，获得回京探亲机会，立刻约林斤澜一起找到曾祺为其祝贺。我们避而不谈文学，只讲吃喝。曾祺特意弄了瓶"莲花白"，做了一个冰糖肘子，一个炒鸡蛋，他颇为得意地说："你们知道吗？以前饭馆招厨师，考他做菜手艺炒鸡蛋。鸡蛋炒得好，别的菜不在话下……"

没想到这一调动还救了他一命。

我恨透了所谓的“样板戏”，但我还得承认“样板戏”救汪曾祺有功。汪曾祺还曾背着个历史问题黑锅，所以他在北京文联积极申请入党而难以如愿。有关方面认真调查其历史，才发现所谓历史问题是个荒唐的笑话，掀去了扣在他头上二十多年的屎盆子。

汪曾祺靠“样板戏”保住命，出了名，甚至上了天安门，但他始终保持清醒，从没有烧得晕头转向。这时他已搬到城里住了，我回北京探亲，事先没打招呼就去看他，他表示意外的惊喜。谈话中我表示为他的境遇高兴，相信他在顺境中更能把握自己。他说：“我还有这点自知之明，人家只是要用我的文字能力，我也从没有过非分之想。……”他很想休息一阵。这时就看出朋友的作用了。斤澜知道曾祺的心态，跟我说过多次：“咱们得拉着他一块干，不能叫他消沉！”恰好北京出版社要重印二十世纪五十年代几个人的旧作，编为一套丛书。王蒙、斤澜、刘绍棠和我都在册，但没有曾祺。林斤澜就建议一定加上汪曾祺。出版社接受了意见，曾祺自己却表示婉拒。理由是新中国成立前的作品有些不愿收，新中国成立后的不够数。斤澜知道后找到他家与其争论，连批评与劝说，要他尽快再赶写出一批小说或散文来，凑够一集出版。他被诤友赤诚感动，这才又拿起笔来写小说和散文，由此激发了汪曾祺写作生涯的第三次浪潮！

写过“样板戏”的汪曾祺在新时期文学界仍然闪光，但他并不因此而美化和粉饰臭名昭著的“样板戏”。这很显示他的人格和魄力。当有人怀念、留恋、美化曾使自己受益的“样板戏”，甚至公开辩解时，汪曾祺却不怕丢人，敢于露丑，现身说法，以自己经历的事实证明某些人物是怎样奴役艺术界，使其为“四人帮”反动政治服务的。汪曾祺并不因为自己受益于“样板戏”就颠倒黑白，误人保己。我曾在一个会上说过，就敢于否定样板戏这一点来说，汪曾祺是位英雄！

邓友梅

再说汪曾祺

原载1997年第6期《文学自由谈》

二十世纪五十年代中，与我同辈的几位青年作家，如绍棠、谷峪都出了书，我还没一本集子，看着挺眼热，想把已发表的作品编在一块出本书，可又觉得分量不够。找曾祺要主意，他沉吟片刻说：“出也行，不出也罢。”便不再多说。这话我反复咀嚼，才明白是持否定态度，又找到他说：“接受你的建议，不打算出了。”他笑道：“急着出书干什么？要急就急在创作路子上。你现在的题材，观点，文风都不错，跟时兴的路子一致，容易发表也容易被看好，这点你比我强。最大不足是作品中找不到你自己。”

这是我头次听说作品还要找到作家自己。从此自觉不自觉地总想找找自己。一九五七年，斤澜在《北京日报》发了篇小文章，谈文艺观点，一千来字。字斟句酌，行文严谨，不少人看了叫好。曾祺却对我说：“你见到斤澜跟他提一声，讲究语言是他的长处，但过分考究难免有娴巧之虞。这么篇小文章，何苦啊……”我跟斤澜转达了，斤澜听了满服气，不断笑着点头自语：“娴巧，哈哈哈，娴巧，哈哈哈哈……”

一九五五年曾祺已调到《民间文学》杂志任编辑部主任。他来电话说：“我记得你到大凉山去的时候，收集过彝族民歌。有整理好的吗？”

我说：“有，整理了几首，上百行，一直没拿出去。”

他说：“我给你发了吧，写几句序言一块寄来。越快越好。”

重读那些民歌引起对大凉山多少回忆，感情冲动之下，序言写得就如脱缰之马，又臭又长。曾祺看后说：“民歌很好，只是您这篇序言怕要动动刀剪吧？个人感慨的部分你另外单写散文好了，就别搁在这儿了。这儿就介绍彝族民歌。”我说：“好。

不过要由你来删，我自己有点手软。”他说：“行！”接着又建议把关于一位土司的记述也删掉。他说那位土司既当过“国大代表”，又兼军阀部队的武职，是有出卖自己民族利益的劣迹的。虽然起义了既往不咎，我们写文章大可不必再替他宣传。当时我听了，真觉得曾祺在政治上也比我老练。

《彝族民歌选》不久在《民间文学》上发出来了。这是彝族民歌首次与全国读者见面，凉山月色、泸沽风情令人耳目一新。也许是有意嘉奖，曾祺寄来稿酬超过百元！是我二十世纪五十年代拿得最多的一次稿费。

他写文章谈论我的作品，是二十世纪八十年代以后的事。《烟壶》发表后，《文艺报》要发篇评论文章。想找位既熟悉我又熟悉北京的作家，问我找谁好？我说汪曾祺。果然找他一说他就写了。文章发表后我向他致谢，他说：“先别高兴，我还有话没写上呢。你那个库兵不行，是个多余的人物，这篇小说没他什么事也碍不着，只因为你对这种人物有兴趣就写上了。这不行！破坏了结构的严谨。我只在文章中说你九爷写得好，没提这写得不好的库兵，给你留点面子，当面这意见还得告诉你！”

他对《烟壶》这条意见，我没跟别人说过，不想泄这个底。为了纪念曾祺，今天我公之于众。他完全说对了，我心服口服，不过我不想改。

他对《战友朱彤心》持否定看法。这篇东西是他女儿汪朝先看的。汪朝看小说很有眼力，开始边看边说：“邓叔叔这篇东西写得不错，写得不错。”可越看越泄气，看到后来把杂志往桌上一扔说：“挺好的开头，结尾砸了，全完！”听女儿这样说，他才拿来看。他说："开头真不错，以喜剧手法写人物的悲剧性格，多好，而且已经完成大半了，怎么突然弄出个正面结尾？真没劲，真糟蹋材料！"我有点懊悔地说："原来我是写成此人一事无成的，刊物主编看后说，这样有趣是有趣，但主人公一生只闹笑话，毫无作为，是不是太没意思了？不过改不改随你，这只是我个人看法。我听了这意见后才改成这样……"曾祺说："不在人家提意见，而怪你自己没主见，没主见说明你对生活理解、判断得还不成熟，怪不得人家。"我说："不错，我也确实感到主编意见有道理。"他听了连连摇头："可惜了，可惜了！挺好素材糟蹋了！还是我这女儿有点眼光！"

汪曾祺近年来被人们称为"美食家"，我很高兴，也为斤澜抱不平。五十年代斤澜的烹调不在曾祺之下，他做的温州菜"敲鱼"在北京文化界独此一家。他家吃菜品种也多样。曾祺桌上经常只有一荤一素。喝酒再外加一盘花生米。

我倒是常看到曾祺做菜。那时他一家三四口只住一间屋。有个煤球炉子，冬天放屋里，夏天放门外。赶上做饭时间到他家串门，汪曾祺准在围着炉子忙活。二十世纪五十年代曾祺做菜还不出名，做的品种也不多。除去夏天拌黄瓜，冬天拌白菜，拿手菜常做的就是"煮干丝"和"酱豆腐肉"。前者是扬州做法。但北京的豆腐干与南方香干有别，不是那个味，汪先生有时就用豆腐丝代替，味道也过得去；后者是他耳闻加独创的吃法，听别人说了自己又揣摩着做的。质量不大稳定。一九五一年冬天一个星期日，我逛完王府井到东单三条曾祺家喝茶歇脚，一进门就闻到满屋酱豆腐味。炉子封着，炉盖上坐着小砂锅，隔几秒钟小沙锅"扑"地一响。我问他："大冷的天怎么还封炉子？”他说：“做酱豆腐肉，按说晚上封了火坐上砂锅好，可我怕煤气中毒，改为白天。午饭吃不上了，得晚饭才能炖烂。”我歇够腿告辞，走到院里碰上九王多尔衮的后裔金寄水。闲聊中我说到曾祺怎样炖酱豆腐肉。寄水摇头说：“他没请教我，这道菜怎能在炉子上炖呢？”我问：“在哪儿炖？”他说：“当年在王府里我见过厨子做这个菜。厨房地下支个铁架子，铁架子底下放盏王八灯。砂锅的锅盖四边要毛头纸糊严，放在铁架上，这菜要二更天开炖，点着王八灯，厨子就睡觉了，灯里油添满，第二天中午开饭时启锅……”他说王八灯是铁铸的油灯，黑色，扁圆型，有五根芯管，看着像王八。

第二天上班，我问曾祺酱豆腐肉味道如何？他没说好坏，只说“还得试！”

后来我在他家吃过两次“酱豆腐肉”。两次味道、颜色都不尽相同，看来整个二十世纪五十年代都还没“定稿”。

一九五七年后我俩各奔东西。斤澜也下乡长期劳动，只在每年春节回北京探亲时三人相会一次。见面都在曾祺家，一是他年长，本应我们去看他，二来跟他烹调手艺长进也有关系。斤澜厨艺落在他后头了。

“文化大革命”后期，我提前退休，斤澜被分配在电影院领座，长期休病假。我俩有了闲空，曾祺却忙得邪乎，打电话总找不着人。有天终于在电话中听到了他的声音，就约好时间去看他。他非常高兴，认真做了准备，把这些年练的绝活都亮了一下，嫂夫人和孩子不在家，我们三人冷热荤素竟摆满一桌子。鸡粽、鳗鱼、酿豆腐、涨蛋……虽说不上山珍海味，却也都非平常口味。我酒又喝多了一点，一时大意把好大一个肘子吃下去四分之三。从此每逢我到他家吃饭，他都预备肘子，而且一定放在我面前。

早年没见过曾祺画画儿，也没听说过他会画。知道他有画家朋友，如黄永玉弟兄，都是画水彩、刻木刻的洋画派。还有个篆刻家朋友，是嘉兴寺的和尚，一块参加土改结下的交情。我见过他给曾祺刻的印章，也见过大和尚本人，称得上法相庄严，刻艺古朴。中国书画同源，他有书法底子，看过《芥子园画谱》之类的书，又有传统文人气质，练起画来顺理成章，而且还确有独创之处。十几年前，我有天收到个大信封，一看地址是他寄来的。赶紧打开看。里边是一幅画，画的铁干梅花。树干树枝都是墨染，梅花是白色。是所谓“腊梅”。画中夹着个字条，上边说：“你结婚大喜我没送礼，送别的难免俗，乱涂一画权作为贺礼。画虽不好，用料却奇特。你猜猜这梅花是用什么颜料点的？猜对了我请吃冰糖肘子……”我跟舞燕猜了两月硬没猜出来。有天开会见到曾祺。我说：“我们猜到今天也没猜出来。肘子不吃了。告诉我那梅花用的什么颜料吧！”

他冲我龇牙一笑，说：“牙膏！”

我早知道他毛笔字写得不错。当年《说说唱唱》印信封信纸、刊名和地址用手写体，都是江曾祺起稿。他挺爱干这件事。颜体、欧体、柳体，三种各写一张。楷书、行书各写一行，请全编辑部民主挑选。人们评头论足，叫好的人不少，但没人因此称他书法家。更没人求他的字。不是那时写得不如后来好，而是那年头写好字不稀奇。我们不到一百人的小机关，能写好字的够半打：老舍写魏碑，端木写小篆，王亚平、柳倩写行书，都有两下子。有次政治学习，上边交代讨论时要做详细记录，以备检查。组里选人作记录。主持人端木蕻良问：“选寄水行不行？”大家都说好，一向“逆来顺受”的金寄水却把手举得高高的喊道：“不行不行！”有人问他：“你向来不是宁当记录也不愿发言吗，这回怎么不干了？”他说：“干也行，我有个要求。”端木问：“什么要求？”寄水说：“允许我用毛笔记。别强迫我用钢笔。”端木一笑说：“就这要求呀？批准啦。”寄水松口气说：“这就没说的了。有同志提过意见。说我爱用毛笔不用钢笔是甘于落后，不求进步的表现，其实是我用钢笔跟不上趟……”

我现在手中还保存着寄水自己写的名片，放在书法展览会上绝无逊色。但他连书法家协会大门朝哪儿都不知道。

曾祺书法出名，首先是他写得好，其次也得承认他有福气，赶上了好机遇。

人们对曾祺与酒的关系说法颇多，认为连他的飞升也是凭借酒力，怀疑他不久前参加五粮液酒厂的笔会有不利作用。对此我持否定态度。曾祺嗜酒，但不酗酒。四十余年共饮，没见他喝醉过。斤澜有过走路撞在树上的勇敢，我有躺在地上不肯起来的谦虚，曾祺顶多舌头硬点，从没有过失态。他喜欢边饮边聊，但反对闹酒。如果有人强行敬酒，闹酒，他宁可不喝。我跟他一块参加宴会，总要悄声嘱咐东道主，只把一瓶好酒放在他面前就行，不要敬也不必劝，更不必替他斟酒。大家假装看不见他，他喝得最舒服，最尽兴。

从二十世纪八十年代起，家人对他喝酒有了限制。他早上出门买菜就带个杯子，买完菜到酒店打二两酒，站在一边喝完再回家。这种喝法非他独创。当年赵树理就是这个喝法。北京文联在霞公府，拐个弯就是王府井，从南口到北口，沿途有两家酒店，到八面槽往西则是山西大酒缸。树理拉我们去吃山西刀削面，从南口开始，见酒店就进，进去多了不要，只打一两，站在柜台前一扬脖喝完，继续前进。这样到大酒缸时已有酒打底，再要二两酒四两削面一盘香椿头，连饭带菜就算全齐。曾祺继承这个喝法稍有变化。三年前他小病进了医院。我去看他时，他说大夫讲他现在的病没什么，要紧的倒是要马上戒烟停酒，不然后果堪忧，他打算执行。这以后我就有好长时间没见过他。隔了半年多在一个会上再见面把我吓了一跳。只见他脸黑肤暗，反应迟钝，舌头不灵，两眼发呆，整个人有点傻了！吃饭时有人给他倒了杯啤酒。他说："就这一杯，我不敢多喝。"他三口两口把那杯酒喝了下去，马上眼珠活了，说话流利了，反应也灵敏起来。我回家后就给斤澜打电话，我说："老头不喝酒有点变傻了。你最好跟他家里人说说，是否叫他少量喝一点，要不老头就傻了。他儿子汪朗还是开通的。只是他那脸色太暗，缺乏光彩，只怕不是好兆头……"

也许我这话起了极坏的作用，此后吃饭他又喝点酒了，绝没有放开量喝。这次去宜宾，虽是在酒厂开会，备得好酒，他也喝得很有控制，我和朋友们一边暗地监视，并没见他失控过。倒是他应酬太多，令人担心。不断有人要他写字画画，常常忙到深夜。我曾劝他："别太客气。累了就不要写。这么大年纪了，不是小孩。"他说："没事，写累了倒下就睡着，倒也好。"

从感情上说，我倒觉得他临离开这个世界前，兴致极好地喝两杯未必是坏事。若在告别人生之前，连回味一下酒趣也没办到，反倒大小是个遗憾。

我跟曾祺相识近五十年，没见他人前发过火，没听他人后贬过人。几十年里我只听他流露过两次“不以为然”的情绪。其中一次是对个别新潮派。他有次与二位文学新星一道外出参加活动，这二位嫌酒店档次低要搬家，嫌介绍时把他们排在后边要退席，说起话来气冲牛斗，一举一动都透着小人得志。有人谈起某位同志的文学成就，说他是少数几个真懂得什么是文学的人，他的语言是只能体会，不能摹仿的。他们把嘴一撇说道：“可是他也缺乏自知之明之处，对我们这批人也想指手画脚，他文章惹我们，我们就联合起来轰他，怎么着，还不是叫我们轰得在读者眼里掉了价？！”

曾祺摇头，跟我小声说：“我不信未来的世界就是这些人的！……”这是见他最激动的一次谈话。

从二十世纪六十年代初算起，汪曾祺在京剧界干了三十多年，使他对京剧由爱好变成里手。多年在梨园行浸泡，使他性格上起了微妙的变化。以前他也说笑话，但比较文雅而含蓄，从不手舞足蹈。近年开朗了许多，说话增加了梨园界的机智、幽默和俏皮。举手抬足摹仿舞台动作还蛮像样儿。有次他给我学一位武生念定场诗的舞姿。念到“鱼书不至雁无凭”时，作了个舞姿。一手高举，一手托底，抬腿仰头，颇为英武。我叫了声“好”。他说：“好？你知道这是什么意思吗？”我说：“不知道。”他说原来他也不知道。他看排戏，排到这儿就问那位角儿，“这手势表示什么？”那武生说：“汪先生你这不知道？烟雾瓶！大花瓶呀，这两手是抱着花瓶的姿势啊！”说着他也笑了。新时期以后他继续写过几个剧本，但再没有样板戏那样健的锋头。他很下功夫写的《裘盛戎》，也只演一两场。

经过斤澜一片爱心的动员与劝告，他又拿起小说之笔。刚发表第一篇《大淖记事》，反应不错。第二篇还没寄出，又引出一段趣闻：北京市文联研究创作工作，一位京剧团老朋友发言说：“我认为对作家们的创作思想领导上还要多关心些。现在不提文艺为政治服务，不搞样板戏，不弄三突出当然是好事，可也不能完全不讲思想性啊。曾祺前两天写了个小说给我看，写小和尚恋爱，有趣倒挺有趣，可主题思想是什么？有什么教育意义呢？……”大家听了只是笑，却被有心人记在了心里。此人就是《北京文学》老主编李清泉。会一散他就叫人找曾祺要稿子来看。一边看一边拍案叫绝，看完决定发表。这样推了他的第二篇名作《受戒》。从此一篇接一篇发个没完，小说比他的样板戏更成气候。

有《受戒》这件趣闻提醒，朋友们认为他既然以写小说为主，就不必再占剧团的编制，建议把他调到文联当专业作家。领导也表示同意了。没想到他却拒绝。他说跟京剧院有感情，力所能及还愿为京剧服务。这样直到去世，他再也没离开京剧团。

曾祺对剧团有感情，剧团对他也够意思，对他十分照顾。写什么，到哪儿去，从不干涉，能帮忙的还一定帮忙。不过有些事剧团想帮却力不从心。比如住房比较拥挤，剧团就难以解决。好在作协领导和中宣部都很关心此事，新华社也给予支持，经过研究，新华社慷慨地答应在八角村新盖的楼里再分一套大房子给他，面积几乎比原房大了近一倍。这消息传来，作家心中都感到很温暖。

不过直到去世，曾祺也执意不肯搬进那新居。汪朗不忍看老爹老妈再挤，把自己分的房子让给了他们，儿子儿媳仍守在拥挤的旧居里。去年春节我陪翟泰丰等领导给曾祺拜年，就去的汪朗献出来的这个虎坊桥新家。比原来宽敞多了，但仍然摆设得很乱。给他们放下了年礼，说完拜年话，告别时我悄悄问他："老翟多次奔走，好不容易给你弄来一套房子，你怎么不去住？要占汪朗的房子？孩子们不容易呀！"

他小声跟我说："那地离八宝山太近，一看见那边的大烟囱，我就心里格恙……"

我理解他的情绪。我们都老了！

邵燕祥

汪曾祺

小记

原载 1997 年 7 月 30 日《大公报》

我先是管他叫汪曾祺同志，或曾祺同志，后来也随着林斤澜他们简称之为曾祺。晚近几年人们多称他汪老，我虽向来不喜欢什么老什么老地叫人，但也只好随俗，不然显得我不懂敬老似的。

现在他已成故人，我们就像对待一切历史人物那样，径呼其名吧。

汪曾祺在一份小传里这么说：“1949年以后10年我没有写什么东西，是一段空白。”

我却记得这期间两次见到他写的东西，都引起私心里一点惊喜。头一回大概是1951年《北京文艺》创刊号或第二期，有一篇《一个邮件的复活》，署名汪曾祺。比报上一般的新闻篇幅长，而能吸引人一直看下去。邮递员的事迹本来都是平凡的工作，真人真事更受不少限制，但是作者选取了死信复活这么个角度，写得饶有兴味。曾祺本人可能因为是奉命采访，写出来，发表了，就完成了任务，没把它算作自己的文学作品。我在那时候众多叙事写人的文字里发现它，记住它，绝不仅仅是因为我熟悉作者的名字，读过他写的小说。就像1956年，萧乾的特写《万里赶羊》一下子抓住我，不是偶然的。

这两篇印象殊深的散文，我后来都没有重读过，如果说，那是因为当时触眼多平庸之作，看到两位老写手笔下取材稍具匠心，便觉文采斐然，一新耳目的话，那么，1957年6月《诗刊》上他的短诗《早春》，在今天看也仍是上品。

（新绿是朦胧的，飘浮在树杪，

完全不像叶子……）

远树的绿色的呼吸。

诗只一句，充其量算3句。但如说起1957年的诗，不能不想到它。

汪曾祺的诗，又“古典”，又“现代”，读过他早期小说的人，知道他曾经把一只手伸向西方。只读过他十多年来新作的人，在他炉火纯青的叙述中，几乎找不到域外影响的痕迹。他针对一种似乎理直气壮的论调，对所谓“越是民族的才越是世界的”提出置疑。据报道，他说他如果写长篇，就写《尤利西斯》《追忆似水年华》那样的。然则他酝酿已久的长篇历史小说《汉武帝》，倘若真写出来，该是什么样子呢？现在，这跟鲁迅计议写的《唐明皇》一起成为文学史上的遗憾了。

有人说汪曾祺是最后一个士大夫，也许是指他能诗能写能画，这样的人在今天的文人里可以说是绝无仅有了。劝年轻作家要更“有文化”，他是有资格说这个话的。我却宁愿说他是个自由派，是五四运动以后曾经为新文化主流的那样的自由派。他不是前朝遗老，他是前朝遗老的对立面。他的孩子有时叫他“老头子”，连孙女也跟着叫。亲家说这孩子“没大没小”。曾祺说他觉得一个现代的、人情味的家庭，首先必须做到“没大没小”；父母叫人敬畏，儿女“笔管条直”，最没有意思。他又说，儿女是属于他们自己的，他们的现在和未来都应由他们自己来设计。“一个想用自己理想的模式来塑造自己的孩子的父亲是愚蠢的，而且，可恶！”单是这一条，若搁在巴金的《家》里，肯定是觉民、觉慧们才有的思想！不能见容于高老太爷和冯乐山那批士大夫的代表的。

《受戒》就更是异端了。只要想想 1966 年开始，提出了“横扫一切牛鬼蛇神”，某地某大员竟在“黑五类”的地富反坏右之后，补充上僧、尼、道，而汪曾祺一度被调去搞“样板戏”之最高原则，一是派谁当主角等于让谁占领历史舞台，一是恋爱婚姻划为禁区。这篇不长的小说偏偏反其道而行，大大“美化”边缘人物和“边缘感情”，宜乎使某些人瞠目，即令放它一马，也只不过视为冷盘，不能当成主菜了。

这样的文学勇气，与士大夫气能相容乎？

不少朋友在追忆汪曾祺的文字里，都说起他为人的随和、恬淡，为文时也体现了心闲气定的风格。这是不错的。

一个大半生处于乱世的人，怎么能做到时时处处心闲气定？我在他的《跑警报》里找到一点解释：“他们（按指日本侵略者）不知道中国人的心理是有很大的弹性的，不那么容易被吓得魂不附体。我们这个民族，长期以来，生于忧患，已经很‘皮实’了，对于任何猝然而来的灾难，都用一种‘儒道互补’的精神对待之。这种‘儒道互补’的真髓，即‘不在乎’。这种‘不在乎’精神，是永远征不服的。”

鲁迅让我们于陶渊明的“采菊东篱下，悠然见南山”之外，也还看到他不那么“静穆”的作品。

陶渊明原是有“在乎”有“不在乎”，其“悠然”者是已“不在乎”了也。汪曾祺在《无事此静坐》一文里也自白说，“我是个比较恬淡平和的人，但有时也不免浮躁，最近就有点如我家乡话所说‘心里长草’”云云。这是毫不矫情的大实话。当我拿起电话听筒，听见曾祺提高几度音骂道：“那个王八蛋……”时，直觉就是，逼得冲和淡泊如老先生这样说话的，那“王八蛋”必定真是王八蛋无疑了。

汪曾祺有“不在乎”，亦有所“在乎”，因此他才做到有所为，有所不为。

曾祺的作品，不大关涉政治，这是他的审美趣味决定的。我翻看他近年出版的散文随笔，也只找到两处。

一是1989年8月写的：

> 我希望政通人和，使大家能安安静静坐下来，想一点事，读一点书，写一点文章。

一是1991年写的，稍长：

> 中国的知识分子是善良的。曾历经坎坷的那一代人，除了已经死掉的，大多数都还在努力地工作。他们的工作的动力，一是要实证自己的价值。人活着，总要做一点事。二是对生我养我的故国未免有情。但是，要恢复对在上者的信任，甚至轻信，恢复年轻时的天真的热情，恐怕是很难了。他们对世事看淡了，看透了，对现实多多少少是疏离的。受过伤的心总是有璺的。人的心，是脆的。
>
> 这是没有办法的事情。
>
> 为政临民者，可不慎乎。

其实，曾祺还是既不失热情又不失天真的。这一段不失温柔敦厚的话就是证明。

汪曾祺去世已经一个多月了。但朋友们聚会时想到他，面前有酒想到他（一桌豪华筵席不如来一盘爆肚，喝二两汾酒），看到好文章想到他，看到坏文章也会想到他（他会说：可恶）；走过福州馆前街，想到他仿佛还在那四层楼上，写他的字，画他的画（“亦是快事”）；想他间或漫步出胡同口，侧耳听蝉声，走走停停，若有心事，不知是在打腹稿，还是在打量行人。

总觉得曾祺还在我们中间，不像是与我们永诀之人。但，一时关于他，人们写的都是悼念文字了。我和他过从不密，但自以为相知不浅。见面或不见面，有话就说，直来直去，虽然所谈多是不足道者。他只向我提出过问题，却没有批驳过我，我对他没顾忌，他对我也不设防（可能他对什么人都不设防吧）。

尔今尔后，我们随时拿起汪曾祺的书来，我们仍然好像听他娓娓而谈，但我们想对他说点什么，却再也看不见那认真倾听专注的眼神了。纪念，纪念，纪以为念：这里写下我的一些想法，不能讲在当面了，将不谓我为背后议论乎？可惜，再也听不到那睿智兼风趣的插话了。

1997年6月20日

何孔敬

琐忆汪曾祺

录自《长相思——朱德熙其人》，中华书局，2007 年版

那个女人没眼力

同学中，德熙最欣赏曾祺，不止一次地对我说："曾祺将来肯定是个了不起的作家。"

曾祺有过一次失恋，睡在房里两天两夜不起床。房东王老伯吓坏了，以为曾祺失恋想不开了。正在发愁时，德熙来了，王老伯高兴地对女儿（我中学的同学王昆芳）说："朱先生来了，曾祺就没事了。"

德熙卖了自己的一本物理书，换了钱，把曾祺请到一家小饭馆吃饭，还给曾祺要了酒。曾祺喝了酒，浇了愁，没事了。

后来德熙对我说："那个女人没眼力。"

四烈士出殡这天

1945 年 12 月 1 日，昆明市发生了流血事件。四位爱国学生——潘琰（女）、于再、张华昌、李鲁连惨遭国民党特务杀害，震惊了整个昆明市。

四烈士出殡的这天，空前地壮观，昆明市的百姓都出来送行了。西南联大的学生、教师，走在队伍的最前面。朱德熙、汪曾祺、李荣也在其中。

听闻一多先生演讲

1946 年，西南联大的师生大多离开昆明。往日极为繁华热闹的文林街上的小茶馆，显得人稀冷落，格外凄凉。德熙没有离开昆明，因为有了昆明中法大学的文史助教工作。汪曾祺和施松卿也没离开昆明。

曾祺和松卿，三天两头到家来和德熙高谈阔论，但从来没在我家吃过一顿饭。

这年春季的一天上午，松卿和曾祺来了。松卿一进门就招呼我，说："孔敬，今午龙大少（当时龙云省长长子）公馆有闻先生的演讲，还有西点招待，干脆我们都到那里午餐好了。"并催着德熙说："德熙你抱了女儿快走。"德熙笑问松卿："你这么着急催我快走，是为了去吃那顿午餐呢，还是去听先生的演讲呢？"松卿哈哈一笑说："干脆（施松卿的口头禅），两样都要。"

此时我们的女儿只有七个月。德熙抱了女儿，跟着我们三个人，紧走紧赶到了龙大少公馆，但还是来迟了。施松卿说话慢条斯理，不着急地说："德熙呀！我们还是来迟了。干脆，我们都坐下来，先把肚子吃饱了再听先生的演讲。"

只见龙大少公馆里的花园树荫下，一条长长的西餐桌铺着雪白的桌布。桌面上，杯盘狼藉，剩下的一些火腿片、西餐汤、甜点，被我们一扫而光。

闻先生为什么可以到龙大少公馆来作演讲，主因是龙大少的夫人是西南联大的学生，也是个进步人士。那里演讲，当然比较安全。这样的演讲，施松卿常来听。

由于来迟了，演讲厅里已座无虚席，我和德熙、曾祺只能站在最后一排的椅子后面听。我很奇怪，西南联大的师生此时都已离开了昆明，哪来这么多学生来听演讲，德熙说："今天来的学生，都是本市的大中学生，并不奇怪。"

闻一多先生被害

德熙准备八月中旬离开昆明，北上清华大学。

不幸的事终于发生了，国民党特务用无声手枪杀害了闻一多先生。

那是7月15日的下午时分，钱局街上风声鹤唳，纷纷传说：西仓坡上一位老教授叫人杀害了。

曾祺和松卿气急败坏地到家来，对德熙说："我们没有估计错，特务乘联大师生走得差不多了，对先生下毒手了。"

他们三个人平时到了一块儿，总有说不完的话。这天，三人垂头丧气，沉默无语，他们的心情是可想而知的。

沈从文先生

沈从文先生是曾祺的老师，德熙作为曾祺的同窗挚友，也很敬重沈先生。

二十世纪四十年代初，沈先生一家住在昆明远郊的呈贡县。曾祺出城去看先生，常叫上德熙。一次，带上了我。到呈贡县城，必得坐火车。那是我第一次坐火车，一路上不知钻了多少洞，沿途山山水水，农舍点点，树木葱茏，花草相间，才知道出了城还有这么好玩的地方。到了先生家，师母开的门，笑嘻嘻地说："今天是哪阵风把你们吹来的。"先生笑眯眯地在书房接待我们。先生和曾祺、德熙聊天，他的话带有浓重的湘西口音，嗓音低沉。我坐在一旁，先生的话我一句也没听懂。

二十世纪八十年代初，一天曾祺来电话，对德熙说："沈先生病了，你和孔敬来看看先生。”我俩马上赶到先生家。师母和曾祺、松卿围着坐在藤椅上的先生说话。师母俯首告诉先生说：“德熙来看你了。”德熙拉了我凑近先生说：“沈先生，我和孔敬来看你。你的病情好些了么？”先生看着德熙，说：“吃了中药，很见效。”当时，有位青年中医大夫，自信能治好沈先生的病，正住在先生家中负责治疗。在师母的介绍推荐下，大夫也给曾祺、德熙把脉开了药方。

一包干巴菌

只记得是酷热夏天的一个头午，有人敲我家的大门。德熙到学校去给学生上课去了。如果他在家，必是他去开门。

我开了大门一看，门口站着的是汪曾祺，不免大吃一惊地问：“曾祺，这么早到北大来有事么？”

曾祺笑了说：“我是昆明出差刚由机场回来，顺路给德熙送干巴菌来。”

“唉呀！真不巧，德熙去学校上课了，你请屋里来喝杯茶再走。”

“那我就不等德熙了，司机在楼下等着我哩！”

我接过曾祺手中那一大包的干巴菌说：“曾祺，你把干巴菌都给了德熙，你一家人吃什么。”

曾祺说：“我拿回去，松卿又不会做，天气太热，再折腾，干巴菌全烂了。”

我又说：“那就明天你和松卿一同来，和德熙喝酒，干巴菌是下酒的好菜。”

曾祺两眼盯着我说："明天不出门了，我要在家好好地休息休息。"

我捧着那一大包干巴菌，没奈何地说："千里迢迢，大老远地给德熙送来干巴菌，多不好意思。"

曾祺说："我和德熙没有什么不好意思。"

曾祺说完了这句话，又说："孔敬，我得走了，改日和松卿再来看你们。"

曾祺下了楼，我才想起还没有和曾祺说声谢谢的话，糟糕不糟糕。

曾祺的信和画

1991年，德熙刚好在美国斯坦福大学亚语系讲学，曾祺给德熙来了一封迟到的信，说：

> 梦中喝得长江水，老去犹为孺子牛。
> 陌上花开今一度，翩然何日赋归休？

又说：

> 能早日回来，还是早回来吧。老是在外国，实在不是个事。我前年到美国，第二天就想回来。
>
> 北京情况还可以。
>
> 我病后精力稍减而食量增加，亦怪。每天上午还能写千把字，"准风月谈"耳。每有会，皆托病不去，

亦少与人谈话，不会招来麻烦。

要说的话很多，等你明春回来时再谈吧。

即候旅安！

曾祺

5 月 14 日

曾祺哪里知道，1991 年下半年，德熙经斯坦福医学院诊断，确诊为肺癌晚期，已经回不去了。仅只半年，就撒手人寰，德熙有许多事还没有完成。他是带了莫大遗憾离开人间的。

德熙在美国谢世不久，收到曾祺夫人施松卿的一封信，信中说到："曾祺一天夜晚在书房里，都以为他在写作。忽然听到曾祺在书房里放声大哭，把我们吓坏了，我们到书房里一看，只见书桌上摊开了一幅刚画好的画。画的右边写的是'遥寄德熙'，下款写的是'泪不能禁'。"德熙在地下有知，一准也是泪水难禁。

曾祺过世后，他的二女儿在父亲的抽屉里发现了这幅画，交给了我。我将这幅画请人装裱后挂在德熙书房里作为纪念。

巫宁坤

花开正满枝

—— 忆汪曾祺

录自《悦读MOOK》(第七卷),二十一世纪出版社,2008年版花开花落，一晃，曾祺走了十年了。十年了，我在异国他乡“一室一厅藏拙处”饰壁的还是他特意为我作的那幅《昆明的雨》，风神飘逸，画如其人。

他父亲是个画家，画写意花卉。曾祺小时爱看他画画，心领神会，从小学到初中都“以画名”。后来，苟全性命于乱世，久废画笔。他回忆道：

重拈画笔是运动促成的。运动中没完没了地写交待，实在烦人，于是买了一刀元书纸，于写交待之空隙，瞎抹一气，少抒郁闷。这样就一发而不可收拾，重新拾起旧营生。

曾祺也是画花卉的，他说：“我的画不中不西，不今不古，真正是‘写意’，带有很大的随意性。”他又说：“我的画，遣性而已，送人是不够格的。”你可别信以为真。

一九五七年，我俩同时落难，从此天各一方，“二十余年如一梦”。直到二十世纪八十年代才在北京重逢，却仍是咫尺天涯，离多会少。于是，一九八四年二月，我写信给他，请他给我画一张画，要有我们的第二故乡昆明的特色，我家徒四壁的墙上一挂，就见画如见人了。三月二日，他回信说：

画尚未画，因为想不起能表明有昆明特点的花果可画。昆明最多的是报春花，但这花细碎，难为布局。波斯菊也不好画，美人蕉则不成样子也。圆通公园樱花甚好，但画出则成为日本的回忆了。且容思之。

时隔数十年，他对昆明的百花记忆犹新，了如指掌，如数家珍。

他“思”了两三个星期，画直到三月二十日才画成：“右上角画着一片倒挂着的浓绿的仙人掌，末端开出一朵金黄色的花；

左下画了几朵青头菌和牛肝菌。”这幅画，从构思到布局和题词，处处可见匠心，淡泊宁静，炉火纯青。

他一再说“我想念昆明的雨”，淡淡片语饱含着他对花城魂牵梦绕的深情。抗战七年，他在昆明过着流亡学生的清苦生活：

我在民强巷的生活真落拓到了极点，一贫如洗……没有床，我就睡在一个高高的条几上，这条几也就是一尺多宽。被窝的里面都已去向不明，只剩下一条棉絮。我无论冬夏，都是拥絮而眠。有时没钱吃饭，就坚卧不起……

数十年后，“往事回思如细雨”：

昆明的雨季是明亮的、丰满的、使人动情的。城春草木深，孟夏草木长。昆明的雨季是浓绿的。草木的枝叶里的水分都到了饱和状态，显示出过分的、近于夸张的旺盛。

他不能忘情于昆明雨季的花果。雨季菌子极多，鲜美无比。雨季的果子是杨梅，卖杨梅的苗族女孩子吆唤着“卖杨梅——”，那声音使他感到“昆明雨季的空气更柔和了。‘雨季的花是缅桂花’，带着雨味的花使我的心软软的。”这个雨中的花城，色、香、味、音、情俱全，正是曾祺精神世界的投影。

曾祺说：“生活，是很好玩的。”他很欣赏杨恽在《报孙会宗书》中的话：“人生行乐耳，须富贵何时。”不论日子如何艰难，他都能随遇而安，苦中作乐。

1958年他调到张家口一个农业科学研究所，工作两年，其间还到下属的马铃薯研究站画了一套《中国马铃薯图谱》。穷居独处，没有领导，不用开会，“真是神仙过的日子。”马铃薯开花的时候，他每天趟着露水，到试验田里摘几丛花，插在玻璃杯里，对着花描绘。“坐对一丛花，眸子炯如虎。”他为我画的那片仙人掌，倒挂着犹能开出一朵金黄色的花，不正是他自己的写照吗？

曾祺慧眼童心，喜看百花齐放，人花合一。仙人掌花也好，马铃薯花也好，一花一世界，千姿百态，每朵花都绽放着造化的神奇。满怀“润物细无声”的温情，一拈画笔，得心应手，他的“写意”就“下笔如有神”了。

曾祺热爱生活，但是他深谙“一年春尽又是一年春”的自然规律：“七十岁了，只能一年又一年，唱几句莲花落。”晚年，大江南北，游踪所至，他为众多求画者留下了一幅又一幅佳作，一个繁花似锦的世界。他却一挥手走了，潇洒如浮云，花开正满枝。

附记：去年是曾祺辞世十周年，本想写一点东西作为纪念。没料到，八八残躯又遭晚期黄斑病变突袭，一时间几成瞽翁，废读废写。幸得良医诊治，重见天日，得以涂鸦。

2008年农历新年于维州客中

——汪曾祺的美食，也只是平民美食，是老百姓的『家常』美食。或者说，是文人的美食。汪曾祺自己也说：文人所做的菜，很难说有什么特点，但大都存本味去增饰，不勾浓芡，少用明油，比较清淡。

——苏北

高晓声

杯酒告别

录自《你好，汪曾祺》，山东画报出版社，2007 年版

老来无所好，爱喝几杯酒。酒友不少，在北京，便有汪曾祺、林斤澜诸位。

汪曾祺好酒，当胜于我。1986年广州、香港之行，我和他同居一室，他随身带着白酒。我喝酒的习惯是坐到饭桌边才喝，其他时间不喝。汪曾祺则随意，该喝的时候喝，不该喝的时候也喝。带来的喝光了，有香港朋友送我的两瓶，蹲在桌子上惹眼馋，我竟也忍不住，便跟他染上了“不该喝的时候也喝”的毛病，我觉得他很开心。

1992年他到南京，我去住所看他。他把我从头看到脚，找到了老朋友似的指着我的皮鞋说：“你这双皮鞋穿不破的哇？”还是那年去香港穿的那双，他居然一眼认出来，足见当年未见醉。细看他文章，也是靠这种本领积累的素材。

1996年五次作代会，我报到的那天晚上，汪和林都来过我住所。之后有个晚上，我去回访。先到林的房间，一杯茶未完，有人打电话来邀林。林说等一会，我现在有客。等了一会，电话铃又响，那意思是已经等过一会了，林仍旧说等一等，我有客人。那边就不痛快，话多了。林听过对我说：“走，我们同去。”原来是北京代表团的会议室，每晚都有些代表在这儿喝酒聊天。这时汪曾祺已在，见我也不打招呼。喝了半晌，他忽然指着我问斤澜：“喔，你电话里说的客人就是他呀？”林点点头。他就很不在乎地说：“他算什么客人哪！”

这算是对我表示亲昵。

我不回答。等酒快喝光了，我早走一步，借此朝他提高喉咙说：“酒不够哇！”

这算是回敬他的亲昵。

没想到这竟是最后一次在一起喝。

陆文夫

酒仙

汪曾祺

录自《你好，汪曾祺》，山东画报出版社，2007 年版

算起来汪曾祺要比我大一辈。作家群中论资排辈，是以时间来划分的。二十世纪三十年代、二十世纪四十年代、二十世纪五十年代……我们五十年代的老友常把汪曾祺向四十年代推，称他为老作家，他也不置可否，却总是和我们这些五十年代的人混在一起。

汪曾祺虽说是江苏人，可是江苏的作家对他并不熟悉，因为他多年来都是在北京戏剧界的圈子里，直到 1978《雨花》复刊，顾尔镡当主编。有一天，叶至诚拿了一篇小说来给我们看，所谓的我们是方之、高晓声和我。小说的作者就是汪曾祺。小说的题目我记不清了，好像是《异秉》，内容有一个药店里的小学徒，爬到房顶上去晒草药等情节。我之所以至今只记得这一点，是因为我家当年的隔壁也有一个小药铺，所以看起来特别亲切，至今也印象深刻。我们三个人轮流读完作品后，都大为赞赏，认为写得太好了，如此深厚纯朴、毫不装腔作势的作品实在久违。同时也觉得奇怪，这样好的作品为什么不在北京的那几份大刊物上发表，而要寄到《雨花》来。

叶至诚说稿件已在北京的两大刊物吃了闭门羹，认为此稿不像小说也不像散文，不规范。这话不知道是真的还是出于政治考虑的托词。我们几个人对此种说法都不以为然，便要叶至诚去说服主编顾尔镡，发！顾尔镡号称顾大胆，他根本用不着谁来说服，立即发表在《雨花》的显要位置，并且得到了普遍的赞扬和认可。从此，汪曾祺的作品就像雨后春笋，在各大刊物出现。

二十世纪八十年代的初期，作家们的活动很多，大家也欢喜聚会。有时在北京，有时在庐山，有时在无锡，有时在苏州。凡属此种场合，汪曾祺总是和我们在一起。倒不是什么其他的原因，是酒把我们浸泡在一只缸里。那时方之已经去世了，高晓声、叶至诚和我，都是无“酒”不成书。汪曾祺也有此好，再加上林斤澜，我们四五个人如果碰在一起的话，那就热闹了。一进餐厅首先看桌上有没有酒，没有酒的话就得有一个人破费。如果有，几个人便坐在一起，把自己桌上的酒喝完，还要到邻桌上去搜寻剩余物资，直喝得服务员站在桌子旁边等扫地。有时候我们也会找个地方另聚，这可来劲了，一喝就是半天。我们喝酒从不劝酒，也不干杯，酒瓶放在桌上，谁喝谁倒。有时候为了不妨碍餐厅服务员的工作，我们便把酒带回房间，一直喝到晚上一两点。喝酒总是要谈话的，那种谈话如果有什么记录的话，真是毫无意义，不谈文学，不谈政治，谈的尽是些捞鱼摸虾的事。我们都是在江河湖泊的水边长大的，一谈起鱼和水，就争着发言，谈到后来酒也多了，话也多了，土话和乡音就都出来了，汪曾祺听不懂高晓声的武进话，谁也听不懂林斤澜的温州话，好在谁也不想听懂谁的话。此种谈话只是各人的一种抒发，一种对生活的复述和回忆。其实，此种复述可能已经不是原样了，已经加以美化了，说不定哪一会会写到小说里。

汪曾祺和高晓声喝起酒来可以说真的是陶然忘机，把什么都忘了。那一年在上海召开世界汉学家会议，他们二人和林斤澜在常州喝酒，喝得把开会的事情忘了，或者说并不是忘了，而是有人约他们到江阴或是什么地方去吃鱼、喝酒，他们就去了，会也不开了。说起来这个会议还是很重要的，世界上著名的汉学家都来了，因为名额的限制，中国作家参加的不多。大会秘书处到处打电话找他们，找不到便来问我，我一听是他们三人在一起，就知道不妙，叫秘书处不必费心了，听之任之吧。果然，到了会议的第二天，高晓声打电报来，说是乘某某次列车到上海，要人接站。秘书处派人去，那人到车站一看，坏了，电报上的车次是开往南京的，不是到上海的。大家无可奈何，也只能随他去。想不到隔了几个小时，他们弄了一辆破旧的上海牌汽车，摇摇摆摆地开上小山坡来了，问他们怎么回事，只是说把火车的车次记错了，喝酒的事只字不提。

还有一次是在香港，中国作家协会组织了一个大的代表团到香港访问，代表团内有老中青三代人，和香港的文化界有着多方面的联系，一到香港就乱了，你来请，他来拉。那时香港请客比内地厉害，一天可以吃四顿，包括吃夜宵在内。汪曾祺在香港的知名度很高，特别是他在一次与香港作家讨论语言与传统文化时的发言，简直是语惊四座。当时，香港有一位文化人，他的职业是看风水和看相，灵验有如神仙。不知道他怎么会听说汪曾祺也懂此道，并尊汪曾祺为大哥。他一定要请汪曾祺吃饭，请黄裳和我作陪。我因为晚上要开会，不能去。到了晚上十一二点钟，我的房门突然被人猛力推开，一个人踉跄着跌进来，一看，是汪曾祺，手里还擎着大半瓶 XO，说是留给我的。大概是神仙与酒仙谈得十分投机，喝得也有十分酒意。汪曾祺乘兴和我大谈推背图和麻衣相，可惜当时我有点心不在焉，没有学会。

汪曾祺不仅嗜酒，而且懂菜，他是一个真正的美食家，因为他除了会吃之外还会做，据说他很能做几样拿手的菜。我没有吃过，邓友梅几次想吃也没有吃到。约好某日他请邓友梅吃饭，到时又电话通知，说是不行，今天什么原料没有买到，改日。到时又电话通知，还是某菜或是什么辅料没有买到。邓友梅要求马虎点算了，汪曾祺却说不行，在烹调学中原料是第一。终于有一天，约好了时间没有变，邓友梅早早地赶到。汪曾祺不在家，说是到菜场买菜去了。可是等到快吃饭时却不见他回来，家里的人也急了，便到菜市场去找。一看，他老人家正在一个小酒店里喝得起劲，说是该买的菜还是没有买到，不如先喝点吧，一喝又把请客的事儿忘了。邓友梅空欢喜了一场，还是没有吃到。看来，想吃酒仙的菜是不容易的。

苏　北

舌尖上的

汪曾祺

原载 2013 年 6 月 27 日《深圳特区报》

小引

汪曾祺先生去世后，他的作品被不断地出版、编纂，他的趣闻逸事为人们所津津乐道，他的逸文被研究者不断发现。可以说，经过这十多年来研究者、出版者和读者不断传播、研究和阅读，汪曾祺显然已成为现当代最重要的经典性作家之一，他活在了读者的心中，活在了人们的口中（舌尖上）；另一层意思，汪曾祺一生“好”吃，他喜欢吃喜欢写吃喜欢自己“捣鼓”吃，被人们誉为文坛“美食家”。《舌尖上的中国》热播后，网上有人留言：要是汪曾祺在世就好了，请他为此片的总顾问，那将再恰当不过；也有人直接称他为“吃货”——“吃货”现在已不是一个贬义词，许多人自称为“吃货”——只不过汪曾祺这一代为资深的“老吃货”罢了。

一

先引汪曾祺的一段文字：

> 抽烟的多，少，悠缓，猛烈，可以作为我的灵魂状态的记录。在一个艺术品之前，我常是大口大口地抽，深深地吸进去，浓烟弥满全肺，然后吹灭烛火似的撮着嘴唇吹出来。夹着烟的手指这时也满带表情。抽烟的样子最足以显示体内潜微的变化，最是自己容易发觉的。

这篇文字写于二十世纪四十年代，题目叫《艺术家》。这颇似汪先生的自画像。它其实是汪曾祺的人生状态，他一生确也可以用“艺术家”来概括，他把生活当艺术，钟情和痴迷于一切美的事物。他自己说自己是“一个中国式的抒情的人道主义者”。前几年，黄裳有一篇写汪曾祺的长文《也说曾祺》，此文开篇就说“曾祺的创作，不论采用何种形式，其终极精神所寄是‘诗’”。这实在是很有见地，以前似还没有人这么干脆直白地说过。

记得15年前，汪先生去世时，他的家人为每位来送行的人发了一份汪先生的手稿复印件，那篇文章的题目就叫《活着真好呀！》，他的家人是理解他的。他实在是热爱生活、热爱美的。他是作家中少有的特别热爱世俗生活的人，他热爱一切劳动以及劳动所创造的美，包括饮食、风俗和一切生活中的艺术。

黄裳说的没错，“他的一切，都是诗”。或者也可以说，他追求的一切，也是美。这结论，肯定也是没错的。汪先生曾在接受家乡电视台采访的一段视频中说：“我就是要写，我一定要把它写得很美，很健康，很有诗意。”（《关于〈受戒〉》）这就是汪曾祺，在生活中他也是这个样子。对待生活他也是这样。朋友曾给我说过一个汪先生的趣事，说老头儿最后一次去云南，在昆明的那天，《大家》杂志的同事去看他，临别，他抓住作家海男的手久久不愿丢开。海男那么柔弱。柔弱就是一种美。老头儿这是对美的依恋呀！对人如此，对吃也是如此。所以他的关于吃，喜欢吃，喜欢写吃。其实也是美，是艺术之道。

作家墨白与汪曾祺接触并不多，可他曾写过一个汪曾祺的形象，我以为颇为神似。

1989年秋，汪曾祺和林斤澜一行到合肥参加“清明”笔会。会前，安排作家游览合肥包河公园。临行前，汪先生手里拎着一个淡青色的布兜子。墨白问：汪老，准备买东西？汪先生说：预备。然后把布兜子装进半旧的夹克衫里，带子露在外边，一走一摆，有几丝灰发散落在他的额前，他就用他那长了老人斑的手拢一拢。

这个形象也大致是汪曾祺在蒲黄榆和虎坊桥晚年两个居所周边的菜场的形象。墨白写得很准确，这个老头儿就是这个样子。

汪曾祺自己也说过：一次到菜场买牛肉，见一个中年妇女排在他的前面。轮到她了，她问卖牛肉的：牛肉怎么做？老头很奇怪：不会做，怎么还买？于是毛遂自荐，给人家讲解了一通牛肉的做法，从清炖、红烧、咖喱牛肉，直讲到广东的蚝油炒牛肉、四川的水煮牛肉和干煸牛肉丝（见《吃食与文学》）。

汪先生对吃是饶有兴趣的。他生前编过的仅有的一本书《知味集》，就是关于吃。他亲自写了征稿小启，寄给朋友。给这本文集写稿的有王蒙、王世襄、车辐、邓友梅、苏叔阳、吴祖光、林斤澜、铁凝、舒婷和新凤霞等48位作家。这本《知味集》由中外文化出版公司于1990年出版，也只印了3000册。可老头子的征稿小启，可真是下了功夫去写的：

> 浙中清馋，无过张岱，白下老饕，端让随园。中国是一个很讲究吃的国家，文人很多都爱吃，会吃，吃得很精；不但会吃，而且善于谈吃。……现在把谈吃的文章集中成一本，相当有趣。凡不厌精细的作家，盍兴乎来，八大菜系、四方小吃、生猛海鲜、新摘园

蔬，暨酸豆汁、臭千张，皆可一谈。或小市烹鲜，欣逢多年之故友；佛院烧笋，偶得半日之清闲。婉转亲切，意不在吃，而与吃有关者，何妨一记？作家中不乏烹调高手，卷袖入厨，嗟咄立办；颜色饶有画意，滋味别出酸咸；黄州猪肉、宋嫂鱼羹，不能望其项背。凡有独得之秘者，倘能公诸于世，传之久远则所望也。道路阻隔，无由面请，谨奉牍以闻，此启。

在征稿小启之后，又写了足足有两千字的一个后记，历数中国菜的渊源和历史，足可见他对吃的兴趣。

二

夏丏尊曾写过一篇《谈吃》的短文。夏先生在文中说，中国人是全世界最善吃的民族，除“两只脚的爹娘不吃，四只脚的眠床不吃”，其余凡能吃的，五花八门，都想尽办法弄了吃。吃的范围之广，真使他国人为之吃惊。

《红楼梦》里关于吃的描写很多。第六十一回小丫头莲花儿到厨房对柳家的说司棋想吃一个炖鸡蛋，“炖的嫩嫩”，遭到一顿抢白，又说了一车轱辘的话：“我劝你们，细米白饭，每日肥鸡大鸭子，将就些儿也罢了。吃腻了膈，天天又闹起故事来了。鸡蛋、豆腐，又是什么面筋、酱萝卜炸儿，敢自倒换胃口。”由此可看出在曹雪芹时代，也已经挑着花样吃了。有说是中国人在宋朝时吃的是很简单的。看《水浒传》，那上面的人动不动就大碗喝酒大块吃肉，并不精细。第三十一回《张都监血溅鸳鸯楼，武行者夜走蜈蚣岭》写到武松杀了蒋门神出走之后，来到一个村落小酒肆，要吃的也就是“鸡与肉”，之前武松受了张都监的陷害，施恩父子也是只“煮了熟鹅”挂在“武松的行枷上”。汪曾祺关于宋朝人的吃喝是有考证的。他在给好友朱德熙的信中说：“中国人的大吃大喝，红扒白炖，我觉得是始于明朝，看宋朝人的食品，即皇上御宴，尽管音乐歌舞，排场很大，而供食则颇简单，也不过类似炒肝爆肚那样的小玩意。而明以前的人似乎还不忌生冷。食忌生冷，可能与明人的纵欲有关。”他自己还专门写了一篇《宋朝人的吃喝》的考证文章，从顾闳中的《韩熙载夜宴图》、苏东坡的“黄州好猪肉”，到《东京梦华录》《梦粱录》所列的肴馔进行细细考证。汪曾祺认为“宋朝人的吃喝比较简单而清淡”，还说宋朝的肴馔多是“快餐”，是现成的。中国古代人流行吃羹。“三日入厨下，洗手作羹汤。”《水浒传》中林冲的徒弟说自己“安排得好菜蔬，端整得好汁水”，“汁水”，也就是羹。同时他还考证宋朝人就酒多用“鲜果”——梨、柿、炒栗子、蔗、柑等。

其实，汪曾祺谈吃年头颇早，他不仅仅是在晚年写出了一些谈吃的文章。翻开《汪曾祺全集》，卷八中有汪致朱德熙的书信18通，从二十世纪七十年代一直到二十世纪八十年代末，所谈除民歌、昆虫、戏剧和语言学外，多为谈吃的文字。在二十世纪七十年代的一封信中，他教朱德熙做一种“金必度汤”，原料无非是菜花、胡萝卜、马铃薯、鲜蘑和香肠等，可做工考究，菜花、胡萝卜、马铃薯、鲜蘑和香肠全部要切成小丁，汤中居然还要倒上一瓶牛奶，起锅之后还要撒上胡椒末，汪称之为西菜，我看可谓是“细菜”。

有一个时期，汪每天做饭，他自己说“近三个月来，我每天做一顿饭，手艺遂见长进”。他的那个著名的菜：塞馅回锅油条，可以说是汪曾祺自己发明的唯一的一道菜。1977 年他在给朱德熙的信中说，“我最近发明了一种吃食”，并详细列出此菜的做法：买油条两三根，劈开，切成一寸多长一段，于窟窿内塞入拌了剁碎榨菜及葱丝肉末，入油锅炸焦，极有味。汪自己形容为“嚼之声动十里人”。十年后的 1987 年汪曾祺写《家常酒菜》中，在写了拌菠菜、拌萝卜丝、拌干丝、扦瓜皮、炒苞谷、松花蛋拌豆腐、芝麻酱拌腰片、拌里脊丝之后，正式将此菜列入，并说“这道菜是本人首创，为任何菜谱所不载。很多菜都是馋人瞎捉摸出来的”。

他的散文《宋朝人的吃喝》《葵》《薤》，在形成文章之前，都在给朱德熙的信中提起过。他在 1973 年写给朱德熙的一封信中还说：“我很想退休之后，搞一本《中国烹饪史》，因为这实在很有意思，而我又还颇有点实践，但这只是一时浮想耳。”这些都告诉我们，汪曾祺关于吃喝的学问由来已久，不敢说伴随他一生，但也有相当可观的年头耳。

这里不妨宕开一笔。汪曾祺与朱德熙的友谊，可谓是一段称奇的佳话。他们是西南联大的同学，用我们家乡的话说，“好得简直多一个头”。朱德熙的夫人何孔敬在《长相思》中说，她和朱德熙在昆明结婚，婚纱还是汪曾祺负责去租的：结婚的前一天，汪曾祺拎一个滚圆粉红的大盒子来，说，这是礼服，拿去试穿一下，合适不合适？何孔敬喜欢白的，朱德熙为难：“水红色是你母亲的意思。”汪曾祺在一旁说：“不喜欢可以拿去换嘛！”第二天他们小两口回门，一大早，汪曾祺又来了，跟着他们一道回门，下午三个人还看了一场电影。汪曾祺失恋，睡在房里两天两夜不起床，房东老伯怕他想不开，朱德熙来了，把一本物理书卖了，拉汪曾祺到小酒馆喝顿酒，没事了。朱德熙多次说过："那个女人没眼力。"

汪曾祺晚年曾写过一篇《昆明的雨》，提到一件事：有一天在积雨少住的早晨，他和朱德熙从联大新校舍到莲花池去，看了满池的清水和着比丘尼的陈圆圆的石像，雨又下了起来。他们就到莲花池边的一条小街的小酒店，要了一碟猪头肉、半斤市酒，坐下来，一直喝到午后。汪曾祺还记得酒店里有几只鸡，把脑袋反插在翅膀下面，一只脚着地，一动不动。酒店院子里有一架大木香花，数不清的半开的白花和饱涨的花骨朵，都被雨水淋得湿透了。40 年后他还写了一首诗："莲花池外少行人，野店苔痕一寸深。浊酒一杯天过午，木香花湿雨沉沉。"在昆明，汪曾祺九点之后还不见人，朱德熙便知道他还未起床，便来找他。有一次，十点过了，还不见汪的人影，朱德熙便挟一本字典，来到 46 号宿舍。一看，果然，汪曾祺还高卧不起。朱德熙便说："起来，吃早饭去！"于是两人便出门，将朱夹来的字典当掉，两人各吃了一碗一角三分钱的米线。

到了晚年，有一次汪曾祺到昆明，回北京一下飞机就直奔朱德熙家，给朱德熙带来一包昆明的干巴菌，何孔敬捧着一大包干巴菌，说"多不好意思"。汪却说："我和德熙没有什么不好意思的。"1991 年，朱德熙在美国斯坦福大学亚语系讲学，经确诊为肺癌晚期，仅半年就去世了，汪曾祺非常伤心。有一天夜晚，汪曾祺在书房作画，忽然厉声痛哭，把家人吓了一跳，赶紧过去劝他，就见汪满脸是泪，说："我这辈子就这一个朋友啊！"桌上有一幅刚刚画好的画，被眼泪打得湿透，已看不出画的什么，只见画的右上角题了四个字：“遥寄德熙。”此乃真痛也。

这一节确实是扯远了点。可这一种友谊，实为难得。用朱德熙夫人何孔敬在《长相思》前言中的话说，他们是“金石至交”。

三

著名散文理论家、苏州大学教授范培松曾给我说过一个笑话，此笑话是作家陆文夫在世时说的。陆文夫多次说，“汪老头很抠”。陆文夫说，他们到北京开会，常要汪请客。汪总是说，没有买到活鱼，无法请。后来陆文夫他们摸准了汪曾祺的遁词，就说“不要活鱼”。可汪仍不肯请。看来汪老头不肯请，可能还“另有原因”。不过话说回来，还是俗语说得好，“好日子多重，厨子命穷”。汪肯定也有自己的难处。

“买不到活鱼”现在说来已是雅谑。不过汪曾祺确实是将生活艺术化的少数作家之一。他的小女儿汪朝说过一件事。汪朝说，过去她工厂的同事来，汪给人家开了门，朝里屋一声喊：“汪朝，找你的！”之后就再也不露面了。她的同事说：“你爸爸架子真大。”汪朝警告老爷子，下次要同人家打招呼。下次她的同事又来了，汪老头不但打了招呼，还在厨房忙活了半天，结果端出一盘蜂蜜小萝卜来。萝卜削了皮，切成滚刀块，上面插了牙签。结果同事一个没吃。汪朝抱怨说，还不如削几个苹果，小萝卜也太不值钱了。老头还挺奇怪，不服气地说：“苹果有什么意思，这个多雅。”——“这个多雅。”这就是汪曾祺对待生活的方式。

美籍华人作家聂华苓到北京访问，汪曾祺在家给她安排了家宴。汪自己在《自得其乐》里说："聂华苓和保罗·安格尔夫妇到北京，在宴请了几次后，不知谁忽发奇想，让我在家里做几个菜招待他们。我做了几道菜，其中一道煮干丝，聂华苓吃得非常惬意，最后连一点汤都端起来喝掉了。"煮干丝是淮扬菜，不是什么稀罕物，但汪是用的干贝吊的汤。汪说"煮干丝不厌浓厚，愈是高汤则愈妙"。中国台湾女作家陈怡真到北京来，指名要汪先生给她做一回饭。汪给她做了几个菜，一个是干贝烧小萝卜。那几天正是北京小萝卜长得最足最嫩的时候。汪说，这个菜连自己吃了都很诧异，味道鲜甜如此！他还给炒了一盘云南的干巴菌。陈怡真吃了，还剩下一点点，用一个塑料袋包起，带到宾馆去吃。

看看！这个汪老头真"并不是很抠"。其实是真要有机缘的。

汪老头在自己家吃得妙，吃得"雅"。在朋友家，他也是如此。可以说，是很"随意"。特别是在他自己认为的"可爱"的人家。但这种"随意"，让人很舒服。现在说起来，还特有风采，真成了"逸事"。

1987 年，汪曾祺应安格尔和聂华苓之邀，到美国爱荷华参加"国际写作计划"。他经常到聂华苓家里吃饭。聂华苓家的酒和冰块放在什么地方，他都知道。有时去得早，聂在厨房里忙活，安格尔在书房。汪就自己倒一杯威士忌喝起来，汪后来在《遥寄爱荷华》中说："我一边喝着加了冰的威士忌，一边翻阅一大摞华文报纸，蛮惬意。"有一个著名的"桥段"，还是在朱德熙家里的。有一年，汪去看朱，朱不在，只有朱的儿子在家里捣鼓无线电。汪坐在客厅里等了半天，不见人回，忽然见客厅的酒柜里还有一瓶好酒，于是便叫朱的半大的儿子，上街给他买两串铁麻雀。而汪则坐下来，打开酒，边喝边等。直到将酒喝了半瓶，也不见朱回来，于是丢下半瓶酒和一串铁麻雀，对专心捣鼓无线电的朱的儿子大声说："这半瓶酒和一串麻雀是给你爸的。——我走了哇！"抹抹嘴，走了。

这真有"访戴不见，兴尽而回"的意味，又颇能见出汪曾祺的真性情。

在美国，汪曾祺依然是不忘吃喝。看来吃喝实乃人生一等大事。他刚到美国不久，去逛超市。"发现商店里什么都有。蔬菜极新鲜。只是葱蒜皆缺辣味。肉类收拾得很干净，不贵。猪肉不香，鸡蛋炒着吃也不香。鸡据说怎么做也不好吃。我不信。我想做一次香酥鸡请留学生们尝尝。"又说，"韩国人的铺子里什么佐料都有，'生抽王'、镇江醋、花椒、大料都有。甚至还有四川豆瓣酱和酱豆腐（都是中国台湾出的）。美国的豆腐比国内的好，白、细、嫩而不碎。豆腐也是外国的好，真是怪事！"

住到五月花公寓的宿舍，也是先检查炊具，不够。又弄来一口小锅和一口较深的平底锅，这样他便"可以对付"了。

在美国，他做了好几次饭请留学生和其他国家的作家吃。他掌勺做了鱼香肉丝，做了炒荷兰豆、豆腐汤。平时在公寓生活，是他"做菜"，古华洗碗（他与古华住对门）。

在中秋节写回来的一封信中，他说："我请了几个作家吃饭。"菜无非是茶叶蛋、拌扁豆、豆腐干、土豆片、花生米。他还弄了一瓶泸州大曲、一瓶威士忌，全喝光了。在另一封信中，他说请了中国台湾作家吃饭，做了卤鸡蛋、拌芹菜、白菜丸子汤、水煮牛肉，“吃得他们赞不绝口”。汪自己得意地说，“曹又方（中国台湾作家）抱了我一下，聂华苓说，‘老中青三代女人都喜欢你’”。看看，老头儿得意的，看来管住了女人的嘴，也就得到了女人的心。

他对美国的菜也是评三说四，他说：“我给留学生炒了个鱼香肉丝。美国的猪肉、鸡都便宜，但不香，蔬菜肥而味寡。大白菜煮不烂。鱼较贵。”

看看！简直就是一个跨国的厨子！这时的汪曾祺，也开始从中国吃到美国，吃向世界了。他的影响力，也从大陆走向中国台湾，走向了华语世界的作家中。他的作品，在美国华文报纸登出，他的书版权转授到中国台湾。他在当地已经很有影响力了。

四

一本《五味——汪曾祺谈吃散文32篇》，尽显天下美味。茨菇、蒌蒿、荠菜、枸杞、马齿苋、苦瓜、葵、薤、萝卜、瓜、莴苣、蒜苗、花生、韭菜花、菠菜、苞谷、豌豆、蚕豆、眼子菜、抱娘蒿、江荠等等，都在汪先生笔下开花；鲥鱼、刀鱼、回鱼、黄河鲤鱼、鳜鱼、石斑、虎头鲨、昂刺鱼、凤尾鱼、鳝鱼、螺蛳、蚬子、砗儿、河豚等也在先生的文字中游弋。为了写这篇长文，我又将《五味》找出重读，于是每晚便蜷于沙发，一篇一篇翻去，一字一字诵出声来，真真是美味无穷。

一本薄薄的小书，所谈皆为吃喝：炒米、焦屑、咸菜茨菇汤、端午的鸭蛋、拌菠菜、拌萝卜丝……可写得文采缤纷，饶有兴致。《昆明菜》一篇，说到昆明的炒鸡蛋：“炒鸡蛋天下皆有。昆明的炒鸡蛋特泡。一掂翻面，两掂出锅，动锅不动铲。趁热上桌，鲜亮喷香，逗人食欲。”真的把人的食欲给“吊”了起来。此文精彩处还多，我出声读一遍，你跟着我读：

> 华山南路与武顾路交界处从前有一家馆子叫“映时春”，做油淋鸡极佳。大块鸡生炸，十二寸的大盘，高高地堆了一盘。蘸花椒盐吃。二十几岁的小伙子，七八个人，人得三五块，顷刻瓷盘见底矣。如此吃鸡，平生一快。

过瘾啵？再引一段：

> 昆明旧有卖燎鸡杂的，挎腰圆食盒，串街唤卖。鸡肫鸡肝皆用篾条穿成一串，如北京的糖葫芦。鸡肠子盘紧如素鸡，买时旋切片。耐嚼，极有味，而价甚廉，为佐茶下酒妙品。

是不是很好？可是汪老头后来还是忧心忡忡：估计昆明这样的小吃已经没有了。曾与老昆明谈起，全似孟元老《东京梦华录》中所记了也。不胜感叹。

《口味·耳音·兴趣》写到人的口味：“有人不吃辣椒。我们到重庆体验生活。有几个女演员去吃汤圆，进门就嚷嚷‘不要辣椒’！卖汤圆的冷冷地说‘汤圆没有放辣椒的’！”写吃，其实是写人，口气中把人物托出来了。

除昆明的吃食，对故乡的吃食汪先生写得是更多。故乡是和童年联系在一起的，也是与食物联系在一起。汪先生是十分热爱故乡的。他的作品，大部分写的是故乡。除写故乡的人和事外，多为故乡的风物和吃食。他在《故乡的食物》中极尽能事写故乡的那些吃食：故乡的“穿心红萝卜”，故乡的荠菜、马兰头，故乡的芫荽（香菜），故乡的虾子豆腐羹，故乡的炒米，故乡的咸菜茨菇汤……

他在散文中多次提到《板桥家书》：“天寒冰冻时暮，穷亲戚朋友到门，先泡一大碗炒米送手中，佐以酱姜一小碟，最是暖老温贫之具。”他在《炒米和焦屑》一文写道：“入冬了，大概是过了冬至吧，有人背了一面大筛子，手执长柄的铁铲，大街小巷地走，这就是炒炒米的。有时带一个助手，多半是个半大孩子，是帮他烧火的。请到家里来，管一顿饭，给几个钱，炒一天。或二斗，或半石，像我们家人口多，一次得炒一石糯米。一炒炒米，就让人觉得，快要过年了。”

晚年的汪曾祺，对故乡是念念不忘的。是呵，朱自清也曾说过：“儿时的记忆是最有味的。”青灯有味是儿时啊。

有一年初夏，我回老家天长办事（我的家在高邮湖西岸），回北京时，从家里给汪先生带了二十几只“忘蛋”——就是汪先生在《鸡鸭名家》里写的“巧蛋”“拙蛋”：孵小鸡孵不出来的蛋。不知什么道理，有些小鸡长不全，多半是长了一个头，下面还是一个蛋。有的甚至已长全了，只是没有“出”出来。民间说，小孩子吃不得，吃了会念不好书，变笨。所以也叫“忘蛋”，反过来说是“巧蛋”。——他非常高兴，因为他几十年见不到这样的东西了。只是“忘蛋”要会做才行。“忘蛋”剥开洗净，已变成小鸡出毛的，要退绒毛，放咸肉片和大蒜叶红烧。

汪先生少年时在家乡是吃过“忘蛋”的。他自己说：“很惭愧，我是吃过的，而且味道很不错。”我给他带的那二十几个“忘蛋”，不知汪先生吃了没有？吃后感觉如何？我忘了问他。倒是我一同给他带的一只风鹅，他念念不忘，说味道很好。风鹅各地都有，但我们家乡的风鹅，味道独特。每年都是我母亲在腊月里“风”。——风鹅不用捋毛，只要掏洞内脏，塞上盐和五香八桂，挂在背凉处。——母亲“风”的风鹅咸淡适中，酥、香，入口绵柔，实在是佐粥的好菜。

我在北京工作的时候，去汪先生家，他总是会留饭的。有一年，大约是1991年，我同爱人一起到他家，他留我们吃饭，给我们拌了一个凉拌海蜇皮，放了很多蒜花。至今我爱人还说，老头儿拌得真是好吃，又脆，又爽口，清淡不腻，实在好吃！

去年冬天，我回老家看望父母，特地开车沿高邮湖大埂绕了一圈。冬日的高邮湖冷清无比。湖边的芦苇直直地挺立着，连吹动它的风都没有。闪着白光的湖面，有船只泊在湖上。我总觉得船上的生活有些神秘，多少有些浪漫的想象。我看着冬日湖上的白色水光，充耳是鹅鸭的声音，有夫妇在湖边结网。在湖滨的一个朋友家吃饭，除吃到湖里的大白条鱼，朋友的妻子还从一个小玻璃瓶中掏出小半碗腌小蒜。我白嘴尝了一口那久违了的家乡的小菜。仅一口，却一下子勾起了我儿时的记忆。我想，如若汪先生在世，我给先生捎上一瓶，先生定会非常高兴。说不定又会写出一篇《小蒜》。这本谈吃的32篇散文之中又会多出一篇来！

五

汪先生在《家常酒菜》中说：

家常酒菜，一要有点新意，二要省钱，三要省事。偶有客来，酒渴思饮。主人卷袖下厨，一面切葱蒜，调佐料，一面仍可陪客人聊天，显得从容不迫，若无其事，方有意思。如果主人手忙脚乱，客人坐立不安，这酒还喝个什么劲！

看过汪先生一张照片，穿着毛线背心，系着有图案长围裙，站在一个案子前，案子上大大小小七八个碗盏里堆着各种原料和配料。汪先生手中端着一个瓷盘，神态自如，安闲若素，脸上带着微笑。这张照片是他和王世襄、范用在一次家庭聚会上拍的。记着范用写过，有一个时期，京中这几位“老饕”，隔一段时间，聚一下，每人自带一个菜的原料，去到现场，自己动手，展示手艺。这张照片大约就是那个时期的产物，从照片看，汪先生正如他自己说的“从容不迫，若无其事”。

不过，汪先生能做、会做的，也只是“家常小菜”，正如他多谈到的煮干丝、麻婆豆腐和茶叶蛋。他的小女儿汪朝对我说过，别看老头子谈得头头是道，他自己会做的，也就是一些小菜，一些家常菜。那些鲍鱼、龙虾，一个是他吃的机会少，更没机会自己亲自弄，话说回来，他也未必看得上。汪朗也对我说过，老爷子会做的、做得好的，也就是那几道菜。

说到豆腐，汪先生在《旅食与文化》题记中说，一次到医院做检查，发现食道有一小静脉曲张，医生嘱咐不能吃硬东西，连苹果都要搅成糜。这可怎么活呢？可是老头子还挺自信：幸好还有“世界第一”的豆腐，他说：“我还是能鼓捣出一桌豆腐席来的，不怕！”

这并非妄话，汪先生对豆腐确是颇有研究。他有一篇长文，专门写各地豆腐，有北京的老豆腐、湖南的水豆腐，干豆腐、豆腐干、千张（百页）、豆腐皮（油皮、皮子）。吃法有香椿头拌豆腐、虎皮豆腐、家乡豆腐、菌油豆腐、“文思和尚豆腐”、麻婆豆腐、昆明的小炒豆腐、高邮的汪豆腐、北京的豆腐脑、四川的豆花、扬州的大煮干丝、湖南的油炸臭豆腐干、杭州的炸响铃、安徽屯溪的霉豆腐……极尽豆腐之能事，把各地豆腐的做法和吃法介绍了个遍。汪老头以为香椿拌豆腐是拌豆腐里的上上品，“一箸入口，三春不忘”，麻婆豆腐和煮干丝是老头儿的拿手好戏，他说，“煮干丝成了我们家的保留节目”：干丝是淮扬名菜。大方豆腐干，快刀横披为片，刀工好的师傅一块豆腐干能片16片，再立刀切为细丝。这种豆腐干是特制的，极坚致，切丝不断，又绵软，易吸汤汁。煮干丝没有什么诀窍，什么鲜东西都可以往里搁，“我的煮干丝里下了干贝”，上桌前要放细切的姜丝，要嫩姜。——这已是很讲究了。

是的，豆腐是家常菜中的家常菜。梁实秋说，豆腐是中国食品中的瑰宝。连知堂老人都说“豆腐这东西实在是很好吃的”。知堂写过一文《豆腐》，他说，有一回家里在寺院做水陆道场，他去了几回，别的都忘了，只记得“有一天看和尚吃午饭，长板桌长板凳，排坐着许多和尚，合掌在念经，各人面前放着一大碗饭，一大碗萝卜炖豆腐，看上去觉得十分好吃”。但要把豆腐做好做绝做讲究，还是需要一些心思的。曾看过一篇写马叙伦的文章，马先生曾发明的一种独家秘方“三白汤”，即白菜、笋和豆腐。他曾在北京中央公园的长美轩写下“三白汤”的方子。他说正宗的“三白汤”要杭州的笋、杭州天竺豆腐，这个汤的汁水要二十多种配料，材料“可因时物增减，惟雪里蕻为要品”。此菜一时为北京餐馆中的名菜，和“赵先生肉”“张先生豆腐”一道成为风雅的肴馔。

汪先生写《金冬心》，写扬州大盐商程雪门宴请新任盐务道铁大人铁保珊，特邀金冬日着陪。在文中汪曾祺写了请客的场面，列了很长的一个菜单：宁波瓦楞明蚶、兴化醉蛏鼻、阳澄湖醉蟹、新从江阴运到的河豚鱼；甲鱼只用裙边，鲟花鱼不用整条的，只取鳃下的两块蒜瓣肉，车螯只取两块瑶柱……这也只是汪先生的卖弄，正如黄裳所说的，是“才子文章”“不过是以技巧胜”。这些菜若要叫汪先生做，他是做不出来的（用他自己的话说：“是要‘翻白眼’的。”）。也许，他根本不屑去做。

所以，汪曾祺的美食，也只是平民美食，是老百姓的“家常”美食。或者说，是文人的美食。汪曾祺自己也说：文人所做的菜，很难说有什么特点，但大都存本味去增饰，不勾浓芡，少用明油，比较清淡。学人做的菜该叫什么菜呢？叫作“学人菜”，不大好听，我想为之拟一名目，曰“名士菜”。

汪先生的“菜”，大约即可称为“名士菜”的。这也符合他的性情。这个结论，是可以下的。

六

汪曾祺先生去世16年了。16年来他的作品出版的数量惊人（据人统计，有一百四五十种）。他自己做梦也不会想到，他有这么大的影响力，他在读者心中这么重。这真是这个老头子的一个意外收获。

汪先生去世前后，我在他送我的一本《汪曾祺散文选集》的扉页和衬页上记下了这么两段话。现我原原本本将这两段话抄在这里，作为此文的结束语。——这些随手记的话里，可能有病句、不连贯。但是，是原始材料，为存其原味，不作修改。直录原文如下：

今天（注：1997年5月10日，距汪先生去世前一周）同女儿到汪先生家。

先生属猴，他问女儿属什么，女儿说，属龙。我说女儿，她是叶公好龙。女儿说，属猴不好，不好听。我说，先生是叶公好猴。

我带了半斤安徽茶叶给先生，同时将一竹筒尼族米酒给先生。

中午，汪先生留饭。我说："喝米酒吧。"

先生说："不喝，留着。你喝五粮液，你自己喝。"

我同女儿吃了许多菜。

先生猛喝葡萄酒。

先生说，过几天去太湖、无锡、嘉兴，环太湖三县（市），参加一个笔会。

中午我不肯去吃饭，汪朗说，就算我替老爷子请你。一句话，我当时木了，没觉出有什么。现在回忆起来，这句话真令我心碎。老爷子是爱我们的，他很善良、很慈爱，他的心是很细很细的。

汪朗握着我的手，用力一甩，我感到汪朗对我的友好及同他爸的情分（他是说谢谢你们对老爷子的情分，谢谢你们给了老爷子的不少的帮助）。我们帮助了吗？总是他在帮助我们呀！

今天送完这个人。这个人真的作古了。他不是去出差，也不是我忙不去看他，而是我永远见不到他了。

他永远不可能再同我说话，请教他有关问题，听他说一些有趣的事。他也无法再来关心我们，他也无力关心我们了。我们有无成绩他都不会管我们了。他在世时我们不努力，他作了古，我们想到这些了。

今天张兆和也去了，多么小巧的一个女人啊！当年沈老先生可是用了全身的解数。王蒙去了。铁凝去了。范用去了。范用不断地流眼泪。那个长长的窄盒子，汪先生这么一个聪明的智者，就被装在这小小的窄盒子里，且还编上了号。我怎么也无感觉，还帮助抬了。那小盒子装的是谁呀。是先生你呀。

1997 年 5 月 28 日晚记之（注：这是给汪先生八宝山送别后回家晚上的笔记）。

抄上这些吧，一并纪念这位可爱的老头。

2013 年 4 月 7 日

——作家汪曾祺先生的笔似有神力，写什么，什么都精彩。写作余暇，汪先生做什么呢？唱京剧，哼昆曲，韵味十足。兴致好时，也作书画。其书画，简洁明快，遣兴自娱，颇见文人书画气息。他画画，不惯设色，以素净为主。想着画什么，顺手裁张宣纸，就着案头笔墨，随心所欲地涂抹一番。画完，落款，钤印，歪着头，近看远观，然后一笑，起身往客人多的桌边坐下闲聊，再不管刚才大作的去向，洒脱得很。

——林岫

弘 征

汪曾祺的

旧体诗

原载 1998 年 12 月 18 日《解放日报》

汪曾祺先生遽返道山忽已一年多了。他是一位世所公认的中国当代继沈从文先生之后最具有个人风格的小说大师，而且书法龙潜俊逸，笔力遒美；大写意花卉浑厚华滋，别具情趣；知识广博，熔古今中外于一炉；在戏曲艺术方面的名震梨园，更是不用谈了。叶兆言说他“是中国最后一个文人”，或许绝对了一点，我们且不能断了对未来的期待；但说他集“国粹”于一身，现在的小说家中没有人能同他媲美，则人人莫不点头。他同时也擅长写旧体诗词，只是未见他拿出来发表，因而也少有人提，不知江苏所出版的文集中有没有收入？

未识荆前便想象他定是一位诗人，只从他执笔的京剧《沙家浜》中那些精彩的唱词就能想见，读他的小说也如同品一首首芬芳馥郁、若陈年老窖的诗。有幸读到他的诗始于1982年11月，我专程赴京请他来湘为《芙蓉》文学讲习班讲学，之后，陪同他和谌容女士一起去游览了桃花源。时值初冬，源口的桃林居然还见数枝上有桃花朵朵，在品尝过了沅江的鳜鱼，饮过了当地一种以生姜、豆子为主要原料的“擂茶”之后，便胡诌了两首歪诗：

莫道诗人语失工，秦人遗迹早成空。
夹岸桃林流韵在，雪中犹见数枝红。

难得携书游结伴，幽林留醉且倾壶。
馀香共赞擂茶好，更喜沅鱼味胜鲈。

草草地写在记事本上奉他一哂，目的是抛砖引玉，要钓出他这位诗人真正的诗来。果然他沉吟片刻，便写了一首和诗：

红桃曾照秦时月，黄菊重开陶令花。
大乱十年如一梦，与君安坐吃擂茶。

虽然是即兴之作，未及推敲，然置身“世外桃源”，抚今追昔，回思“十年浩劫”的辛酸实寓意与秦人同慨！不是轻易能“做”出来的。

回到长沙后的11月21日，他和谌容女士枉顾敝庐，晚间畅饮之后，兴意正浓，我便铺开宣纸请他濡墨挥毫，并要求他写自己的诗。他援笔即写了两帧条幅，一为行书，一为汉简，各题了一首七绝，诗云：

冻云欲湿上元灯，漠漠春阴柳未青。
行过玉渊潭畔路，去年残叶太分明。

莲花池外少行人，野店苔痕一寸深。
浊酒一杯天过午，木香花湿雨沉沉。

两诗皆旧作，一写初春，一写初夏，触景抒怀，大可置诸宋人集中。

自己虽然不是个中人，然而自少积习难除，偶尔亦打油几句。自从有幸结了诗缘，在后来的通信中，便有时也奉呈一粲。最初是在信中曾录了两首赠沈从文先生的七绝，这是同年5月，我在随同沈老和黄永玉先生伉俪游张家界时所写的。第一首为：

画苑文坛两凤凰，青岩有幸浥芬芳。
为览奇观凌绝顶，不辞回首是羊肠。

因为他们两位皆是湖南凤凰人，又因张家界当时正改名青岩山，故有第二句。第二首现在已记不清，因为原诗共有八首，现在重读信见是“诗二首”便觉有点茫然了，可能是这一首吧：

犹忆边城渡口旁，当年翠翠早阿娘。
冠盖白云堪过眼，为伊憔悴是乡郎。

末句因沈先生尝自称“我实在是一个乡下人”足见其对故乡眷恋之深。也许是这一首：

泪雨滂沱听楚音，梦中常绕故园情。
曾经忧患飘湖海，白发簪花是太平。

沈先生回乡看了傩堂戏后，曾泪眼滂沱地喊道：“楚音！楚音！这是真正的楚音呀！”这八首诗后来发表于《澳门日报》，并收入怀念沈从文先生的诗文集《长河不尽流》中。汪先生在览后即复函云：

《画苑文坛两凤凰》诗二首拜读，觉得写得很贴切；亦饶情致，不知曾寄沈、黄一读否？如寄沈先生，他会高兴的。今年十二月是沈先生八十岁，但他不将生日告人。我去问，则云已经过了。前天我写了一首律诗，补为之寿，抄给您看看：

犹及回乡听楚声，此身虽在总堪惊。
海内文章谁是我？长河流水浊还清。
玩物从来非丧志，著书老去为抒情。
避寿瞒人贪寂寞，小车只顾走辚辚。

作为沈老最得意的高足，汪先生这首七律才真正是“写得很贴切”，拙作不过是他一哂之余，谬加奖饰罢了。诗中的“玩物”，系指沈先生自二十世纪五十年代起，自知无法再从事创作，乃潜心于古器物、服饰研究，后成巨著《中国古代服饰研究》及写了不少考古论文，这些论文，部分已收入1992年岳麓书社出版的《沈从文别集》中，书名即取自沈先生写于1961年的一篇未写完的遗作：《抽象的抒情》，该文精辟地论述了文学艺术的产生及作用等重要问题。诗中的“诗情”，即申其意。“长河”，是沈先生1942年出版的一部长篇小说名（只出版了第一卷）。

1984年元月五日（疑为农历），汪公从新居蒲黄榆路九号楼十二层一号飞下朵云，篇末有云：

我去年十一月去了一趟徐州。在这以前写了几篇小说，进十二月就没有写什么。人很闲而身体颇好。除夜子时，作了一首打油诗，录奉一笑，知我老境尚不颓唐也：

六十三年辞我去，随风飘逝入苍霏。
此夜欣逢双甲子，何曾惆怅一丁儿。

秋花不似春花落，黄鸟时兼白鸟飞。

敢与诸君争席地，从今泻酒戒深怀。

领联是无情对，且是流水对，可说流水无情对，小游戏耳。

这次是我无拙句奉呈而汪公美诗先至，漫言“游戏”，具见襟怀，令人喜之不胜。人尝曰：绝句难工，律诗难稳。《尚书·尧典》有云：“诗言志”。凡好诗皆以抒情为上，倘仅拘泥于平仄对偶之间而味同嚼蜡，岂可言诗！自屡得汪先生所示的律诗绝句，更证他在小说、散文、戏剧创作之余，于中国传统的“诗、书、画三绝”皆堪称道。

每听人言及“五四”后的现代作家们传统文化的底蕴非常深厚，当代作家们在这方面则多数不如。汪曾祺也许并不“是中国最后一个文人”，但在今日的文坛上要再出现一个汪曾祺确实是很难了。

林　岫

汪曾祺的
书与画

原载2013年4月26日《光明日报》

作家汪曾祺先生的笔似有神力，写什么，什么都精彩。写作余暇，汪先生做什么呢？唱京剧，哼昆曲，韵味十足。兴致好时，也作书画。其书画，简洁明快，遣兴自娱，颇见文人书画气息。他画画，不惯设色，以素净为主。想着画什么，顺手裁张宣纸，就着案头笔墨，随心所欲地涂抹一番。画完，落款，钤印，歪着头，近看远观，然后一笑，起身往客人多的桌边坐下闲聊，再不管刚才大作的去向，洒脱得很。

笔者见过汪先生作书画，他间时谈笑，想画就画，不想画就闲聊，不像某些“大师”拿捏端谱，弄得一旁伺候的诸位心惊胆战，手足无措。汪先生儒雅如如，观者轻松，大家融融洽洽，一如取凉于扇，不若清风自来，气氛自然温馨乃尔。

听汪先生说，他从小喜欢舞文弄墨，对书画天生有亲和力，这是“内因”。“外因”有二：一是受他画家父亲的影响，相信人对物若有感触，可以怡情笔墨于纸，心照通灵；二是自己人生坎坷，经常居无定处，巧了，无论在哪儿，偏偏都跟画画连在一起。年幼在家，跟着父亲画画刻印；上学，几位老师都爱画，自己也跟着画花草鱼虫。1958年时去沙岭子劳动，莳葡萄，就画葡萄。在沽源马铃薯研究站，就画马铃薯，画过马铃薯的《图谱》，品种有百十来种之多，堪称“马铃薯图谱之最”。后来种口蘑，又画《口蘑图谱》……反正只要想画，伸手又能抓着笔墨纸砚的话，必定挥洒一番。最困难时，没有书画印章，怎么办？弄点红颜色，自己画印章，聊以补白，尽兴而已。沽源，原清代传递军书公文的驿站，又称军台。清代官员犯了罪，敕令“发往军台效力”，多半从这儿开始流放之旅。汪先生画马铃薯《图谱》时，就用红颜色画过“效力军台”“塞外山药”等闲章，调侃遣兴，自得其乐。

书画评论家素有“文人画钤印纷杂”的议论，但文人汪先生的书画，从不乱钤闲章。书房案头常备“人书俱老”和“岭上多白云”等朱文闲章，有时取出一二，在刚画好的画上比试比试，想想又放下不用，自个儿一乐。问何故，答曰：“我一向反对‘插队’，图章也随我。不合适，决不乱插，还是顺其自然的好。”汪先生是高邮人，他说的“插队”，即排队不按先后顺序地强行插入，北方人叫“加塞儿”。书画闲章本作点缀，如果印语精警又钤印位置恰当，可收崭然点醒之妙。倘若钤盖不到位，横盖竖插，满幅落花，效果适得其反，亦是添乱。汪先生不乱钤印，取决于他崇尚清雅朴素的审美眼光，足见其高明。

汪先生写书法作品，很随意，没这样那样烦琐的讲究，只要“词儿好”。逢着精彩的联语或诗文，情绪上来便手痒，说“这等美妙诗文，不写，简直就是‘浪费’”。汪先生本有散仙风度，书擅行草，虽然走的是传统帖学路子，但师古习法从不肯规循一家。其书内敛外展，清气洋溢，纵笔走中锋，持正瘦劲，也潇洒不拘，毫无黏滞，颇有仙风道骨。问其学书来路，答“一路风景甚佳，目不暇接，何须追究”；见其大字，撇捺舒展如猗猗舞袖，问“可否得力山谷（黄庭坚）行草”，答“也不尽然”；问“何时写作，何时书画”，答“都是自由职业，各不相干，随遇而安，统属自愿”；问“如何创作易得书画佳作”，答“自家顺眼的，都是佳作。若有好酒助兴，情绪饱满，写美妙诗文，通常挥毫即得。若电话打扰，俗客叩门，扫兴败兴，纵古墨佳纸，也一幅不成。”

汪先生说他冠名作家，其实稍有闲暇特喜欢做的事就是写字画画，写画得意时，无异于作得好诗文，一样手之舞之足之蹈之。书画耕耘的惨淡经营，在汪先生那里，都有慰藉身心的别样欢乐。他曾对笔者说：“我是文人，你是诗人，咱们搞书画，没有专业当行的压力。从事艺术，追求闲适，不就是一个轻松潇洒吗？功夫要下，技巧要讲，但心态要闲适，无意为佳。碰巧有幸，艺事有成，添个乐子而已。那是天赐。反正一句话，成亦乐，不成亦乐，随便随便。”

笔者最欣赏他画上的题款，那种文雅，那份率真，可亲可爱得感人至深。例如他本欲写杨万里“小荷才露尖尖角，早有蜻蜓立上头”诗意，先突兀挥笔，画了一柄白荷初苞，正想下笔画蜻蜓，因午时腹饥，停笔去厨间烧水，炉火不急，水迟迟不开，便转身回来，画小蜻蜓方振翅离去，题“一九八四年三月十日午，煮面条，等水开作此”。汪先生说“我在等水，小蜻蜓等我，等得不耐烦了，飞走了”。听夫子自道，觉得情景俱活灵活现，信非大作手不得有此雅趣，信非真性情人亦不得有此童心。现在画家写画杨万里此句，几成模式，都画小蜻蜓站立荷苞，呆呆地，千画一律，观者审美疲劳，难免要掉头冷去。看汪先生这幅《蜻蜓小荷》，笔墨极简，趣味涵泳，真让观者大开眼界。

汪先生画兰草，题“吴带当风”；画竹，题“胸无成竹”；画紫藤，题“有绦皆曲，无瓣不垂”；画凌霄花，题“凌霄不附树，独立自凌霄”；画秋荷，题“残荷不为雨声留”；画白牡丹两枝，题“玉茗堂前朝复暮，伤心谁续牡丹亭”；画青菜白蒜，题“南人不解食蒜”，皆画趣盎然，语堪深味。有次在军事博物馆书画院参加京城书画家公益笔会，会后席间书画家闲聊，笔者谈及汪先生的国画小品，又用了“可亲可爱”四字，大画家汤文选先生问“何以‘可亲可爱’”，笔者遂略述数例，举座服之，汤先生笑道“确实可亲可爱。只是汪先生低调不宣，画人大都不知……”。

大约是壬申（1992）年初，《中国作家》拟发作家书画，选刊了汪先生一幅画，邀请他写几句有关“作家画”的话。汪先生写了一首五言古风：“我有一好处，平生不整人。写作颇勤快，人间送小温。或时有佳兴，伸纸画芳春。草花随目见，鱼鸟略似真。唯求俗可耐，宁计故为新。只可自怡悦，不堪持赠君。君若亦欢喜，携归尽一樽。”此诗配画，真挚如同老友对面话语，亲切动人。诗结尾有两句借用了南朝齐梁隐士陶弘景《诏问山中何所有》的名句：“山中何所有？岭上多白云。只可自怡悦，不堪持赠君。”汪先生一向对这位才学富赡，不媚权贵并耻与丑俗同流的学者由衷佩服，特别喜爱这首小诗，常用的朱文闲章“岭上多白云”印语即出于此。他说“一个人一辈子留下这四句诗，也就可以不朽了。我的画，不过是一片白云而已”。丙子（1996）年冬，汪先生曾以行草横幅书72岁所作《岁交春》七律，引首即钤着“岭上多白云”小章。笔者请教“何以在古稀感怀的吟墨上选用此印”，先生说“休得小看这五个字，个中大有清气清骨”。

1992年中央电视台举办“首届‘汉语风’外国人学汉语知识竞赛”期间，逢着憩场，我们年轻一点的评委都喜欢围着袁世海先生和汪先生闲聊。二位不但妙语连珠，而且识见非凡。当时有位非洲学生用毛笔书写了“先易后难”小条幅，拿来给评委看，袁老先生见“易”字中间横笔过长，立即指出“易”字书写有误。那学生回头问汪先生，他笑道：“你问谁都一样，‘易’

字中间横笔不能写长。”这学生很快从书包里翻出一页书法作品的复印件，说“这是中国大书法家写的，瞧这‘易’字”。原来他写错的字还颇有来头，大家正不知说什么好，汪先生侃然道：“书法家无论大小，不管是谁，写错都是错。你跟着他这样写，也是错。懂吗？因为你写的不是‘易’，是‘昜’，那是‘太阳’的古写字！”

指出“易”字写错，眼光；说“不管是谁，写错都是错”，识见；能说出“昜”字是“太阳”的古写字，就远非一般的眼光和识见了。“昜”字只见于甲骨文和金文等古器，今已罕用。连当今书法家都未必尽知的“昜”，汪先生能脱口道出，令笔者肃然起敬。电铃声响，大家陆续进场。袁老先生说：“有件事总想不明白。这演员上台演戏唱歌，要念了别字错字，那还了得！怎么经常看见书法家写错字悬挂厅堂，也没人管呢？”旁边一位评委插话：“您老没听说‘大师笔下无错字’吗？”汪先生笑道“什么‘大师笔下无错字’？那是为写错字打马虎眼儿的欺世之谈！老出错，还能算大师吗！”

汪先生喜欢画松鼠葡萄，有一幅画，印象极深。1958年，汪先生被遣送张家口改造思想，曾在多处农场苗圃转辗劳动过。26年后，汪先生回忆往事，画了一幅《松鼠葡萄图》，题款：“曾在张家口沙岭子葡萄园劳动三年。1982年再往，葡萄老株俱已伐去矣。”昔日劳动时经历多少磨难坎坷，画中不可得见，画中那正欲纵身一跳的小松鼠和晶莹碧透的两串葡萄，无疑记录了沙岭子劳动期间美好的记忆。人生一世不可能记住所有撞击或蚀刻过心扉的瞬间，即便沙岭子不再回去，即便葡萄老株俱已伐去，再也难觅根株残留的痕迹，但忘记那段生涯的苦涩，肯定不可能比忘怀欢乐容易。汪先生不是失忆者，他宁可记住那些可爱的小松鼠和酸甜的青葡萄，其胸界真无芥蒂。在这前一年，他与友人游湖南桃花源，援笔画菊，题过“红桃曾照秦时月，黄菊重开陶令花。大乱十年成一梦，与君安坐吃擂茶”，全诗用今昔对举，“曾照”与“重开”，春桃秋菊，衰盛枯荣，借典；又“十年一梦”与今朝“安坐吃茶”，悲喜相照，多少感慨！“我们有过各种创伤，但我们今天应该快活”（汪曾祺语）。在痛定之后的淡定，那是吾国现代文人的大气。每当面对饱经沧桑，承受过无端是是非非，如汪曾祺先生这样的可敬长者时，望着他们萧疏的白发和坦荡的笑容，笔者都会思考一个问题，是乐观和宽容支撑了希望，还是希望支撑了乐观和宽容？或许吾国文人清襟清骨，宠辱难忍，更在乎人格的威仪和是非的公正，只要大义大爱惟是，山河长在，就可以随遇而安，就总会有梦。

汪先生搬出“一伸腿都能踢着人”的大杂院，是在改革开放之后。当时搬进了蒲黄榆小区，与古文字学家大康（康殷）先生同居一幢楼，用大康的话说：“平时咱俩都各自在家趴窝，一东一西，见面不多，都以笔耕为生，都喜好书画，都不会整人，所以这辈子尽挨小人挤兑……”

1997年5月16日汪先生逝世，文化界都为痛失大才恸惋不已，大康正在病中，当笔者将噩耗告诉他时，他潸然哀叹：“又一个老哥儿们走了。沈从文先走，现在他的学生汪曾祺也随着去了，他们都吃过太多不该吃的苦。咱们不是号称五千年的文化大国、礼义之邦吗？咋这么多人才活得横竖都不顺呢！本想给汪先生刻方印章的，词儿都想好了，‘曾经沧海’，没承想……”不久，汪先生的女儿汪朝找笔者为他父亲书写墓碑，笔者立即推荐大康，认为他才是最佳人选。后来汪朝拜访了大康，他抱病为汪先生夫妇书写了墓碑。两年后，大康也驾鹤西去。如今，大康正楷书写的“高邮汪曾祺之墓”那尊碑石，依然在汪先生墓前静静地立着。一墓一碑，犹如老哥儿们俩席地松阴，默默相守，纵往时逝矣，犹可冥心神契，惺惺相惜相钦。

汪先生远行已 16 年，清明时节，灯下回思，恰合汪先生联语“往事回思如细雨；旧书重读似春潮”的情景，看着他为笔者画的那幅兰花，恍如昨日，喟然缅怀，援笔记之。

杨毓珉

汪曾祺的

编剧生涯

原载 1997 年第 4 期《中国京剧》

和汪曾祺相识在1942年，那时同在昆明西南联大读中文系，恰巧又同住在25号宿舍（这个名字在他的著作中曾多次出现过）。同屋还有一位哲学系的同学周大奎，他提议成立一个剧社，我们这些爱好文艺的人举双手赞成，于是暂定名“山海云剧社”。1942年暑假就演出了曹禺的《北京人》，我负责舞台设计兼演江泰，曾祺专门管化妆。这次演出相当成功，卖票赚的钱置备了许多灯光布景器材，“山海云剧社”“富”起来了。

1942年的下学期，我们同时听一堂《中国文学史概论》的课，讲到词曲部分，老师和学生一起拍曲子（唱昆曲）。曾祺很聪明，他能看着工尺谱吹笛子，朱德熙唱旦角（此人在曾祺的《昆明的雨》中提到过，二十世纪八十年代曾任北大副校长），我跟他们学着唱。我记得最常唱的曲子是《思凡》，德熙唱的那几句“小尼姑年方二八，正青春被师傅削去了头发……”真是缠绵凄惋、楚楚动人。这是我和曾祺初次接触戏曲。

1946年西南联大迁回北平，我们这些已经毕业的学生更是人心惶惶，各找门路。有钱的多从空中飞返，曾祺和他的未婚妻就属于这一类。施松卿家在福建，通邮后寄来一笔钱，于是双双飞返上海，据说在上海一个中学教了一年书，又在北平投靠沈从文先生，当了一名故宫博物院的馆员。我只好乘难民车去了湖南，在湘西一个中学当教员。原想教一年书攒点路费北上，没想到解放战争开始了，铁路不通，直到1950年初才返回北京，在北京文化处任职。后来打听到曾祺的夫人施松卿在新华社工作，找到她的家，才知道曾祺1949年随四野南下，在武汉的一个中学当教务主任，他的夫人很为他们的家庭离散发愁。回来后我找到了当时任北京文化处副处长的王松声（他也是我们西南联大的戏友），我提起汪曾祺，他表示欢迎。一封商调函，曾祺便于一个月后回到北京（那时的人事手续没有后来那样复杂），从此我们又同住在一个宿舍里，同在一个单位工作，我在文化处负责戏剧工作，他在文联编《北京文艺》《说说唱唱》。我们习惯将这两个单位叫作一个机构两块牌子，因为党委是一个。

1956年北京市举行戏剧会演，汪曾祺根据《儒林外史》第三回的故事编写了剧本《范进中举》。戏写得性格鲜明，情节流畅，词句秀丽，被一个有文化的演员奚啸伯看中了，上演以后一炮打响，获得会演剧本奖，这是汪曾祺写的第一个剧本。

后来《说说唱唱》归中国曲协，汪曾祺也随刊物调到中央单位。他还时常被指派画一些植物标本，这为他日后画国画打下了基础。

这时我已调到北京京剧团任艺术室主任。1962年我接到他的来信，说他已经摘了“帽子”，于是我又和剧团党委书记薛恩厚、副团长肖甲商量，是否把曾祺调回北京，他们都同意，只是当时省与市的人事调动，必须通过市人事局。事有凑巧，北京人事局长孙房山是个戏迷，他喜欢业余写京剧本，他写的《河伯娶妇》和《洛阳宫》都在北京京剧团演出过，我们很熟，跟他一说他满口答应。于是曾祺又被调回北京，任京剧团专职编剧。

来团之后，他写的第一个剧本是《王昭君》。戏写得挺秀气，特别是刻画昭君离别故土、踏上风沙漫漫的胡地征程时的心理状态，如泣如诉，哀怨动人。配以李世济婉转细腻的程派唱腔，感人尤深。可惜情节过于平淡，很难抓住观众，上座率不高，上演四五天后停演了。这个戏至今未留下本子，很可惜。

他来团后写的第二个戏即改编沪剧《芦荡火种》。那是1963年，接到改编《芦》剧的任务后，薛恩厚、肖甲、汪曾祺和我，进驻颐和园龙王庙时，已是秋风瑟瑟、落叶飘飘的季节，游人逐渐少了。

改编《芦》剧仅用十天左右，集体讨论分头执笔，但其中主要场次，如“智斗”“授计”都是汪曾祺写的，他的唱词通俗易懂，合辙压韵，舒展贴切，而且极口语化，像“人一走茶就凉”这样的警句是很少有人能写得出来的。我看过1996年《文汇报》上的一篇“京剧《沙家浜》署名权起纷争”的文章，其中有这样几句话：“从《芦》剧到《沙》剧，主要人物、总的情节内容、结构框架都没有变，甚至一些著名唱段都来源于沪剧。如汪曾祺先生回忆录中说‘垒起七星灶，铜壶煮三江’是他根据苏轼诗意创作的，但事实是，在1964年出版的沪剧剧本中就有‘砌起七星炉，全靠嘴一张’这样的词句。”言外之意，好像“垒起七星灶”这个唱段，沪剧中原已有之。我现在把这两个本子的唱词都写在这里，请读者做一比较。沪剧阿庆嫂唱：摆开八仙桌，招接十六方，砌起七星炉，全靠嘴一张。来者是客勤招待，照应二字谈不上。京剧阿庆嫂唱：垒起七星灶，铜壶煮三江，摆开八仙桌，招待十六方。来的都是客，全凭嘴一张。相逢开口笑，过后不思量。人一走茶就凉，说什么周详不周详。

上面这段话，《文汇报》作者说是根据沪剧院艺术总监的话写的，那么沪剧院显然不会没有沪剧本，何不把阿庆嫂的这段唱抄下来与京剧两相比较，让读者去评判呢？何必遮遮掩掩、含含糊糊，让人丈二和尚摸不着头脑呢？

京剧《芦》剧在1964年全国现代戏会演中颇得好评。毛主席看了演出后提出三点意见：（一）胡传魁、阿庆嫂、刁德一等人物刻画得好，新四军形象不够。（二）最后可开打，更符合中国人民斗争生活。（三）剧名拗口，可改成《沙家浜》或《芦苇荡》。

后来根据这一意见修改成《沙家浜》，连结构框架都与沪剧大不一样了。

样板团总不能长期不排新戏，于是半年之后我们的任务是将小说《敌后武工队》改成京剧。从总政调来了徐怀中，从空政调来了阎肃，从广州军区调来了张永枚，从北京军区调来了刘伍，从河北省调来了《敌后武工队》的作者冯志，加上曾祺和我，组成了创作组，徐怀中任组长。

经过将近半年的讨论，最后由张永枚执笔，写成《平原游击队》，由中国京剧院演出。

这个任务完成后创作组解散，各回各单位。我和曾祺又接受了新的任务——写草原游击队。于是我们匆匆赶赴内蒙古，在草原上由西到东走了一千多里路，晚上和牧民一家人挤在一个蒙古包里，吃的是羊肉糜子米。一辆大面包车回到呼和浩特时窗上的玻璃几乎碎了一半，草原上没有公路，沟沟坎坎随处都是，其颠簸程度可想而知。

最后的结论是：草原上根本没有游击队。一望无际的大草原，隔二三十里有几个蒙古包，大队人马进草原，吃什么？总不能背着粮食进去。因此敌人不能进去，没有敌人我们游击谁呢？内蒙古的游击队都在大青山，偶尔遇见敌军扫荡，进草原躲躲是有的，扫荡一过就又回来了。既然草原上没有游击队，总不能胡编乱造，于是报告上去，这个戏又吹了。

此后又接到一个任务——改编《杜鹃山》。这时我随《沙家浜》剧组出国演出，任务就落在曾祺一个人身上。上级的意思是，可以脱离原话剧本，来个"杜撰"山，曾祺完成了这个任务。但《杜撰山》不像个剧名，只好改为《杜泉山》。初排后，演员、作者深入湘赣老区体验生活，曾祺在他后来创作的《裘盛戎》剧第三场，写的就是这一段的情景。

《杜泉山》第三场，乌豆下山之前有一段［二黄慢板］，其中有这样几句："一块番薯掰两半，曾受深恩三十年。到如今，山下来了毒蛇胆，杀人放火把父老摧残。稳坐高山不去管，隔岸观火心怎安？……"这段唱腔裘盛戎花了很大的功夫，苍凉凄婉、压抑悲愤，人物内心的激情如开了闸的大河，澎湃汹涌，催人泪下。我们习惯称这一段唱为"一块番薯"。每当演这一段时，门口、走廊上挤满了人，掌声雷动，不亚于剧场，因而他自己也非常喜欢这一段唱。曾祺在《裘盛戎》一剧中，写他临死之前还伸出三个指头，意思是念念不忘《杜泉山》第三场。

《杜泉山》不能演出，并不等于放弃这个剧目，恰好这时，上海王树元、黎中城也合写了一个《杜泉山》剧本，上级叫把这两个创作组合二为一，重写一个《杜鹃山》。于是王树元、黎中城被调来北京，加上曾祺和我，又成立了一个新的创作组。人家商量的结果，决定在曾祺的《杜泉山》的基础上加工整理，这就是后来公演的《杜鹃山》。这戏本来是四个人共同讨论，分头执笔，每人写两场，曾祺写了三场。编剧署名却只写"王树元"等，这是上级的主意，谁也不敢吭声。本来由王树元领衔编剧，谁也没有意见，因为话剧本是他写的，这样就不必再写"根据话剧改编"等字样，但曾祺的功劳是不能磨灭的，因剧本是在《杜泉山》基础上加工的。曾祺有没有意见我不知道，黎中城私下里对我说："我们毕竟还在等内，并非等外品。"似乎不无牢骚。

我和曾祺不停地写戏，头上都顶着一顶帽子。1976年后我们才真正自由了。曾祺出版的《戏曲剧本卷》中的八个剧本，除《小翠》和《沙家浜》外都是1976年以后写的。他在一本集子的扉页上写了这样一句话："让画眉自由地唱它自己的歌吧！"

曾祺的全部著作分戏曲和小说、散文三部分。总共约二百五十万字，戏曲只占十分之一，却用了二十年时间（专业编剧干了二十年）；小说、散文占十分之五，却仅仅用了十几年（从1980年写《受戒》起）。他的文章清新、流畅。状物写人，细腻、贴切、深沉、含蓄，耐人寻味。他的小说大半情节平淡。他自己说："我的小说基本上是直叙，偶有穿插，但还是脉络分明的（见《中国当代作家选集丛书·汪曾祺》代序）。"他认为："观察细致、博闻强记是一个作家的基本功。"再加上诗词歌赋，无所不通。行万里路，读万卷书。因此，唐诗宋词的佳句随手拈来，搀和在他的戏词里，水乳交融，毫不硌生，如《大劈棺》中轿夫的一段唱："一顶花轿轻嘟嘟，大姑娘上轿都要哭。昨日犹是娘边女，待晓堂前拜舅姑。……""待晓堂前拜舅姑"原是晚唐诗人朱庆余的《近试上张水部》中的第二句，原词是"洞房昨夜停红烛，待晓堂前拜舅姑……"用在这里就成了曾祺的戏词了，这样的例子举不胜举。

曾祺晚年的剧中最好的一出戏是《裘盛戎》，这个戏纯粹源于生活。写裘盛戎排练《杜泉山》，写他在"文革"中的苦难，写去湘赣老根据地深入生活的欢快和痛苦，写不让他演戏的苦闷，这一段生活曾祺是亲身经历，写起来得心应手，人物面貌活灵活现。可惜，谁来演裘盛戎呢？总得扮相、嗓子、表演水平都差不多才行，最初寄希望于他的儿子裘小戎，那时他还太年轻，后来不幸英年早逝，现在更找不到合适的人选了。我真希望裘派传人中有人能演这出戏，这是裘盛戎的再生，也为后世留下一幅宝贵的形象资料。

曾祺写的最后一个戏是《大劈棺》。传统戏有这个剧目，主题是侮辱妇女的，写剧中女主人的下流淫荡，再加上演员的黄色表演，解放初期被列为禁演剧目。曾祺的《大劈棺》与传统剧目完全不一样，虽然某些场次相同，但内容变了，连主题也来了个大翻个。他赞成孔夫子的主张："食、色性也。"既是天性就不能强扭硬掰，应顺乎天理人情，因此他非但不批判她们思春、改嫁，而且同情她们的遭遇。请看《大劈棺》最后一场，庄周从棺材里出来后的一段唱："细思量，不是你的错。原来人都很脆弱，谁也经不起诱惑。不但你春情如火，我原来也是好色不好德。想男女交合，本应是琴瑟谐和，花开两朵，老夫少妻岂能强凑合。倒不如松开枷锁，各顾各。……你也解脱，我也解脱。……"

这是一部哲理性很强的戏，更可贵的是人物语言真是美不胜收，读文学剧本就是一种享受。《人民文学》从来不发表京剧剧本，破例刊出了这个戏，足见它的文学价值被普遍认可。

记得前些日子，看到了《羊城晚报》上《名家缅怀汪曾祺》一栏，作家邵燕祥说："汪老是个好人，是一个总想着别人的人，更是一个从来不伤害别人的人。但是就是这样的好人，还有人干扰他，破坏他晚年生活的平静。对这样一个从来不伤害别人的人的伤害，是很让人不平的。"

是的，曾祺的一生从不干扰别人，更谈不上伤害别人。在他最困难的时候也不向别人求助。在昆明、武汉、张家口都是别人由于爱才，把他重新调回文艺圈里。他像一粒生命力很强的种子，撒在哪里就在哪里开花结果，在苦风疾雨中成长壮大。他一生坎坷，直到六十岁以后才安心从事创作，却依然为我们留下几百万字的不朽佳作。

曾祺在七十岁生日时，写过一首《七十书怀》的旧体诗，末尾有这样两句："假我十年闲粥饭，未知留得几囊诗。"老天爷如此吝啬，竟舍不得这点粥饭，否则我们将看到一本新的散文集、新的短篇小说集，一本《聊斋新义》，一本历史小说《汉武帝》，这是曾祺十年内的创作计划。

陆建华

汪曾祺和京剧的恩恩怨怨

录自《高邮人写汪曾祺》，广陵书社，2017年版

1992年下半年，在江苏文艺出版社的大力支持下，我与汪曾祺商定，由我主编，为他编辑出版一套四卷五册的《汪曾祺文集》。他特地为文集写了《文集自序》，从小说、散文、文论和戏剧四个方面，对自己多年来的写作做了全面概括的回顾。让我深感意外的是，最初我向他谈文集内容设想时，他对戏剧单独列卷十分高兴，但在自序中，谈到戏剧时，却仅在文末写了这样短短几句话：

> 京剧原来没有剧本，更没有剧作家。大部分剧种（昆曲、川剧除外）都不重视剧本的文学性。导演、演员可以随意修改剧本。《范进中举》《小翠》《擂鼓战金山》都演出过，也都被修改过。《裘盛戎》彩排过，被改得一塌糊涂。我是不愿意去看自己的戏演出的。文集所收的剧本都是初稿本，是文学本，不是演出本。有人问我以后还写不写戏，不写了。

表面看来，汪曾祺生气的原因，是“导演、演员可以随意修改剧本”，而且剧本“被改得一塌糊涂”，其实，深层次的原因，是他努力提高京剧文学性的理想受到很人的挫折。对传统京剧，汪曾祺爱过，甚至迷恋过。因为爱，他曾经花费很大精力，特别在提高京剧的文学性上下过一番苦功夫，他十分渴望“把京剧变成一种现代艺术，可以和现代文学作品放在一起，使人们承认它和王蒙的、高晓声的、林斤澜的、邓友梅的小说是一个水平的东西，只不过形式不同”（《从戏剧文学的角度看京剧的危机》）。可是，汪曾祺的这个美好愿望，最终并未能实现。汪曾祺是 1997 年 5 月 16 日因病在北京去世的，在他去世前几年，他已经明白了自己关于改造旧京剧的夙愿难偿，他遗憾，甚至恼火，并一直积压于心，到了写《文集自序》时，就很自然地借这个难得的诉说渠道爆发了。

在当今中国文坛，以独特风格的小说、散文名于世的汪曾祺可谓遐迩闻名，影响深远，但在新时期到来之前的介绍中国当代文学家的书籍中，是找不到汪曾祺的名字的。直到新时期之初，人们才好不容易在上海辞书出版社 1981 年 9 月出版的《中国戏曲曲艺辞典》一书中见到他的踪影，也仅寥寥数语："戏曲作家。江苏高邮人。生于 1920 年，西南联大中文系毕业。曾任中学教员、职员。新中国成立后历任《北京文艺》《说说唱唱》《民间文学》编辑，写过小说、散文、诗歌以及研究民间文学的文章。1955 年起从事戏曲创作，京剧《范进中举》《沙家浜》（根据沪剧《芦荡火种》改编）等影响较大。"

新时期到来后，随着改革开放的飞速发展，汪曾祺的声名渐渐响亮起来，但不是因为戏剧，而是由于他那些大量用独特写法写独特题材的别具风采的小说和散文；而随着思想解放运动的不断深入，人们又进一步了解到：在将沪剧《芦荡火种》改编再创作成京剧《沙家浜》的过程中，汪曾祺是主要执笔者。从此，提起《沙家浜》，人们就会自然地想到汪曾祺。对中国广大普通老百姓来说更是如此，他们可能不知道汪曾祺，但他们不可能不知道京剧《沙家浜》。

汪曾祺多次在不同场合、不同文章中用幽默文字郑重说明："我是两栖类。写小说，也写戏曲。"他出生在一个传统文化氛围浓厚的家庭，自幼随着祖父、祖母、父亲读诗、学画、练书法，这就对他后来在文学道路上取得重大建树有决定性的影响。值得注意、更不一般的是，汪曾祺还从幼年起就跟随着长辈们沉醉于对京剧的欣赏迷恋之中，听戏、学唱、甚至演戏。他不止一次地在散文中兴致勃勃地回忆说，父亲是个多才多艺的人，会玩多种乐器，尤擅拉胡琴，“他拉，我就跟着学唱。我学会了《坐宫》《起解·玉堂春》《汾河湾》《霸王别姬》……我是唱青衣的，年轻时嗓子很好”（《我是怎样和戏曲结缘的》）。这样的家庭艺术氛围，自然培养起汪曾祺对古老京剧的浓厚兴趣，他这种对戏曲非同一般的爱好，从小学、中学一直到西南联大，都一直保持着，并由于热爱而引起对京剧进一步的深刻思考，直至后来产生试图对京剧进行一番改造的壮志雄心。

长期的耳濡目染，让汪曾祺既深刻体会到京剧之美，也逐渐发现古老京剧的种种弊端，他认为主要表现在四个方面：陈旧的历史观，人物性格的简单化，结构松散，语言粗糙。（《从戏剧文学的角度看京剧的危机》）汪曾祺指出：“京剧文化是一种没有文化的文化”“京剧演员大都是‘幼而失学’，没有读过多少书，文化程度不高，裘盛戎说他自己是没有文化的文化人，没有知识的知识分子”。（《〈中国京剧〉序》）看准了这些弊病，汪曾祺便有意从提高京剧的文学性和思想性入手，试图对京剧进行一番变革和改造。他清醒地认识到，这是一场非同寻常的战斗，所以他曾在给朋友徐城北的信中、略带自嘲意味地称这场战斗是“想和京剧闹一闹别扭”。

1954年是《儒林外史》作者吴敬梓逝世200周年，国内举办各种活动纪念这位世界文化名人，汪曾祺在朋友们建议下，写下他生平的第一个京剧本《范进中举》。最初无人过问，被搁置一边，许久之后被时任北京市副市长的王昆仑先生偶然发现，十分欣赏，于是推荐给与马连良、谭富英、杨宝森同为“四大须生”的奚啸伯演出，获得1956年北京市戏曲会演的剧本一等奖。由此，汪曾祺写京剧的才能便为人们所知晓。汪曾祺写《范进中举》不是与戏曲的偶然相逢，更非一时心血来潮，这其实是自幼埋在他心中的热爱戏曲的种子，在合适的外界条件诱导下终于发芽生长了，更是他对旧京剧实施改造的第一次尝试。1962年初，汪曾祺结束张家口的下放劳动重返北京后，有关方面正是因为他写过《范进中举》而将他分配到北京京剧团任编剧。如果说，写《范进中举》是汪曾祺小试牛刀，那么，到了北京京剧团、特别是随着他很快投身到将沪剧《芦荡火种》改编为京剧《沙家浜》的创作实践之中，以及此后他在不断写出的京剧本中，他对京剧进行改造的思想就更加明确了。汪曾祺在改编写作《沙家浜》时兢兢业业认认真真，这固然是因为那个特殊的年代的政治压力时刻在包围着他，督促着他，警告着他，他不敢有丝毫懈怠。但无可否认，他显然也想抓住这个难得的机会，借助《沙家浜》这个平台施展其创作才能，抓住这个机会，努力实现他改造旧京剧的理想。

由于痛感青年爱看戏曲的很少，京剧太陈旧，汪曾祺决心从提高京剧的文学性和思想性入手，以求把更多的青年观众吸引到戏曲剧场中来。他说：“我搞京剧，有一个想法，很想提高一下京剧的文学水平，提高其可读性，想把京剧变成一种现代艺术。”（《我是怎样和戏曲结缘的》）他还说：“我们的青年，是一大批青年思想者。他们要求一个戏，能在思想上给予他们启迪，引起他们思索许多生活中的问题。因此要求戏曲工作者，首先是编

剧，要有思想。我深深感到戏曲编剧最缺乏的是思想——当然包括我自己在内。"（《应该争取有思想的年轻一代》）

就这样，从进入北京京剧团的最初时刻开始，汪曾祺就踌躇满志、脚踏实地、不声不响地干起来了，他几乎是以一己之力向既陈旧落后却又影响巨大的京剧发起挑战。进团不久，他就写出了第一个剧本《王昭君》，后来又写了《凌烟阁》，又过了不长时间，他与薛恩厚合作写了聊斋戏《小翠》，还曾根据浩然的一篇小说写了现代京剧《雪花飘》。除《凌烟阁》外，其他三个戏都上演了，著名京剧演员李世济、裘盛戎等都曾扮演了剧中的角色。这些戏有一个共同特色，文学性高，其剧本可演可读；思想性强，那一个个戏中人物，不仅个性鲜明，而且在他们身上清楚地寄托着作者爱憎分明积极向上的思想。汪曾祺在这些剧本中着力加强的文学性和思想性，如同一缕春风，又像一抹朝阳令观众精神为之一振，耳目为之一新。

平心而论，为改变京剧缺乏文学性和思想性的陈旧落后状况，汪曾祺长期坚持不懈地努力过，也已经取得一定的成绩。《人民文学》从不发表京剧剧本，却在1989年8月号破例全文发表了汪曾祺改编创作的传统戏《大劈棺》，此举可看作是对汪曾祺多年来为提高京剧文学性和思想性所付出的心血和汗水，给以权威的肯定与表彰。但汪曾祺想从提高京剧的文学性和思想性两方面着手，以期实现他对旧京剧改造的目的和想法，最终并未能完全实现，甚至还遭受到严重挫折。其主要原因固然在于如他所说的那样，"京剧传统比城墙还厚"，改造它非一日之功；也由于他把剧本中的文学性强调到过于重要的地步。他说："决定一个剧种的兴衰的，首先是它的文学性，而不是唱做念打。"

(《从戏剧文学的角度看京剧的危机》)这种绝对化的论点就很值得商榷。纵观汪曾祺生前所创作的剧本，有个现象发人深思。他所写剧本的文学水平之高，得到普遍的赞扬与肯定，但除了《沙家浜》外，上演情况都不尽如人意，大多数剧本未能搬上舞台，或虽排练却公演不多。根据《聊斋志异》同名小说改编的剧本《小翠》，由于剧中所写的不少场面不宜用京剧形式表现，后虽由中国评剧院搬上舞台，只演了不长时间就停下了。《擂鼓战金山》是汪曾祺在1976年后写的第一个本子，最后两场写韩世忠和梁红玉夫妇性格冲突的戏，虽然写得生动，但却压不住场，而汪曾祺自己又舍不得改，只好搁下。

如何实现文学性与戏剧性的和谐统一，始终是汪曾祺剧本写作中一个突出的矛盾，也是一个未能完全解决好的难题。这个矛盾和难题在他刚到北京京剧团任专职编剧后不久就初显端倪。他到剧团后写的第一个戏是《王昭君》。据汪曾祺的好友、同事杨毓珉回忆："戏写得挺秀气，特别是刻画昭君离别故土，踏上风沙漫漫的胡地征程时的心理状态，如泣如诉，哀怨动人。配以李世济婉转细腻的程派唱腔，感人犹深。可是情节过于平淡，很难抓住观众，上座不高，上演四五天后停演了。这个戏至今未留下本子，很可惜。"本人也是京剧界资深编剧的杨毓珉直言："戏剧是不能没有情节的，它必须有矛盾的产生、发展、激化、解决，前有伏笔，后有高潮，否则抓不住观众。"(杨毓珉《往事如烟》)对此看法表示认同的大有人在，阎肃这样评价汪曾祺："他不擅长结构剧情，长处在于炼词炼句。写词方面很精彩，能写许多佳句，就是在夭折的剧本里也有佳句。"(转引自陈徒手《人有病，天知否？》)汪曾祺在谈论小说创作时说过："我要对

‘小说’这个概念进行一次冲决：小说是谈生活，不是编故事；小说要真诚，不能耍花招；小说当然要讲技巧，但是：修辞立其诚。”他以这样的认识写出独具一格的小说，取得了成功；但当他在写剧本时也以写小说的观点进行冲决，就很难不碰壁了。

汪曾祺一生写下的作品总共300万字左右，其中，戏曲剧本作品占他一生创作的十分之一，他为此付出生命中最为宝贵的20年。回顾汪曾祺为推动京剧改革所作过的努力，无论是他取得的成功，还是遭遇到的挫折，对我们今天仍在继续进行的京剧改革，都是一笔宝贵的精神财富，值得我们认真借鉴和记取。

——来到一棵古老的桉树下，汪曾祺伸手拍拍树腰，说他当年曾倚靠在这儿阅读沈从文老师写的小说《边城》；来到一棵百年合欢树下，汪曾祺抬头看了看枝叶间的粉红色花朵，说他当年曾约会西南联大外语系女生施松卿，两人肩并肩地坐在树下一起诵读徐志摩和林徽因写的爱情诗……暮色渐渐苍凉，华灯悄悄明亮。虽然没有看到翠湖的荷花，但我却在汪曾祺的眼里看到了闪亮的泪珠，那泪珠就像是他心中的荷花……

——张昆华

张昆华

汪曾祺的

白莲花

原载2013年6月16日《云南日报》

今年5月16日是汪曾祺逝世16周年纪念日，按节令进行曲的节拍，立夏前几天，昆明终于在久旱之后听到暮春的雨点、雨丝、雨柱、雨浪弹奏的交响音乐。于是，我把欣喜的目光从汪曾祺29年前写的《昆明的雨》中，移到了翠湖，移到了大街小巷的高楼或矮屋。怀念过去与观赏现实，仿佛那一棵棵绿树、一蓬蓬红花、一朵朵菌子、一粒粒杨梅，都从汪曾祺散文的字里行间幻变而出，显得久别重逢般的可亲可爱。也就自然而然地由汪曾祺“我想念昆明的雨”的情景里转而想念起汪曾祺来。

因为今年5月16日是汪曾祺逝世16周年纪念日。昆明人完全可以把汪曾祺作为乡亲缅怀。这位来自异乡的乡亲生前曾经在《昆明的雨》《翠湖心影》《泡茶馆》《观音寺》《觅我游踪五十年》等散文名篇中为昆明留住了鲜明的自然环境与独特的人文风情。他还在文中赋诗表达心中的眷恋与思念：“羁旅天南久未还，故乡无此好湖山。长堤柳色浓如许，觅我游踪五十年。”

汪曾祺一九二零年农历正月十五日即元宵节傍晚上灯时分，出生于江苏省高邮古城的一座书香门第老宅里。在高邮上完小学、初中，当他就读高中三年级的江阴县城沦陷在日军铁蹄之下，他便含泪挥手告别故乡，先后辗转上海、香港、越南海防、云南河口等地，于1939年9月到达当时被称为大后方的昆明，考入西南联大中文系。在昆明读书4年，又在市郊观音寺中学教书3年，直到1946年8月离昆赴沪。他在《觅我游踪五十年》中写道：“我在昆明待了7年。除了高邮、北京，在这里时间最长，按居留次序说，昆明是我的第二故乡。”

汪曾祺在“第二故乡”昆明上学西南联大时，就居住在翠湖周边。他亲切而形象地把翠湖描绘为“昆明的眼睛”，并说“没有翠湖，昆明就不成其为昆明了”。他最初寄住在青莲街同济大学附中的宿舍。不久便搬到若园巷二号。他在散文中记述道：“房东是一个上了年纪的寡妇，她没有儿女，只和一个又像养女又像使女的女孩子同住楼下的正屋，其余两进房屋都租给联大学生。”令人当时难以预料而后来又是事实的是：4 位房客大学生，同住一屋的汪曾祺成为文学大师；王道乾去法国入了党，成为专译马克思主义理论的翻译家；同住另屋的何炳棣、吴讷孙，后来移民美国，前者成为历史学家，后者成为美学家、美术史家，可见西南联大人才济济。吴讷孙还写了一部反映西南联大生活的长篇小说《未央歌》，多次再版。1987 年汪曾祺出访美国时，老同学意外相见，吴讷孙还送了一本《未央歌》给汪曾祺。两人兴趣盎然地谈起了女房东家院子里的那棵缅桂花树，在春雨中散发出阵阵清香。汪曾祺还说，有一年春节，吴讷孙写了一副春联贴在大门上，上联“人斗南唐金叶子”，下联“街飞北宋闹蛾儿”，说罢，在回忆青春岁月中爆发出老年人少有的哈哈大笑……

此后，汪曾祺由于穷困，不得不从若园巷二号搬到民强巷五号，只不过是因为租金稍便宜一些而已。汪曾祺搬住到新房东王老先生家的东屋里，没有床，便睡住在一个高高的一尺多宽的条几上；“……被窝里面已不知去向，只剩下一条棉絮。我无论春夏，都是拥絮而眠。”他在回忆当年的散文中这样写道：“我在民强巷时的生活，真是落拓到极点。一贫如洗。我们交给房东的房租只是象征性的一点，而且常常拖欠。昆明有些人家也真怪，愿意把闲房租给穷大学生住，不计较房租。这似乎是出于对知识怜惜心理。”汪曾祺记得，有一天饿得躺在条几上，是同学朱德熙夹着一本字典来叫他起床，到街上贱卖了字典，才有钱吃了一顿早饭。物质生活如此残缺，但精神生活却不贫乏。在汪曾祺记忆中，房东家的大门上刻着一副对联：“圣代即今多雨露；故乡无此好湖山。”他每日出入大门，眼看心记，明白这是房东借用前人旧记抒发自己今日情怀。他虽不同意当时即“圣代”，也不明确上联来自何处，但却知晓下联出于苏东坡诗句。所以，几十年后，汪曾祺重返昆明，便轻车熟路地以当年房东借苏东坡诗句的手法，也借此句来写进自己的诗中，用“故乡无此好湖山”表达“昆明的湖山是很可留恋的”。

汪曾祺步入老年后，怀念昆明的情感日愈缠绵。他在一系列的散文中，写了缅桂花树、尤加利（即桉树）、仙人掌、木香花、叶子花、白茶花；写了酸角、拐枣、杨梅、宝珠梨、丁丁糖、花生米；写了青头菌、牛肝菌、鸡枞菌、鸡油菌；写了翠湖的多孔石桥、圆圆的小岛以及堤岸上的柳树：“柳条拂肩，溶溶柳色，似乎透入体内。”所以，他在借用苏东坡“故乡无此好湖山”之后加写了自己的诗句：“长堤柳色浓如许。”但使我感到迷惑不解的是，汪曾祺在翠湖边居住过 4 年多，还常去湖畔的省图书馆看书，常在茶馆里喝茶，十分熟悉那里的树木花草，但他为什么就没有写荷花呢？而生他养他的故乡高邮则是荷花铺天盖地的世界，如果他在昆明翠湖见到荷花，肯定就会触景生情、倍感亲近而大书特书的。后来，汪曾祺在 1984 年 5 月 9 日写的散文《翠湖心影》中回答了这个疑问：“翠湖不种荷花，但是有许多浮莲。肥厚碧绿的猪耳状的叶子，开着一望无际的粉紫色的蝶形的花，很热闹。”这就是昆明人叫的水葫芦。

我相信汪曾祺“翠湖不种荷花”的记忆。但是就在汪曾祺

1946 年 8 月离开昆明后的几十度春夏岁月中，不知是从哪年哪月起，翠湖种植了莲藕，开放了一朵又一朵彩云般的莲花，取代了大片大片的水葫芦花。漫长的光阴一直延绵到 1987 年 4 月，在汪曾祺离别“第二故乡”41 年后才得以重返昆明。他是参加中国作协组织的作家代表团前来渴望已久的云南进行访问采风活动的。此时的汪曾祺虽然已是 67 岁的老人，但谈起他 19 岁初识的昆明，那刻满皱纹的脸上却绽放了年轻的容光。他从西南联大说到青莲街、逼死坡、甬道街、若园巷二号、民强巷五号以及翠湖里的石拱桥……由于我读过他 3 年前写的《翠湖心影》，便告诉他：“翠湖依旧，杨柳常绿。只是在你离昆后的某个盛夏，翠湖梦醒般地开满了半池荷花……”

不难想象，从出生到长大，故乡高邮的荷花一直伴随着汪曾祺的青春年华。此后他长年生活在被他爱称为“昆明的眼睛”里，翠湖肯定又成为他“第二故乡”风景中最难忘的风景。如今，像高邮那样，翠湖也有荷花开放，这不是可以让汪曾祺的故乡情结锦上添花吗？直到汪曾祺他们首游武定狮子山，又赴别地采风返回昆明，正津津乐道于明朝建文皇帝是否真正落发为僧出家狮子山正续禅寺的历史传说时，我们终于挤出了一小点空隙时间，在夕阳悠悠沉下西山之际，匆匆赶赴翠湖。我们忙不了去寻访汪曾祺十分思念的当年居住过的同济大学附中旧地以及若园巷二号、民强巷五号民房是否依然在世，便径直来到翠湖东门一侧的荷塘边。手扶栏杆细目远眺，只见湖面上新生的一片片荷叶，在晚风中洋洋得意地挥手摇晃，犹如一朵朵舞蹈的水波；又见一只只紫色的燕子穿破暮霭飞翔，让尾巴洒下一声声啼鸣……可是，心急也难获近利，我们上下左右地寻觅，都没有发现一枝莲花。确实令人茫然，深感惆怅。汪曾祺摇摇头，叹口气说道：“昆明春天来得早，而莲花最早也要到夏天才开放呀……”我们只好沿着湖岸漫步。来到一棵古老的桉树下，汪曾祺伸手拍拍树腰，说他当年曾倚靠在这儿阅读沈从文老师写的小说《边城》；来到一棵百年合欢树下，汪曾祺抬头看了看枝叶间的粉红色花朵，说他当年曾约会西南联大外语系女生施松卿，两人肩并肩地坐在树下一起诵读徐志摩和林徽因写的爱情诗……暮色渐渐苍凉，华灯悄悄明亮。虽然没有看到翠湖的荷花，但我却在汪曾祺的眼里看到了闪亮的泪珠，那泪珠就像是他心中的荷花……

怀着依依不舍的乡情，汪曾祺飞离难以分别的昆明返回北京。相隔4年之后，1991年4月，也是早春时节，汪曾祺参加中国作协副主席冯牧率领的作家代表团去玉溪出席“红塔山笔会”。来也匆匆，去也匆匆，昆明只不过是路过的驿站而已，但汪曾祺却在其间亲笔署签“十五日夜走滇境”的采风团文集书名并写下了散文《觅我游踪五十年》，重现了这位71岁的耄耋老人记忆中的昆明往事。

只要期盼，便有希望。6年之后，也就是1997年1月，昆明温暖的冬天，汪曾祺参加中国作协副主席高洪波率领的作家代表团再一次去玉溪出席“红塔山笔会”。会后返京前在昆明稍事停留。1月13日下午，我去作家代表团住宿的佳华大酒店拜访汪曾祺。新年喜庆的气氛还未消散。我与汪曾祺在酒店大堂的圣诞节小屋和圣诞节灯树前合影留念。笑谈中，我特意提起他去年即1996年夏天赠我的国画《门外野风开白莲》。我说，那绿叶相拥的白莲花，真是越看越美，堪称文人画中的精品。他微笑着连连摆手，并解释创意：之所以画白莲花送我，是为了弥补10年前我们去翠湖看荷花而荷花尚未开放的遗憾……

然而令人深感悲痛的是，汪曾祺1997年1月第5次来昆明，不幸成为他生命中对“第二故乡”的最后访问。汪曾祺从昆明飞回他“第三故乡”北京4个月后的5月16日，因突发急病而与世长辞。前些日在春风春雨中，怀念与感恩之情引领我去翠湖寻访汪曾祺的踪影。那棵被汪曾祺倚靠着阅读沈从文老师写的《边城》的古老的桉树，依然用青枝绿叶散发着淡淡的芬芳；那棵倾听过汪曾祺与恋人施松卿共同诵读徐志摩和林徽因的爱情诗的百年合欢树，依然用年年盛开的粉红色花朵洋溢着迎春的气息；那刚刚积蓄了雨水的翠湖依然荡漾着碧绿的荷叶，发出飒飒的声响，仿佛在告诉我：再过些时日，那一朵朵荷花肯定会昂首开放，就像汪曾祺在《门外野风开白莲》中所画的那样，为翠湖，为昆明增添美丽的风采！

林益耀

芳草萋萋

“听水斋”

原载2013年8月26日《东方早报》

缘于当年未曾订阅《东方早报》，本文自是一份迟到的答卷，假若它还有意义的话。

话还得从头说起。约五年前，龚静女士发表《寻访的寻访》一文（《文汇报·笔会》2008.12.31），文中述及先是寻访汪曾祺曾执教的致远中学旧址未果，尔后在资料中查索到它在现延安中路的延中绿地上的大致位置。由于我曾在致远中学就读三年并曾从教于汪曾祺，随之写就短文《汪曾祺和致远中学》（《文汇报·笔会》2009.1.23），并对致远中学旧址和周围环境按我的记忆作了一番说明。前些时间，东北师范大学文学院徐老师据此短文辗转写信给我，旨在了解汪曾祺在致远中学的情况。徐老师研究汪曾祺生平及其著作有年，这正是出于他业务工作的需要。我们作了电话和网上交流，随即他电邮来顾村言先生《海上何处"听水斋"》一文（《东方早报》2010.3.2）。"听水斋"是汪曾祺执教致远中学时在校内住宿的蜗居，不时会听到楼上居户往楼下的泼水声。该文作者曾对照拙文去延安中路的延中绿地寻访，惜未如愿。这一悬案，我迄今才知道。事实上致远中学旧址早被拆除，并无丝毫踪迹可循。于是草成此文再予说明。

有感于先后两位作者如此虔诚地寻访致远中学旧址，而我那篇短文系按旧时的街坊情况来说明的，显有不足。自认有份渊源而应责无旁贷地把这个旧址按所处地段的现状"落到实处"，以了心愿，于是择吉出行踏看。其实我住家离那边并不算太遥远，只是我惯居于市西南隅而多年足迹鲜至罢了。致远中学旧址处于延安中路的延中绿地上西自石门一路东至老成都北路之间的北侧，沿着这条汪曾祺当年行踪所及、也是我求学三年必经之路，我来回走了一趟，虽无复旧貌，但我仍了然于胸。近事难记、往事不忘，正是老年人的特点。自石门一路向东毗连有三条里弄，在旧时属于中上档的新式石库门里弄，住户中不乏名人。它们依次为“汾阳坊”“多福里”和“念吾新村”。无论从里弄起名和房屋结构来看，颇显老上海的味道。念吾新村取名不落俗套，汾阳坊更是取名用典，并不是一个地名而已。唐代大将郭子仪（697—781）在平定安史之乱中军功显赫。他为人谦恭，不居功自傲，深得皇帝信任，其子被招为驸马而有“打金枝”的故事。据称郭子仪拥七子八婿大团圆，是为福；官封汾阳郡王，故有郭汾阳之称，后被尊为尚父，是为禄；享年84岁，是为寿。这在封建王朝中属罕见，历来以郭子仪（汾阳）比喻福禄寿三全，里弄冠名汾阳当溯源自庇。原与念吾新村东边相隔是又一条里弄“福明村”，继之是以狭隘弹硌路相隔的致远中学。两者均已被拆除净尽，而今是贯穿南北的绿地，芳草萋萋，俨然花园模样。我观察到念吾新村的门牌号为延安中路470号，而我迄今还记住的福明村为424号，再根据犹存的记忆作了目测和步量，最后确定致远中学旧址在绿地的东西位置当与站名为延安中路石门一路的一个西行公交站亭所处位置相近。我于此停立、照相、徘徊和思忆，伊昔红颜少年，而今白发老系，不禁唏嘘。

这块绿地还延伸到老成都北路，其间有已被认作地标的“中共二大会址纪念馆”。现在沿着延安中路的纪念馆这排建筑，原来淹没在街面房屋之后，不为人见。因之会址的门牌号为“南成都路辅德里625号”（现为“老成都北路7弄30号”）。其门楣上保留原样的吉祥文字“腾蛟起凤”，倒十分契合。

顾村言先生文中对延安中路延中绿地南侧描述甚详，也引起我的怀旧。该侧原有建筑几已被拆除殆尽，我漫步其间边行边思以往的某些“标志点”。现始自成都南路（与老成都北路相接）建有占地3000平方米的“药草园”，凑巧的是在其转角处原有一家“徐重道国药号”。该店虽不如“童涵春”和“雷允上”资深，但当时其分号之多在沪上首屈一指。与致远中学隔街相望的“九星大戏院”，是著名越剧演员尹桂芳、竺水招芳华剧团的长驻剧场，经常挂客满牌。当年报载在演出《浪荡子》时，戏迷观众受剧情感动，有情不自禁把金戒指、耳环等首饰抛向台上的。还有一家“叶子咖啡馆”，它以火车座私密性好适合情侣喁话而知名，同时也是地下党交换信息的理想联络点，所谓大隐隐于市也。至于被顾村言先生一度误以为致远中学旧址的中德医院（后改卢湾区产院）那座典雅小楼，是唯一被保留的建筑，现有装饰一新的中法文对照的门额，我正诧异何以不是德文，环顾左右才知道这是一家饭店作秀的店抬。

回家后打开上海市交通地图看，显然可以按图索骥：在由延安中路、石门一路、大沽路和老成都北路围成的不规则四边形中，西边空白区即是上述三条里弄，东边绿色区为上述绿地形成的广场公园，其右侧是中共二大会址纪念馆，左侧即致远中学旧址所在。

再说汪曾祺与致远中学。徐老师还电邮给我汪曾祺《星期天》一文（《上海文学》1983年第10期）。这是汪曾祺仅有的一篇关于致远中学面面观的纪实小说。与题目相应的内容是记述学校每个星期天晚上举办舞会的“盛况”。文中更详述了学校的校舍、校长和教员等诸多方面。我在三十年后才得以捧读，读来倍感亲切，也起缅怀之心。文中对每个教员的形象描述颇为传神，落笔也多幽默，用的都是真姓假名，可一一对号入座。但某些方面包括他任三个班级的国文课老师等与我记忆中的实际情况有出入，未知何以故。小说中唯一用假姓假名提到的借住学校的电影演员赫利都，即是我以前短文中述及的中叔皇。二十世纪初，我在一家医院的干部候诊室碰见过他，依然挺拔。聊起旧事，他说他当时是寄人篱下，汪是教书谋生，彼时即以善饮酒、会回味和好动笔头为众所知。

汪曾祺教初二班的国文课而没有教我们初三班的，我若有憾焉。他在我班讲授的是外国历史课，讲课时只管自己滔滔不绝，丝毫不理会教室内学生因不重视辅课而有躁动，似已显示散谈的名士风度。倒是我作为班长做了些维持课堂秩序的工作，因之他对我稍有印象并乐意在我的纪念册上题词。当时校长的题词是作为校训的“任重致远，敬业乐群”；国文老师的是“知足长乐，求学不可知足。谦让为本，当仁毋须谦让”；而汪老师的题词别具一格，“须是大其心使开阔，譬如为九层之台须大做脚始得”，似含禅机佛理，难于参透。字体为隶书模样，用墨笔书写。徐老师说，汪曾祺二十世纪四十年代的墨迹不多见，我就电邮过去供欣赏。

往事已逾一甲子，并非如烟。汪曾祺于1947年执教致远中学，于1997年去世，正好跨半个世纪，由一介书生而文学大家，甘苦自知。致远中学系私立学校，正是从1947年起改为初级中学。新中国成立后迁至华山路江苏路处，几经变迁，曾转成长虹中学，现归属复旦初级中学。

安　海

汪曾祺与张家口

原载2013年第4期《当代人》

1958年10月的一天，京包线张家口段一个极小的火车站——沙岭子站，一列暗绿色的客车在甩下十几个乘客后，又缓缓地向北爬行而去。这十几个乘客下车后，很快便如倦鸟一样各自奔向自己的巢穴，站台上只剩下一个孱弱而忧郁的中年男人。他站在狭窄而空旷的站台上，像一只失群的小鸟，目视着渐行渐远的火车，目光中流露出一种恍惚、无助甚至是不知所措。良久，他抬头看了看阴霾的天空，开始背起行李走进候车室，向售票员询问此行的目的地——沙岭子农业科学研究所。随后，他走出候车室，依照人们的指点穿过铁路向农科所走去。

十月的塞外，已是满目萧条衰败：庄稼收割了，野草枯萎了，树叶落尽了，风也有些硬了，裹挟着地面的沙子打在脸上凉飕飕地痛。但他似乎对这些却毫无知觉，因为与裹胁他的那场政治风暴相比，这些小风沙实在可以忽略不计。那顶特殊的"帽子"，既像是一座大山，压在心头，让他喘不过气来，又像是一个魔法师，让他心灵的季节从阳光明媚的暖春一下子坠入寒风冽冽的严冬。车站到沙岭子农科所的那条土路并不长，但他却走了很久。他在这条路上背着行李蹒蹒行走的样子，显得那样忧郁而孤独。他就是著名作家汪曾祺，那一年，他38岁。

汪曾祺一生与五个地方结缘，张家口对于他来说是一个很特殊的地方。因为其他四个地方都是他成长、求学、生活、工作的地方，而张家口却是他劳动改造的地方。1958年10月，汪曾祺被下放到张家口的沙岭子农业科学研究所改造。两年后他结束劳动改造，但由于原单位不接收，只得暂时留在所里协助工作，直到1962年初才调回北京京剧团担任编剧，结束了在张家口近四年的特殊生活。

我想，汪曾祺对张家口这个地方的感情一定是颇为复杂的。上世纪八九十年代，汪曾祺以《受戒》等系列小说开始享誉文坛，而他的散文创作也进入井喷的状态，其中直接抒写张家口的散文就有《随遇而安》《沙岭子》《沽源》《马铃薯》《口蘑》《坝上》等多篇。在这些散文中，他以一种悠闲甚至是轻松的笔调抒写张家口的自然风物，考证马铃薯的种类流传，叙写口蘑的种类口味，即使是那些直接写劳动改造生活的文字，也很难看出大山重压下的那种紧迫的心态，传达的也并非都是沉重和苦闷。

对在张家口近四年的生活，他在《自报家门》中写道："这四年对我来说是很重要的。我和农业工人（即是农民）一同劳动，吃一样的饭，晚上睡在一间大宿舍里，一铺大炕（枕头挨着枕头，虱子可以自由地从最东边一个人的被窝爬到最西边的被窝里）。我比较切实地看到中国的农村和中国的农民是怎么回事。"在另一篇散文《随遇而安》中，他甚至表示"我当了一回右派，真是三生有幸。要不然我这一生就更加平淡了"。因此，他感激张家口三年多的时光对他的给予。在张家口，他"算是幸运的，没有受多少罪……所领导对知识分子是了解的，只是在干部和农业工人的组长一级介绍了我们的情况，并没有在全体职工面前宣布我们的问题。不少农业工人不知道我们是来干什么的，只说是毛主席叫我们下来锻炼锻炼的。因此，我们并未受到歧视"。我想，对于当时的汪曾祺来说，能得到一份做人的尊严和平等是最重要的，而张家口给了他这些。在1959年他劳动改造一年时，所里甚至想给他"平反"，只是又考虑到时间太快才又推迟了一年。

即便如此，我们还是不应该天真地以为汪曾祺当初的生活会是如此轻松。事实上这不过是事过境迁之后的一种轻松回望罢了，是苦难过后成为财富论的一种翻版罢了。处于苦难中心时的汪曾祺断然不会有如此轻松的心态。作为一个长期在文化部门进行脑力劳动的文弱书生，让他一下子转变成一个体力劳动者，首先面临的便是肉体的脱胎换骨。正如他在《随遇而安》中所讲“初干农活，当然很累。像起猪圈、刨冻粪这样的重活，真够一呛”。这样的转变不脱几层皮掉几斤肉是不行的。虽然他事后回忆起这段经历时颇引以为豪地称“力气也增长了，能够扛 170 斤重的一麻袋粮食走上和地面成 45 度角那样陡的高跳”。但当时肉体上切切实实的苦痛是别人难以体会的。沙岭子属塞北苦寒之地，那里“一年一场风，从春刮到冬”，冬天最冷时往往达到零下三四十摄氏度。这样恶劣的自然条件相对于出生于江南生活在北京的汪曾祺来说本就是一个不小的考验，况且还有那样繁重的体力劳动。

对于汪曾祺来说，比之肉体脱胎换骨的痛苦，精神上的郁闷和无助更沉重百倍。1959 年 3 月，汪曾祺的父亲汪菊生去世。汪曾祺手捧弟妹发来的电报，心急如焚，悲痛难耐，泪流满面。父亲生前他没能床前尽孝，他多么想回家与父亲见最后一面，送父亲最后一程。但不久前发生在一个被改造同伴身上的事，让他踌躇不定。这位同伴家中的亲人死了，想回去奔丧，便向领导报告。领导却说：“死了？死了也好嘛，你可以少背一点包袱。”得知逝者已埋了以后，这位领导竟然冷酷地说：“埋了就得了——好好劳动。”汪曾祺明白，自己同样是戴罪之身，因此他最终没敢向领导提出回乡奔丧的请求。他只能把悲痛埋在心底，在夜色苍茫之际，跪在沙岭子高高的山冈上，面对家乡高邮的方向，一洒自己的思亲之泪，向父亲向家人表达自己深深的哀悼和亏歉之情。

汪曾祺的父亲汪菊生一生结过三次婚，第一任妻子即汪曾祺的生母，在他三岁时就因病去世，继母任氏是汪菊生的第三任妻子，她与汪菊生结婚后一共生了五个孩子。虽然是同父异母，但作为长子，汪曾祺对这些弟妹都很关心。父亲去世后，继母任氏带领五个年纪尚小、没有独立生活能力的少年，其生活之艰难可想而知。而接下来又偏赶上 1959 年开始的三年经济困难时期，小弟汪海容活活饿死，更小的年仅 16 岁的妹妹汪绫纹，为了活命，于 1963 年随人逃荒到安徽谋生，两年后嫁人成家，过上了暂时不挨饿，但绝无爱情、动辄遭打受骂的生活。继母任氏无力支撑家庭，几次欲投大运河自尽，幸都被人发现劝阻。这些情况通过家信传达给远在张家口的汪曾祺，每每令他心如刀绞，肝肠寸断。但自身的困境却令他常常感到一种无助，他唯一能做的，也只是给家中寄一些活命钱，尽管他当时三个孩子都还小，生活并不宽裕。1958 年后，他的工资由 180 元降为 105 元，他给家中寄 40 元外，自己只留下 25 元的生活费，剩下的 40 元寄给远在故乡的继母及兄妹，其经济上的困窘可想而知。

汪曾祺在张家口生活了近四年时间，在这一千多个日日夜夜里，他心中的苦楚是难以与人言说的。尤其是前两年，他一方面遭受着肉体的苦痛，另一方面还要背负着精神的重压。经济上的困顿自不必说，而前途的未卜、父亲的去世、故乡亲人生活的悲惨都时时挤压啃噬着他脆弱的心。而在 1960 年后，他虽然有一种轻松感，但由于原工作单位不接收他，他只有继续待在农科所协助工作。在《马铃薯》一文中，他曾记录下当初他的那种情绪："远离了家人和故友，独自生活在荒凉的绝塞，可以谈谈心的人很少，不免有点寂寞。"此时，他原本可以回京与家人团聚，但没有单位接收，他便只能还如失群的小鸟一样，孤单地在张家口飘零了一年多。个中的感觉，肯定绝不仅仅只是一个寂寞可以形容的。

1983年，汪曾祺应张家口市文联之邀，给当地青年作家讲课，其间重返沙岭子，然而时隔二十年，一切已是面目全非。"这不是我所记忆、我所怀念的沙岭子，也不是我所希望的沙岭子。然而我所希望的沙岭子又应是什么样子呢？我也说不出。"而对于他生活过几个月的沽源县，在《沽源》一文中，他心情复杂地表示："我这辈子大概不会再有机会到沽源去了。"事实上他也的确没有再能回去过，沽源在他的印象中永远停留在马铃薯、口蘑、低矮的城墙与多变的天气上。

往事或许并非不堪回首。张家口作为汪曾祺生活过的一个特殊的地方，对于他来讲已然不是一个单纯的地理概念，而成为融有他的汗水、泪水甚至血水的留有他生命气息的一块生命之地。在这块土地上，他犹豫过、彷徨过、悲伤过、失落过，他也憧憬过、思索过、感受过，他一生最坎坷的几年是在这片土地上度过的，张家口因此成为他生命中不可或缺的分量最重的一部分。尽管这片土地在他的生命中，往往是与苦难与坎坷与命运的不济相连，但恰恰是这块土地接纳了他、包容了他、陪伴了他、慰藉了他，他对这片土地的感情曾是复杂的，是爱恨交加的。而当时光的荏苒使历史成为云烟，曾经的苦难终成为一种人生的财富时，张家口这个地方也最终化作一种坚硬的血液融合到他长流的生命和文学的血脉中。

张家口其实距离北京仅仅有200公里，是庇护北京的后花园，进入21世纪后，张家口这个地方发生了翻天覆地的可喜变化，开放包容的张家口敞开自己广阔的胸怀迎接四方的宾朋，许多京津冀的游客都把张家口作为他们休闲度假的首选之地，在他们的眼里，张家口是一个美丽的地方，是一个能够消解他们疲倦焦虑情绪的地方。汪曾祺笔下只有罪犯“发往军台效力”的沽源也以五花草甸等优美的自然景观吸引着全国各地的游人。以汪曾祺在张家口生活的年代计，历史的册页已经翻过去了半个世纪。回首过往岁月，汪曾祺曾发出过“我只觉得这一代的人都糊里糊涂地老了。是可悲也”的感叹，也曾发出过“为政临民者，可不慎乎”的希冀。我想，如果作家本人还活着的话，能够重回张家口，一定会感触良多。而如果时光可以倒流，历史可以重写，我多么希望汪曾祺与张家口的缘是出于这个地方固有的善和美，正如现在那些来张家口休闲度假的人们一样，所感念的是这片土地粗犷、辽远、包容、大气的美！

张肇思

不尽长河

绕县行

原载第 3 期《汪曾祺文学馆馆刊》

汪曾祺先生去世已经四年半了，怀念之情，与日俱增。老友赵林一篇怀念汪老的文章《其文其人》，曾发表于1997年7月15日《奎屯广播电视报》上，记述了汪老在尼勒克县时的一些往事，很可一读。

1982年的秋天，汪曾祺、林斤澜、邓友梅、李志四人在郭从远的陪同下，来到县上采风，赵林是宣传部干事，又喜爱文艺，陪同他们上山到唐布拉，我接触过几次，留下了深刻的印象，虽然十九年过去了，犹历历在目，仿佛如昨。

四人籍贯不同，经历各异，各人的成就是众所周知的、不用说了。我发现在性情上是大不相同的。汪曾祺年长，有长者的风度，睿智、淳厚、平易近人、和蔼可亲、诲人不倦。赵林心目中的汪老"总觉得他像一位和蔼可亲的老外婆"，在我的心目中总觉得他像一尊笑口常开的大肚弥勒佛。林斤澜秀外慧中、温文尔雅，文士本色，不多说话，偶然出语，妙趣横生。邓友梅不失山东大汉本色，豪放直爽，加之久居北京，熏染出一副伶口俐齿，是个极为活跃的人物。《北京文艺》的编辑李志，具干练之才，内政外交，勤劳尽职。四个人的小团体，可以说是一个优化的组合，亲密无间，充满了欢乐。"小团体"有时也发生"内讧"，以相互取笑对方为乐。汪老是"领袖"，自然是常受"攻击"的对象，往往是邓友梅"发难"，拿老头子"开涮"，揭汪老的短，出他的"洋相"，汪老往往是按兵不动，听之任之，不加可否，偶尔不紧不慢地回敬两句，邓友梅便招架不住，退避三舍，落荒而逃。林斤澜则是乐得旁观"闹剧"，适当的时候，推波助澜，点点"眼药"，有时折中几句，息事宁人，当和事佬。常说"文人相轻"，我看到的却是"文人相亲"。

陶严舟的女儿若凌，正在高中读书，喜爱文学，曾发表过作品，她拿了几首诗向汪老求教，汪老很认真地看完之后，对小陶说："你的诗写得天真、新颖，意境和语言都很好，这首《布谷拉山谷的松涛》中第三段可以不写，木材可以造桥梁、作枕木、建大楼等等，木材的用途广泛得很，你在诗中能说全吗？完全没有必要，这段可删去。"在场的张雅荪、王建刚（已去世）、赵林、陶严舟我们几个知情的人都笑了，汪老不解其故，小陶对汪老说："原来我写时就没有这一段，是外地的一位编辑来信叫我加上去的。"汪老说："你看，有些人写东西总是想求全，结果还是不能得全，完全没有那个必要，这段去掉！去掉！"接着汪老又给我们讲了许多写文章、作诗方面的知识，大家听得有味、入神，大有胜读十年书的感受。

汪老被人称之为"通家"，"通家"是什么？我的理解有点像旧小说中所说的"十八般武艺件件皆通"的意思，用我的话说是"三教九流，无所挡挂"，不知可不可以这样说。汪老在书画上的造诣，我是早有耳闻的，机会当然不会错过。有天下午，雅荪和我，在宣传部办公室里，准备了宣纸笔墨，请汪老写字，他很高兴地答应了，来到宣传部办公室，他提起笔，几乎未加思索，写出了他新作的一首诗——《伊犁至尼勒克道中》：

一痕界破地天间，浅绛依稀暗暗蓝；
夹道白杨无尽绿，殷红数点女郎衫。

诗情画意和他那笔精墨妙的书法，浑然一气，令人陶醉不已。

我又铺上一张宣纸，只见汪老背着手，在室内走动着，时而仰头面壁而立，室内静极了，突然他转身回到桌前，拿起笔来，飞快地又写出了一张，也是首《七绝》：

山形依旧乌孙国，公主琵琶尚有声；
至今团聚十三族，不尽长河绕县行。

雅荪和我被这一场面震惊住了，都心里明白，这是汪老现场即兴之作，前后也只是几分钟的时间。由此可见，古人“出口成章”和曹植“七步成诗”亦是可信的。后来这件事雅荪和我曾对不少人讲过。

雅荪又铺纸对汪老说：“赵林喜爱文学，也爱好书法，请你也为他写一幅。”汪老随即在纸上写了：

白杨摇绿，苹果垂红；
六畜繁息，五谷半登。

搁笔以后，坐了下来，汪老对雅荪和我又讲了许多书法方面的知识，最后还告诫我们：“不会作诗是成不了书法家的。”语重心长。

汪老对于饮食文化也极有研究，并能亲自下厨，别出心裁地做出几道“汪家菜”，是有口皆碑的。他还嗜烟、酒，在这里饮酒，赵林在文章中已经讲了，关于烟，我还想作点补充。别人敬他烟，没抽过的牌子，他总要先放到鼻子上闻闻，已成为习惯，他见我抽莫合烟，也卷了一支抽，仰着头双目微睁微闭，似在品评其味，悠闲得很。后来我读到他写的一篇《烟赋》，堪称前无古人之作，回肠荡气，令我惊奇的是将莫合烟也写进去了，原原本本，头头是道，于此，亦可见他对生活观察的仔细。

他们在尼勒克县虽然只短短地逗留了几天，尼勒克的这些朋友们，每谈起来，都是情恋不已难以忘怀。话长纸短，最后，我想引用汪老《七十书怀出律不改》一诗，作为本文的结束：

悠悠七十犹耽酒，唯觉登山步履迟。
书画萧萧余宿墨，文章淡淡忆儿时。
也写书评也作序，不开风气不为师。
假我十年闲粥饭，未知留得几囊诗。

2001年10月7日

——在我与汪先生的接触中，感觉他并不是常人所说的那种超脱，其实中国知识分子有几个能真正超脱呢？他所感动我的是一生都在自己的性情之中，不太顾忌别的。他自己说：『我也就是一个小品作家，写不出大文章，永远也就是边角料。』这话里多少有一点失落。他这辈子最长的文字也就一万多字，所有作品加起来可能都不足百万字。尽管这些文字的味道正越来越被更多人发现，但它在书架上确实永远都不是主角。

——朱伟

彭匈

千山响杜鹃

原载1997年第4期《出版广角》

汪先生去了。二十多天前，他还亲手为我作了一幅画，题款“千山响杜鹃。彭匈清嘱。丁丑四月，曾祺”。画面上的杜鹃如火如荼，显出无限生机。他说“裱一裱，层次感就出来了”。是的。杜鹃密密实实，却是浓淡有致。我说：“这画一裱，杜鹃准能‘响’起来！”汪老哈哈大笑。具有如此旺盛生命力的人，怎么说去就去了！

“汪老，您忘了盖上大印了。”我提醒道。汪先生从桌上拿起印章，郑重其事地盖上了。我说：“您那方田黄印章呢？”他说：“咳，不知道弄到哪儿去了。”十年前我在漓江出版社，请他到桂林讲学，嘱他带上印章，要留墨宝的。他带来了，拿出来盖时，吓我一跳，竟是一方田黄！他说是一位和尚送他的，出自福建寿山最好的田黄坑。我说，这方田黄，至少值十万。我绝非信口开河，我在荣宝斋看过，田黄比黄金贵重得多。可汪老每次书画完毕，拿它一盖，顺手就撂在案上，全然不以为意。“可惜了！我早说过要作为‘重点保护文物’的呀！”汪老见我这模样，朝我直笑，笑中颇有深意。那分明是，背着妇人过河的和尚早就“放下了”，而另一个和尚还老叨叨咕咕，一直“放不下”。难怪他笑。一个对钱财如此恬淡的人，怎么说去就去了！

那天中午，我们在一家川菜馆吃饭，汪先生是美食家，对席上的菜肴作了一番点评，好在何处，差在哪里，头头是道。汪先生说他酒量减了，毕竟七十七了，又患有食道静脉曲张，可那天他仍然比我喝得多。我说，这充分说明：再瘦的骆驼比马大。我们送他回家，经过一条胡同，他兴致极高，说，林则徐曾在这条胡同里住过。走上一阵，他指着一间民居的门口说，

“瞧，那玩意儿叫门墩儿。胡同文化的一个重要物件。民谣说，傻小子，坐门墩，想媳妇，进家门。”有板有眼。这时，同来的老黄落后了几步，汪先生对我调皮地眨眨眼，说：“老黄还有得胖。”我问何以见得，他说：“走八字步的人多半会成胖子。”说罢便左一摇右一晃地模仿起八字步来，一副老顽童的模样。一个如此富于生活情趣的人，怎么说去就去了！

《汪曾祺自选集》再版重印时，我嘱他写了篇《重印后记》。这篇后记写得好极了。“我觉得我还是个挺可爱的人，因为我比较真诚。”这样的话，何等的个性鲜明！“我今年七十一岁，也许还能写作十年。这十年里我将更有意识地吸收西方现代文学的影响。我相信二十一世纪的中国文学将是辉煌的。”这样的话，具有何等样的自信力！近年来，他继《受戒》《大淖记事》《陈小手》等名篇之后，又给我们奉献了大量的文约意丰、隽永耐读的随笔小品。一个具有如此巨大的创作热情的人，怎么说去就去了！

送他到家门口，他握着我的手，附耳低语：“你的随笔集我给你写序。过两天我去四川，回来就动笔。”说罢，双手抱拳，朝我们行了个传统大礼，一转身，走了。他没能为我写序，也没能“再写作十年”。前者是我个人的遗憾，后者是中国文坛的遗憾。

好像是海涅说的，诗人死后，会到天堂，上帝请他吃糖果。我不信上帝，但我希望如此。

我还想象，汪先生的身旁，全是杜鹃。那杜鹃发出阵阵山响。

安息吧，汪先生。

石 湾

汪曾祺的诗心

原载 2006 年第 1 期《扬子江诗刊》

应出版社的要求，汪曾祺曾在《蒲桥集》的封面上自拟了一条“广告”：“齐白石自称诗第一，字第二，画第三。有人说汪曾祺的散文比小说好，虽非定论，却有道理。”这则“广告”没有提及他的诗。虽说在他生前公开发表的诗作很少（我几乎没有读到过），但我以为骨子里他是个抒情诗人，胸中有颗诗心在燃烧。他与香港作家施叔青对话时就曾强调过，他的小说是“作为抒情诗的散文化小说”。看，他把诗摆在了散文和小说之前。这是很值得我们体味的一句话。

前不久，文友何启治在收读我新出的集子《昨夜群星灿烂》后打电话给我，说我真是个有心人，当了几十年文学编辑，保存下了那么多作家的信札，尤其是我在书中引用的几封汪曾祺的信，很是珍贵。他还告诉我，《当代》杂志新近刊出的《文[illegible]双璧》，写的是汪曾祺和林斤澜，记述了不少鲜为人[illegible]往事，不妨找来一读。启治兄原是人民文学出版社[illegible]副总编辑，曾主持《当代》的编[illegible]当代》从未发过写作家往事的文章呀[illegible]这回怎么破例了？他说：“《当代》确实未发过此类作品[illegible]但这篇东西确实写得好，很受欢迎，连我手头的这期杂志也被人要走了，不然，我就可以给你寄去了……”经他这么一推荐，我就找来了这期《当代》，认真拜读了由《温州晚报》程绍国先生写的这篇《文坛双璧》。

我在二十世纪末，曾借调在北京京剧团创作组两年多时间。当时创作任务压得很紧，规定创作人员都在团里吃住，只有周六晚才可回家休星期天。我与汪曾祺住对门，可以说是朝夕相见。读《文坛双璧》一文，自然又勾起了我对汪曾祺先生的许多回忆。对我触动最大的是，程绍国先生在文中引了汪曾祺一组短诗中的《早春》：

> （新绿是朦胧的，漂浮在树杪，完全不像是树叶……）
> 远树绿色的呼吸。

此前，我从未在报刊上读到过汪曾祺写的新体诗，也未见他有诗集行世，于是就到首都图书馆去查阅《汪曾祺全集》(北京师范大学出版社 1998 年 8 月第 1 版)，终于读到了他所留下的十八篇（组）诗。首先，我发现《当代》所引《早春》一诗，有几处错了。原诗应为：

> （新绿是朦胧的，漂浮在树杪，完全不像是叶子……）
> 远树的绿色的呼吸。

若不细心读，是很难发现引错的。但汪曾祺是个在用字炼句上极为讲究的作家。如首句中将“叶子”误录为“树叶”，则就犯了大忌，一句诗中出现了两个“树”字。已有“树杪”在前，此叶子当然不是草叶或花卉之叶，怎还要重复标明是“树叶”呢？再就是“远树的绿色的呼吸”，误成为“远树绿色的呼吸”，省却了一个“的”字，读起来语感就不一样了。而汪曾祺写诗作文是“在叙述方法上致力于内在的节奏感”的，一旦丢却了内在的节奏感，诗味（或美感）也就淡了。

我在查阅《汪曾祺全集》时，还在《随遇而安》一文中，读到了他对 1957 年遭受批判时的一段回忆：“开了不知多少次批判会。所有的同志都发了言。不发言是不行的。……这些发言我已经完全都忘了，便是当时也没有记住，因为我觉得这好像不是说的我，是说的另外一个别的人，或者是一个根本不存在的，假设的，虚空的对象。”而只有那位积极分子对《早春》的发言，他“还留有印象”，并特意说明：“批判‘绿色的呼吸’的同志本人是诗人，他当然知道诗是不能这样引申解释的。他们也是没话找话说，不得已。我因此觉得开批判会对被批判者是过关，对批判者也是过关。他们也并不好受。因此，我当时就对他们没有怨恨，甚至还有点同情。我们以前是朋友，以后的关系也不错。”由此可见，诗和诗人朋友在他的心中的地位是多么重要。

汪曾祺这组题为《早春》的短诗，是刊登在1957年6月号的《诗刊》上的。除此而外，收入《汪曾祺全集》的诗，只有《回乡杂吟》《贺〈芒种〉四十周年》《我为什么写作》曾分别在《雨花》《芒种》和《新民晚报》上发表过，其余十四篇，他在世时均未能得以发表。但我知道，他手里是存有诗作的。他曾给我看过一组诗。事隔近三十年，组诗的标题我已想不起来了，但其题材是有关内蒙古草原和鄂伦春族风情，这是记得很清楚的。这组诗的风格清新明快，琅琅上口，汲取了少数民族民歌的营养，给我留下了很深的印象。当时，我就建议他将这组诗拿出去发表。而当时的文学刊物极少，京城只有《解放军文艺》和复刊不久的《北京文艺》《诗刊》。他问我这三家刊物都是谁在编诗？我说了几个我认识的编辑的名字，他感叹道：“一个熟悉的朋友也没有，只有李瑛（时任《解放军文艺》诗歌组组长）是北大中文系出来的，算是校友，北平临解放时曾见过（当时他夫人施松卿在北大任教，他闲居于北大），但后来从未打过交道，贸然投一组诗去，也不怎么好……”就这样，他就将诗稿塞进抽屉，作罢了。到了1985年初，我在参与《中国作家》创刊时向他约稿，他说手头新写的小说、散文都被兄弟刊物“抢走”了，过些时再给你们写吧。我就说，在北京京剧团创作组时，你不是给我看过一组诗吗？找出来给我们就行了。以往，文学界的朋友对他大都不熟悉，只知道他是剧作家，《受戒》破土而出后，才知他是位了不起的小说家。我想，发一组他的诗，也许会成为引人注目的文坛风景。

过了些日子，我收到了他写于4月20日的信。此信主要是让我帮他找两期刊有他散文《果园杂记》和《旅途杂记》的《新观察》杂志的，说“人民文学出版社约我编一本散文集，我想把这两篇收进去，但刊此两文的杂志我已丢了，……《新观察》的人我都不熟，不想麻烦他们。你如保存着这两期刊物，能否借我一用？”因我原在《新观察》工作，是他这两组散文的责任编辑。说完此事后，他在信中写道：“你曾建议我把写过的诗拿到《中国作家》发表，我的诗稿早已不知去向，现在想也想不全了。那几首诗也没有多大意思，里面还提到‘越境的熊’，于中苏邦交不利，不宜发表。”紧接着，他还关切地问了一句：“你最近写什么？写诗还是写报告文学？”

我年轻时，爱好写诗。当年北京京剧团创作组的同仁，也都是因为看了我在报刊上发表的诗作，才由剧团分管创作的老团长薛恩厚出面，找到中国艺术研究院的主要负责人袁水拍协商，把我借调去搞剧本创作的。袁水拍是著名诗人，他知道我从干校回来后依然想从事文学创作，说：“你就先借调过去吧，写京剧剧本需要有诗的功底。汪曾祺的唱词就写得很好。你去了会学到很多东西的。”借调到北京京剧团创作组后，我得知《沙家浜》和《杜鹃山》虽都是集体改编，但那些脍炙人口的精彩唱段，其唱词无不出自汪曾祺之手。我最佩服的是《智斗》中阿庆嫂的那段唱词："垒起七星灶，铜壶煮三江。摆开八仙桌，招待十六方。来的都是客，全凭嘴一张。相逢开口笑，过后不思量。人一走，茶就凉……有什么周详不周详！"可以说，这段唱词不仅巧妙地把数字运用到了极致，而且把旧诗（"垒起七星灶，铜壶煮三江"是从苏东坡的"大瓢贮月归春瓮，小杓分江入夜瓶"脱胎而来）和来自民间的富有生活哲理的生动语言糅合成了隽永的绝唱。这可不是一般的功夫啊！平时聊天，他就常对我说，无论当编剧，还是写新诗，多学一点旧诗、民歌和曲艺，对创作都是有好处的。这当然是他的经验之谈，我至今仍铭记在心。

汪曾祺在新中国成立初期，曾与赵树理共事，编过《说说唱唱》，后又编《民间文学》，因此，他的创作得益于向民间说唱和民歌的学习，是不言而喻的事。我在他的《汪曾祺全集》里发现组诗《旅途》中有篇《巴特尔要离开家乡》，其实就是当年他给我的那组诗中的一首：

大雁飞在天上，
影子留在地上。
巴特尔要离开家乡，
心里充满忧伤。

巴特尔躺在圈儿河旁，
闻着草原的清香。

圈儿河流了一前晌，

还没有流出家乡。

此诗对圈儿河有个注释："呼伦贝尔草原有一条河，叫圈儿河。圈儿河很奇怪，它不是径直地流去，而是不停地转着圈。牧民说，这河舍不得离开草原。"汪曾祺正是在二十世纪的七十年代中期去呼伦贝尔草原的，不是旅行，而是为改编乌兰巴干的小说《草原烽火》去"深入生活"。全集附录的《汪曾祺年表》，就提到这期间他"还参与了许多京剧剧本的编剧工作，如《山城旭日》《草原烽火》《敌后武工队》《平原游击队》等，全部奉命行事，基本徒劳无功"。他在给我的信中说"那几首诗没多大意思"，显然是自谦之词。因当年他给我看这组诗时的神情还是挺自得的。至于有"越境的熊"之类的隐喻，在中苏关系紧张、发生珍宝岛战事的年代，也是在所难免。他后来终于保存下这首《巴特尔要离开家乡》，说明呼伦贝尔草原曾给他留下美好印象，他深爱着这片充满诗情的土地。

记得1978年初春，在我离开北京京剧团创作组回中国艺术研究院时，汪曾祺曾语重心长地对我说："今后你若还写诗，就得'变法'。"因当时我俩都面临着所谓"说清楚"、受审查，前途未卜，哪顾得上思考在诗歌创作上如何"变法"的问题？待我俩先后"说清楚"并被"解脱"之后，我就放弃从事专业创作的志愿，到中国作家协会所属的《新观察》杂志当了编辑。《新观察》复刊后发表的第一篇小说，就是我找汪曾祺约来的《黄油烙饼》。这比他后来引起轰动的《受戒》早了三个月。全集收入《黄油烙饼》时，唯有这篇小说既未注明写作日期，也未标出何时在何报刊发表。估计也像《果园札记》《旅途札记》一样，他把刊登此小说1980年第2期《新观察》杂志弄丢了。但至今想起仍令我感动的是，他对自己复出后发表的作品没在意留存，却关心着我的写作，不忘在信中问我：“你最近写什么？写诗还是写报告文学？”

从到《新观察》当编辑、记者起，我就基本上不写诗了，为适应工作的需要而转向写报告文学和散文、随笔。因此，这二十多年来，我是辜负了他当年关于诗要“变法”的嘱咐。但当我重读《巴特尔要离开家乡》，仿佛又贴近了他那颗总能给人以关怀与温暖的心，更觉得他所坚持的诗人、作家应多学一点旧诗、民歌、戏曲和曲艺的主张是千真万确的。正如他在《我为什么写作》中说：“有何风格？兼容并纳。不今不古，文俗则雅。”

2005年5月11日

龙 冬

怀念

汪曾祺先生

原载 1997 年 6 月 5 日《人民日报 · 海外版》

我的老师汪曾祺先生突然离去了。

5月10日我返回北京。走了一趟湘西，主要是去凤凰看看。在凤凰，瞻仰了沈从文先生的故居和墓地，沈先生曾在我十八九岁时给过我极大的鼓励，汪先生也是受过他许多教诲的。

回来本打算16日晚上或17日星期六上午去看汪老，谈谈我的湘西之行，再就是将湖南朋友相赠的新茶转送给他。一切都设想得好好的，结果，16日电话来了，是汪老的女儿汪朝大姐打来的，汪老已经在当天上午10点半钟因胃出血去世。这个消息来得太突然了，直到现在写这篇悼念短文的时候，我还是不能真正地相信他已离去。

放下电话，房间里的空气使我窒息。3个月前，他还坐在我家那张背景衬着明黄细布的椅子上。我们开玩笑说他像个活佛，他就假装为我摸顶。此时，我蹲在书柜前，从汪老的赠书上看他的一张黑白照片，反复看，那个拿着香烟凝神的样子我是熟悉的，这时，我哭了。

上一回见他，是在3月底。那天，我和青年作家苏北相约去汪老那里。我先到，从上午10点钟谈到近12点苏北才匆匆赶来。那天，汪老和以往一样亲自下厨为我们做了两个菜。他遵医嘱，只喝一点点红酒，让我们喝酒鬼酒，我说不喝啦，他不太高兴地说："那改五粮液？"我们落座后他还站着，就那么站着夹菜喝酒，问我们菜的味道怎样，而他自己很少吃。他以往也只是尝尝，高兴介绍一番而已。苏北说快坐下来吧，他才慢慢坐下，喝他那点红酒，看我们吃。

人的一生七情六欲、江南江北、五湖四海、河东河西，这就是他的生活。汪老写道："我的感情是真实的。一些写我的文章每每爱写我如何恬淡、潇洒、飘逸，我简直成了半仙！你们如果跟我接触得较多，便知道我不是一个不食人间烟火的人。”从汪老一系列“回到现实主义，回到民族传统”的作品中，明显地可以看出他热爱家乡、热爱国土、热爱民族的一脉温情，同时有对历史的那种很深的沉痛感，也可以看出他对小人物命运的同情，放大来看那不是对人类命运的关怀吗？读过他的《天鹅之死》吗？现在有哪篇小说还能像这篇一样让人伤怀不已？这样的好作品，他还有很多，从中我看到一个内心柔软悲悯豁达的作家的愤怒以至呼叫。放上一曲圣桑的《天鹅》，我听了一遍又一遍，唉，老师！

汪老不幸走得太快（他的情感和思想是不是也走得太快，我们还跟不大上）。他数次与我谈到的那部写自己一生情感的、像普鲁斯特那样写的、又不那么长的长篇小说计划，没有了；《青年文学》主编黄宾堂和我策划中的碎片式杂感书画集，也没有了。这些还不是我们的遗憾。我们的遗憾更大，这个人没有了。在汪老家的一间屋子里，桌上摆着他 5 月 11 日发病当天的一张彩照，照片前面是他的眼镜、一盒香烟和一个白色的一次用打火机、一本他的作品集、一个扁小的洋酒壶，还有一杯茶，就是他临终念叨哪怕只能抿一口的那样“一杯碧绿透亮的龙井”；桌子下面摆放着一个大花篮，是沈从文的遗孀张兆和先生与孩子的敬献，挽联上写：曾祺贤契，永垂不朽。这些，汪师母是看不到的，她在另一个房间里病卧了许多日子，而且也不能让她知道，甚至避免被她听到。汪老的书房里黑着灯，让我觉着陌生，而我们必须和平时一样跟师母讲笑话，这算是一种什么滋味？

雨细如丝

润物悄声

山高水远

不朽文风

我现在控制不住我的难过，怎么是好。

古　剑

汪曾祺

赠书小记

原载 2007 年第 6 期《书脉》

汪曾祺是我最喜欢的作家，也是交情很好的作家。我是读《汪曾祺短篇小说选》才“认识”他的。因喜欢他的小说，又因其中一篇触动了我的眼泪，写信告诉同学沙叶新。

这本书还借给叶辉看。有年也斯从美回香港写博士论文，三人聚在一起喝咖啡，又谈起汪曾祺，遂成“汪迷”，还在柏宁酒店的酒吧谈论过凑钱为他在港出本集子的事。我喜欢他小说的抒情味，白描而多姿，素朴而见风华，文字简洁，淡而有味——淡而有味是个很高的境界。

1985年，中国阵容强大的作家团首次访问香港。沙叶新可能把我读他小说的感受告诉了汪曾祺，当他们到达跑马地的亚洲酒店，沙即拉着他介绍我们相识，三人立即到他俩的房间长谈。印象最深的是他说话像说书，手舞足蹈，表情丰富。沙叶新拿过相机拍了张“留此存照”，从此定交。

有一天，施叔青约汪曾祺在美国俱乐部“美国会”喝下午茶，拉我同去。随着漫无边际的穷聊，才知道他是沈从文的学生，自小受父亲的熏陶，能画画会刻图章。

回北京后，他即寄来刚出版的《晚饭花集》和一张很有趣味的画：横出一枝杆，中下方生出一花枝缀着粉红花朵。横枝上蹲了只松鼠，大眼睁得圆圆，专注望着下方。在花枝下松鼠所望方向，题：“八五年十一月二日晚炖蹄膀未熟作此寄奉××兄一笑。汪曾祺六十四岁。”那只松鼠瞪大眼望的不正是未入画面的蹄膀吗？意在画外，令人莞尔。

第一次上北京，抽空离团上他家拜访，临走时他说：“我画张画给你。”说着起身入房，我想也没想就说：“已画过给我了，谢谢。”就下楼了。他不作声，回身送我下楼，一直送到大路边，看我上了车才回去。现在想来真后悔，依心直说的那句话，太没礼貌，可能伤了他的好意。

1995年随作家团访问北京，行程紧密，好不容易推了个饭局，上蒲黄榆路去看望他。不知的士司机是有意还是无意，兜了好久也没找到，最后在路口丢下我。约定时间已过，我只好一面跑一面问路，才摸到他家。时间很迟了，他问："你还没吃饭吧？来，随便吃点。饺子现成的。"他又到厨房做了干丝、炒了牛肝菌。他看我吃牛肝菌津津有味，说："你也喜欢吃就好。这牛肝菌是云南朋友送的，拿有特色的东西招呼朋友才有意思。"

这次看到他，身体已大不如前，脸色有些暗，话也少了。他肝有病，太太不让他喝酒，他还是拿出金牌女儿红，我们各喝了一小杯。

这次他送我《散文随笔选集·汪曾祺》，1993年他已寄过给我，这次我没出声收下了。1993年他题：赠××汪曾祺××一九九三年十月；这本题：××惠存××汪曾祺一九九五年十月（我把这本送人了）。当晚，我顺便问他索稿，他沉默了好一会，才到房里找出两篇要交《山花》的小说给我带走。

他送过我四张字画，我珍藏着。一张挂在厅里，一张挂书房里。

一天收到北京寄来的讣告，才知他病故了，打电话给邵燕祥兄，托他在花圈上加我的名字，表示我悼念之诚意。自那天起，我一直想写篇文章纪念他，都没写成，深感内疚。

朱 伟

性情第一

录自《有关品质》，作家出版社，2005 年版我1984年认识汪曾祺先生，当时他已经在《北京文学》发表了短篇小说《受戒》和《大淖记事》。《受戒》招人喜欢是因为写了一个小和尚的怀春故事，我至今记得清楚的是其中一段顺口溜："姐儿生得漂漂的，两个奶子翘翘的，有心上去摸一把，心里有点跳跳的。"那时候汪先生住在钓鱼台西边的新华社宿舍，老伴是新华社高级编辑。汪先生给我的第一篇小说是《陈小手》，一千多字，写的是乡间接生医生陈小手好不容易从满腹脂油的团长太太肚里把难产的孩子掏了出来。团长请吃饭，送银元，然后掏枪从后面一枪把他打了下来，结尾是团长说："我的女人，怎么让他摸来摸去。"当初曾觉得这小说精彩就在所有铺垫都为了结尾的漏斗。当时因这《陈小手》一篇显得单薄，又请汪先生补了两篇，集为《故里三陈》。

汪先生写小说产量不高，好像一直写写扔扔。文坛中对他评价：一个性情中人，凡事只凭兴趣。他自己说，他什么事都没打算要怎么样，没打算怎么样，高兴就做，不高兴不做，高兴做成什么样就做成什么样。

我喜欢上归有光属汪先生的启蒙。汪先生说，文字精到至极，归有光算一个。于是读到《寒花葬志》，写一个人物，"垂双鬟，曳深绿布裳""目眶冉冉动，孺人指余以为笑"。读到《项脊轩志》，写处场景，"庭阶寂寂，小鸟时来啄食，人至不去"，"明月半墙，桂影斑驳，风移影动，姗姗可爱"。汪先生说，归有光文字好在不浮华，而且能喜者忽以悲，悲者忽以喜，由此可回味再三。汪先生还喜欢废名，他说废名的文字清淡而不太动声色，动声色的文字就像是过年纪人写的情书，常常是要过多表现自己。

汪先生家里没有“借书满架”，写文章兴致远不及写字与画画。他最津津乐道反复提及与王世襄、苗子的经常聚会——各自备料，一人一道菜，由大家评点。最后公认王世襄用最便宜的料——一捆大葱做成的油焖大葱味道最好。此事成为文坛佳话，后来王世襄专门撰文叙述烹饪经过。汪先生在吃上面其实还是讲究文人味道。我在他家里吃过两次饭，都是他自己下厨。一次好像就是盘炒鸡蛋和一盘青菜，颜色配得恰到好处。以他的说法，鸡蛋要炒得嫩，颜色亮油又不能太多是一门学问，炒得好，别的菜就不在话下。还有一次是吃面，一人一个大海碗，所用原料好像就是肉末加几片青菜，面在大半碗汤下。这种做法很接近袁枚的提倡，袁枚说：“大概做面总以汤多为佳，在碗中望不到面为妙。”李渔鄙视这种吃法，他说：“油盐酱醋等作料皆下于面汤之中，汤有味而面无味，是人之所重者不在面而在汤。”应该“调和诸物尽归于面，面具五味而汤独清”。汪先生不屑李渔这种说法，他主张在喝汤中体会的味道，“况且汤面一体，没有汤，哪来的面？”对袁枚也是嗤之以鼻，在小说《金冬心》中，他借金农之口骂他“斯文走狗”。

我与汪先生至今最难忘的一次经历是一起去寻找太平湖老舍先生在1966年投湖的遗址。那是1986年，汪先生给我一篇写老舍投湖的小说《八月骄阳》，小说结尾是关于“士可杀不可辱”的感叹。说起对老舍死的那一夜的推断，他的眼睛里闪出的不是他这个年纪的比较脆弱的感情，他说他想凭记忆去找找已经早被填平的太平湖。《人民文学》当时的司机杨师傅开车，我们先从三环北太平庄与马甸桥之间的一条小路往南，一直转到小西天，在内路上来回找了两圈，他始终迷惘地摇着头。最后，他充满感情地说：“老舍家的芥末墩是我吃过最有味道的芥末墩。”

汪先生因戏剧台词写得好，曾受赏识，参加过现代京剧《沙家浜》的创作，1976 年后曾因此被审查。有人认为这是他应该回避的历史，但他却坦然面对自己的一切。1988 年，一帮朋友帮助我一起创办《东方纪事》，戴晴建议找他写 1968 年他被“解放”那一天的心情，我觉得这有点为难老人，没想到他痛快地答应了。在文中他写到“解放”之前让他表态，他说：“如果还允许我在样板戏上尽一点力，我愿意鞠躬尽瘁，死而后已。”他在文中记：“这几句话在 1976 年后，我不知道检查了多少次，但是我当时说的是真心话，而且是非常激动的。”

在我与汪先生的接触中，感觉他并不是常人所说的那种超脱，其实中国知识分子有几个能真正超脱呢？他所感动我的是一生都在自己的性情之中，不太顾及别的。他自己说：“我也就是一个小品作家，写不出大文章，永远也就是边角料。”这话里多少有一点失落。他这辈子最长的文字也就一万多字，所有作品加起来可能都不足百万字。尽管这些文字的味道正越来越被更多人发现，但它在书架上确实永远都不是主角。

汪先生这一生不跟自己、也不跟别人计较，因此活得不累。他肝不好，但天天馋酒，老伴看得严，但他还是偷喝，被发现了就像孩子般天真地笑。我在他家看到过几次他对老伴那样地笑，笑得那样年轻。他最后离去其实也还是因为酒——到宜宾参加五粮液笔会，因为离不开酒，最后胃出血而送回北京，死于大出血，享年 77 岁。因好酒而离去，也不能算遗憾，想干什么就干什么，活一天就高兴一天，他最后离去时据说并没有经历痛苦。

张守仁

最后一位

文人作家汪曾祺

原载 2005 年第 5 期《美文》

在我四十多年编辑生涯中，面对有几位大家的稿子，只有欣赏的份儿，他们的文本严谨得不能动一个字，比如邓拓、孙犁、汪曾祺。

阎纲兄是资深老编辑，春节期间我向他祝贺乙酉新年吉祥时谈起这种职业经历，他对我说，他编叶圣陶、老舍的稿子，也是这样的感受。

自从拜读了汪曾祺先生的《受戒》《大淖记事》后，我多次央请他给《十月》写稿。我发现，就是萝卜白菜，他也写得异常精彩。我曾编发过他的一篇散文《萝卜》。他从从容容，娓娓道来，谈及高邮家乡的杨花萝卜、萝卜丝饼如何好吃。说北京人用小萝卜片氽羊肉汤，味道如何鲜美。他说一位中国台湾女作家访问他，亲自下厨，给她端出一道干贝炖萝卜，吃得她赞不绝口。说天津人吃萝卜要喝热茶，这是当地风俗。写到四川沙汀的小说《淘金记》里描述邢么吵吵每天用牙巴骨熬白萝卜，吃得一家人脸上油光发亮。还提到爱伦堡小说里写几个艺术家吃萝卜蘸奶油，喝伏特加，别有风味。还写到他在美国爱荷华中心附近韩国人开的菜铺里买到几个心里美萝卜，拿回寓所一吃，味道和北京一切开嘎嘣脆的心里美差远了。他随随便便地写下去，我饶有兴味地读下去。一直读到“日本人爱吃萝卜，好像是煮熟蘸酱吃的”，文章戛然而止。我深感遗憾，嫌它太短了。读完了，欣赏完了，也就编完了。那不是工作，是美餐一顿的享受。

其实，在旅游途中或到外地讲学或开笔会，跟汪老共住一室，深夜无拘无束神聊，更来劲。

记得 1991 年 4 月，作家朋友们在冯牧率领下，组团去云南采风。我们在下关市游了洱海，参观了蝴蝶泉，参加了大理白族歌舞团为我们演出的三道茶歌舞晚会，回到宾馆脱衣就寝。汪先生靠在床栏上神秘又得意地对我说，他写过几篇论述烹饪的文章，是《中国烹饪》杂志的特约撰稿人。他说他爱吃苏北家乡的醉螃蟹、上海的黄泥螺、北京天桥的豆汁、天津的烩海羊（烩海参、螃蟹、羊肉）、昆明的过桥米线和汽锅鸡。他吃过蛇、穿山甲、老鼠干巴（肉丝）、炸蝗虫、牛肝菌、炒青苔。他像神农尝百草似的，什么东西都想尝一尝。他认为名厨必须有丰富的想象力，不能墨守成规，要不断创新，做出新菜、新味来。照着菜谱做菜，绝没有出息。比如油条，你把它剪成一段一段，中间嵌入拌有榨菜、葱花的肉末，再放到油锅里煎，捞出来就特别好吃。这种菜不妨叫做"夹馅回锅油条"，对此他要申请专利权。他称赞香港有道菜做得别致，用冷布包住鸭肝，滤掉筋头和粗糙部分，把鸭肝汁放入打碎的鸡蛋里，这样蒸出来的鸡蛋羹味道极佳。

话说到这里，老人家更来了兴致，坐直了身子告诉我，他有一次细看五代顾闳中所绘《韩熙载夜宴图》，想瞅清画面案几上的碗碟里放的究竟是什么食物。用放大镜看，有一只碗里，盛的好像是白肉丸子，有一碟颜色鲜红，似乎是摆着几个带蒂的柿子；其余许多碗碟里盛的是什么菜肴、瓜果，就怎么也看不清了。他遍览《东京梦华录》等著作，没有发现宋朝人吃海参、鱼翅、燕窝的记载。他仔细研究过元朝菜谱《饮膳正要》。他还考察过天坛祈年殿里每个皇帝神位前案桌上的祭器里摆放的黍、稷、稻、粱、蔬菜、肉类、酒类、瓜果等供品，从而研究明、清皇帝们的食谱……

汪先生对于食文化有研究、有实践、有理论、有创造，是个真正的美食家。如果说他老师沈从文解放后是衣文化、服饰文化的权威，那么汪曾祺无疑是一流的食文化专家。

有一年我在《十月》上给汪老签发过一个短篇小说《露水》，才三千多字。写的是从高邮到扬州往返行驶的运河轮船上两个艺人做露水夫妻卖艺的底层生活。从小说看，汪先生对小曲、唱词、胡琴、通俗节目、苏北一带平民百姓的习俗相当熟悉。语言干净得像用水洗过似的。读了以后，如含橄榄，余味悠长。

汪老一辈子重视民间文化。他当过《说说唱唱》《民间文学》的编辑，与酷爱民间文艺的赵树理共事过，整理过评书《程咬金卖柴筢》，写过关于民歌的论文《读民歌札记》。他在上世纪八十年代发表的《我和民间文学》中告诫青年作家："我认为，一个作家想要使自己的作品具有鲜明的民族风格、民族特点，离开学习民间文学是绝对不行的。"他的小说都是以平淡的文风写平民百姓的日常生活。在这方面，他继承了五四前后平民文学的思潮，将目光转向绝大多数民众，就是实践一种走向民间的布衣精神。他的众多作品的表现对象大都是民间的能工巧匠以及在封建礼教压迫下命运悲惨的妇女，对他们表示出一种同情、善良、温婉的情怀。

有一次和汪先生到南方水乡讲学，因他喜跟我聊天，又让我跟他同住在一起。讲学后傍晚出去散步，我看见湖边青郁浓密的芦苇荡，对汪老说：我不是京剧迷，但对您执笔写的《沙家浜·智斗》中阿庆嫂那段唱词——垒起七星灶，铜壶煮三江。摆开八仙桌，招待十六方。来的都是客，全凭嘴一张。相逢开口笑，过后不思量。人一走，茶就凉……——特别欣赏，铭记不忘。汪先生手里夹着一支烟，凑到嘴边吸了一口，笑道："你对这段唱词别看得太认真。我在那里故意搞了一组数字游戏。'铜壶煮三江'，是受到苏东坡诗词的启发。其中'人一走，茶就凉'，也是数字概念，它表示零。"

他这样一讲，更使我吃了一惊。我说："没有诗词修养、旧学功夫，是写不出这段唱词的。您的古文底子是怎样打下的呢？"

汪老看了一眼宽阔的湖面，回忆着遥远的童年，说：我祖父汪嘉勋是清朝末年的拔贡，特别宠爱我。从小就督促我抓笔描红、背古文。到了小学五年级，他亲自给我讲《论语》，叫我多练毛笔字。祖父说："你要耐心，把基础打好了，够你受用一辈子呢。"我小学高年级、初中写的作文，老是被老师批"甲上"，作为范文在班上朗读。我 13 岁那年写了一篇八股文，祖父见了叹息道："如果在清朝，你完全可以中一个秀才。"老爷子见我有了长进，就赠我他收藏的几本名贵碑帖和一方紫色端砚。

这时候，夕阳西下，晚霞染天，映照得湖面、芦苇都红了，连汪老原本黧黑的额头也红了。我说："您祖父宠爱您，得到了他严格的言传身教。"汪先生说："我父亲汪菊生也多才多艺。"走回宾馆的路上，汪老怀念起他的父亲来了。他说：我父亲汪菊生学过很多乐器，笙箫管笛、琵琶古琴都会，胡琴拉得很好。我在小学演戏时，还叫父亲去给我们伴奏呢。我父亲手很巧，会糊风筝，会扎荷花灯。早年在南京读中学时，是个出色的运动员，在校足球队踢过后卫，做过撑竿跳高选手，并在江苏省运动会上拿过冠军。母亲杨氏得肺病去世，那年我才三岁。母亲死后父亲用各种色纸亲手给亡母做冥衣。四季衣裳，单夹皮棉，应有尽有。裘衣衣服做得极细，和真的一样，还能分辨出羊皮、狐皮。我父亲还喜画画。画友中有一个铁桥和尚，是高邮善因寺的方丈。父亲画过一阵工笔花卉，后又改画写意。用笔似乎仿效吴昌硕……

我想：汪曾祺文好、字好、诗好，兼擅丹青，被人称为当代最后一位文人作家，这是因为天资聪颖的他从小就受到了书香门第的熏陶。

汪先生爱喝酒。他十几岁就和父亲对坐饮酒。父亲抽烟时拿出两支，一支给儿子，一支给自己，真可谓“多年父子成兄弟”。

有一年在泰山笔会上，他写字赠送给东道主，请与会者叶梦弄点酒来陪他喝，他说只有喝了酒，字才写得好。叶梦听命陪他喝。汪先生喝一杯，写一幅字。喝着喝着汪老就写了一大叠字。因此叶梦认为，汪老的字里，飘着浓浓的酒香。

那次到云南旅游采风，不论中餐、晚餐，一路上先生都要喝酒提神。他似乎白酒、米酒、啤酒、洋酒都喝，并不挑剔。他只要抿一口，就能鉴别酒的产地和质量。一瓶威士忌端上来，他尝一尝，就能品出是法国的还是美国的产品。到了玉溪卷烟厂，攀登红塔山时，汪先生崴了脚，从此脚上敷了草药，缠裹了绷带，拄杖跛行。于是我搀扶他，和他同桌就餐。席间，他喝了一口白酒，旋又把酒倒在缠着纱布的脚上，“足饮”起来。我感到纳闷，问他：“您为什么不仅嘴喝，还让脚喝呢？”他笑道：“这样可以杀菌。”

汪先生喝酒史上，有一桩轶事：二十世纪四十年代，有一次在昆明联大，他喝得烂醉，像个醉汉似的，昏坐在路边。沈从文那天晚上从一个地方演讲回来，看见前边有个人影，以为是个从沦陷区来的难民，生了病，不能动弹。走近一看，原来是他的学生汪曾祺喝醉了。他连忙叫了两个学生搀扶着他的得意高足回到住处，给他灌了好多酽茶，他才清醒过来。

在联大，汪曾祺特爱听闻一多讲《楚辞》和唐诗。闻一多以魏晋人王孝伯语“痛饮酒、熟读《离骚》，便可称名士”作开篇。汪曾祺是否受了魏晋风度的影响呢？醉酒路旁是一种失态，我不好意思问他。

汪先生是位烟精。一支烟，他用手摸一摸，即可知道制作工艺水平如何。捏一捏，看一看，闻一闻，就可评定烟的质量。据他考察，云南烟业的兴起，大约是在二十世纪四十年代初。那时的农业专家经过研究，认为云南土壤、气候适宜种烟，于是引进美国弗吉尼亚的大金叶，试种成功，当地烟业随后得到大发展。玉溪的纬度和美国的弗吉尼亚相似，土质也相仿，故烟叶长得好。滇中的空气湿度有利于烟叶存放，是个天然烟库。加之制作精细，配方得当，故“红塔山”牌香烟味道醇，因而享誉全国。后来汪老给《十月》写过一篇《烟赋》，说纪晓岚嗜烟，是一边吸着烟，一边校读《四库全书》的。他爱吸“红塔山”，为之赋五言打油诗一首：“玉溪好风日／兹土偏宜烟／宁减十年寿／不忘红塔山。”汪老之嗜烟酒，竟至于斯，乃性情中人也。

我记得游星云湖、抚仙湖那天晚上，汪先生喝了酒，面色红紫，容光焕发，呈微醺状。额上的皱纹也就展开了，谈话就多起来了。高洪波、李林栋、李迪、高伟等作家聚集在我房间里听汪曾祺聊文学创作。汪先生说，早年他写的作品，在半年之内大都能背出来。《沙家浜》剧本在打字过程中，有一场戏的稿子丢失了，打字员急得团团转。汪先生安慰她，叫她放心，坐在打字机旁，从该场戏第一个字一直背到最后一个字。之所以能背，他说是由于文章有内在的韵律。他对在座的年轻作家们说：要随时随地注意用文学语言描写所见到的生活现象。我下放到张家口劳动住羊舍时，外面有一带树墙，夜班火车驶过时，车窗里的灯光一一照射在树墙子上。怎么描述这种现象呢？我在《羊舍一夕》中是这样写的，“车窗蜜黄的灯光一一照射在树墙上，一方块，一方块，川流不息地追赶着……你总觉得会刮下满地枝叶来似的……”有一次，我在北京西单看见一辆宣传交通安全的车子，听到车上喇叭里说：“横穿马路，不要低头猛跑。”这句话不能增减一字。西四一个家具店，有修理棕床、出售椅子的业务。营业员在店前写道：“本店修理旧棕床、出售新椅子。”只加了“新”“旧”二字，就增添了文学意味……

汪曾祺到美国做访问学者，应哈佛大学、耶鲁大学的邀请作演讲，题目就是“中国文学的语言问题”。由此可见他对语言的重视。汪先生认为写小说就是写语言。小说的魅力首先在于语言。在他的小说中，你会看到这样的句子：“失眠的霓虹灯在上海的夜空燃烧着。”“马儿严肃地咀嚼着草料。”他觉得语言像水，是不能切割的。还认为不能把语言和思想内容剥离开。语言不能像橘子皮那样，从果肉内容上剥下来。

我喜欢写散文，便利用同住一室的方便，向旅伴请教写散文的经验。汪先生告诉我：写散文应克制，不要像小姑娘的感情那么泛滥。老头写情书，总归不自然。有的散文家的作品像一团火，熊熊燃烧，但看完空空洞洞，留不下什么印象。没有坎坷，没有痛苦，便写不出来好文章。散文不能落入俗套，要平易自然。我希望把散文写得平淡一点，像家常便话、写家信那样，切忌拿腔拿调。当然也可以工笔、繁密，像何其芳的《画梦录》，别有风采，但那是另一种秾丽的花，我写不出来。

我读过汪曾祺先生许多旧体诗。1984 年发表的散文《昆明的雨》，写的是 40 年前即 1944 年他和后来成为语言学家的朱德熙从联大新楼舍到莲花池去。池边有小酒店。他们进店买了一碟猪头肉、半斤酒，边喝边等雨停下来。院子里有一棵木香花，被雨水淋得湿透。雨下大了，没法走，他俩一直等到午后。先生在文末写了一首诗：

莲花池外少行人，野店苔痕一寸深。
浊酒一杯天过午，木香花湿雨沉沉。

那诗很有味道，我看了一遍也就记住了。

撰写本文时，我一抬头就见书房右侧墙上挂着汪老于辛未秋日给我写的赠诗：

独有慧心分品格，不随俗眼看文章。
归来多幸蒙闺宠，削得生梨浸齿凉。

前两句诗是汪老对我这个后学的过奖之词，实不敢当。“慧心”和“品格”，应属于汪老。后两句却是实情，我曾告诉过汪老，我懒得吃水果，都是妻子把苹果、梨削去了皮送到书桌上，我才勉强吃几口。

中国国家图书馆馆长任继愈先生曾说过：“中国文化有三个支撑点，即三个系统：儒教、道教和佛教。儒教的影响面很广，佛教次一点，道教就更少一些。但它们都对人们的生活，甚至是家庭有着很深的影响。”

在我看来，汪曾祺除了大学时代对西方近现代哲学、现代派文学有过某种短暂的心仪之外，他一生主要受到了儒、释、道三家的影响。他自己在一首四言诗里就说过：“有何思想？实近儒家。”孟子所谓“民为贵，社稷次之，君为轻”的民本思想，你从他的许多小说中可以感受得到。他对佛学颇有研究。我就亲耳听过他和何洁即圆果居士探讨佛、禅方面的学问。汪先生的作品从最初的《复仇》到他后来的名篇《受戒》，经常写到寺庙、小庵、禅房、斋戒、经文。晚年他以优美的文笔为《世界名人画传》写过一本《释迦牟尼》。他的慈悲、平和、富有同情心，是和他喜研佛学分不开的。汪先生年轻时爱读《庄子》，受到过老庄的熏染，一生自自然然，随遇而安，把事情看得很淡。他甚至豁达、幽默地说：“我当了一回右派，真是三生有幸，要不然我这一生就更加平淡了。”他的小说《徙》《鉴赏家》里的人物，无不表现出典型的道家风度，寄托着他的人生理想。因此可以说，儒、释、道文化是汪曾祺思想血脉的三个源头。

像汪曾祺这种才子型的文人作家，如此可爱的老头儿，只能孕育于特定的时代背景、特殊的家庭环境以及西南联大那样特别自由的教育方式。此等人物，往而不再，永逝矣。这是中国文坛的遗憾，也是属于历史的、无法弥补的遗憾。

汪曾祺生于1920年3月5日，卒于1997年5月16日。至今年5月，去世已整整八载。谨以此文，追念我所敬爱的老师辈作家。

——深灰色宽边呢帽，遮盖了一头白发。而背部拱起，那是不堪重负的突出的体征；任是极其鲜艳的玫瑰红色上衣，也无法披覆荒芜已久的青春岁月。也许正是为此，黧黑的脸上，才有了那样一双独特的眼睛：澄明，忧郁，静静地凝视，透达一切，却又像在永远地质询……

——林贤治

潘 军

明澈见底的河流

原载 1997 年第 7 期《作家》

汪曾祺先生辞世了。我是在郑州得到消息的，中央台的口播新闻说作家、剧作家汪曾祺在北京因病逝世，没有冠以种种头衔。那一天我感到胸闷，很想找人一起谈谈汪先生。后来我让人替我给汪夫人松卿女士发了唁电。翌日中午，《作家》主编宗仁发打来电话，我告诉他汪先生辞世的消息，他停顿了一会儿，然后说："你写篇文章吧，赶快寄来。"

我和汪先生认识很晚。那是在 1993 年 2 月，我在海南岛主持召开"蓝星笔会"。出席那次会的，大都是带有先锋色彩的中青年作家，唯一特邀的老作家就是汪先生。陪同他的，是他的夫人施松卿女士。由于他们的到来，与会者感到十分快乐。汪先生幽默、健谈，这与他的文章是一致的。汪先生好书，好酒，有飘逸之气。有人说他是最后一位士大夫，我想指的可能就是这种飘逸之气。都说文人活得很累，其实不尽然。汪先生就活得很轻松，很快乐。这无疑是一种境界，能达到者不会多，汪先生是达到了。汪先生欣赏弘一法师临终的偈语："悲欣交集。"我觉得这或许就是贯穿他全部作品的东西。

汪先生的文章，是当代中国文学的一笔异彩。由于他的存在，文学史得到了补充。作为小说家，汪先生没有鸿篇巨制，甚至没有写过一部中篇，但丰富了汉语言文字。我喜欢汪先生的文章，他送我的书我每年都要翻览。我觉得汪先生的文章淡而有味，这是一个高度，中国没有几个作家能做得到。他博学，和他聊天是一种享受。在兴致好时，他喜欢吟诗作画。他的字显然是因袭王羲之的，流畅清丽。他作画几乎不施颜色，于笔墨中寻求变化，很恬淡。在海口的那些日子，我同汪先生有过几次长谈。最后一夜，他同我合作了一幅水墨画。我画了两头水牛，汪先生补了雨景并题款：“潘军画牛，曾祺补雨。”这幅画我后来一直带在身边，挂在书房里。睹物思人，那夜的情形历历在目，我不能不感到悲痛。

汪先生是位高尚的作家，配得上德高望重。文坛纷争几十年，从来就没有听说汪先生弄什么事。他只读书写作。这本是一个作家的分内事，是天职，但在今天却显得那么珍贵。汪先生是位具有世界影响的中国作家，这影响是自自然然形成的，就像水落到地面形成河流那样。但他不摆谱。他微笑着，和你喝酒，谈从前的一些开心事，给你欢乐。每次他的电话号码更换，他都会主动通知你。和汪先生在一起，你会觉得当一名作家是多么明智的选择，而且还有自豪感。现在，汪先生匆匆走了，带走了他的飘逸之气，那淡而有味的文字也从此告别了我们，这是中国文学的损失。汪先生不过七十七岁，他还有许多东西要写的。他是一位热爱生活的老人，眷恋自然而且怀旧。他喜欢水，他的文章总与水相关。现在，他走了。他的文章也如水一般在我们眼前静静流淌着，那是条明澈见底的河流。

1997年5月25日　合肥

何立伟

纪念汪先生

原载 2007 年 5 月 22 日《北京日报》

我家书房里只挂了一幅斗方，是汪曾祺先生的芍药图，墨色不浓，花色亦淡，题识是“七月七日夜曾祺　赠立伟”，画于一九八五年，我第一次去汪先生在蒲黄榆的家。那一回，也是我第一次去北京。

汪先生的画，如同汪先生的人，清淡，不浓烈，但内蕴极深，格调上有高士气，于爽性之中暗藏了一种倔。也是那一年，我出版了第一本小说集《小城无故事》，是汪先生作的序。他觉得我的小说有诗意，重感觉，且有哀愁，有些像废名。我到他家，聊天时他亦跟我谈起废名。但那时我还没有读过废名的书。我后来在三峡的船上读废名，只觉得文风极独特，清峻奇拙如夔门吹来的风，用笔极简，又字字句句有讲究，氤氲了一脉天真同一脉淡淡的惘然。他的小说同文章如古字画，只合慢慢把玩。但他那种小说中散文化的诗意构成及他的那种文字之美，恰是我那一时节的文学追梦。汪先生在序里还夸赞我的作品像唐人绝句，聊天时他亦聊起唐人绝句的好，让我觉得高兴，亦觉得不安。汪先生对年轻作家寄予厚望，让人感到他的善良同慈爱。他谈起阿城，谈起贾平凹，谈起那一时涌现出来的许多新生代作家，觉得年轻人起点高，来势猛，前途不可限量。其实他谈起的好些人，包括我，都受过他的美学趣味的影响，但他不倚老卖老，但开风气不为师，在年轻人跟前表现出辽阔的谦逊同襟怀。

聊得兴起时，汪先生铺纸展墨，为我画了这幅斗方。三下两下，逸笔草草，而画风瘦劲高古。我家里来过几拨画家，我给他们看汪先生的芍药，他们说，这不是一般的手笔，大气得很！

但汪先生的好我以为不在他的画，而在他的文字。他的文字才真是有韵味，比他的老师沈从文公更白，更现代，更畅达，但同样的，有着从几千年传统和从自己个性里生发出来的神韵。汪先生的文字魅力，于当时，于现在，我以为尚无出其右者。他的白话之白，是非常讲究的白，行云流水的白，有着真正的文字的贵气，常人可追他的白，却追不及他的贵气。

他的文字的贵气渊源有自，因他是传统文化的薪火传人，在文脉上是没有断过气的。故汪先生写小说，写散文小品，文字虽白得不能再白，却字里行间释放的有一泓古人性情文章里才有的文气、雅气、书香才子气，仿佛是“间关莺语花底滑，幽咽泉流冰下难”，好东西藏在底里。凡汪先生的小说文章，我见之必读，读之必爱不释手。我喜欢他文章里有而别人文章里无的那样一种调子，那样一种气场，及那样一种温度。

汪先生的《受戒》《异秉》，出现在以模仿海明威、福克纳诸西方大师为时髦的二十世纪八十年代初期，其实应当算作当年的文学事件。它让人意识到小说的作法，除了西洋的可以好，中国的同样可以好，且可以好得特别。当其时，有许多青年作家受汪先生小说的启发，从本土文化传统资源里寻找新的路径，以期达到当时人们意识到的文学高度。汪先生当时的文风，可以说是开了一代新风。那新风其实不新，但久违熟悉的笛音出现在一片铜管嘈声中时，它便是新。小说还可以这样来写，这是当时许多文学青年读了汪先生小说时的第一反应。

但汪先生的小说自成风格，学是学不来的。你没有他的阅历，没有他的学养，没有他盎然诗意的性情，你如何来学？汪先生给当时盲从西方现代派的文学青年点燃了另一盏灯，照亮了另一条路。这便是汪先生在上世纪八十年代出现的意义。

汪先生的文学，是真正的高品，然即使是当时，亦很边缘，欣赏者有，盖不多也。我有时揣想，汪先生若果活到如今，他的作品会有几个人来读呢？真正的好东西是流行不起来的。黄钟喑哑，瓦缶雷鸣，现实便是如此无情，亦是如此可笑。然星光即使遥远，也总是有人抬起望眼。汪先生不热闹，但也绝不寂寞。生前身后皆如此，因他是活在了时间中。

汪先生一九八六年来湘，我到宾馆去看他。可能是贪了杯，他红光满面，说话极多，然憨态如儿童。他真的是个老小孩。谈起湖南的吃食，谈起湘西的山水，继而又谈起各地的吃食同山水。他的记忆力非常好，又识见极不凡。听汪先生聊天是一种大享受。

过了几年，北京城里开青年作代会，我带了叶兆言等一干人去看汪先生。他还是住在蒲黄榆，很小的居室。拿现在的话来讲，去看汪先生的皆是他的"粉丝"。汪先生那时刚好出了本散文集，兆言拍拍我，轻声怂恿道：跟汪先生讨书呵。那一回汪先生极高兴，谈笑风生，还聊起了兆言的父亲同祖父。后来汪先生文章里还写了：何立伟领一帮青年作家来，如何如何。

二十世纪九十年代初又见过两回汪先生，都是在北京。头发花了许多，老了，但精神仍是好，笑，而且喝酒。有回就是在席宴上见到的，众人皆散了席，他还同两个人边喝酒边聊天。我走过去跟他招呼，他拉住我，说坐坐坐，来一杯？我不擅饮，我记得我没有喝，但是坐了下来，就是陪一陪汪先生。

我不知道我没有机会再陪他坐了。

一九九七年我在北京住了半年，有天我在的士上，广播里说，汪先生去世了。我当时心里一紧，泪水从眼睛里涌出来。我想起汪先生写过一篇纪念他的老师沈从文公的文章《星斗其文，赤子其人》。他说他参加沈先生的遗体告别式，看着沈先生，面色如新，他说这么一个人，就这么样地走了，他哭了。这也正是我听到噩耗传来时的情状。

我极冲动，想去汪先生家，但我终于没有去。这么一个人，就这么样地走了，我会在心底纪念他。仪式不重要，记住这个人，才是重要。

有些人你是不会忘记的，也不应当忘记。

李 锐

生死与共

——悼念汪曾祺先生

录自《拒绝合唱》，人民文学出版社，2008年版回想起来，1987 年 4 月云南之行和汪老第一次见面到现在已经整整十年。十年之中总共有七次见面。云南之行是第一次。随后，为了感谢汪老给我写的条幅，曾到蒲黄榆汪老家中面谢是第二次。1991 年 5 月在广州共同参加中国台湾《联合报》举办的文学研讨会是第三次。1993 年 9 月在瑞典大使馆欢迎马悦然教授的宴会上相遇是第四次。1994 年 1 月中国台湾《中国时报》在台北举办“两岸三边华文小说研讨会”，和汪老同去同回是第五次。1994 年 6 月在北京法国大使馆协办的中法作家座谈会上相见是第六次。1995 年 12 月在北京天桥宾馆，同为首届《大家》文学奖评审投票是第七次。十年中七次见面，实在不能说是多，可汪老是那种你见了一次就很难忘记的人。他的风趣，他的满肚子的笑话，他的谈吃谈喝，他的永远的宽厚和善良，他随口而出的对文学、对人生的见解，他的永远也放不下的烟和酒，都叫人觉得他是一个真人，是那种通体上下从里到外都沉浸于生命和人生的人。汪老就像是从江南的田野上流过来的一条河，带着两岸的稻风和油菜花温暖的香气，丰满而又平和。

汪老曾经说过：“比较起来，我还是接受儒家的思想多一些。我不是从道理上，而是从感情上接受儒家思想的。”汪老说他很喜欢《论语》中的这段话：“暮春者，春服既成，冠者五六人，童子六七人，浴乎沂，风乎舞雩，咏而归。”看到这样的自白，你就会明白汪老是怎么就能写出《受戒》那种甘洌如清泉的美文来的。那是一片至美至善的绿叶。可以毫不夸张地说，1976 年以后，是汪老的《受戒》带领着中国“新时期文学”走出了阴影。在这篇小说的结尾处，汪老写下一句意味深长的话：“写四十三年前的一个梦。”隔着十七年的光阴回头看去，现在才体味出，汪老以自己六十岁的生命坚守着一个梦，不管这梦被人打碎过多少次，被人打碎过多长时间，汪老始终不移地把那些所有被打碎、被毁灭的碎片深情而又小心地收集起来，收藏在他那颗越来越衰老的心里，埋在河床最深最深的底层，终于有一天，在一个出人意料的季节和地方，盛开出一片出人意料的鲜花。孔子说，“六十而耳顺”。这除了对外在世界的认识和对内在世界的省察之外，恐怕还有一个更深的含义，是在说人对于宿命无违的接受，是在说一种精神的虔诚。

五年前，我在太原的一个旧书市场上搜到汪老的小说集《晚饭花集》，不知道为什么并不旧的书放在了旧书市场上。我立即买了两本。一本送朋友，一本自己留下。高兴之余在扉页上写下几行字：“一九九二年五月二十三日再赴太原书市，竟于特价柜台搜得汪老佳作，喜极。”写完这些字就看书，看完《徙》，我忍不住哭了。我知道自己很可笑。我自己也写小说，当然知道这一切都是汪老虚构的，而这一篇《徙》并不是这个集子中最好的，可我还是给汪老写信说了这一切。我还知道，在汪老的桌子上这一类的读者来信肯定不会少。可我也还是把那封信寄出去了。如今，汪老亲自送给我的，有他的签字和印章的五卷本《汪曾祺文集》就在书柜里放着。可我还是珍藏着这本《晚饭花集》。打开第 91 页，那个曾经叫我流泪的故事的结局，也还在那静静地等着有人来读它。故事里那个叫高雪的姑娘，美丽，浪漫，充满着对新生活、对未来的幻想。可生活和命运还是把这个像花朵和白云一样美丽的姑娘弄死了。就像生活和命运曾经把汪老的理想和田园打碎、毁灭了一样。高雪死了。深爱高雪但却不被高雪所爱的丈夫死了。对女儿百依百顺充满希望的高老先生也死了。许多年过去了。连高老先生住过的老屋也倒塌了。可是镇上小学的孩子们却依然在唱当年高老先生填词的校歌："西挹神山爽气，东来邻寺疏钟……"

接着，汪老写到："墓草萋萋，落照昏黄，歌声犹在，斯人邈矣。"

如今，写下这个动人的故事的汪老也死了。其实，这个故事是一个彻底的悲剧，并没有多少儒家的色彩和理想。也许，汪老自己内心深处比别人更清楚，他居住了七十七年的这个家园，在历经了五千年漫漫的岁月风霜之后，已经很难很难再放下他那个终生不移的梦。汪老把他的梦留在世界上，留给我们这些活着的人，他自己却流进了茫茫的冥河。凭着这些文字编织的梦，我们可以知道一个叫汪曾祺的人的存在，可以知道他曾经有过的喜怒哀乐，可以知道他曾经有过的温暖和凄凉。凭着这些梦，我们可以和死去的汪老在这同一个风雨飘摇又时时增减的世界上生死与共。

汪老走了。汪老走的时候，遇到的是一个阳光灿烂、清风浩荡的日子。在他渺不可见的远去的背景后面，我们还可以依稀听到汪老深深地慨叹："墓草萋萋，落照昏黄，歌声犹在，斯人邈矣。"

1997年5月24日于灯下，

汪老所书庄子语"天地有大美而不言"犹在案侧。

李洁非

空白

——悼汪曾祺先生

原载 1997 年第 4 期《当代作家评论》

认真说，我跟汪先生其实没有交往，但现在他去了，却止不住想献上一篇小小的悼文。

1986年春，我还在《文艺研究》文学组做事，因酝酿举办文学语文问题的座谈会，和组里老杨一道去汪先生的蒲黄榆旧寓拜请，谈妥后即告辞而去，前后想必不过半小时。再就是1988年，林斤澜、李陀先生主持《北京文学》的时候，在海运仓的总参招待所为汪先生搞个人作品讨论会（不知道是不是唯一的一次汪先生作品讨论会），我去了，并和大家一样有一个发言——汪先生自然也在场。

这大约就是我和汪先生仅有的两次时间稍长的接触，舍此之外，偶也在别的什么场合见到他，至多上前略致问候而已，汪先生也礼貌地寒暄一二，但我想他并不记得我。

我喜欢戏。因这缘故，“汪曾祺”这三个字，我知道的恐比许多人要早一些。“文化大革命”中，读《沙家浜》（也许当时叫《芦荡火种》）早期剧本，见编剧中有他的名字；不久，又在一本戏剧杂志插页上，见到奚啸伯先生主演之《范进中举》的剧照，下面也印着“编剧：汪曾祺”。后来，二十世纪八十年代初在复旦上学期间，突然有署名“汪曾祺”的短篇小说《异秉》《受戒》《岁寒三友》等发表，莫不风行读者中，一时疑惑，不知此“汪曾祺”是否彼“汪曾祺”，但很快搞清确为一人。

汪先生以小说突发奇兵，这件事在当时很引起了一些震动——大抵四十年代以后出生者，没几个人听说过他的名字，然一出手境界如此老到不凡，能不震动？多年后，汪先生在《却顾所来径　苍茫横翠微》里谈及此，做了一个言少而意深、极见其性情的说明。他说，自己虽从二十世纪四十年代开始写小说，但自二十世纪五十年代至二十世纪八十年代初几为空白，原因是：“我写不了‘那样’的小说，于是就不写。”

写不了就不写，一语轻淡。轻淡并非没有隐痛，没有憾恨（那样说是不近情理的）；但同是这句话，同是这口吻，出自汪先生口我不以其为矫夸，若换一个人，恐怕我就不免会在心里暗疑他故作超然。1990 年，汪先生七旬之年在一文中说，“……进入七十，总觉得去日苦多，是无可奈何的事”，从此语可以看出，他对往昔岁月心内是有种种不顺之慨的，换言之，假使一切事情都能由他自己安排，他以为原可做更多的事——这当然不只是汪先生本人的遗憾。但是，对这人生的不顺，汪先生并没有被它拧得心情躁戾，我想，他基本上是安之若素的。所谓既已如此，只好如此。人世上有些事，全不是个人所能左右，说是“天意”，亦非自欺之谈，何况蒙受损害的也远远不是个人。老子曾说，“不以心损道，不以人助天”；如何能看见数势之下“人”的无能为力，是一种明智，“贤者处世，天下无道则隐，有道则至”，汪先生“写不了就不写”的淡然，正因为这样的明智。

在我看来，长达三十年的空白并不是一片虚无，它的意义充盈而坚实，汪先生的人格、性情尽在其间。此时的不写，正是真正的写，是一位作家自在的禀性和他对小说的固有美学追求的非文字存在。反观许多当时不断在写的作家，因为系出自屈己逢迎，结果竟像是白写了，更糟的是，生出许多不协和的枝节来，自行毁掉或瓦解了他创作上原有的人格和美学品调。在当代文学史上，由于不同时期作品在诸多方面存在巨大反差，以至于判若两人——品尝到这种难言之隐滋味的作家不可胜数，而汪先生独是例外，这对他身后而言，不能不说是足以为荣的一大幸事！

都道汪先生喜爱庄子，其实那不叫喜爱，而是性情相通。“泽雉十步一啄，百步一饮，不蕲畜乎樊中。”“弃世则无累，无累则正平。”观汪先生一生，庶几近之。

我曾在《快乐主义者庄子》一文里感叹道：“有几个人能像庄子这样，不愿当高视阔步的千里马，而宁肯做一只在烂泥中快活地摇头摆尾的乌龟？我们多半巴不得当上千里马，且唯恐当不成，唯恐不被伯乐之流赏识吧？不仅如此，我们很多人简直自己充当起自己心灵的伯乐，扭曲它，驱赶它，把它装到功名利禄的笼套里。”

但汪先生就确是这样一个自在的，一生近乎做到了不累心的个人主义者、快乐主义者，我对他的敬仰尤在此。我虽因为懒惰而疏于接近汪先生，内心对他其实很有亲切感，近几年更甚。现在，汪先生逝去了，中国的文坛才真的显出了一块空白。不是创作的空白（他的文章仍在，我们可随时取来重读），是人的空白，精神的空白。毕竟，在做人做文上能始终不浸染浮气的，以我所见，似乎仅有汪先生一人而已。

1997年6月3日

林贤治

想起汪老

录自《时代与文学的肖像》，人民文学出版社，2002年版偶尔翻动汪曾祺老人的一个集子，目录里见到《林肯的鼻子》，觉得特别，就先看了。文章说他在美国参观林肯墓，写到那里随便的升旗仪式，写到与中山陵完全不同的建筑风格，最后写到摸林肯头像的鼻子。林肯的鼻子很突出，人们摸得多了，竟使里面的黄铜全露了出来。老人一直在想：摸林肯的鼻子，到底要得要不得？结论还是要得，谁的鼻子都可以摸。没有一个人的鼻子是神圣的。林肯有一句名言："所有的人生来都是平等的。"自由，平等，博爱，是不可分割的概念。在老人看来，平等尤其重要，那是自由的前提。因此当下在中国，便很需要倡导这种平等的精神。他说：

"让我们平等地摸别人的鼻子，也让别人摸。"

这是一篇游记。如果换了别的写手，笔下的风景可能很两样，——谁会去费神琢磨铜像的小小的鼻子呢？老人所见，所感，所着意传递的，唯是一种"美国式的思想"。毕竟是二十世纪四十年代西南老联大里出来的人。许多印在书本子上的关于人类的基本观念，经由数十年风雨剥蚀，想不到保留在他这里的，依然条缕分明。

接着读《随遇而安》。开篇道："我当了一回右派，真是三生有幸。要不然，我这一生就更加平淡了。"平淡，然而沉痛。结末说到有人问他："这些年你是怎么过来的？"他回答说是"随遇而安"。文章这样写道：

> 随遇而安不是一种好的心态，这对民族的亲和力和凝聚力是会产生消极作用的。这种心态的产生，有历史的原因（如受老庄思想的影响），本人气质的原因

（我就不是具有抗争性格的人），但是更重要的是客观，是“遇”，是环境的、生活的，尤其是政治环境的原因。中国的知识分子是善良的。曾历经坎坷的那一代人，除了已经死的，大多数都还在努力地工作。他们的工作的动力，一是要证实自己的价值。人活着，总得做一点事。二是对生我养我的故国未免有情。但是，要恢复对在上者的信任，甚至轻信，恢复年轻时的天真的热情，恐怕是很难了。他们对世事看淡了，看透了，对现实多多少少是疏离的。受过伤的心总是有璺的。人的心，是脆的。

这是没有办法的事。

为政临民者，可不慎乎。

是呼喊，是祈求，是深沉的叹息……

这声音，竟来自一位安详的老人。所谓“智慧的痛苦”，其实未必是真正的痛苦；痛苦的智慧却是深刻的，一经发现，往往洞穿魂魄。今夜，当我读着老人的书，为老人的文字所打动，不免深悔于先前的偏执，把他看作一位名士，隐逸者，甚至帮闲文人，而竟不知人间的苦难，在心灵的有限的空间里，可以有无限多种储存的方式，掩盖伤口是可以理解的，唯有寻出它来炫耀，赞美，津津乐道，才应当得到百倍的咒诅。

我同汪老曾经有过两次接触的机会，一次在泰山，再一次在承德避暑山庄，都是“笔会”之类，加起来约莫大半个月光景，可是从未认真交谈过。因为拘于成见，我始终对他抱一种敬而远之的态度。以汪老的历练，该不会看不出我的潜在的敌意吧，然而并不在意；那种友善，如同对待别的较为年轻的作家。在游览的路上，有一段彼此靠得很近，他跟我聊起家常来，我没搭上几句，便设法走开了，我觉得我实在不会敷衍。在会上，他很委婉地批评一位女作家，那意见，完全从传统的美学观念出发，记得我是直截地反驳了的。我不大喜欢说技巧，以为太琐屑，尤其大家到一起，好不容易，应当有更为严峻的问题等着讨论。他擅书画，尤工花卉，还能写漂亮的旧体诗。有人说他是最后一位士大夫作家，我以为的确的。会议期间，见得常常有人——除了与会的作家，还有管理人员，地方官员——找他要"墨宝"，他一律有求必应。在我的印象中，他是乐于应酬的。

一天近午，我们路经一道浅浅的溪谷，大家同时被巨石的斑斓和溪水的清涟所魅，纷纷下车拍照。就在邀人给我和闻宇君合照的当儿，汪老不知从哪里凑了过来；咔嚓一声，照片从此便定格为"三人行"了。

鲁迅论陶渊明，没有像其他论客那样把他看得浑身静穆，以为还是有金刚怒目的时候的。其实，许多貌似飘逸的魏晋名士又何尝不如此？汪老也有不平，只是隐藏甚深；所不平者亦多为世事，很少对人。对于权势者，甚至包括声言对他"控制使用"的人，叙说间也都没有别人般的剑拔弩张，或是随意的漫画化。鲁迅在爱人而不得的时候，就憎人；爱和憎在他那里是分明的，又是纠缠不清的。汪老在爱人而不得的时候，却依然在爱。莫非他真的相信，爱本身自有一种战胜的力量吗？可是，爱在他那里不是热烈的焚烧，而是温和的，清纯的，柔情似水的。用他的话说，那是"温爱"，不是"热爱"。这种静态的爱，恰如恒久的守望，该是十分寂寞的事。我忽然想到，汪老跟我们一起照相，会不会出于这份寂寞？

灯影里，老人的形象随即浮动起来——

深灰色宽边呢帽，遮盖了一头白发。而背部拱起，那是不堪重负的突出的体征；任是极其鲜艳的玫瑰红色上衣，也无法披覆荒芜已久的青春岁月。也许正是为此，黧黑的脸上，才有了那样一双独特的眼睛：澄明，忧郁，静静地凝视，透达一切，却又像在永远地质询……

此刻，我多么想跟老人说话。长长的话。好比辘轳一样，探一道长长的井绳，便可以把最深最深的地泉汲上来。然而已经不能。前后去了那么多趟北京，为什么就没去找他呢！

1998 年 3 月 28 日，时近清明

赵大年

汪曾祺的魅力

原载2007年5月26日《北京青年报》

25年前文友们去河南采访，在火车上谈到文学作品寿命之短长，我说《受戒》可以传世。汪曾祺瞪我一眼。林斤澜还批评："你也学会了当面吹捧！咱们这些人真能留下20个字就不错。"我心里说：冤枉，林大哥还不了解，我从不吹捧什么人。但我确实公开说过，汪曾祺、林斤澜老年以后的文章越写越好，精练而精彩。

昨天，在纪念汪曾祺逝世十周年的研讨会上，他的挚友林斤澜，年轻些的邓友梅，再年轻些的陈世崇、铁凝，都有亲切的发言。不少人又谈到《受戒》，可惜林大哥也无法再批评我"当面吹捧"了。《受戒》是汪曾祺1980年的作品，写成后并不投稿，只在朋友中传阅。《北京文学》负责人李清泉听说后要来一看，如获至宝，大胆签发。因为还在"拨乱反正"进程中，关于人生、人性、人情的描写仍有禁忌，"小和尚受戒的小故事"没敢发头题，更无缘获奖。然而这是一篇上好的小说，就像看待沈从文的小说那样，"文艺官员"不喜欢，广大读者很喜爱。

大家争着发言，超出了时间，主持人还点我的名。我只能提出一个问题：为什么许多女孩子喜欢汪老？我亲眼所见，开会也好，外出采访也好，所到之处都有一群女孩子围着他。在温州划小船，我的船上都是男性朋友，汪曾祺的船，林斤澜的船，挤满了女郎，白发红颜，一道令人嫉妒的风景线。住到宾馆，女服务员围着他索求字画，他总是兴致勃勃地为"小人物"挥墨泼彩，深夜还得我去"清场"。在洞头列岛，海霞女子民兵连为我们作实弹射击演练，枪法很好，又请我们"示范"，汪、林二位怯阵了，把我这个老兵推出去，百米卧射，我打中3个10环、7个7环，成绩惊人，可惜女民兵们还是围着汪曾祺。原来她们来自当地的工厂、机关，烫着发，抹着口红，召之即来，穿上迷彩服，美极了，而汪老给她们题的字，是“既爱红妆，也爱武装”。

汪曾祺学贯古今，半生坎坷，连写《沙家浜》也是“控制使用”。改革开放的新时期，他以许多精品奉献社会，是当代重要的小说家、散文家、剧作家，还是书画家、擅长烹饪的美食家，“文学就是人学”，他以美文、美图、美人、美酒、美食慰藉人生。爱人者人恒爱之，这也是缘分吧。

叶　橹

“汪味”点滴

录自《永远的汪曾祺》，上海远东出版社，2008 年版汪曾祺其人其事，以及他留下的那些文字书画，如今颇有点“说不尽”的意味了。

“汪老”是一般人对他的亲切而尊敬的称呼，我第一次见到他，是他解放后首度回高邮时，那时我正在高邮师范学校教书，刚从炼狱中出来，由“鬼”变成了“人”。以前我并没有读过他的作品，只是因为《异秉》《受戒》《大淖记事》才知道了他的名字。他回高邮，自然会在这座古老而封闭的小城的文化界引起一些关注。高邮师范学校请他到校作了一次报告，这对那些从未见过名人的青年学生来说，无疑是一种莫大的荣幸。他的那次报告，对学生的影响，精神上的鼓舞远大于学术上的启迪。我听他的报告，印象极深的是他举的一个例子，说他的一篇小说中写到高邮妇女的头发用了“滑滴滴”一词，结果被编辑改成了“滑溜溜”。说到这里时，他的表情是一种无奈的幽默，并加了一句：“这么一改，成了什么味儿了？”学生们听得哄堂大笑，我亦忍俊不禁。

后来因为陆建华相约，我们一同到当时的“一招”去看望了他。闲谈中给我的印象，这是一个平易近人的老头，没有什么作家的架子。不过在谈及某人性格上的拘谨寡断时，他却猛然插了一句：“像这样的人，写文章怎么可能放得开呢？”我于是知道，在他平和淡雅的质朴外表中，其实是隐藏着内心的激越和锋芒的。

我不久之后离开了高邮，因而以后他的几次返回高邮，我都未能亲聆承诲，但是我可以说是一直在远距离中感受到他作为作家的那样一种“韵味”的。我把这种感受称之为“汪味”。

“汪味”是一种氤氲在生活中的氛围，是一种无所不在而又时刻影响渗透在人们灵魂中的东西。像《异秉》中那些琐碎的言谈和幽默戏谑的结尾，《受戒》和《大淖记事》中的诸多生活习俗的白描，《岁寒三友》《徙》中的古典优雅乃至忧郁伤感的情怀。所有这些，都是“汪味”中独具的雅与俗水乳交融的完美表达和表现。我读他早年的《复仇》，深切地感受到他那种被现代意识激起的内心强烈的欲望和诉求，表现在文字传达上的节奏和速度，活脱脱勾勒出青年时代汪曾祺的先锋与叛逆的性格。甚至在他后来写的一篇微型小说《陈小手》中，我们依然可以读出他内心的愤懑与抗争。这些写于不同时期的小说，似乎为我们描述出汪曾祺作为一位杰出作家的人生轨迹。他是置身于现实社会中芸芸众生的一员，同时又是一个以全身心的感受而艺术地表现了时代风貌和人生世相的大作家。“汪味”的艺术特征是一种平易淡雅中的刻骨铭心，没有对于生活的深刻体察和体验的人，是不可能品尝出个中之味的。

尽管我一直对汪曾祺的小说怀有钦羡之情，甚至在以往的教书匠生涯中多次以他的作品为例试图阐述某种接近文学欣赏之境界的“道”，但是毕竟因才力所限而无法表达内心的所感所思，这或许也是一种受制于“语言的囚笼”的困惑吧。

也许是一种偶然的巧遇，在1997年的“五粮液笔会”上，在成都和宜宾，我再次近距离地见到了汪老。当时我和邵燕祥同居一室，听说汪老来了，便一同去看望了他。相隔十多年再见到的汪老，的确是“老”了。这次见面交谈不多，我明显地感受到他目光凝滞，言语也不那么利索，特别令我心生不祥之感的是他脸部几近猪肝色，几与黑人相近。从他房间出来，我对邵燕祥说：“汪老的脸色太难看，恐不是什么好事。”邵燕祥随口说了一句："恐怕是酒喝多了的缘故。"于是，我们不再议论。然而在我内心升起的不祥之感却隐然潜藏着。

从成都到宜宾，会议的主办者对汪老的照顾甚是周到，始终派有年轻貌美的姑娘们陪着他。我后来甚至想，幸亏主办者在会议期间对他的这种照顾有加，如果在他身上发生的事情是出现在会议上，那才是难以交待难以收拾的哩。

整个会议期间，留给我印象最深的，是他总是在一些人群的包围中不断地写字，在几位美女的搀扶下游览闲谈。他在会议期间的写字，可以毫不夸张地说构成了一道独特的风景。向他求"墨宝"的人似乎特别的多，而他也有点来者不拒的味道。我甚至对邵燕祥说："像汪老这样不停地写，能吃得消吗？"他只是一笑了之。我向来对这种事情缺乏雅兴，每每看到一群人围着他求字时，就不禁从心底升起一种对这位可敬可亲的老头的怜惜之情。由于在他身边经常围着几位美女，甚至引起了与会的某位名作家的夫人的非议。她说原来对汪曾祺印象不错，现在感到他有点像贾宝玉，印象不佳了。且不论这位作家夫人如此议论的动机，我却恰恰在内心里认定，这正是汪老作为作家的内在心灵丰富而有活力的证明。

能够证明这一点的，还有一件事。在一次讨论会上，人家提到了当时在理论界颇为时髦的一个话题："寻找大师"。许多人对当代作家是否存在"大师"议论纷纭，不知怎么就说到了汪曾祺的小说。有人说汪老的小说现在是典型的"传统派"。但是他早年的《复仇》却是典型的"现代派"，不知道他现在还能不能"玩"现代派了。这时候的汪老突然精神振奋地大声说道："我还照样能玩现代派！"满会场的人都为之哄堂大笑，鼓掌。

这或许也正是潜藏在他内心深处的“不服老”的青春活力的一种表现。

“五粮液笔会”笔会散会后，当晚我们这些外地来的人坐夜班火车到成都。恰巧我的中铺下面是汪老，这时候的他已经显出疲态，我坐在他的下铺同他简单地说了一些当年在高邮的情况，怕影响他休息，便爬上了我的铺位。不久就听到了他的鼾声。

次日凌晨到达成都火车站，他们一群到北京的人，要赶往机场，而我则需在成都逗留一天。当时天正下着小雨，匆匆离别。汪老飞北京，却不料他这一次的返飞北京，竟然成了永诀的飞行。仅仅十多天后，便在报上看到了他突然辞世的消息。真是令人产生一种世事难料人生莫测的感慨。

我想，“汪味”不仅是一种小说、散文或字画的风格，更是一种为人处世的风格。汪曾祺何以日渐令人感到“说不尽”，这大概得从他的人生蕴含加以探究。

“汪味”是说不尽的一个话题！

2007 年 12 月

叶兆言

郴江幸自绕郴山

——我所知道的高晓声和汪曾祺

原载2003年第2期《作家》

林斤澜是父亲的挚友，他不止一次对我说过，江苏作家和浙江作家相比，现代是浙江强，当代是江苏强。现代是祖父那一辈，当代是父亲这一辈。现代作家中，浙江有鲁迅，有茅盾，有郁达夫，有艾青，都是高山仰止的顶级人物，自然无法比拟。到当代作家这一拨，按照林斤澜的看法，江苏有高晓声，有方之，有陆文夫，还有汪曾祺，情况完全不一样。

对新时期最初几年的文学，我始终有种隔膜。作为一名中文系大学生，你没有办法不感觉它活生生的存在，而且一段时间，江苏以及全国的文学精英都在眼前转悠，这些人是父亲的好朋友，在我没有成为作家之前，父辈的名作家见了不计其数。我常常听父辈煮酒论英雄，在微醺状态下指点文坛，许多话私下说着玩玩，上不了台盘。我记得方之生前就喜欢挑全国小说奖得主的刺，口无遮拦，还骂娘。最极端并且留下最深印象的，是高晓声神秘兮兮告诉我，说汪曾祺曾向他表示，当代作家中最厉害的就数他们两个。天下英雄，使君与操，余子谁堪共酒杯。我一直疑心原话不是这样，以汪曾祺的学养，会用更含蓄的话，而且汪骨子里是个狂生，天下第一的名分，未必肯让别人分享。

提起二十世纪八十年代初期文学，不提高晓声和汪曾祺这两位不行，他们代表着两种重要的文学现象。二十世纪八十年代中期，有一次秋宴吃螃蟹，我们全家三口，高晓声与前妻带着儿子，林斤澜夫妇，加上汪曾祺和章品镇，正好一桌。老友相会，其乐融融，都知道汪曾祺能写善画，文房四宝早准备好了，汪的年龄最高，兴致也最高，一边吃一边喝彩，说螃蟹很好非常好，酒酣便捋袖画螃蟹，在众人的喝彩声中，越画越忘形。然后大家签名，推来推去挨个签，最后一个是高晓声的儿子，那时候，他还在上中学，第一次遇到这种场面，有些怯场，高晓声对儿子说，写好写坏不要紧，字写大一些，用手势比画应该多大，并告诉他具体签什么位置上。高晓声儿子还是紧张，而且毛笔也太难控制，那字的尺寸就大大缩了水，签的名比谁字都小，高因此勃然大怒，取了一支大号的斗笔，沾满墨，在已经完成的画上扫了一笔。

大家都很吃惊，好端端一幅画活生生糟蹋了，记得我母亲当时很生气，说老高你怎么可以这样无礼。汪曾祺也有些扫兴，脸上毫无表情。事后，林斤澜夫妇百思不解，问我为什么会这样。我说可能是高晓声对儿子的期望值太高了，他忍受不了儿子的示弱。按说在场的人，朋友一辈的年龄都比高晓声大，只有我和他儿子两个小辈，高晓声实在没必要这么心高气傲，再说签名也可以裁去，何至于如此大煞风景。

第一次见到高晓声，是考上大学那年，他突然出现在我家。高晓声和父亲是老朋友，与方之、陆文夫都是难兄难弟，一晃二十年没见过面。乡音未改，鬓毛已衰，土得让人没法形容，农民什么样子，他就是什么样子，而且是二十世纪七十年代的农民形象。那时候刚开完三中全会。这是个日新月异的时代，高晓声形迹可疑转悠一圈，人便没有踪影，很快又出现，已拿着两篇手稿，是《李顺大造屋》和《漏斗户主》。

高晓声开始给人的印象并不心高气傲，他很虚心，虚心请老朋友指教，也请小辈提意见。我们当时正在忙一本民间刊物《人间》，对他的小说没太大兴趣。最叫好的是父亲，读了十分激动，津津乐道，说自己去《雨花》当副主编，手头有《李顺大造屋》和方之的《南丰二苗》，就跟揣了两颗手榴弹上战场一样。《李顺大造屋》打响了，获得全国短篇小说奖，这是后话，我记得陆文夫看了手稿，说小说很好，不过有些啰嗦。话是在吃饭桌上说的，大家手里还端着酒杯，高晓声追着问什么地方啰嗦了，陆文夫也不客气，让我拿笔拿稿子来，就在手稿中间删了一段，高当时脸上有些挂不住。我印象中，文章发表时，那一段确实是删了。

二十世纪八十年代初期的文学热，和现在不一样，不谈发行量，不谈钱。印象中，一些很糟糕的小说，大家都在谈论，满世界都是“伤痕”，都是“问题”，作家一个个像诉苦申冤的弃妇。主题大同小异，不是公子落难，就是才子见弃，幸好有“帮夫”的红颜知己出来相助，以身相许，然后选个悲剧结局悄然引退。公式化概念化的痕迹随处可见，文学成了发泄个人情感的公器，而且还是终南捷径，一篇小说只要得全国奖，户口问题工作问题包括爱情问题，立马都能解决。当时有个特殊现象，无名作家作品一旦被《小说月报》转载，就会轰动。我认识一位老翻译家，五十岁出头，译过许多世界名著，国外邀请他讲学，介绍中国当代文学。偏偏他对当代创作一点不了解，那年头出国不容易，可怜他搞了一辈子外国文学，还没有迈出过国门一步，便随手揣一摞《小说月报》匆匆上飞机。这些《小说月报》还是我堂哥三午送的，并不全，逮着一本算一本。

高晓声显然也是沾了文学热的光，他回忆成功经验，认为自己抓住了农民最关心的问题。对于农民来说，重要的只有两件事，一是有地方住，一是能吃饱，所以他最初的两篇小说，《李顺大造屋》是盖房子，《漏斗户主》是讲一个人永远也吃不饱。

一段时间内，高晓声很乐意成为农民的代言人，记得他不止一次感慨，说我们家那台二十寸的日立彩电，相当于农民盖三间房子。父亲并不知道农村盖房子究竟要多少钱，不过当时一台彩电的价格，差不多要一个普通工人十年工资，因此也有些惶恐，怀疑自己过日子是否太奢侈。高晓声经常来蹭饭，高谈阔论，我们家保姆总在背后抱怨，嫌他不干净，嫌他把烟灰弹得到处都是。一来就要喝酒，一喝酒就要添菜，我常常提着饭夹去馆子炒菜，去小店买烟买酒。高晓声很快红了，红得发紫，红得保姆也不相信，一个如此灰头土脸的人，怎么突然成了人物。

高晓声提起当时农民的生存状态就有些生气。他自己作报告的时候，农民的苦难是重要话题。也许是从近处观察的缘故，我在一开始就注意到，高晓声反复提到农民的时候，并不愿意别人把他当作农民。他可能会自称农民作家，但是，我可以肯定，他并不真心喜欢别人称他为农民作家。农民代言人自有代言人的拖累，有一次，在常州的一家宾馆，晚上突然冒出来一个青年，愣头愣头地非要和高晓声谈文学。高晓声刚喝过酒，满脸通红，头脑却还清醒，说你不要逼我好不好，我今天有朋友在，是大老远从外地来的，有什么话以后再说行不行。那青年顿时生气了，说你看不起我们农民，你还口口声声说自己是农民，你现在根本不是农民了。高晓声像哄小孩一样哄他，甚至上前搂他，想安慰他，但是那年轻人很愤怒，甩手而去。高晓声为此感到很失落，他对在一旁感到吃惊的我叹了口恶气，说了一句很不好听的话。我知道对有些人，高晓声一直保持着克制态度，他不想伤害他们，但是心里明白，在广大的农村，很有这样一些人，把文学当作改变境遇的跳板，他们以高的成功为样板，为追求目标，谈到文学，不是热爱，而是要利用。我知道高晓声内心深处，根本就不喜欢这些人。

这样的人，当然不仅农村才有，也不仅过去才有。仔细琢磨高晓声的小说，不难发现，他作品中为农民说的话，远不如说农民的坏话更多。农民的代言人开始拆自己的台，从陈奂生开始，农民成了讥笑对象。当然，这农民是打了引号的，因为农民其实就是人民，就是我们自己。中国知识阶级总处于尴尬之中，在对农民的态度上，嘴上说与实际做，明显是两种不同的思维定式。换句话说，我们始终态度暧昧，一方面，农民被充分理想化了，对缺点视而不见，农民的淳朴被当作讴歌对象，另一方面，又把农民魔鬼化了，谁也不愿意去当农民。结果人生所做一切努力，好像都是为了实现不再做农民这个理想，甚至为农民说话，也难免项庄起舞，意在沛公。

父亲一直遗憾，没有以最快速度将汪曾祺的《异秉》发表在《雨花》上。记得当时不断听到父亲和高晓声议论，说这篇小说写得如何好。未能及时发表的原因很复杂，结果汪另一篇小说《受戒》在《北京文学》上抢了先手。从写作时间看，《异秉》在前，《受戒》在后。以发表而论，《受戒》在前，《异秉》在后。

汪曾祺后来的大受欢迎，和伤痕文学问题小说倒胃口有关。当时，除了汪的《异秉》，还有北岛的《旋律》，这小说是我交给父亲的，他看了觉得不错，也想发表在《雨花》杂志上。根据行情，这些小说并不适合作为重点推出。大家更习惯所谓思想性，编刊物的人已感到需要新鲜的东西来冲击一下，但是这仍然需要时间。对二十世纪八十年代初期文学有兴趣的人，不妨去翻翻当时的刊物目录。那时候，汪曾祺的小说，包括林斤澜的小说，显然不适合作头条文章。这两个人后来都获得全国短篇小说奖，只要看获奖名单的排名，就知道不过是个陪衬。我记得有人说过，汪曾祺和林斤澜只是副榜，有名气的作家早拿过好几次了，既然大家私下里叫好，就让他们也轮到一次。

和高晓声迅速走红不同，汪曾祺小说有个明显的慢热过程。高晓声连续获得两届全国奖，而且排名很靠前，一举成名天下知。汪曾祺却是先折服了作家同行，在圈子里获得越来越多的认同叫好，然后稳扎稳打，逐渐大红大紫。客观地说，在二十世纪八十年代初期，高晓声名气大，到二十世纪八十年代中后期，汪曾祺声望高。这两个人在八十年代不期相遇，难免棋逢对手，英雄相惜。高晓声一度对汪的评价极高，但是我印象中，绝对是汪成名之前，有一次他甚至对我说，汪的小说代表了国际水平。正是因为他强烈推荐，《异秉》还是在手稿期间，我就看了好几遍。

高晓声一直得意《陈奂生转业》中的一个细节，小说中县委书记问寒问暖，把自己的帽子送给了陈奂生，说帽子太大，他戴着把眼睛都遮住了。这顶帽子显然有乌纱帽的意思，县太爷戴着嫌大，放在农民的头上却正好。熟悉高的都知道，他有“阴世的秀才”之美称，是个促狭鬼。“陈奂生”是高晓声笔下的一个重要人物，出现在多篇小说中，要比李顺大更有血有肉，而“帽子”恰恰是塑造这个人物的重要道具。在一开始，陈奂生有顶帽子叫“漏斗户主”，这是他的绰号，然后日子好起来，手里有了些闲钱，便想到进城买顶“帽子”，因此演绎了“进城”故事，再获全国小说奖的荣誉，然后不安分地“转业”，竟然要做生意了，莽莽撞撞走县委书记的门路，居然堂而皇之地戴上了县太爷的“帽子”。高晓声经常在这种小聪明上下功夫，也就是说经常嵌些小骨头。我觉得汪曾祺对高晓声的赞许，也在这一点上，他说高有时候喜欢用方言，自说自话，不管别人懂不懂，不管别人能不能看下去。汪的意思是他反正明白，知道高小说中藏有骨头，那骨头就是所谓促狭。

曾经有两次，和汪曾祺谈得好好的，突然就中止了。我一直引以为憾，后悔自己没有找机会，把没说完的话进一步谈透。一次是九十年代，父亲已经过世，他来南京开会，在夫子庙状元楼的电梯里，很认真地对我说：“你父亲的散文集，我都看了，很干净，没有一个多余的字……”因为是会议开幕前夕，他刚说完，电梯已到达，门外有人在招呼我们。汪曾祺意犹未尽，被一个小姐带走了。我很遗憾话刚开始就中断，匆匆开始，又匆匆结束。我知道后面还有话要说，他的表情很严肃，并不像一般的敷衍。作为长辈，他很可能要借父亲那本薄薄的散文集，说些什么。也许他觉得父亲不应该写那么少，也许他觉得我写得太多了，总之，提到父亲的时候，他眼睛里充满了一种悲哀。

还有一次是二十世纪八十年代的扬州街头，当时父亲也在场，还有上海的黄裳先生，我们一起吃早餐，站在一家小铺子前等候三丁包子。别人都坐了下来，只有我和汪曾祺站在热气腾腾的蒸笼屉子前等候。我突然谈起了自己对他小说的看法，说别人都说他的小说像沈从文，可是我读着，更能读出废名小说的味道。他听了我的话，颇有些吃惊，含糊其辞地哼了一声，然后就沉默了，脸上明显有些不高兴。我当时年轻气盛，刚走出大学校门，虽然意识到他不高兴了，仍然具体地比较着废名和沈从文的异同，说沈从文的句式像《水经注》，而废名却有些像明朝的竟陵派，然后捉贼追赃，进一步地说出汪曾祺如何像废名。蒸笼屉子里的三丁包子迟迟不出来，我口无遮拦地继续说着，说着说着，汪曾祺终于开口了：“你说的也有一定道理，然而——”他显然已想好该怎么对我说，偏偏这时候，三丁包子好了，他刚要长篇大论，我们交牌子的交牌子，拿三丁包的拿三丁包，话题就此再也没有继续。

我自己也成为作家以后，才知道汪曾祺当时为什么不高兴。一个作家未必愿意别人说他像谁，像并不是个好的赞美辞，作家永远独一无二的好。汪曾祺喜欢说他与沈从文的关系，西南联大时期，汪是沈从文的学生，在写作上曾接受过指导。八十年代也是沈从文热兴起的时候，沈门嫡传是一块金字招牌，汪曾祺心气很高，显然不屑于以此作为自己的包装材料。平心而论，汪小说中努力想摆脱的，恰恰是老师沈从文的某种影响。在语言上，汪曾祺显得更精致，更峭拔，更险峻，更喜欢使才，这种趋向毫无疑问地接近了废名。“为人性僻耽佳句，语不惊人死不休”，鲁迅先生谈起废名时，曾说他有一种“着意低徊，顾影自怜”的情结，汪曾祺也提到过废名的这种自恋，而且是以一种批评态度。废名的名声远不及沈从文，汪谈到一些文学现象，为了让读者更容易明白，在习惯上，提到更多的还是沈从文，因为从熟悉程度上来看，毕竟自己老师更近一点。事实上，说他像沈从文听了都不一定高兴，说他像不如沈从文的废名，当然更不高兴。

高晓声成名后，闹过很多笑话，譬如用小车去买煤球，结果撞了一个老太太。他赔了几十元钱，为此很有些怨言，我笑他自找，煤和霉同音，在二十世纪八十年代初，很大的官才有小车坐，如此奢侈，报应也在情理之中。那时候，北岛在《新观察》做编辑，有一次来南京找高晓声组稿，用开玩笑的口气问我，听说高写了一篇海明威似的小说，是不是真有其事。我告诉北岛，高不止写了一篇这样的小说，而是断断续续写一批，这就是《鱼钓》《山中》《钱包》以及后来的《飞磨》，所谓“海明威似的”说法并不准确，应该说是带一些现代派意味。

高晓声一度很喜欢与我聊天，觉得我最能懂他的话，最能明白他的思想，而且愿意听他唠叨。一九八四年年初，江南下了一场罕见的大雪，我们去了江阴，躲在一家宾馆里，足足地聊了两天两夜。电网遭到破坏，结果我们用掉了许多红蜡烛。秉烛夜谈的情景让人难忘，那时候，已经五十好几的高正陷入一场意外的爱情之中，谈到忘形之际，竟然很矫情地对我说，现在他最喜欢两个研究生，一个是我，另一个当然是与爱情有关了。那是我印象中，高晓声心态最年轻的时候。

忘不了的一个话题，是高晓声一直认为自己即使不写小说，仍然会非常出色。毫无疑问，高晓声是个绝顶聪明的人，如果认真研究他的小说，不难发现埋藏在小说中的智慧。他曾在上海的某个大学学过经济，对生物情有独钟，虽然历经艰辛，自信心从来没有打过折扣。落难期间，他研制过“九二〇”，并且大获成功，这玩意究竟是农药，还是生物化肥，我至今仍然不明白。高晓声培育过黑木耳和白木耳，据说有很多独到之处，经他指导的几个人后来都发了大财。

我不知道高晓声有没有对别人表达过这种观点，那就是文学虽然给他带来了巨大荣誉，可是他一直相信，自己如果不写小说可能会更好。在八十年代，随着改革大潮的深入，他似乎看到了更多的发财机会，然而，他的年纪和已经获得的文学功名，已经不允许他再去冒险。很多人的印象中，高晓声只是一个写农民的乡土作家，是个土老帽，可是大家并不知道，他身上充分集中了苏南人的精明，正是利用这种精明，他轻易敲开了文坛紧闭的大门。关于高晓声的成功秘诀，总能听到两个简单化的推论，就是苦难成全了他，另外，他熟悉农民，因为熟悉，所以就能写好。

很显然，高晓声不会真心赞同这种简单观点。某种特定的场合，他或许会这么说，然而只是权宜之计，是蒙那些玩文学评论的书呆子，他知道这绝不是事情的真相。同时具备两个条件的大有人在，为什么偏偏高晓声出人头地？写作作为一种专业，自然应该有它的独特性。首先，是写作这种最具体的劳动行为，让作家成为了作家。作家如果不写，就什么都不是，千万不要避重就轻，颠倒黑白。在 1957 年以前，高晓声就已经是个作家了，因此真实的答案，是五七年剥夺了一个作家的写作权力，不只是剥夺了高晓声，而且凋零了后来那一大批“重放的鲜花”。事实上，新时期文学的初级阶段，真正活跃在文坛上的，还是那些上世纪六七十年代后期的笔杆子，这些人中既有初出茅庐的新手，也有重现江湖的旧人。时过境迁，那些充满时代痕迹的文字，都是很好的文学史料，譬如方之，早在七十年代初期，就孜孜不倦地写过一部关于赤脚医生的小说《神草》。

把写作形容为一种手艺似乎有些不大恭敬，然而又不得不让人感到尴尬，它确实是真相的一部分。通常认为 1976 年前后的小说泾渭分明，是完全不同质的文学现象，却很少去注意它们的一脉相承。其实旧腔调并不是一刀就能斩断，在前期那些伤痕文学问题小说中，这种旧遗韵历历可数，随处能见。高晓声的精明之处，在于他一眼就看透了把戏。换句话说，在一开始，文学并不是什么文学，或者不仅仅是文学。文学轰动往往是因为附加了别的东西，高晓声反复强调自己最关心农民的生存状态，关心农民的房子，关心农民能否吃饱，这种关心建立在一种信念之上，就是文学作为一种工具，可以用来做一些事情。“利用小说进行反党”曾经是作家们很重要的一个罪名，那个特殊时期已经结束了，人们仍然相信通过小说，能改变民间的疾苦。

成也萧何，败也萧何。高晓声身上贴着农民作家的标签，俨然是农民利益的代言人，但是他早就在思索究竟什么是文学这个问题。连续两次获得全国短篇小说奖，在当时是非常骄人的成就，面对摄像镜头的采访，在回答为什么要写作的提问时，高晓声嘿嘿笑了两声，带着很严重的常州腔说：“写小说是很好玩的事。”那时候电视采访还很新鲜，我母亲看了电视，既吃惊，又有些生气，说高晓声怎么可以这么说话。十年以后，王朔提到了“玩文学”这样的字眼，正义人士群起围剿，很多人像我母亲一样吃惊和生气。高晓声可不是个油腔滑调的人，他知道如何面对大众，绝不会用一句并非发自心腑的话来哗众取宠。

恰好我手头还保留着一九八〇年的日记，在十二月六日这天，记录我和高晓声的谈话：

“我后悔一件事，《钱包》《山中》《鱼钓》这三篇没有一篇能得奖。”

“是呵，《陈奂生》影响太大了，”我说，“我看见学校的同学在写评选单的时候，都写它。”

“唉，可惜，”他叹气，

“陈影响比较大。”

“是的，陈是雅俗共赏的，大家都接受。”

“但愿上面（评奖组）会换一下。”

“不会的。”

如果不是记录在案，真不敢相信当时会有这样的文字，而且是小说体。有一点我永远也忘不了，这就是高晓声对自己的这些现代派小说自视甚高，在十二月十四日的日记中，有这么一段记录他的话：

“《山中》是我最花气力的一篇小说，一个字，一段，都不是随便写出来的”

我告诉他，《山中》以及同类题材三篇反映不好，有人看不懂。

他只是抽烟，临了，拧灭：“一句话，我搞艺术，不是搞群众运动。”

……

“我的作品，要是有个权威出来说话，就好了。”

我说：“光权威还不足，有更厉害的。”

“谁？”

“洋鬼子。”

他笑了。

“真的，你不要笑。现在最怕的就是洋鬼子，假如有个外国人站出来，说高晓声的作品如何，再和一个什么时髦的流派不谋而合。于是，你就要轰动了。”

他信服地点点头。

“像把《钱包》翻译出去，就是件好事。”

“对的，外国人他们是识货的。”

“当然，不能光译文，最好是那些精通汉文的文学家，他们对中国社会了解，感受深，感觉也准确。”

“就是呀，要不然，我的语言他们理解不了。”

那段时候，和高晓声之间有很多这样的对话，我只是觉得好玩，随手记了下来。当然有些属于隐私，不便公布。我不过想说明一点，当高晓声被评论界封为农民代言人的时候，身为农民作家的他想得更多的其实是艺术问题。小说艺术有它的自身特点，有它的发展规律，高晓声的绝顶聪明，在于完全明白群众运动会给作家带来好处，而且理所当然享受了这种好处。但是，小说艺术不等于群众运动。在当时，高晓声是不多的几位真正强调艺术的作家之一，他的种种探索，一开始处于被忽视的地位，即使在今天提起的人也不多。我们谈起大陆的现代派运动，往往愿意偷懒，一步到位，从八十年代中期开始说起，张口就是新潮小说或者先锋小说。其实早在八十年代初期，有思想的作家就蠢蠢欲动，值得指出的是，大陆的现代派最初更热衷的是形式，这集中在那些尚未成名的青年作家身上，中年作家通常不屑这些时髦玩意，王蒙小说中有些意识流已难能可贵，像高晓声那样在小说中描写人的普遍处境，极力在内容上下功夫，用北岛的话来说，写出了“海明威式”的小说，简直就是凤毛麟角。

汪曾祺的叫好，充分反映了文坛的一种期待。高晓声动用了“国际水平”这样的大词，说明他在汪的小说中，看到了自己久已等待的东西。如果说，高晓声还在试图寻找艺术，还在琢磨如何做好艺术这道大菜，汪曾祺就是横空出世，很随意地将美味佳肴端到了读者面前。

汪曾祺的小说，很像一场不流血的革命。悄悄地来了，悄悄地有些反响。它不像意识流小说那么时髦，那么张扬，那么自以为是。新时期初期小说中的现代派，更多的是外在，表面上做文章，不加标点符号，冒冒失失来上一大段，然后便宣称已把意识像水的那种感觉写出来了。意识流更像是一场矫情做作的形式革命，根本到达不了文学的心灵深处，在一开始就老掉牙，它的特殊意义，不过是往保守的传统叙述方式中，扔了几颗手榴弹。

如果汪曾祺的小说一下子就火爆起来，结局完全会是另外一种模样。具有逆反心理的年轻人，不会轻易将一个年龄已不小的老作家引以为同志。好在一段时间里，汪曾祺并不属于主流文学，他显然是个另类，是个荡漾着青春气息的老顽童，虽然和年轻人的方式完全不一样，然而在不屑主流这一点上找到共鸣。文坛非常世故，一方面，它保守，霸道，排斥异己，甚至庸俗，另一方面，它也会见风使舵，随机应变，经常吸收一些新鲜血液，通过招安和改编重塑自己形象。毫无疑问，汪曾祺很快得到了年轻人的喜爱，而且这种喜爱可以用热爱来形容。在八十年代中后期，他的声名与日俱增，地位越来越高，远远超过了高晓声。

一九八六年暮春，我的研究生论文已经做完，百无聊赖。一个偶然契机，为一家出版社去北京组稿，出版社的领导相信，我的特殊身份会比别人更容易得到名家稿件。这颇有些像今天的学生打工，当时并没有任何报酬，只是报销了差旅费。我第一次到北京不住在自己家，因为还有一个研究生同学与我同行，而且几乎整天骑自行车在外面跑。通过分配在北京的大学本科同学，我们下榻在外交部招待所，之所以要提一句，是因为它前身是著名的六国饭店，虽然破烂不堪，一个房间住六个人，当年的豪华气派却隐约还在。短短的几天里，收获颇丰，我们走马观花，接连拜见了许多名家，其中就包括汪曾祺。

从六国饭店去拜见汪曾祺，仅仅从字面上看，仿佛在说一个民国年间的古老故事。事实上，当时的商业大潮已如火如荼，北京已开始像个大工地。我们骑着两辆又破又旧的自行车，风尘仆仆到了蒲黄榆路，见了汪曾祺以后，称呼什么已记不清，对于父辈的人，我一向伯伯叔叔乱叫。事先林斤澜已打过招呼，汪曾祺知道我们要去，因此没有任何意外，只是问我们从哪里来，怎么来的，问父亲的情况，问祖父的情况。我们冒冒失失地组稿，胡乱约稿，长篇短篇散文，什么都要。汪笑着说他写不了长篇，然后就闲扯起来。

那一年我已经快三十岁，做过四年工人，读了七年大学，当过一年大学教师，社会经验严重不足。我只是一个业余的编辑，初出茅庐，对文坛充满好奇心。汪曾祺住在一套很普通的房子里，不大，简陋，记忆最深的是卫生间，没有热水器，只有一个土制的吸热式淋浴器，这玩意现在根本见不到。很难想象自己心目中的一个优秀作家，就生活在这样的一个环境里，房子仍然还有几成新，说明在这之前的居住环境可能更糟糕。我记得林斤澜几次说过，汪曾祺为人很有名士气，名士气的另一种说法，就是不随和。我伯父也谈过对汪的印象，说他这人有些让人捉摸不透，某些应该敷衍应酬的场合，坚决不敷衍应酬，关键的时候会一声不吭。说老实话，我的这位伯父也不是个随和的人，他眼里的汪曾祺竟然这样，很能说明问题。

在父辈作家中，汪曾祺是最有仙气的一个人。他的才华出众，很少能有与之匹敌的对手。父亲在同龄人中也算出类拔萃，但是因为比汪小六岁，文化积累就完全不一样。虽然都长期在剧团里从事编剧工作，汪的水平要高出许多。很重要的一个原因，是汪在抗战前基本完成了中学教育，而父亲刚刚读完小学。童子功不一样，结果也就不一样。和汪曾祺接触过的人，都应该有这样的体会，那就是他确实有本钱做名士。名士通常学不来的，没有才气而冒充名士，充其量也就是领导干部混个博士学位，或者假洋鬼子出国留一趟学。汪曾祺和高晓声有一个共同点，都是大器晚成。苦心修炼而得道，不鸣则已，一鸣惊人。高晓声出山的时候，已经五十岁，汪曾祺更晚，差不多快六十岁。

在我的印象中，并没有见到多少汪曾祺的不随和。只有一次，参观一个水利枢纽展览，一位领导同志亲自主讲，天花乱坠地做起报告来，从头到尾，汪曾祺都没有正眼瞧那人一眼。这给我留下了非常深刻的印象，以后遇到类似的场合，忍不住便想模仿。我们已经习惯忍受毫无内容的报告，习惯了空洞，习惯了大话，习惯了不是人话。仅仅一次亲眼目睹已经足够了，窥一斑而知全豹，这正是我在现实生活中所期待的，而在此前，文人的名士气通常只能在书本上见到，我成长的那个年代里，文人总是夹着尾巴做人，清高被看成一个很不好的词，其实文人不清高，还做什么文人。

还有一次是在林斤澜家，父亲去北京，要看望老朋友，一定会有他。那次是林斤澜做东，让我们父子过去喝酒，附带也把汪曾祺喊去了。林和汪的交情非同一般，只有他才能对汪随喊随到。开了一瓶好酒，准备了各色下酒菜，在客厅的大茶几上摆开阵势，我年龄最轻，却最不能喝，汪因此笑我有辱家风。这时候已是八九年的秋天，汪曾祺自己的酒量也不怎么行了，父亲也不能喝，真正豪饮的只有林斤澜。对于父亲来说，我吃不准是不是最后一次与林汪在一起，好像就是，因为自从前一年祖父过世，这是父亲最后一次去北京。这样的聚会实在太值得纪念，记得那天说了许多不久前发生的事情，汪和林都有些激动，有些感叹，也有些愤怒。后来话题才转开，印象中的汪曾祺，不仅有名士气，而且是非分明，感情饱满。

记忆中，更多的是汪曾祺的随和。那一年在扬州，我作为具体办事人，竟然安排他住了一间没有卫生间的房间。这种疏忽如今说起来，真是不应该原谅，应该狠狠地打屁股。让已经高龄的汪半夜三更起来上公共厕所，只有我这种刚出大学门的书呆子才能做出来，事实上，我根本就没想到上厕所的问题。当时完全是为了搞情调，好端端的酒店不去住，却住到了小盘谷公园，这里风景如画，于是便忽视了它的设施太落后。这是我一直感到后悔的一件事，虽然汪从来没有表示过怨言，而且夸奖我比他年轻时办事能力强，但是我不得不承认自己确实不像话。说起来真惭愧，当时我身上带着一笔公款，因为稀里糊涂，这笔公款竟然几次差点丢掉，一次丢在包租的面包车上，还有一次更悬乎，人都上了去镇江的渡轮，突然想到搁钱的黑皮包还丢在参观的地方。

我的糊涂一定也给汪留下了印象，到后来，每次出发转移，他都笑着问我，钱是否带着或保管好了。我父亲已是有名的糊涂人，他的公子事实证明更糟糕。那时候，还没有一百元的钞票，也不过是几千块钱，害得我成天丢魂落魄。前后大约有半个月，江南江北访古寻幽，就我一个莽撞的年轻人，冒冒失失地领着几位老先生东奔西跑，这种荒唐今天想起来根本就不可能。除了应该到的名胜之外，我们还去了一些很容易被忽视的地点，在扬州，去隋炀帝陵，在常州，去黄仲则的两当轩，参观一间东倒西歪的旧房子，去赵翼故居，拜谒一个破败的楠木大厅，还去了正在筹备的恽南田故居，汪在那写诗作画，泼墨挥毫技惊四座。

高晓声和汪曾祺都是我敬重的前辈，是我文学上的引路人。二十世纪八十年代的大多数时间，我在大学里苦读，不断地写些东西，对自己的未来，一直没什么明确目的。是高晓声和汪曾祺这样的作家，活生生地影响了我，让我跃跃欲试，但是也正是他们，让我对是否应该去当作家产生怀疑。按照我的看法，高和汪能成为优秀作家，都是因为具备了特殊素质，他们都是有异秉的人，高晓声绝顶聪明，汪曾祺才华横溢，而我恰恰在这两方面都严重不足。

我忘不了高晓声告诉的一些小经验，他告诫我写文章，千万不能走气，说废话没有关系，但是不要一路点题，写文章是用气筒打气，要不停地加压，走题仿佛轮胎上戳了些小孔，这样的文章看上去永远瘪塌塌的，没有一点精神，而文章与人一样，靠的就是精神。高晓声还教会我如何面对寂寞，很长时间，我陷入深深的苦闷之中，写的小说一篇也发表不了，他却认为这是好事，说你只要能够坚持，一旦成功，抽屉里的积稿便会一抢而空。对于小说应该怎么写，高晓声对我的指导，甚至比父亲的教诲还多。同样，虽然没有接受过汪曾祺的具体辅导，但汪文字中洋溢的那种特殊才华，那种惊世骇俗的奇异之气，一度成为我刻意学习的样板。我对汪曾祺的文体走火入魔，曾经仔细揣摩，反复钻研，作为他的私淑弟子，我至今仍然认为《异秉》是汪曾祺最好的小说。

毫无疑问，这是两位应该入史的重量级人物。评价他们的文学地位，不是我能做的事情，是非自有公论。我不过坐井观天，胡乱说说高晓声的聪明和汪曾祺的才华。进入二十世纪九十年代，我一直在想，为什么我敬重的这两位作家，都不约而同越写越少。很显然，写作这工作，在高、汪看来，都不是什么难事。高晓声不止一次告诉我，事实上，他一年只要写两三个月就足够了。对于高晓声来说，写什么和怎么写，他都能比别人先一步想到。他毕竟太聪明了，料事如神，似乎早就预料到文学热会来，也会很快地就去，在热烈的时候，他是弄潮儿，在冷下去的时候，他便成了旁观者。在二十世纪七十年代末八十年代初，高晓声每年写一本书，到二十世纪八十年代和九十年代，几年也完成不了一部作品。

年龄显然是个很好的借口，然而肯定不是唯一的托辞。这两个人出山的时候，年龄都已经不小了。有时候，我会自以为是，不知天高地厚地做假设，会不会物极必反，这两个人的聪明和才华，最后不幸都成了反动的东西。譬如高晓声，他敏锐地意识到，既然是搞文学，就要把它当作艺术来搞，就要有探索，有试验，然而这种探索和试验，由于脱离群众，注定是不会叫好的，对于一个成名的作家来说，不叫好将是一件很难忍受的事情。高的聪明是不是表现在他清醒地意识到，既然不叫好，还写它干什么？因为聪明，所以看透了文学的把戏。在高的晚年，已经看不到什么写作激情，而在汪曾祺后来的文章中，同样也看不到激情，汪刚出山时的那种喷薄之势，那种拔剑四顾无对手的气概，说没有就没有了。

有时候，过分的尊敬是否也会成为一种伤害。我们给知识分子的似乎只有两种选择，不是捧上天堂，就是打入地狱。进入二十世纪八十年代，作家地位有个短暂而急剧的上升过程，因为上升太快，后来的作家便会有些不服气的委屈。从一个小细节上，也可以看到这种变化。譬如父亲最初称呼汪曾祺，一直叫他老汪，然而到后来，不知不觉地便改口了，改成了“汪老”。我记得邵燕祥在文章中，好像也提到过，他也是不明白自己怎么就改了称呼。毫无疑问，这里面很大的原因是出于尊重。我想汪曾祺自己未必会喜欢这样，他可能会觉得很意外，觉得生分，当然也可能根本就没有意识到。然而，即使是没有意识到的问题，仍然会成为问题。在后来的写作中，汪曾祺似乎总是有太多的才华要表现，表现才华最后演变为挥霍才华，结果才华仅仅也就是才华，既是手段，又是目的。

举个不恰当的例子，新时期文学开始阶段，文学水准虽然粗糙，却很像历史上的初唐，这是个生机勃勃的时代，孕育着大量机会。高晓声和汪曾祺能够复出文坛，叱咤风云，显然与时代有关，早不行，晚也不行。高晓声曾经特别喜欢重复一个段子，说有四个人要过河，被摆渡人蛮横地拦住了，要他们拿出自己最宝贵的东西来，否则就留下来。四个人分别是有钱人，大力士，做官的，作家。有钱的用钱开路，大力士亮了亮拳头，做官的说我给你换个更舒服的工作，作家无计可施，便说我唱首歌吧。唱完了，摆渡人说你的歌难听死了，还不如做官的说得好听，于是把他扔在了河边。天渐渐黑了，作家又冷又饿，想到家中的妻儿，不禁仰天长叹，说自己平生又没有做过孽，为什么没有路可以走。这一声长叹让摆渡人听见了，说这才是你最宝贵的东西，比刚才唱得好听，我送你过河吧。高晓声想说的是，作家就应该有这种发自内心的感叹，而且他进一步发挥这个故事，说摆渡人在做官的照顾下，改行了，作家便当起了摆渡人，因为他突然明白自己的工作性质和摆渡人是一样的。

高晓声在晚年，根本不愿意对我谈起什么写作。他已经变得不屑与我说这些。他的心思都用到别的事情上，像候鸟一样飞来飞去。作为小辈，对他的私事我不应该多说，只是感叹他晚年的生活太不安定，安定又是一个作家所必需的。作家通过写作思考，不写作，就谈不上思考。有一天，他突然冒冒失失地出现在我面前，说今天在你这吃饭，有什么吃什么。那时候父亲已经过世了，他好像真的只是来吃饭，喝了些酒，夸我妻子烧的菜好吃，尤其喜欢新上市的蚕豆。我们没有谈文学，没有谈父亲，甚至都没有谈自己，谈了些什么，我根本记不清楚。妻子连忙又去菜场，专门烧了一大碗蚕豆让他带走。他就这么匆匆来，匆匆去，机关的车送他来，然后又是机关的车送他去。晚年的高晓声可以有很多话题，他开始练书法，练自己发明的气功，不断地有些爱情故事，可惜都与文学没什么关系。

我一直不明白的是，好端端一个中国当代文坛，为什么很快从初唐，进入了暮气沉沉的晚唐，没有盛唐，甚至没有中唐。

从王杨卢骆的欣欣向荣，一下子到了李商隐和杜牧的年代，这种太快的过渡，让人匪夷所思，让人目瞪口呆。我忘不了汪曾祺讲述的文革中被接见的故事。他叙述的时候，先是平静，继而苦笑，最后忍不住感叹。这是他一生最戏剧性的一面，后来，他用典型的汪氏简洁文笔，将这段故事写下来寄给我，如果说我不长的编辑生涯中，还编过一些好稿子，这篇文章应该名列榜首。二〇〇〇年初冬，汪曾祺的老家为他建纪念馆，征集留言，我写了几句话。

写了那段文字以后，我知道自己以后一定还会再写些什么。早在一九四六年，接受记者采访的时候，沈从文先生很有激情地说起当时最好的青年作家，是刚在《文艺复兴》上发表小说的汪曾祺。到一九七二年，沈先生给巴金夫人萧珊写信，又描述了汪曾祺当时的形象，说他现在已成了名人，头发也开始花白，“初步见出发福的首长样子，我已不易认识”，这“不易”两个字很耐咀嚼，然后笔锋一转，说“后来看到腰边的帆布挎包，才觉悟不是首长”。生姜自然老的辣，沈先生是什么人，笔落惊风雨，诗成泣鬼神。

到文化大革命结束的时候，巴金老了，沈从文老了，写小说已没有那个精力。待从头、收拾旧河山的光荣任务，天降大任落到汪曾祺和高晓声这一代人身上。一个人真没有机会，呼天天不应，求地地不听，但是机会一旦出现，就只能属于有充分准备的人。聪明过人的高晓声登场了，才华过人的汪曾祺也登场了。当我们仰天长叹，对剥夺巴金和沈从文写作权利的那个时代表示切齿痛恨之际，不得不庆幸后面一代人的运气太好，他们苦尽甘来，终于在最后抓住际遇。

今人不见古时月，今月曾照古时人。凡是读过《异秉》的人，都免不了去想，去思索，琢磨小说中王二的“异秉”究竟在什么地方。汪曾祺借王二之口，幽了一默，说他的奇异之处，只是“大小解分清”。什么叫大小解分清，王二进一步解释说：

我解手时，总是先解小手，后解大手。

这是王二随手扔的一块香蕉皮，顿时很多人中计，滑了一个大跟头，小说结尾时，厕所里已人满为患，大家都去抢占茅坑，研究自己是否有“异秉”。我喋喋不休提起《异秉》，除喜欢这篇小说之外，更觉得可以用它说事。无论高晓声的聪明，还是汪曾祺的才华，都十分难得，这些东西本身就是异秉，是镜中花，是水底月，无迹可寻，可遇不可求。后人如果不明白，希望通过模仿，学些聪明和才华的皮毛，驾轻车走熟路，野心勃勃到文坛上去闯荡，去捞些什么，注定只能铩羽而归。高晓声和汪曾祺获得了应有地位，后来作家如果不能从他们的树荫中走出来，不另辟蹊径，不披肝沥胆，文学的前景就没什么乐观。换句话说，当代文学如果不够繁华，是否与太多的聪明和才华有关？

——汪曾祺先生总让我想到『相信生活，相信爱』。因为，他就是相信生活也相信爱的，特别当他在苦难和坎坷境遇中。他曾被迫离别家人，下放到坝上草原的一个小县劳动，在那里画马铃薯，种马铃薯，吃马铃薯。但他从未控诉过那里的生活，他也从不放大自己的苦难。他只是自嘲地写过，他如何从对圆头圆脑的马铃薯无从下笔，竟然达到一种想画不像都不行的熟练程度。他还自豪地告诉我们，全中国像他那样，吃过那么多品种的马铃薯的人，怕是不多见呢。这并不是说，汪曾祺先生被苦难所麻木。相反，他深知人性的复杂和世界的艰深。他的不凡在于，和所有这些相比，他更相信并尊重生命那健康的韧性，他更相信爱的力量对世界的意义。

——铁凝

宗 璞

三幅画

录自《你好，汪曾祺》，山东画报出版社，2007年版戊辰龙年前夕，往荣宝斋去取裱的字画。在手提包里翻了一遍，不见取物字据。其实原字据已莫名其妙地不知去向，代替的是张挂失条，而连这挂失条也不见了。

业务员见我懊恼的样子，说，拿走罢，找着以后寄回来就行了。

我们高兴地捧了字画回家。一共五幅，两幅字三幅画，一幅幅打开看时，甚生感慨，现只说这三幅画。

三幅画均出自汪曾祺的手笔。

老实说，在1986年以前，我从不知汪曾祺擅长丹青，可见是何等的孤陋寡闻。原只知他不只写戏还能演戏，不只写小说散文还善旧诗，是个多面手。四十年代初，西南联大同学上演《家》。因为长兄钟辽扮演觉新，我去看过戏。有两个场面印象最深。一是高老太爷过世后，高家长辈要瑞珏出城生产，觉新在站了一排的长辈面前的惶恐样儿。哥哥穿一件烟色长衫，据说很潇洒。我只为觉新伤心，以后常常想起那伤心。一是鸣凤鬼魂下场后，老更夫在昏暗的舞台中间，敲响了锣，锣声和报着更次的暗哑声音回荡在剧场里，现在眼前还有那老更大的模样，耳边还有那声音，涩涩的，很苦。

老更大是江曾祺扮演的。

时光一晃过了40年。八十年代初，《钟山》编辑部要举办太湖笔会，从苏州乘船到无锡去。万顷碧波，洗去了尘俗烦恼，大家都有些忘乎所以。汪兄忽然递过半张撕破的香烟盒纸，上写着一首诗："壮游谁似冯宗璞，打伞遮阳过太湖，却看碧波千万顷，北归流入枕边书。"我曾要回赠一首，且有在船诸文友相助，乱了一番，终未得出究竟。而汪兄这首游戏之作，隔了五年清晰地留在我记忆中。

1986年春，偶往杨周翰先生家. 见壁悬画图，上栖一只松鼠，灵动不俗。得知乃汪兄大作时，不胜惊异。又有一幅极秀的字，署名上官碧，又不知这是沈从文先生笔名。杨先生则为我的无知而惊异，笑说，你怎么什么都不知道。

实在是的，我常处于懵懂状态，这似乎是一种习惯。不过一经明白，便有行动，虽然还是拖了许久。初夏时，我修书往蒲黄榆索画，以为一年半载后可得一张。

不想一周内便来了一幅斗方。两只小鸡，毛茸茸的，歪着头看一串紫红色的果子，很可爱。果子似乎很酸，所以小鸡在琢磨罢。

这画我喜欢，但不满意，怀疑汪兄存有哄小孩心理，立即表态：不行不行，还要还要！

第二幅画也很快来了。这是一幅真正的赠给同行的画，红花怒放，下衬墨叶，紧靠叶下有字云："人间存一角，聊放侧枝花，临风亦自得，不共赤城霞。"画中花叶与诗都在一侧，留有大片空白，空白上有烟灰留下的一个小洞。曾嘱裱工保留此洞，答称没有这样的技术。整个画面在临风自得的恬淡中，却有一种活泼的热烈气氛。父亲看不见画，听我念诗后，大为赞赏，说用王国维标准来说，这诗便是不隔。何谓不隔？物与我浑然一体也。

这时我已满意，天下太平，不再生事。不料秋末冬初时，汪兄又寄来第三幅画。这是一幅水仙花，长长的挺秀的叶子，顶上几瓣素白的花，叶用蓝而不用绿，花就纸色不另涂白。只觉一股清灵之气，自纸上透出。一行小字：为纪念陈澂莱而作，寄与宗璞。

把玩之际，不觉歔欷。谢谢你。汪曾祺！

澂莱乃我挚友，和汪兄也相识。五十年代最后一年，澂莱与我一同下放在涿鹿县。当时汪兄在张家口一带，境况比我们苦得多了。一次开什么会，大家穿着臃肿的大棉袄在塞上相见。我仍是懵懵懂懂，见了不认识的人当认识，见了认识的人当不认识。

澂莱常纠正我，指点我这人那人都是谁；看我见了汪兄发愣，苦笑道，汪曾祺你也不认识！

澂莱于1971年元月在寒冷的井中直落九泉之下，迄今不明缘由。我曾为她写了一篇《水仙辞》的小文。现在谁也不记得她了，连我都记不准那恐怖的日子，汪兄却记得水仙花的譬喻，为她画一幅画，而且说来年水仙花发，还要画一幅。

从前常有性情中人的说法，现在久不见这词了。我常说的“没有真性情，写不出好文章”的大白话，也久不说了。性情中人一定写文章，而写出好文章的，必有真性情。

汪曾祺的戏与诗，文与画，都隐着一段真性情。

三幅画放到1987年才送去裱，到1988年春节才取回。在家里翻手提包，那挂失条竟赫然在焉。我只能笑自己的糊涂。

张抗抗

汪老赠画

原载2007年11月1日《扬子晚报》

汪曾祺先生擅长诗画，许多文友都以拥有他的诗画作品而自豪，我亦心存此愿。但每次笔会，看到那么多人围着他求字索画，他即便再累再忙，总怕拂了人家的好意，每每应承，挥汗熬夜而作。遇到好兴致，更是不能停笔。我心有不忍，故从未好意思向他开口。

1991 年，我写了散文《牡丹的拒绝》，发表于《收获》杂志。过了一段时间，有一日给汪老打电话说个事儿，他主动对我说起，最近读了我的《牡丹》，觉得意思甚好，只是文字有些过于用力了。他说的“过于用力”几个字，后来一直让我费心琢磨。

又过了一段时日，记不清具体的日期，也许是在一次会议上，也许是电话里，汪老对我说：我给你画了一幅画儿，还写了几句诗，因为读了你的那篇文章，忽然想画几笔，也是有些话要说，你什么时候来拿吧……

我大喜若狂。汪老竟然早就看透了我的心思？汪老真是善解人意啊。我终于也拥有汪老的墨宝了？况且，汪老这幅画，不同寻常，这是专门为我画的！汪老还在画上题了诗句！我简直乐晕了，一时都说不出一句完整的感谢话来。

快快把画取回来，裱好，隆重地挂在了我家墙上。

画面上是两朵牡丹，洇着浅淡的绿色。而本该是绿色的叶片，变成了暗红色。

空白处，用隽秀的行书，题七绝一首：看朱成碧且由它，大道从来直似斜，闻说洛阳春索寞，牡丹拒绝著繁花。

汪老深解我意，特为我画了一朵绿牡丹——其时，看朱成碧，大道已斜。

我自此懂得，汪老并非是闲适之人，汪老有大义在胸。七言诗，耐人寻味。

如今十五年过去，画面已有些破损泛黄，但红、绿两色，依然分明。

汪老走了多年，但他留给我的诗画，仍时时提醒我：文人气质，骨气为魂；富贵与高贵只一字之差，若是悖道，情愿拒绝。

范小青

汪曾祺：

手里的和心里的

录自搜狐网，具体首发时间、报刊不详。

大家知道汪曾祺的文章写得好，也知道汪曾祺的字写得好，画画得好。文章是无法请要的，只有刊登或出版出来去读，但字画却是可以求的，于是大家都去向汪老请字请画。汪老真是个和善的好说话的好人，谁请就给谁写给谁画。许多年里，文坛之内和文坛之外，不知道有多少人求到了汪老的字画，挂在家中书房里，就挂出了汪老的精神气；或者精心地收藏起来，等到有识货的客人上门时，再拿出来共同欣赏享受，于是汪老的音容笑貌就和汪老的字画一起，时时地浮现出来了。

我也非常喜欢汪老的字画，说不出理由，就是喜欢，就是觉得沟通，好像看着汪老的字或画，就在和汪老说话。多年前就有个心愿，想求汪老的一幅墨宝，但却一次次地错过了机会。

记得最早是在二十世纪九十年代初，在海南三亚笔会上，汪老的到场，给年轻的作家们鼓了很大的劲，畅谈文学之余，有人带了个头，大家就开始向汪老求字画了。那时候我还是第一次见到汪老，跟汪老不熟，不好意思，就一直畏畏缩缩，最后眼睁睁地看着别人求到了汪老的字或画，喜形于色地展示一番，然后小心翼翼地收好了，我却始终没有鼓起勇气。当然，也有和我一样没有勇气的人，比如我的哥哥范小天，当时也在会上，他也和我一样，躲在人后没敢开口。机会就这样在三亚的海边溜走了。

后来过了几年，江苏有位作家在北京开作品研讨会，请汪老到场，汪老欣然答应，为家乡的后生鼓与呼来了。结果，汪老到场后，在会议的间隙里，大家又排起队来，在汪老房间的里里外外，守了好长的队伍。汪老的字画就这样一幅一幅地创作出来了。这时候我和汪老已经有点熟了，但汪老的身体已不大如前，看到这么多人在烦劳汪老，我又不忍再去增加队伍的长度了。那一天汪老画了许多梅花，我又一次眼睁睁地看着那些多姿多彩的梅花插到了人家的花瓶里，自己仍然没有讨到一枝一朵。

不过，那时候也没觉得有太大的后悔，心里想着，来日方长，机会还会再来的，总有一天能够求得汪老一字一画的。不料，这一心愿却随着汪老的离去，成为了永远的遗憾。

汪老走了，走得那么突然，走得那么早，让我的“来日方长”的想法，成了泡影。

但其实我是不遗憾的。虽然我手里没有汪老的一字一画，但是我心里有，就像汪老的那许多文字，永远驻守在我的心里，汪老的字画，汪老的字画中渗透出来的气韵，也永远地布满在我的精神深处。

所以我想，对于汪老留下的宝贵财富来说，我不比别人少些什么，我至少和别人拥有得一样多。

袁 敏

淡泊

杏花图

原载 2015 年 6 月 7 日《文汇报》

汪曾祺先生离开我们整整十八年了，每当想起他那亲切温和的音容笑貌，我就会心痛。这么好的一个老头，无论文采还是为人，能与之媲美的人在我心目中真的不多。

认识汪曾祺先生是在二十世纪八十年代初。那时我在中国作协文学讲习所（今鲁迅文学院）学习，其间受邀参加了《收获》杂志和四川人民出版社在峨眉山联合举办的笔会。那次笔会参加者几乎都是叱咤文坛的著名作家，而我当时只有二十来岁，刚刚在《收获》发了一个中篇小说，和另外一位也不怎么为人知的北京女作家韩蔼丽在大佬云集的笔会中显然是最无足轻重的小卒。韩蔼丽自嘲说，咱俩是“末席”。因为是“末席”，不被人注意，所以我们俩老溜边，开小差，扯闲篇，倒也其乐融融。可这位毕业于北大的才女“末席”，其实心高气傲，看人阅文十分挑剔。那一群文坛“大腕”，她看得上的似乎没有几个。听我说喜欢汪曾祺的作品，便一直和我聊汪曾祺其人其事。言谈中，她一口一个“老汪头”，唤这位在我心中有着仙风道骨气质让我无比崇拜的作家，就像唤一个邻家大爷似的。那时我刚从杭州到京城上学不久，对皇城根的水深似海和天安门的高大巍峨，尚处于一种莫名的敬畏中，对深埋在京城四下里的大作家也像看天上的星星一样，觉得遥不可及。没想到身边这个自称“末席”的女作家，却可以对汪曾祺如此称呼，大大咧咧地就把一个你崇拜的偶像抹去了光环，一下子让你觉得自己和偶像仿佛对面而坐，亲如家人。我不知天高地厚，立马请求韩蔼丽回京后就带我去拜见汪曾祺先生，韩蔼丽答应得镚儿爽脆，就像答应去她邻居家串门。

然而，回文讲所以后，我和韩蔼丽的峨眉山约定却迟迟没有履约。我们那期是文讲所办的首期编辑评论班，学制两年，学员都是来自全国各大刊物的编辑和一些专业搞评论的。我去参加峨眉山的小说笔会，显然有点不务正业。校方虽然很宽容地放行，但出去了近半个月，拉下不少课程，同学们还是有些议论。我回来后便很安分，用功读书，几乎不出校门。京城很大，要去拜访汪曾祺先生，没有个一天时间也不现实。想想以后总有机会，便把拜访之事暂且搁下了。

没想到一个多月后，韩蔼丽约我去她家吃她先生做的八宝鸭子，我抵挡不住诱惑，去了她家。韩蔼丽居然拿出了汪曾祺先生的一本签名本《晚翠文谈》交予我，说这是老汪头专门让她带给我的，并欢迎我到他家做客。我当时除了惊讶，更多感动。这样一位文坛大家，对一个连面都没见过，只是崇拜他的晚辈，这样郑重地赠送自己的签名著作，这份礼遇和厚爱，让我诚惶诚恐又终生难忘。

世事难料。真正走进汪曾祺先生府上，见到这位亲切慈祥的老头，是在几年以后了。那时我二度进京求学在北大首届作家班的两年学习也已结束，回到浙江的《东海》杂志当了综合组组长，分管诗歌、散文、评论。因为在京读书时结了婚，先生是北京人，我回杭州后便形成了夫妻分居两地的局面。杂志社头儿很仁义，说：袁敏，你只要能组到京城名家的稿件，组到一篇，就让你回京一趟。我其时认识京城名家并不多，只好向韩蔼丽求救，说明情况，请她帮忙。我说，我第一个想组的，就是汪曾祺先生的稿子。韩蔼丽当即就在电话里大包大揽，说，没问题，老头人特好！只要告诉他你这是给人搭鹊桥呢，他一准答应。

有韩蔼丽拍胸脯打包票，我便信心满满地赴京。此时我刚当上妈妈不久，儿子才九个多月，还离不开我，便抱着黄口小儿坐上火车。

那天是韩蔼丽陪我去汪曾祺家的。老汪头家住蒲黄榆，是北京南城一座贴马路边的灰色板楼。人来车往，烟火气弥漫，十分嘈杂喧嚣，与我想象中清雅散淡的名士居所相去甚远。给我们开门的是汪曾祺先生的夫人施大姐，慈眉善目，气质优雅。

这么一位蜚声中外的大作家，却住着一套拥挤的三居室。家中陈设简朴，似乎看不到大作家居所里的那种文房四宝、字画卷宗，反倒入眼就是北京寻常人家惯常有的码堆白菜土豆，桌上还搁着早餐后来不及收走的两根油条，几瓣流油的红心咸鸭蛋，半碟花生米，一瓶王致和腐乳。

我略有点拘谨的心情一下子松弛下来。这时，老汪头从书房里走了出来，笑呵呵地说："是小猴来了吗？那今天就是小猴拜见老猴啦！"我完全傻掉。儿子属猴，但我没想到老汪头也属猴。看来韩蔼丽早就把我的一切告诉了老汪头，老头风趣幽默的一番老猴小猴的调侃，完全消除了我心中的紧张，我也很随便地和老汪头东拉西扯就把约稿的正事儿轻轻松松说了。老头一口答应，让我轻而易举完成了单位的差使。

中午，老汪头留饭。我虽有些不好意思，但因早就听说老汪头是厨艺上佳的美食家，有此口福，哪肯推辞，便不客气地留下了。老汪头走进厨房，三下五除二，不到一小时的时间，就像变戏法一样烧出一桌饭菜，印象最深刻的就是早餐剩下的那两根油条，被老头塞了用荸荠、虾皮和小油菜拌的肉馅，切段回锅油炸，外焦里嫩，油条嘎嘣脆，肉馅口感有层次，有嚼头，鲜香极了。那几瓣红心咸鸭蛋剁碎后，配上切成小丁的黑酱瓜炒老豆腐，起锅时撒了金黄的肉松和碧绿的葱花，色香味俱全。老头化腐朽为神奇的高超厨艺，让我目瞪口呆。可是，美味佳肴虽好，却似乎没有小猴可以吃的，九个多月的小儿，牙口尚未长全，酱瓜油条之类他根本嚼不了。老汪头一拍脑袋，说：我怎么把小猴忘了！鸡蛋羹，蒸鸡蛋羹。几分钟后，一碗黄灿灿的鸡蛋羹就蒸好了。老汪头抱过我的儿子，坚持要他来喂。没想到还没喂上一口，小猴就稀里哗啦一泡大尿，洒了老汪头一身。我尴尬至极，一个劲地说对不起。老汪头却哈哈大笑，说："好！男子汉大丈夫，想尿就尿！"我儿子在老汪头怀里咧着嘴傻笑，全然不知自己犯下的不雅大错。直到今天我都后悔，没有拍下这幅喜乐的老猴怀抱小猴图。

后来，我调到北京工作，隔一段时间就会带着小猴去拜望老猴，每次都很开心。

1997年春末夏初，浙江湖州《南太湖》杂志的主编马雪枫给我来电话，说杂志社要举办一个南太湖女作家笔会，想让我替他们在京城邀请几位大作家与会，最想邀请的就是汪曾祺先生。知道我和汪老熟，要我务必帮忙。和雪枫是多年老友，不好推辞，也很想借此机会陪老汪头回江南故里走走，便一口答应下来。

到老汪头府上转达《南太湖》的邀请时，才知道老头刚从宜宾参加一个文学活动回来。宜宾是酒乡，老头又好酒，尽管老头自知肝脏不好，医嘱不能喝酒，但到了酒乡，哪还能自控节制？加上主办方活动安排较紧，弄得人很疲惫。听我说明来意，老头便推辞说身体吃不消，去不了。我看老头脸色发黑，精神确实不佳，便不好再说什么。只得怏怏地起身，打算离开。老头大约看出了我的失望，说，你那位朋友叫什么名字？我说，叫马雪枫，下雪的雪，红枫的枫。老头说，袁敏你等一等，我给你和你的朋友各画一幅画吧。我闻言不由喜出望外，大有因祸得福之感。老头给我画了一幅《杏花图》，给我的那位老友画了一幅《雪地红梅》。我当时心里还略略有点妒忌之意，觉得汪老将我朋友的名字寓意画中，似乎更用心呢！我哪里会想到，老头其时已经走到生命的边缘，他是用心血在给我们留下绝笔呢！

晚上回到家，便给老友打电话，告知她老汪头身体不太好，笔会去不了了。朋友自然失望，脱口说，你告诉汪曾祺先生，我们给他专门定制了一盒最上好的手工湖笔呢！他一定喜欢的。我搁下老友电话，又给老汪头打电话，告诉他朋友为他备下手工湖笔的事儿。老汪头在电话那头迟疑片刻，轻轻叹了一口气，说，那你明天来取我的身份证，给我订机票吧。我心中一阵狂喜，庆幸事情出现转机。哪里想到，深夜时，老汪头的女儿汪朝突然来电话，说老爸突然便血不止，已送医院抢救。我听闻心悸不已，暗暗祈祷老头平安，希望不过是虚惊一场！我不相信刚才还让我给他订机票的老汪头会有什么大事，会有突发的劫难！

然而，老天就是那么残忍！老头送进医院就再也没有出来，就此仓促辞世，连话都没有留下，让爱他敬他的人情何以堪？

如今，多少年过去了，每当我看到自己珍藏的那幅《杏花图》，心里就会涌上酸痛，内疚像一只蚂蚁，啃咬着自己的心。假如我能不那么粗心，及时发现老汪头身体已经出现不适，我是无论如何也不会让老头再画那两张画的呀！《杏花图》中那淡雅的芬芳多少年来始终没有消散，一缕清幽总是穿越浊世污流拂过我的心头，提醒我：名利身外物，做人才是真！

铁　凝

相信生活，相信爱

原载2010年3月24日《人民日报》

汪曾祺先生离开我们13年了，但他的文学和人格，他用小说、散文、戏剧、书画为人间创造的温暖、爱意、良知和诚心却始终伴随着我们。

汪曾祺先生总让我想到母语无与伦比的优美和劲道。他对中国文坛的影响，尤其是对中青年一代作家的影响是大而深刻的。一位青年评论家曾这样写道：“在风行现代派的二十世纪八十年代，汪曾祺以其优美的文字和叙述唤起了年轻一代对母语的感情，唤起了他们对母语的重新热爱，唤起了他们对民族文化的热爱……他用非常中国化的文风征服了不同年龄、不同文化的人，因而又显出特别的‘新潮’，让年轻的人重新树立了对汉语的信心。”他像一股清风刮过当时的中国文坛，在浩如烟海的短篇小说里，他那些初读似水、再读似酒的名篇，无可争辩地占据着独特隽永、光彩常在的位置。能够靠纯粹的文学本身而获得无数读者长久怀念的作家真正是幸福的。

汪曾祺先生总让我想到“真性情”。这是一个饱含真性情的老人，一个对日常生活有着不倦兴趣的老人。他从不敷衍生活的“常态”，并从这常态里为我们发掘出悲悯人性、赞美生命的金子。让我们知道，小说是可以这样写的！窃以为，当一个人不能将真性情投入生活，又如何真挚为文？有句俗语叫作人生如戏，戏如人生。但在汪老这里却并非如此。他的人生也坎坷颇多，他却不容他的人生如“戏”；他当然写戏，却从未把个人生活戏剧化。他的人生就是人生，就像他始终不喜欢一个形容——“作家去一个地方体验生活”，他更愿意说去一个地方生活。后者更多了一份不计功利的踏实和诚朴，也就说不定离文学的本质更近。一个通身洋溢着人间烟火气的真性情的作家，方能赢得读者发自内心亲敬交加的感情。这又何尝不是一种境界呢。能达此境界的作家为数不多，汪老当是这少数人之一。

汪曾祺先生总让我想到“相信生活，相信爱”。因为，他就是相信生活也相信爱的，特别是当他在苦难和坎坷境遇中。他曾被迫离别家人，被下放到坝上草原的一个小县劳动，在那里画马铃薯，种马铃薯，吃马铃薯。但他从未控诉过那里的生活，他也从不放大自己的苦难。他只是自嘲地写过，他如何对圆头圆脑的马铃薯无从下笔，而后竟然达到一种想画不像都不行的熟练程度。他还自豪地告诉我们，全中国像他那样，吃过那么多品种的马铃薯的人，怕是不多见呢。这并不是说，汪曾祺先生被苦难所麻木。相反，他深知人性的复杂和世界的艰深。他的不凡在于，和所有这些相比，他更相信并尊重生命那健康的韧性，他更相信爱的力量对世界的意义。我想说，实际上汪曾祺先生的心对世界是整个开放的，因此在故事的小格局里，他有能力呈现心灵的大气象。他曾在一篇散文中记述过他在那个草原小县的一件事：有一天他采到一朵大蘑菇，他把它带回宿舍精心晾干收藏起来。待到年节回北京与家人短暂团聚时，他将这朵蘑菇背回了家，并亲手为家人烹制了一份极其鲜美的汤，那汤给全家带来了意外的欢乐。

去年5月，汪曾祺先生忌日的第二天，我去福田公墓为汪曾祺先生献花。那天太阳很好，墓园十分安静。我随着立在路边的指示牌的引导，寻找汪老的墓碑。我终于在一面指示牌上看见了汪老的名字，那上面标明他的位置在“沟北二组”。沟北二组，这是一个让我感到生疏的称谓。我环顾四周，原来一排排墓碑被一行行生机勃勃的桃树环绕。几位农人模样的男子正散站在树下仔细地修剪桃枝。从前这公墓说不定就是村子里的一片桃园吧？而此时的汪老，就仿佛成为了这个村庄被编入“沟北二组”的一名普通村民。记得有一篇写汪老的文章里说，汪老是当代中国最具名士气质的文人。以汪老的人生态度，以他的真性情，“名士”“村民”或者都不重要，若硬要比较，也许汪老更看重过往生命的平实和普通。我在汪曾祺先生与夫人合葬的简朴的墓碑前献上鲜花，我再次确信，汪老他早就坦然领受了头顶上这个再寻常不过的新身份，这儿离有生命的树和孕育生命的泥土最近。走出墓地时我才发现进门处还有一则“扫墓须知”，其中一条写道，“有献鲜花者，务请将花撕成花瓣撒在墓碑四周以防被窃”。但我没有返回“沟北二组”把鲜花撕成花瓣——心意已经在那儿，谁又能真的偷走呢？

今天，在汪曾祺先生的家乡，怀念他、热爱他的人们以这样的规模和如此的隆重来追忆这位中国现代文学的杰出人物，这一方水土的文化财富，使我感受到高邮润泽、悠远的文化积淀；我也愈加觉得，一个民族，一座城市，是不能没有如汪老这样一些让我们亲敬交加的人呼吸其中的。也因此，这纪念活动的意义将会超出文学本身。它不仅让我们在21世纪这个竞争的压力大于人与人之间美好情感相互赠予的时代，依然相信生活、相信爱，也唤起我们的思索：在经济全球化的大背景之下，我们当怎样珍视和传承独属于我们民族的优雅的精神遗产，当怎样积攒和建设理性而积极的文化自信。

王安忆

去汪老家

串门

原载2009年2月2日《文汇报》

去高邮，地图上少有的几个景点内，有汪曾祺故居，但只有巷名，不知在哪条街上。问收拾客房的女孩知不知道，回答知道，是在某路上，并且说到那里只需问汪曾祺故居就成。于是出得门，先拦截一辆出租车，回说那街巷曲折，出租车难以周转，转而拦三轮车。高邮的三轮车均是电动装置，驾车者妇女老人皆有，是主要交通工具。第一位三轮车夫神情茫然，第二辆正路过，折回头说他带我们去。上得车，乘风前往，车夫说乘他的车是乘对了，因他是汪曾祺家邻居，还与汪家的孩子同学，甚而至于同班。心下不免有些疑惑，但看他的年纪，确可做汪曾祺的侄辈，也确是熟门熟路。左拐右绕，从无数相连的巷道中穿行，终于停在一扇门前，门边有“汪曾祺故居”字样。门窗闭着，正以为不开馆，左右邻舍却有人出来，告诉说家里有人。那车夫抬手在窗上一劲地拍，并叫喊：有人来了！一时，门开了，邻居们便说：可不是在家！

门内拥簇着沙发、茶几、书柜、矮橱，一对夫妇，年在七十上下，让座与斟茶，原来是汪老的妹妹和妹婿。汪家当年的宅院，历经动荡变迁，如今只余下这前后套的两间，背着一小块天井，天井里颇为奇迹地贴墙筑一道窄梯，梯顶上搭一间阁楼，悬着，住汪老的一位兄弟。汪家人戏称是“皮凤三楦房子”——汪曾祺的小说名。所以，这里不仅是汪曾祺故居，也是今居，生活着汪老的亲人。壁上有四幅汪老作的花卉，是自家人的自娱自乐。那妹婿，人称金老师，是一名中医，形状与风格都像汪老小说《落魄》里在大后方昆明开扬州馆子的扬州人，虽然开饭馆，却没有道中人的习气，像个“票友”。当然，金老师是好命人，未曾离乡，未曾弃业，现今退休，优游于汪曾祺故居的操持。凡来访者，都需留下姓名，记于一本专用的册子，然后将名姓通报高邮市委宣传部。这时，就又拿起电话，说是宣传部关照过的。

电话是打给一位陈老师，不多时，陈老师来了。陈老师名其昌，写过文章《汪曾祺和文游台》，人和文有一种朴直的贤雅，不愧是汪老的乡人。他显然是这里的常客，进屋即坐，吃茶聊天，聊的不外是汪老家的短长。忽想起那三轮车夫，打听是否真是街坊邻居，说正是，又问索要了多少车资，实言报出数字，满座皆斥道：要多了！神情中的不满恰似对巷内顽劣小儿。

晚饭是宣传部长款待，部长姓张，名秋红，相貌十分端丽，而且态度娴静。她问道：昨日傍晚是否渡船去镇国寺？我说是呀！她笑道，昨日那时间她也在镇国寺，随游者说仿佛看见王安忆，不想今天在一起吃饭，真的有缘，错过了又来。这才叫串亲戚家呢，处处得主人的乡谊。

高邮尚未开发旅游，风物人情保持着淳朴。高邮湖一派古意，水面浩渺，夕阳下波光如丝。湖边泊了船只，脚夫们哼着号子，运的是新鲜芡实，浸了水，十分吃重。连接湖和运河的大桥上有恋人们流连，还有大人携了孩子，伏栏看桥下的浪涌。城内，训诂学始祖王氏父子的旧宅里开了书场，讲的是扬州评话《乾隆下江南》。明盂城驿的马厩空了，街巷里却依稀可辨盛时气象。龙虬庄史前遗址静寂着，园边的稻田是不是几千年前的稻种繁衍？此时又熟透一季，绒扎扎的一片。田间有小庙，仅一步进退，香烛俱备，侧墙上写一对联：看看世界到处合资；望望人心都想发财。又像是祈福，又像是讥诮，倒有汪老看世界的眼风。文游台楼阁上有汪老的留墨：稼禾尽观。不是沧海尽观，亦不是天下尽观，而是“稼禾”。汪老眼睛里的景色终也脱不去人和人的生计，“稼禾”为万千生计之根本。

2008 年 12 月 8 日上海

韩蔼丽

斯是陋室

原载 2003 年第 3 期《收获》

今年的5月16日，是汪曾祺逝世6周年的忌日。施松卿大姐随他而去，也5个年头了。

我很想念他们。

先读《受戒》，记住了汪曾祺的名字，1982年夏才在一个笔会上认识他。那会儿他刚六十出头，笔会俊才云集，指点江山，激扬文字；汪曾祺却很少言语。笔会管饭，不管酒，他跟一个陕西来的作者就轮流着自己掏腰包买。陕西人也不爱言语，也很少跟那帮以天下为己任的俊杰们交谈阔论，他的名字好记：陈忠实。不知为什么，黄岛笔会上全是男士，我不免觉得有那么点形孤影单。我就去汪曾祺那里坐坐。他正在写小说《徒》，让我读他的手稿，说主人公是他的国文老师。我很惊奇，都八十年代了，还有人用毛笔写作，真不怕费事，太雅了点吧。但一水娟秀的小楷，好看。读完《徒》，我想，这长相、个头、穿着皆不起眼的人，写的小说可是一流的，行云流水，天马行空，似乎没说什么，却什么都说了。

那时，我叫他老汪，汪曾祺。

我住甘家口时，他住白堆子，隔着半站地。他散步，买菜，都要走过来。有时顺便上楼到我家，喝杯茶，坐一会儿。白堆子他的家，我只去过一次。施大姐开门打量我以后，赶紧关门，连声地说，我们家不换鸡蛋，我们家不换鸡蛋。她把我当成那些挨家挨户敲门用鸡蛋换取粮票的妇女。1983年，他们就搬到蒲黄榆去了。1992年我从甘家口搬去方庄，离他家又仅半站地，施大姐还说，你现在时髦多了，想起初次相见，不禁哈哈大乐。

1949年以后，国家干部、城市职工一直是福利分房。汪曾祺的住房是施大姐工作的新华社分配的。白堆子就是新华社的宿舍，挨着钓鱼台国宾馆，傍着玉渊潭公园，环境不错。但那房还是1966年前建造的，五层红砖楼房，开间很小，一进去，黑乎乎，只觉湫溢狭窄，什么都看不清楚。那时，他们家孩子已是大儿大女，均已插队归来，5口人住两小间房，用一张书桌，真不知道一家人是怎么挤下来的。《受戒》《大淖记事》都是在白堆子写出来的。

蒲黄榆的住所还是新华社的宿舍，两居变三居。这房是1976年后北京最早建造的高层居民楼。十几年一过，这些楼外面褴褛，里面破落，布局陈旧，结构局促，厨房转不开身，厕所一米见方，没有澡间，没有厅。汪曾祺住的是小三居，进门是一小过道，什物杂杂乱乱，扫帚簸箕热水瓶茶杯纸箱菜篮，来了客人，老汪头就在过道里沏茶。稍大的一间房接待客人、吃饭、看电视，还有一间施大姐和小女儿汪朝住，一间7平方米左右的小屋，比鲁迅博物馆里的“老虎尾巴”还挤地放着一桌一椅一床，就是老汪头的卧室兼书房了。

施大姐对我说：白天，老头把堆在桌上的东西统统搬到床上，写作。晚上把堆在床上的东西统统搬到桌上，睡觉。

从1983年到1996年，汪曾祺都住在这里。在这间屁帘儿大的小屋里，写出了他一生大部分的作品。和弄色彩，潇洒泼墨，提笔作画，挥毫写字，读书写作，喝茶休憩，沉思冥想，天南地北，斯是陋室，惟吾德馨。我从没听到过汪曾祺对这幢破楼对这间陋室有过一句怨言。这几近贫民窟的地方，他住得怡然自得。

1996年2月，他们忽然搬家了，搬到虎坊桥福州馆前街一幢崭新的大楼去了。我去看望卧床的施大姐。老汪头有了一间书房，房间不大，朝南，阳光充足，一面墙全是顶到天花板的书柜，两张单人沙发，最惹眼的是一张大的书案，他开始画整张宣纸的大画，桌旁一个瓷斗里完成未完成的字画插得满满的。一打听，这房原来是他们的儿子的单位的，是分给他们的儿子汪朗的。老汪头在这里度过了一生最后的岁月，一共是一年零三个月吧。

老汪头去世后，我还去看望过施大姐，她两眼空茫地瞪着天花板，手脚蜷缩，几乎完全丧失了意识。看护她的小陈说，奶奶有时会直着嗓门大声喊叫，曾祺，曾祺。家里没人的时候，她害怕。我却想，没准是老头放心不下施大姐，真的回来看看?

听汪朝说，福州馆前街寓所，汪曾祺的书房一如既往，这是许多人不约而同的愿望，好像他还在这里著书作画，抽烟喝茶，眸子炯炯，言笑融融。

像汪曾祺和施大姐这样的人，难寻啊。

郭 娟

汪曾祺笔下的

百工坊

原载 2013 年 6 月 7 日《经济观察报》

小说家都有自己独特的艺术世界。

在汪曾祺小说中，高邮、西南联大、农科所、京剧院这四个地方，是经常出现的故事背景。高邮是汪曾祺的故乡，1920年他在那里出生，那里的风物人情构成汪曾祺小说最鲜明的艺术特质；二十世纪四十年代在西南联大，他接受高等教育，获得现代的、世界的眼光以及文学写作技艺；二十世纪五十年代末他下放到农科所，在接受劳动改造过程中进一步了解中国社会；“文革”中他被调去参加“样板戏”——《沙家浜》《杜鹃山》的创作，一度的“荣宠”终究不能溺惑作家的良知，后来他的写作始终亲近民间风习、日常生活与悠远传统。

在氤氲着大淖的水汽、回荡着小英子的笑声、飘散着王二熏烧摊子上各种卤味香气的汪曾祺的艺术世界中，真正的主角是五行八作中身怀绝技的人们：孵化小鸡小鸭的，做茶干的，挑担的，放鸭子的，卖时鲜果蔬的，做炮仗的，扎风筝的，编草帽的，行医的，开药店、开绒线店、开浆房的，走街串巷叫卖杨梅、玉麦粑粑、椒盐饼子西洋糕的，还有锡匠、画匠、车匠……他们日复一日、年年岁岁在那里认真地做着各自稔熟的活计，维持生计，承受好的或不好的变故。汪曾祺以温润的目光轻轻地一一抚过他们，心怀悲悯与敬意。

《大淖记事》中与巧云谈恋爱的精壮小伙十一子是个锡匠。在回肠荡气的恋爱故事之外，汪曾祺匀出一份笔墨，饶有趣味地去写兴华帮锡匠。那时锡匠还是个很兴旺的行业，家家都用着几件锡器，蜡台、香炉、痰盂、茶叶罐、水壶、茶壶，甚至尿壶，都是锡的。嫁闺女的陪嫁中，总有一套锡器，至少也要有两个能容四五升米的大锡罐，摆在柜顶上。锡匠手艺不算费事，一副锡匠担子挑着干活家什，炭炉，风箱，两块二尺见方、一面裱了好几层表芯纸的方砖。锡的熔点低，熔化的锡水倒进那对压的方砖里，方砖之间事先压一条绳子，用绳子大致圈出所打锡器的大致形状。冷却后的锡片用大剪子剪剪，焊好接口，用木槌敲打一番就成型了。细巧的锡器，还要用刮刀刮一遍，用砂纸打一遍，用竹节草磨得锃亮，这才交活——这样的锡匠早消失了吧？记得我小时候还见过挑担游走的锔锅锔碗的人，在居民大院站下做活儿，我看过他化锡块补脸盆，也敲扫一番。这已是锡匠这一行的末路了吧。但锡器在马来西亚却是国家特产，到那里旅游总会带个把锡制的器物回来。

汪曾祺写到的那些行当如今多数已经消失了，他写的时候已经是写他记忆中的故乡旧影了。他写《戴车匠》，写戴车匠每天坐在上面工作的那台木制车床，上面的皮带、刀具、踏板，都应是《天工开物》里就有图形的吧。戴车匠每天坐在高高的车床上，好像在戏台上演戏。一帮孩子围着看，看他踩动踏板，执料就刀，那料坚实细致，有白檀、紫檀、红木、黄杨、枣木、梨木，最次也是榆木，“旋刀轻轻地吟叫着，吐出细细的木花。木花如书带草，如韭菜叶，如番瓜瓤，有白的、浅黄的、粉红的、淡紫的，落在地面，落在戴车匠的脚上”，不一会，一根擀杖或一个围棋罐出现了。孩子们最盼望的是他做的清明节玩的螺蛳弓，拉弓放箭，射出吃空的螺狮壳，“哒——哒”地响，一射好高！

在那群孩子里，必定站着瞪大眼睛紧盯着看的童年时代的汪曾祺。汪曾祺许多回忆故乡风物的小说，都是通过孩子视角来描述的。如小说《岁寒三友》中，炮仗店的陶老板每次试放新炮仗，总会特意留几只加了长捻子（为了安全）的，给那一大群跟在他身后的孩子们放，让他们过过瘾。这小小的用心的善意，体现着人性的淳厚温润，也是汪曾祺小时候感受到的。再比如几次出现在不同小说中的一个场景：一个大人在那儿用天平称鸡毛——用来做蜈蚣风筝两边的脚，这要是称不准，两边重量不等，蜈蚣上了天会打转，飞不高也飞不稳。这个场景特别温馨，超脱功利——特别认真一顽主在那里做孩子玩的东西，玩得特别贵族气，带着汪式优雅闲逸。

在小说《戴车匠》结尾，小说家现身，说他 1981 年回故乡还去寻找戴车匠店，已经没有痕迹了，同样消失的还有侯家银匠店、杨家香店，都是他在小说中写过的。少小离家老大回，中间四十余年过去了。惆怅。

在西南联大时期，听惯昆明街市上各种叫卖声，他后来写了《职业》这一篇小说。小说不长，其中叫卖"椒盐饼子西洋糕"这一句，汪曾祺还在小说文字间附上了简谱——这也是一种类似用天平称鸡毛做蜈蚣风筝的好玩的心态、行为呢。小说中卖饼的孩子是个小大人，非常尽职，街上有什么热闹也不去看，一心一意挎着篮子卖饼，用稚气的嗓音叫卖"椒盐饼子西洋糕"。附近放学的孩子们跟着学，却调皮地谐音叫成"捏着鼻子吹洋号"。一日，小大人没有挎篮卖饼，高高兴兴地散手走在一条小巷里，看前后没人，忽然大声地、清清楚楚地吆喝了一声："捏着鼻子吹洋号！"这小大人突然撒放的童心，是汪曾祺的温情体现。

汪曾祺小说丰饶、有韵致，就与这些"闲笔"有关。这也不仅是一个环境氛围的营造，也是在铺陈情节、塑造人物。他写保全堂药店，就不只是童年的温馨回忆，他是做过一番察考的。若干年后，人们从他小说中可以清清楚楚地弄明白旧时药店是如何经营的——东家不到店，全信托管事的。管事的年底按股分红，对生意兢兢业业、忠心耿耿。白天他在前面忙，晚间睡在店里神农像后一间放总账、银钱、贵重药材如犀角、羚羊、麝香的屋里。那屋的钥匙在他身上，人在宝货在。吃饭时，管事的坐在横头末席，以示代表东家奉陪诸位先生。这“诸位”中，“刀上”地位最尊，薪金最高，是技术能手，管切药、跌药丸子。“饮片”切得整齐漂亮，生意就好。一般内行一看，就知道这药是谁切的。所以吃饭时“刀上”是坐上首二席（头席总虚着，除了有客），逢年节，有酒，管事的举杯，必得“刀上”先喝一口，大家才喝。“刀上”以下都叫同事，没什么特别技艺，只抓药、记账，所以生意不好时最先被辞退——辞退方式颇为含蓄，谁在腊月的辞年酒桌上被请到上席去，谁就二话不说，客客气气卷铺盖另谋高就吧；当然事先已吹过风的。第四等是学徒，却被搞怪地称为“相公”，这相公是要干所有杂事的，包括倒尿壶。做错事还要挨打。保全堂的陈相公一次收晾晒的一匾筛药材，不小心翻到阴沟里，被“刀上”一顿狠打，那药材——泽泻，价钱不贵，切起来很费工。最后还是做饭的老朱替他说话：他也是人生父母养的！这老朱自己做饭却从来没正经吃过一顿饭，都是把大家吃剩的残汤剩水泡点锅巴吃，因此，一店人都敬畏他。而挨打的陈相公干完一天活，夜静人定后才悄悄哭了半天，向远方的家乡念叨着：我又挨打了，妈妈，不要紧，再挨两年打，我就能养活您老人家了！写了药店这一行当，同时也写活了人物。艺术匠心颇为精巧。

汪曾祺写小说很讲究艺术，但也不是没有教化追求。他交待过，还是想着通过文艺作品易风俗，正人心，要“再使风俗淳”。如果像柏拉图那样要个“理想国”，汪曾祺会将五行八作的能工巧匠先迎进去，他看重他们的聪明才智、心灵手巧，几乎视为艺术家，很是仰慕、崇拜。当然还要迎进勤劳、本分、自尊的劳动者，不论是洗衣的、挑担的，还是捡字纸的。像戴车匠那样的工匠，每天起很早，先看图样，然后就坐上车床一刻不停地干起来——汪曾祺说：“一个人走进他的工作，是叫人感动的。”又说看到戴车匠坐在床子上，就想起古人说的“百工居于肆，以成其器”，中国的工匠都是很勤快的。这个理想国颇有古意，像尧舜之世，民风淳朴，无须清规戒律。像他的名篇《受戒》，题目叫“受戒”，写的倒是无戒的欢畅！那小明子穿着紫花裤去荸荠庵学做和尚，在汪曾祺写来，就是去学个谋生的技艺。那庵也没规没矩，倒是一切皆合人性，温暖和谐。小明子无拘无束长大，那是他的，也是汪曾祺的理想国。

现实没有那么美好。人生遭遇的黑暗与沮丧，已不可避免地侵入汪曾祺的理想国。骑白马、奔走于乡间的名医陈小手，以他高超的医术和一双天生的小手，解救了多少难产的孕妇，却被混账团长从背后一枪打下马——他接生了难产的团长儿子，团长却因他“摸”了他的女人而打死了他，心里还“怪委屈的”。老鲁、绿杨饭店老板都曾经奔着好日子努力做事情，却因战争时局动荡而终于落魄、灰心……

有意味的是，汪曾祺 1958 年下放农科所，精神上的压力被他对技艺的热爱所舒缓。在农科所，他学会料理葡萄等各类农活，还画了一大本马铃薯图谱。他觉得这一切是很好玩的。何以解忧？——劳动技艺。如果汪曾祺没有受到高等教育，没有当作家，他一定会是一个受人尊敬的能工巧匠，不论他是做锡匠、车匠还是其他什么行当。

二十世纪六十年代初，他重新提笔，写了小说《羊舍一夕》《看水》等篇，都属讴歌社会主义新人之作。那时文艺界运动不断，作家也不知怎么写好，因此文学作品一般都比较简单化、概念化。汪曾祺这几篇倒有意思，几位新人新形象活脱是社会主义时期的技术能手，或学做技术能手的有为青年——这又与他的老爱好联系上了。虽然那时早已公私合营，不再有他熟悉的个体作坊，但技艺长青！这几篇小说，我们至今还可以饶有兴味地阅读，不能不说是与小说中颇有情趣地写到各种鲜活生动的劳动场景有关。他单写一门心思学习劳动技艺的青年，单写他们勤奋工作，其他，一概不论。“文革”时期，汪曾祺写出了阿庆嫂脍炙人口的唱段，至今传唱：“垒起七星灶，铜壶煮三江，摆开八仙桌，招待十六方，来的都是客，全凭嘴一张，相逢开口笑，过后不思量，人一走，茶就凉。”如果不是曾经坐惯了茶坊酒肆，有那样细致的观察与了解，写得出吗？

真的要感谢汪曾祺对技艺，对五行八作、能工巧匠的这份热爱！

汪曾祺对于能工巧匠的虔诚礼赞，写得最好的，是小说《鸡鸭名家》。这个小说，他二十世纪四十年代做过一次，二十世纪八十年代又大大修改一番发表了。小说将两位民间能人写神了，神乎其技！那个平常高声大嗓的“鸡鸭名家”余五，当孵化小鸡小鸭时，话少了，说也是轻轻的，温柔极了，尊贵极了，总像在谛听什么似的，他身体各部“全在一种沉湎，一种兴奋，一种极度的敏感之中”；在“暗暗的，暖洋洋的，潮濡濡的，笼罩着一种暖味、缠绵的含情怀春似的异样感觉”的炕房里，他精确地掌握小鸡出炕的时机，无须用表，“不以形求，全以神遇，用他的感觉判断一切”。还有那个平日里落魄的陆鸭，关键时刻，一根长篙在手便神乎其神地将四散藏匿的几百只鸭子召唤回来，韩信点兵似的，指挥一河鸭子快快乐乐、摇摇摆摆、迤迤逦逦如大军前进，整齐有致。写这两个能人的小说，题目叫《鸡鸭名家》，即便是鸡鸭事，也是名家！小说在讲述中时有类似走神的笔致——在闲闲絮絮讲着公鸭母鸭灰头绿头时，一转写到：“沙滩上安静极了，然而万籁有声，江流浩浩，飘忽着一种又积极又消极的神秘的响往，一种广大而深微的呼吁，悠悠杳杳，悄怆感人。”

——这是什么？是境界。汪曾祺以他的笔力将向来被贱视轻忽的百业千行中的能工巧匠提升到艺术境界。人民性、平民性在汪曾祺的小说里得到如此细致深切的艺术表现。在帝王将相士大夫归置的传统之外，汪曾祺发现并艺术地揭示了这样一个历史真相：那些千百年传承于民间、仅被少数文人惺惺相惜地记载为“疱丁解牛”“琵琶行”“核舟记”“口技”之属的技艺、智慧、生趣、情致，也是参与了我们文明缔造、理应被珍视的另一脉传统。从这个角度看，几百年后，汪曾祺小说不仅是出类拔萃的艺术神品，也是可以与《天工开物》《考工记》同看的吧。

——汪曾祺说：人家写过，我就决不这样写。又意有所指地说：我对一切伟大的东西总有点格格不入。他自认：我不是大家，算是名家吧。坦言：我所追求的不是深刻，而是和谐。他呼吁：『让画眉自由地唱它自己的歌吧！』他期待：自己的写作『有益于世道人心』『人间送小温』。性情的温和与骄傲，对生活的随意与用心，对民族传统的继承与对西方文化的吸收，写作态度的无可无不可与不离不弃，文字的典雅考究与接地气，无处不在的悲悯与一种不可遏止的生命的内在的欢乐，在他的身上和笔下得到奇妙的融合与统一，浑然无间。他的语感，他的文字，是当代汉语文学的最高结晶。

——梁由之

徐城北

忆

汪曾祺

录自《你好，汪曾祺》，山东画报出版社，2007 年版

好像是一九九三年，北京一群文化人聚集大连，被安排在棒槌岛宾馆过了几天神仙日子。其中最年长者是汪曾祺，最年幼者是我。

这些年，汪先生无论走到哪里，总是随身带着印章，遇到别人求字求画，只稍稍推辞两句，然后就答应下来。不挑拣笔墨，不挑拣作画的桌案高低，甚至宣纸下面没毡子也行，他会嘱咐别人找几张旧报纸“凑合凑合”。他作画的姿势十分潇洒，右手持笔，左手插在裤兜中，或者拈着一支香烟若有所思，任凭围观而熟视无睹。画累了，他会要人备酒，白酒一晚上能喝半斤，或还多。喝了酒就长精神，能一口气作许多幅画，写许多幅字。每次酒后，我发现他并不白皙的脸都“面如重枣”。他听了，说：“别捧我，哪里是‘面如重枣’，分明是‘面如锅底’。我从小儿皮肤黑，小名儿就叫做‘黑子’……”

一群年轻的女记者围拢住他，要他赠画。他瞄了一位干瘦的女孩子一眼，随手就画了一幅干枝儿梅，并在题款中写道：“为某某写照。”在一片善意的大笑中，他眼睛亮了，挺得意。他在给另一位女记者的赠画中，一出手就挺玄乎——在宣纸上半部，并排画了两朵等大的菊花，一为工笔，一为写意。我吓了一跳，忍不住说：“您这叫什么布局——”他朝我眯眼笑了笑，“别急，且往下看”。两根细细的菊花枝干逶迤而下，一根直着下来，叶子用浓墨；另一根摇曳着斜走到画幅的中下部，叶子用淡墨。汪随手在留出来的空白处题字，一边对我说：“瞧，‘背’（读阴平）过来没有？”我佩服地点了点头。再看他的题字——“相看两不厌”，我忽然来了灵感：“慢，要是‘三不厌’就更好……”汪也笑了，“你跟人家开什么心……”他实在画累了的时候，就侧倚在沙发上歇息，一边指着我说："你们让他写字吧，他的字不错……"我连忙声明，一是不敢在孔圣人面前卖"三字经"，二是我使不惯这里的长锋羊毫，三则是不习惯当众表演……汪先生乐了，"你哪儿那么多讲究？我这人'五毒俱全'，既抽烟又喝酒，外加上不锻炼，可身体还不错，靠的就是书画。这比每天一早出动锻炼要强百倍……"

汪先生不是夸口，他的酒量惊人。更惊人的是他那让人喷饭的笑话。比如他爱讲一些梨园掌故——"刚解放，组织艺人扫盲，让他们认'手''口''尺''足'。老师教到'足'字，艺人摇头，说不认识。老师反复启发，还是说不晓得。老师急了，索性抬起一只脚：'这是什么？'艺人随口回答：'鞋！'老师哭笑不得，脱下鞋再问：'这个？'艺人又答：'袜子！'老师只有苦笑，扒下袜子，一指自己的'足'，心想这回你总错不了吧？谁料艺人脱口而出：'脚巴丫子！'……"

"那时，组织艺人学政治，因为向苏联一边倒，所以也不时提到列宁、斯大林。有位艺人一直在打盹，忽然睁开眼睛问道：'列宁是唱什么的？'……"

"那时，提倡树立主人公思想。有位艺人不注意学习，到学习会上还装作百事都懂。比如他这样表现自己，'咱是旧社会过来的人，坏思想多。不过，咱敢保证，主人公思想咱可绝对没有'……"

我默默听着，感到汪先生讲的这些梨园笑话，古朴、浑然。汪先生长我一辈儿。他讲的笑话也比我的笑话长一辈儿。有时甚至是同一则故事，他所讲的和我听说到的，就不太一样了。比如他讲的这一个——

“王瑶卿是四大名旦的共同老师。他曾用一个字儿来概括四位学生艺术上的各自特征——梅兰芳的‘样儿’，程砚秋的‘唱儿’，尚小云的‘棒’，荀慧生的‘浪’……”我当即插嘴：“王瑶卿讲梅兰芳的，仿佛是‘象’吧？”

“不，是‘样儿’！说‘象’，那是后人的附会……”他的态度斩钉截铁。我寻思许久，觉得汪先生所说还是对的。王瑶卿最初赞美梅，可能就是看中他容貌的大度和华贵。后来等梅“伶界大王”的地位确立，后人便把“样儿”升华为“象”——后者是一个比前者大得多，也宽泛、深刻得多的概念，“象”，涵盖了梅的整个艺术——做工有“象”，武功有“象”，唱工和念白也能出“象”，而且最最重要的，是梅个人和由他扮演的角色在观众没进剧场之前，早就有了公认的“心象”……

汪先生在别人讲话时也偶然插言，就完全是另一种意趣。有人说到今天的开发区，专为洋人新建了不少“高级洋房”，明天很有可能会挂上一块牌子：“华人与狗不得入内。”他当即插言：“应该是：‘华人不带狗——不得入内！’”

汪先生有一个特点，喝酒越多越清醒。但也有相反清醒：喝酒不多却自我迷醉。一次私人小聚，酒足饭饱之余，有人建议唱一唱，闹一闹。汪先生身边是一位漂亮小姐，她自报奋勇唱了首古曲：“明月出天山，苍茫云海间……”汪先生听得出神，不时用一根筷子敲打着酒杯的沿儿。以下主客按顺时针方向依次出节目，没有人推辞，唱什么的都有，内容多属民歌戏曲一类。汪先生挺高兴。我坐在汪先生一边，位置属于倒数第二。轮到我时，唱了《击鼓骂曹》中的四句散板，旁边有人喝彩：“余派！”我唱完，汪先生便站了起来：“我唱段昆曲，《关云长单刀赴会》。”

顿时四座雅静，“面如锅底”带着一身酒气，慷慨淋漓，大开大阖：“大江东去浪千叠，趁西风偏舟一叶……”我发觉汪先生没化装就“扮上了”，并且“洒开来”恣意表演着。听着听着，忽然想起来他对余叔岩的一句评价：“余的唱，就像二王书法，秀在骨里。”这一刹，我觉得他是用老生中的余（叔岩）派扮演关羽，秀气有余而挥洒不足。但就汪先生的为人处世来看，一句“秀在骨里”确实可以概括他的平生及他的方方面面。他的文章秀，他的书法秀，他的心灵秀，就连他做的“扬州狮子头”也同样是秀的。甚至在他突然离去后，我固然悲悼了许久，但就在撰写这篇文章时，最终还是把副标题中的“悼”更换为“忆”，因为这符合汪先生一贯的性格，他这一辈子，无论写文章还是与朋友晚辈相处，所行不外让大家愉悦——活着，力求自己潇洒别人也滋润；去了，则希望留下一些欢娱和秀美。

孙　郁

杂家

汪曾祺

原载 2009 年第 10 期《群言》

谈到汪曾祺的文章之好，那是人人承认的。但好的原因是什么，就不那么好说。我去过他的家里，书不多，绘画的东西倒不少。和他谈天，不怎么讲文学，倒是对民俗、戏曲、县志一类的东西感兴趣。这在他的文章里能体现到。他同代的人写文章，都太端着架子，小说像小说，散文像散文，好像被职业化了。汪曾祺没有这些。他在一定程度上是个杂家，精于文字之趣，熟于杂学之道。

晚清后的文人，多通杂学。周氏兄弟、郑振铎、阿英等人都有这些本领。二十世纪五十年代后，大凡文章很妙的人，也有类似的特点，唐弢、黄裳就是这样的。汪曾祺的杂学，不是学者的那一套，他缺乏训练，对一些东西的了解也不系统，可以说是蜻蜓点水，浮光掠影般的，但因为审美的意识含在其间，每每能发现今人可用的妙处，就把古典的杂学激活了。我想，和周作人那样的人不同，他在阅读野史札记时，想的是如何把其间的美意嫁接到今人的文字里，所以文章在引用古人的典故时，有化为自己身体一部分的感觉。不像周作人，自己是自己，别人是别人，彼此有着距离。汪曾祺尽力和他喜欢的杂学融在一起，其文章通体明亮，阅之颇有味道。

他的阅读量不算太大，和黄裳那样的人比，好像简单得很，真是好玩极了。可是他读得精，也用心，民谣、俗语、笔记闲趣，都暗含在文字里。他喜欢的无非是《梦溪笔谈》《容斋随笔》《聊斋志异》一类的东西，对岁时、风土、传说都有感情。较之于过去学人江绍原、吴文藻等，他不太了解域外的民俗理论，对新的社会学史料也读之甚少。这使他的作品不及苦雨斋群落的作家那么驳杂，见解也非惊世骇俗。但他借鉴了那些学问，从中找到自己需要的东西。尤其是中土的文明，对他颇为有意义。在创作里，离开这些，对他等于水里没有了茶叶，缺少味道了。

现代的杂学，都是读书人闲暇时的乐趣。鲁迅辑校古籍、收藏文物、关照考古等，对其写作都有帮助。那是一种把玩的乐趣，在乡间文化里大有真意的存在。周作人阅读野史，为的是找非正宗文化的脉息，希望看到人性之美吧。连俞平伯、废名，都离不了乡邦文献的支撑，在士大夫的不得志的文本里，能看到无数美丽的东西，倒可填补唯道德化作品的空白。中国有些作家没有杂学，文字就过于简单。比如巴金，是流畅的欧化句式，是青春的写作，优点是没有暮气，但缺的是古朴的、悠远的乡情与泥土味。茅盾先生是有杂学准备的，可是他把写作与治学分开来，未能深入开掘文字的潜能。

汪曾祺是没有作家腔调的人，他比较自觉地从纷纭错杂的文本里找东西，互印在文字里，真的开笔不俗，二十世纪八十年代后能读到博识闲淡的文字，是那个时代的福气。

有人说他的作品有风俗的美，那是对的。他自己在《谈谈风俗画》一文就说：

> 我很爱看风俗画的。17世纪荷兰学派的画，日本的浮世绘，我都爱看。中国的风俗画的传统很久远了。汉代的很多像石刻、画像砖都画（刻）了迎宾、饮宴、耍杂技——倒立、弄丸、弄飞刀……有名的说书俑，滑稽中带点愚昧，憨态可掬，看了使人不忘。晋唐的画以宗教画、宫廷画为大宗。但这当中也不是没有风

俗画，敦煌壁画中的杰作《张义潮出巡图》就是。墓葬中的笔致粗率天真的壁画，也多涉及当时的风俗。宋代风俗画似乎特别的流行，《清明上河图》是一个突出的例子。我看这幅画，能够一看看半天。我很想在清明那天到汴河上去玩玩，那一定是很好玩的。南宋的画家也画风俗。我从马远的《踏歌图》知道“踏歌”是怎么回事，从而增加了对“桃花潭水深千尺，不及汪伦送我情”的理解。这种“踏歌”的遗风，似乎现在朝鲜还有。我也很爱李嵩的《货郎图》，它让我知道南宋的货郎担上有那么多卖给小孩子们的玩意，真是琳琅满目，都蛮有意思。元明的风俗画我所知甚少。清朝罗两峰的《鬼趣图》可以算是风俗画。杨柳青、桃花坞的年画大部分都是风俗画，连不画人物只画动物的也都是，如《老鼠嫁女》。我很喜欢这张画，如鲁迅先生所说，所有俨然穿着人的衣冠的鼠类，都尖头尖脑的非常有趣。陈师曾等人都画过北京市井的生活。风俗画的雕塑大师是泥人张。他的《钟馗嫁妹》《大出丧》，是近代风俗画的不朽的名作。

从他的审美习惯看，应当是属于陈师曾那类的文人情调，和丰子恺的禅风略有差异。汪氏的入世与出世，都和佛家的境界不同，也就谈不上神秘的调子。他的文风是明儒气的，杂学自然也和那些旧文人相似。他说：

我也爱看讲风俗的书。从《荆楚岁时记》直到清朝人的《一岁货声》之类的书都爱翻看。还有上初中的时候，一年暑假，我在祖父的尘封的书架上发现了一套巾箱本木活字聚珍版的丛书，里面有一册《岭表录异》，我就很感兴趣地看起来，后来又看了《岭外代答》。从此就对讲地理的书、游记，产生了一种嗜好。不过我最有兴趣的是讲风俗民情的部分，其次是物产，尤其是吃食。对山川疆域，我看不进去，也记不住。宋元人笔记中有许多是记风俗的，《梦溪笔谈》《容斋随笔》里有不少条记的民俗，都写得很有趣。明末的张岱特长于记述风物节令，如记西湖七月半、泰山进香，以及为祈雨而赛水浒人物，都极生动。虽然难免有鲁迅先生所说的夸张之处，但是绘形绘声，详细而不琐碎，实在很叫人向往。我也很爱读各地的竹枝词，尤其爱读作者自己在题目下面或句间所加的注解。这些注解常比本文更有情致。我放在手边经常看的一本书是古典文学出版社出版的《东京梦华录》(外四种——《都城纪胜》《西湖老人繁胜录》《梦粱录》《武林旧事》)这样把记两宋风俗的书汇为一册，于翻检上极便，是值得感谢的。

我读这一段话，就想起周氏兄弟的爱好，他和这两人相似的一面还是有的，尤其是与周作人的口味极为接近。彼此共鸣的地方很多，只是他不是从学问的角度看它们，而是以趣味入手，自己得到的也是趣味的享受，后来无意间把此也融进了自己的文字中。二十世纪八十年代，汪曾祺红火的时候，许多人去模仿他，都不太像，原因是不知道那文字后还有着不少的暗功夫。这是日积月累的结果，汪氏自己也未必注意。我们梳理近代以来读书人的个性，这个民俗里的杂趣与艺术间的关系太大，是不能不注意的。

从汪氏的爱好里，我也想起中国画家的个性。许多有洋学问的人，后来也关注起民间的艺术，从中吸取经验，林风眠、吴冠中都这样。连张仃的画，最好的是毕加索与门神的结合，谣俗里的意象可让人久久回味的。

杂学的东西，是精神的代偿，我们可以由此知道艺术的深邃未必是单一的咏叹，而往往有杂趣种种的提炼。这个现象很值得回味。没有杂识与多维的视野，思想的表达也该是简单无疑。

像他这样从民国走来的人，读书经验未必与学院里的东西有关，而是从文化的原态里体悟什么。这样的书就读活了，而非死读书那类迂腐的东西。比如他到一个地方，很喜欢了解乡间沿革的东西，对语言方式、音调都有兴趣。人们怎样生存，凡俗的乐趣在哪里，都想知道些。他说自己喜欢《东京梦华录》一类的作品，就因为从中能读出更丰富的人情美与风俗美。

风俗美是对士大夫文化无趣的历史的嘲弄。我们中国的旧文化最要命的东西，是皇权的意识与儒家的说教，把本来丰富的人生弄得没有意思了。行文张扬，大话与空话过多，似乎要布道或显示什么。张仃去搞焦墨山水画，就是要在黑白找思想感觉。汪先生其实也是这样的吧。他的作品有童谣的因素，也带点市井里的东西，色调都不是流行的那一套。在民风里实在有些有趣的存在。比如赵树理的小说，迷人的地方是写了乡里的人情，汪曾祺就十分佩服。沈从文的动人还不是写了神异的湘西？汪曾祺的阅读习惯与审美习惯，其实就是在边缘的地方找流行里没有的东西。他自己知道，士大夫文化没有生命力的原因，是与人间烟火过远的缘故。

过去读书人涉猎杂学，多与笔记体文字有关。笔记是小品的一种，可以任意东西，五湖四海，不一定深，浅尝辄止。士大夫写八股文，多无趣味，但在一些笔记里，能看到点真性情的影子。笔记有秘本、抄本等不同样式，汪曾祺看的多是通行的本子，没有秘籍，也鲜有奇货。有些人看到笔记体的书籍，注意的是版本里的东西。黄裳、唐弢都是这样，他们的杂学也都不错，文字亦佳，有目录学家的气象，但孙犁这样的作家，就与他们不同，倒和汪曾祺很像，只注意内容，不顾及版本。因为喜欢随便翻翻，不作专门研究，眼光自然不同。孙犁在《谈笔记小说》中也讲到了汪曾祺喜欢的那些作品，看法有些特点：

> 笔记以记载史实，一代文献典故为主，如宋之《东斋纪事》《国老谈苑》《渑水燕谈录》，所记史料翔实，为人称道。如《梦溪笔谈》《容斋随笔》，则以科学研究成绩，及作者之见解修养为人重视。
>
> 笔记，常常也有所谓秘本、抄本的新发现，然而不一定都有多大价值。有价值之书，按一般规律，应该早有刊刻，已经广为流传，虽遭禁止，亦不能遏其通行。迟迟无刻本，只有抄本，自有其行之不远的原因。我向来对什么秘籍、孤本、抄本，兴趣不大。过去涵芬楼陆续印行之秘籍，实无多少佳作。

或许都是因为出身于小说家，对杂学的兴趣也都止于内容的接受，采其手法，接其神气，化为己用而已。好的作家对野史与笔记间的东西有情趣，或许是那里的不正规的文气与心理让人喜欢。笔记里的谈鬼怪之作与民间传说，多灿烂的想象，思路与一般人迥异。汉语书写易走进套路，唯野性的思维可让人飞将起来。且那里知识庞杂，多不正经之音，或让人一笑，或有惊异感叹。对于汪曾祺而言，早期是西洋现代小说开启了其思想，晚年则为野史笔记引路前行，遂有了一种脱俗之象。考察晚清以来文章好的人，在这一点上，多少是一样的。汪曾祺复活了一种文体，对二十世纪八十年代的文学，真的功莫大焉。

张新颖

沈从文谈汪曾祺

原载 2010 年 2 月 21 日《东方早报》

汪曾祺去世已经十多年了。汪曾祺去世前，梦见了他的老师沈从文。“沈先生还是那样，瘦瘦的，穿一件灰色的长衫，走路很快，匆匆忙忙的，挟着一摞书，神情温和而执着。”汪曾祺记下了这个梦，只有一两百字。1997 年 5 月的一天，我在《文汇报》中《笔会》版读到《梦见沈从文先生》，作者的名字上加了个黑框。心里为之震动。

汪曾祺对他的老师的感情，真是深厚。他谈沈从文的作品，谈沈从文这个人，写了一篇又一篇，写得那么多，又都那么好。临终一梦，绝非凭空而来。

那么沈从文是怎么看汪曾祺的呢？没有专门的文章，却有零星的文字，散落在他给友人的书信中。很值得辑出来，集中起来看看。

1941 年 2 月 3 日，沈从文给施蛰存写信，谈及昆明的一些人事，其中说道：“新作家联大方面出了不少，很有几个好的。有个汪曾祺，将来必有大成就。”语气极其肯定。现存沈从文书信，这是最早提到汪曾祺的；而汪曾祺当时还只是试笔阶段，在西南联大一群学生作家中崭露头角而已。

汪曾祺 1946 年到上海，找不到职业，情绪很坏，甚至想自杀。沈从文从北平写信，把他大骂一顿，说他这样哭哭啼啼的，真是没出息。“你手中有一支笔，怕什么！”此信不存，却在汪曾祺记忆里难以磨灭；他还记得老师同时让三姐（张兆和）从苏州写了一封长信来安慰。

此一时期的存信中有沈从文 1947 年 2 月给李霖灿、李晨岚的一封，请求朋友帮忙为汪曾祺找工作：“济之先生不知还在上海没有。我有个朋友汪曾祺，书读得很好，会画，能写好文章，在联大国文系读过四年书。现在上海教书不遂意。若你们能为想法在博物馆找一工作极好。他能在这方面做整理工作，因对画有兴趣。如看看济之先生处可想法，我再写个信给济之先生。”

1949年初，时代巨变之际，内外交困的沈从文陷入严重的精神危机，不仅绝望于大势，连亲近的人也不能理解更让他感到孤立。他曾写下这么一段尖利的话：“金隄、曾祺、王逊都完全如女性，不能商量大事，要他设法也不肯。一点不明白我是分分明明检讨一切的结论。我没有前提，只是希望有个不太难堪的结尾。没有人肯明白，都支吾过去。完全在孤立中。孤立而绝望，我本不具有生存的幻望。我应当那么休息了！”1988年汪曾祺写《沈从文转业之谜》，谈起老师当年“精神失常”时的“呓语狂言”，有这样的评论：“沈先生在精神濒临崩溃的时候，脑子却又异常清楚，所说的一些话常有很大的预见性。四十年前说的话，今天看起来还是很准确。”

1961年2月，沈从文在阜外医院住院期间，给汪曾祺写了一封长信，鼓励他不要放下笔。信是用钢笔写在练习本撕下来的纸上，12页，六七千字；从医院回家后又用毛笔在竹纸上重写一次寄出。“一句话，你能有机会写，就还是写下去吧，工作如做得扎实，后来人会感谢你的！”语重心长；又说，“至少还有两个读者”，就是他这个老师和三姐，“事实上还有永玉！三人为众，也应当算是有了群众！”

1962年10月，在致程流金的信中有一大段谈汪曾祺，沈从文为他大抱不平：“人太老实了，曾在北京市文联主席‘语言艺术大师’老舍先生手下工作数年，竟像什么也不会写过了几年。长处从未被大师发现过。事实上文字准确有深度，可比一些打哈哈的人物强得多。现在快四十了，他的同学朱德熙已做了北大老教授，李荣已做了科学院老研究员，曾祺呢，才起始被发现。我总觉得对他应抱歉，因为起始是我赞成他写文章，其次是可能在我的‘落后非落后’说了几句不得体的话。但是这一切已成‘过去’了，现在又凡事重新开始。若世界真还公平，他的文章应当说比几个大师都还认真而有深度，有思想也有文才！‘大器晚成’，古人早已言之。最可爱还是态度，‘宠辱不惊’！”

1965 年 11 月，沈从文信里与程流金谈起大学教写作，又是感慨又是骄傲地说：“我可惜年老了，也无学校可去，不然，若教作文，教写短篇小说，也许还会再教出几个汪曾祺的。”那个时候因为京剧《沙家浜》，已经不是连老舍也不知道汪曾祺会写东西的状况了。

1972 年 6 月，沈从文致信张宗和，提到汪曾祺：“改写《沙家浜》的汪曾祺，你可能还记得住他。在这里已算得是一把手。可没有人明白，这只比较得用的手，原来是从如何情况下发展出来的！很少人懂得他的笔是由于会叙事而取得进展的。当年罗头徇私，还把他从联大开革！”也是在这一年的 6 月，陈蕴珍（即巴金夫人萧珊）最后入医院前收到沈从文从北京寄来的信，含着眼泪拿着信纸翻来覆去地看，小声地自言自语：“还有人记得我们啊。”沈从文向在艰难岁月中的老友巴金夫妇谈起动荡年代里的家常，谈到彼此都熟悉的一些人的近况，当然不会忘记说说萧珊青年时代的朋友汪曾祺：“曾祺在这里成了名人，头发也开始花白了，上次来已初步见出发福的首长样子，我已不易认识。后来看到腰边帆布挎包，才觉悟不是‘首长’。”有一丝调侃，却是在亲切的、沧桑感怀的调子里。

金实秋

梦断菰蒲

晚饭花

原载2002年第11期《中华散文》

我对楹联兴趣浓厚，一度时期，业余时间的大部分精力，几乎都倾注于挖掘、搜集和整理古今中外的联作之中。汪曾祺先生对我如此醉心于楹联不以为然，他曾不止一次地说：实秋不要老是搞楹联，搞搞小说嘛。他话虽这么说，见我痴情不改，便转变为支持态度。自 1987 年以来，汪老先后为我的四本联书或书签、或撰联、或题词、或作序，这种关爱，在汪老与他人的交往中是不多的。这不只是他对一个小同乡的爱护，更显示了他作为文学名家对后学者的热情扶持。

《东坡遗迹楹联辑注》是江苏文艺出版社于 1993 年出版的。在我们家乡高邮有一处东坡的遗迹，那就是高邮人引以为荣的文游台。仔细想来，我的这本以东坡遗迹楹联为内容的小册子，其最初编著动机其实与文游台有关。北宋元丰年间，苏东坡路过高邮，曾与秦少游等人文酒雅聚于此。对于家乡这一名胜古迹汪老曾为之撰写一联：

拾级重登，念崇台杰阁几番兴废，千载风云归梦里；

凭栏四望，问绿野平湖何日腾飞，万家哀乐到心头。

汪老此联当然收在《东坡遗迹楹联辑注》一书之中。我还请文坛宿将臧克家先生为本书题词，到了全书编定后，我忽然想起，何不请汪曾祺先生为本书署封以增色？于是我立即发了一函致汪老，汪老很快覆函云，不久要到南京，当在宁书之。那天，由陆建华、朱葵策划（当时陆为江苏省委宣传部文艺处处长、朱为江苏省美术馆馆长），汪老被珍藏于省美术馆的一间小客厅里挥毫。汪老是非常重视乡谊友情的，凡文艺界托陆、朱所索翰墨，汪老都写了——几乎是手不停笔地写，甚至抽烟、呷茶时也在斟酌布局。那个半天他兴致极浓，情绪特佳，他一边写、一边与我们神侃文坛趣事。前前后后写了约一个多小时吧，汪老忽然停笔问我：题签写什么字？我说：随您的便，顺手裁了两张长条子纸；他接过去略加比画，一挥而就。写好后他又问：行不行？我说：可以，可以。他端详了一会，伸手拿过长纸条又写了一幅，说，让出版社选。

《三国名胜楹联》是黄山书社1993年出版的。此前，汪老曾和我谈及四川成都武侯祠楹联。后来，我写信请他为武侯祠新撰了一副联语。他颇犹豫，回信说，“四川方面并没有请我写，这怎么好意思”。为了争取汪老题撰，我赶忙又去了一信，说这个集子“已收了一些当代人的题撰，体现了当代人对三国这段历史人和事的思考，旨在使读者从中得到心的领悟、智的启迪、情的共鸣和美的愉悦。先生为撰联高手，应有佳构让读者分享”云云。不久，汪老来了一封信，信很短，但潇洒的笔迹写下的十四个字的联文却十分动人，联曰：

先生乃悲剧人物，

三国无昭然是非。

此联看似平淡，其实凝重而精警，真是言简意深。时为中国楹联学会会长的马萧萧先生见后赞叹说，大手笔也！

1995年，我花了六年业余时间编著的一百多万字的《佛教名胜楹联》终于商定由宗教文化出版社出版。赵朴初先生抱病于医院题署了封面书名，远在中国台湾的九十七岁的陈立夫也题写了扉页。我知汪老与佛门颇有善缘，便又致函汪老，再次请他为之题联。汪老很快就寄来了一联，仍然是用长锋写的行楷，联文为：

一花一世界，

三藐三菩提。

汪老还于联文旁用小字注云：曾在一小庵中住，小禅房板扉上刻此联，不甚解，偶于旅途遇归元寺长老，叩问之。长老云，三藐三菩提，是梵言咒语，不可以华言望文生义（意）。汪曾祺记。

最使我难忘的是他为《古今戏曲楹联荟萃》作序一事。那是我出的第三本联书，1987 年初我将书稿寄北京请汪老提意见，他阅后写了两条意见：其一，要我将楹联归类，而不要按字数多少排列；其二，要我写一个序言，阐述戏台楹联的功用及艺术性等。见信后我灵机一动——何不就请汪老写序呢？于是，我将楹联分类后誊清一份再寄汪老，并于信中恳请汪老能惠赐序言。汪老没有立即应允，但也没有婉言拒之。这就使我相信，他对家乡人的关爱和对小辈的提携是一以贯之的，他不会令我失望。果然，不多久汪老写了一篇漂亮的序寄给我。序言长达两千多字，是用十六开大稿纸写的，字迹规整、秀逸，只有几个字作了删改，估计是在誊清后又作修改的。随序夹有一函，很短，但饱含着一位长者的仁厚之心。信如下：

实秋：

对联选的序写了，请看是否可用。

此序我未留底，你如觉得可用，最好复印几份。一份寄给南野夫，一份寄给我，一份你自己留着。另一份，你让陆建华看看，是否可以给《雨花》发表一下。

这样也可以为你的书作一点宣传。如给《雨花》一份，题目可改为：《金实秋辑戏联序》，署名可移在题目下面。

我年底极忙，却抽了两天写了这篇序，无非为表示一点支持之意耳。

候佳！

曾祺

十二月十八日夜

接汪老信函后，我十分感动，欣喜之余尤感受到了序的分量和汪老的厚爱。我知道 1987 年年底，他刚从美国回北京，有多少事要做啊——几个月积下的一大摞信要复函，一些计划中的重要活动要参与，一家家出版社、报刊等着要他的小说、散文发表……然而，他却花了两天时间写序，先生之风，山高水长！仁者之心，可见一斑！

文坛上的人大都知道，汪老对年轻人的呵护备至，多次为年轻人的作品集子写过序，他曾自嘲地说："人到一定岁数，就有为人写序的义务。我近年写了一些序，去年年底就写了三篇，真成了写序专家。"其实，汪老为他人作序并不轻松，其一是，

“分寸不好掌握，深了不是，浅了不是”；其二是，汪老写序特认真，故占用的时间也相对的多一些。汪老所写之序，几乎都是文坛新秀的小说集、散文集，为楹联集所写的序言，当是唯一的一篇吧。而且据我所知，汪老对此序是较为满意的，《读书》向他索稿，他便将此序给了《读书》，后来，还把此序收进了他的散文集《蒲桥集》中。

汪老以小说、散文名于世，他其实也是撰联大家，他曾不止一次为别人题写过自创的联语，他亦曾以一嵌名联赠余：

大道唯实，
小园有秋。

联文以篆隶交参书之，别有意趣，我一直将此联悬之座右以勉励自己。后家乡筹建汪曾祺纪念馆向我征集资料，我才恋恋不舍地把这副联赠给该馆收藏，让更多的年轻人，更多的家乡人感知汪老的关爱吧。

1997年5月16日，汪老不幸因病与世长辞，遽然告别了文坛、告别了家乡父老乡亲。我在南京得知噩耗，十分痛惜，怅然良久。适陆建华先生要到北京参加追悼会，嘱以他和我的名义赶快写副挽联带去，我一时不计工整匆匆写了两副：

一联为：

星沉甓社家乡水，
梦断菰蒲晚饭花。

一联是：

晚翠艺林，独领风骚大淖事；

文坛异秉，千秋绝唱沙家浜。

写于汪老逝世五周年之际

史 航

已识乾坤大，

犹怜草木青

原载 2012 年 5 月 12 日《新京报 · 书评周刊》

汪曾祺的文字，就是糖衣炮弹。他是为了让你怅惘而生的。

他是美的侦探

已识乾坤大，犹怜草木青。这两句诗是马一浮的，我读了就喜欢，常常提起。现在要写汪曾祺了，才发现，这十个字是应该专门用在他身上的。

他写过多少草木啊，拿他这些文字，可以编一本词典，薄薄的，并不整齐划一的。这种词典不解决什么疑难，就是没事翻翻，让你觉得随身带了一个花园，或者一个不错的菜园。

他对菊花不讨厌，但讨厌菊展，他觉得菊花还是得一棵一棵地看，一朵一朵地看。

确实，很多人成天忙活的就是把美从土里揪出来，搅拌成水泥，去砌墙。汪曾祺就跟这些人着急，上火，这些人就像《茶馆》里说的，“把那点意思弄成了不好意思”。

他夸沈从文的《边城》，他说是“一把花”。真好。多少人会顺嘴夸成是一朵花，可是汪曾祺知道，他老师写的是一把花。美是很多的，不一样的，美和美是在一起的，起码是互相牵挂着的，所以是，一把花。

汪曾祺写过很多次沈从文，我因此才知道沈从文是怎么过日子的，怎么叹气怎么高兴。他也让我知道西南联大是怎么回事，那学校有点像他爱提起的京剧《桑园寄子》：“走青山望白云家乡何在”。青山白云都是真的，家乡不在身边，也是真的。我后来读齐邦媛的《巨流河》，可为印证。

汪曾祺是个老福尔摩斯。他是个针对美的侦探。他夸某寺的罗汉塑得好，就说有个穿草鞋的罗汉，草鞋上一根一根的草茎，都看得清清楚楚。

他记得祖母有个小黄蜂的琥珀扇坠，很好看。晚年在宾馆，看到人工琥珀，各路昆虫齐备，甚至还有完整的蜻蜓，在一个薄薄的琥珀片里。这当然是弄死以后，端端正正地压在里面的。他觉得还是那个扇坠好看，因为是偶然形成的。“美，多少要包含一点偶然。”

白马庙教中学的时候，他看见一个挑粪的，“粪桶是新的，近桶口处画了一圈串枝莲，墨线勾成，笔如铁线，匀匀净净。粪桶上描花，真是少见。”

多少少见的东西，少见的美，被他记录下来，作了呈堂证供。他是个好侦探。

在香港，他看见的是遛鸟的人，记得的也是这个，觉得值得写的也是这个。人家提的是双层鸟笼，楼上楼下，各有一只绣眼。早上九点钟遛鸟？北京这时候早遛完了，回家了。“莫非香港的鸟也醒得晚？”

然后他想起徐州养百灵的汉子，“笼高三四尺，无法手提，只能用一根打磨得极光滑的枣木杆子做扁担，把鸟笼担着，在旧黄河岸，慢慢地走。”

他告诉张辛欣，我看见一个香港遛鸟的人。她说：“你就注意这样的事情！”他也不禁自笑。

“在隔海的大屿山，晨起，听见斑鸠叫。艾芜同志正在散步，驻足而听，说：‘斑鸠。’意态悠远，似乎有所感触，又似乎没听。”

汪曾祺自己，在伊犁也听过斑鸠，他就趁机想家。

他夜宿大屿山，听到蟋蟀叫。“临离香港，被一个记者拉住，问我对于香港的观感。我说我在香港听到了斑鸠和蟋蟀，觉得很亲切。她问我斑鸠是什么，我只好模仿斑鸠的叫声，她连连点头。”

这画面是有意思的，老头一本正经学斑鸠叫，女记者斑鸠似的连连点头。

流沙河也为蟋蟀写过诗，孙犁偶也留心，这几个名字，适合放在一起。

让读者心软很重要

然而，汪曾祺牵挂的又不光是美，他只是觉得，经常提到美，会让他的读者心软，心软是非常重要的事情。

他对政治的态度，读者是能感受到的。他写的剧本《裘盛戎》，有两句唱词：“谁能遮得住星光云影，谁能从日历上勾掉了谷雨、清明？”

他说：“某人一辈子只说过一句正确的话：‘小萝卜去皮，真是煞风景！’我们陪她看电影，开座谈会，听她东一句西一句地漫谈。开会都是半夜（她白天睡觉，晚上办公），会后有一点夜宵。有时有凉拌小萝卜。人民大会堂的厨师特别巴结，小萝卜都是削皮的。萝卜去皮，吃起来不香。”

他讲这个，是在一篇《果蔬秋浓》的散文里写的，不是特意要回忆什么。

他对政治是这个态度，但他不是不愤怒。他在信里向人推荐自己的小说《徙》：“单看《受戒》，容易误会我把旧社会写得太美，参看其他篇，便知我也有很沉痛的感情。”

汪曾祺的文章，结尾是经常有感叹号出现的，有点像相声《连升三级》的结尾，那句“一群混蛋！”

就算是句号，也是很不愉快的句号，比如小说《陈小手》，团长一枪把好医生陈小手，从白马上打下来了，人家刚辛辛苦苦为他太太接生。

团长就觉得我的女人，凭什么让他摸来摸去。

“团长觉得怪委屈。”这七个字，我到死都忘不了。

自然，大家更记得《受戒》，记得小和尚明海和英子的烂漫。

有过一个公社书记，对汪曾祺说，他们会议桌的塑料台布上，有一些圆珠笔字，来自《受戒》。原来此前开会，两位大队书记，一边开会，一边默写明海和小英子的对话。

真是个好故事。我估计也是汪曾祺家乡那边的大队书记，他们被自己家乡有过这样的美好给迷住了，心不在焉的就记下来。他们总不会真的花时间去背诵。

这能让人想起另一个汪曾祺的小说，《职业》，才两千字。刘心武拿到稿子，说：“这样短的小说，为什么要用这么大的题目？”他看过之后，说：“是该用这么大的题目。”

小说讲一个街头叫卖小吃的孩子，成天喊的是“椒盐饼子西洋糕”，顽童们跟在后面，喊：“捏着鼻子吹洋号！”这孩子懂事，不理睬。有一天去给外婆过生日，他穿了新衣服，不挎篮子出门，走在巷子里，看四处无人，他偷偷喊了一句：“捏着鼻子吹洋号！”

这是卓别林那种辛酸的笑意了，也是契诃夫小说《万卡》的无助。

汪曾祺说自己写的是“职业对人的限制，对人的框定，无限可能性的失去。”那两位默写《受戒》的大队书记，这个旧社会的小故事，其实与你们是有关系的。总之，人世多苦辛。

《大淖记事》，那个字念脑，生僻，曹禺都为了这小说专门去查字典。讲的是乱世相爱的男女被迫害，男的被打得昏迷，灌尿碱汤才能苏醒。偏方。

“巧云把一碗尿碱汤灌进十一子的喉咙，不知道为什么，她自己也尝了一口。”

汪曾祺说“写这一句时，我流了眼泪。”这是他写爱情写得最好的一段。

他的文字为让你怅惘而生

我受汪曾祺影响极深，从中学开始，从读《晚饭花集》开始。

阿索林、废名、梭罗、古勃，都是因他才知道的，他给何立伟小说集《小城无故事》的序言提到。他说废名小说《桥》里那句“万寿宫叮叮响”很好。果然好。慢慢的，废名的所有文字，读了的，都在我耳边叮叮响，像那个容孩子们在里面读书嬉戏的万寿宫。

汪曾祺说废名的价值被认识，还得再等二十年。他是1996年说这话的。第二年他自己也就去世了。他生前我就见过他一次，书市找他签名，签《榆树村杂记》。我没敢跟他说话。后来我去孔夫子旧书网，找他的签名本，找到北京京剧院的馆藏书，《宋史纪事本末》的三、四卷，附带的借书卡有他签名。那也行！

他吃不了鱼腥草，文章里自己说的。我能吃，我很爱吃。

“写得最多的是我的故乡高邮，其次是北京，其次是昆明和张家口。我在上海住过近两年，只留下一篇《星期天》。在武汉住过一年，一篇也没有留下。”

他可能没去过我的故乡长春。我是很想看他写一写长春的。当然，长春其实也没什么好写。

他说过：“希望出现一两个写梨园行的狄更斯。”到现在也还是没有，起码我没见过。每每如此，他呼吁完了，还是他自己在那里忙。

他的小说，对我有很大影响的是《星期天》和《王四海的黄昏》，都讲到一个人用自己多么不情愿的方式度过一生，都讲到人世间弥漫的怅惘。《鉴赏家》则相反，告诉你，人还是可以选自己喜欢的方式度过一生。这活活让人怅惘。

以前我说过，就算你刚饱餐一顿，看汪曾祺写吃食，你还是会饿得咕咕叫。这种咕咕叫，也是怅惘。汪曾祺的文字，就是糖衣炮弹。他是为了让你怅惘而生的。

沈从文《长河》里夭夭说：“好看的应该长远存在。”好看再加上怅惘，才是永远存在的。

梁由之

人难再得为佳

原载 2017 年 4 月 24 日《文汇报 · 笔会》

邂逅

1983年大约是秋天，一名中学生模样的少年独自在湖北黄石长江大堤边溜达。候船室熙来攘往，热闹非凡。大门右侧，一个卖旧书刊的地摊吸引了他的目光。少年先挑了两本书，再翻阅杂志。不经意间，他读到这样一段话：

> 她挎着一篮子荸荠回去了，在柔软的田埂上留了一串脚印。明海看着她的脚印，傻了。五个小小的趾头，脚掌平平的，脚跟细细的，脚弓部分缺了一块。明海身上有一种从来没有过的感觉，他觉得心里痒痒的。这一串美丽的脚印把小和尚的心搞乱了。

少年面对的是文字而非脚印，心倒是没乱，却也傻了。这厮眼睛发亮、脸面发胀、呼吸加快、心跳加速——他从未见过如此美妙不可方物、如此清新俊逸动人心弦的文字。回翻过去，他记住了作者和小说的篇名：汪曾祺，《受戒》。

这是一次美好的、终生难忘的邂逅。

亲爱的朋友，您可能已经猜到，那个少年，便是梁某。那本被我破例珍藏至今的旧杂志，则是1980年第12期《小说月报》。

机缘

时光飞逝，阅读、出版、社会和生活都发生了全方位、天翻地覆的变化。我早已（基本）不看现当代文学作品，汪老亦墓木已拱。而我对其人其文的兴趣和爱好，一如既往，宛如初觏，甚至与日俱增。

拜网络时代所赐，我搜罗齐备了所有汪曾祺生前自编文集。最早入手的1987年漓江社初版《汪曾祺自选集》，更是一直带在身边，放置案头，看得滚瓜烂熟，早已破旧不堪。后来，又在网店出了高价，分别购得品相良好的初版平装本和精装本（仅印450册），予以珍藏。秋夕春晨，霁月清风，翻阅摩挲，其乐融融，虽南面王不易也。

2012年，又是一个秋天，我在北京结识了汪老哲嗣汪朗兄，痛饮快谈，一见如故。随后，与他的两个妹妹汪明、汪朝也有了交往。

机缘巧合，我这时意外成为一位文化和出版界的票友。那么，何不按自己的意愿和构想，为汪老的作品做一些事呢？潜伏心头多年的念想，破土而出，蠢蠢欲动。

心动不如行动。我将汪著分为三大类，做了三年准备，然后开始操作。由2015年底率先面世的商务印书馆精装新版《汪曾祺自选集》发端，已出版九本，还有多本待出。所谓三大类，其一是作者生前自编文集，如《去年属马》《老学闲抄》《旅食与文化》《榆树村杂记》；其二是新编文集——上海三联书店2016年夏天一气推出的“汪曾祺作品”系列6本，其中《后十年集》（全两卷）和《书信集》两种三本，即属其列。其三是一套迄今最为全面、精粹的汪氏选集，我亲自操刀编选——果实便是即将出炉的中信出版社六卷精装本《汪曾祺文存》。这是一桩千头万绪、艰难繁重却又赏心悦目、可遇不可求的工作。从吾所好，幸甚至哉。至此，我完成了从汪曾祺著作读者到出版人的转换。

那么，在我心目中，汪老究竟是怎样一个人呢?

瞧，这个人

汪曾祺，江苏高邮人，1920年3月5日（夏历庚申元宵，肖猴）出生于一个富裕的乡绅兼中医家庭，是秦少游的乡党。其父汪菊生性情温和，多才多艺，富有生活情趣，对他影响很大。

抗战军兴，家乡沦陷。汪曾祺流落到云南昆明，入读西南联大中文系，师从闻一多、沈从文等，并开始文学创作。与高邮一样，昆明就此成为他永恒的写作背景和精神上的故乡。他不是一个循规蹈矩的学生，上课的时间，远没有泡茶馆、看闲书多。但却出手不凡，写下若干充满存在主义色彩的短篇小说、散文和新诗，深受业师沈从文的赏识和喜爱。1949年4月，巴金主持的文化生活出版社出版了汪曾祺的第一个短篇小说集《邂逅集》，他借此搭上末班车，跻身“民国作家”之列。此后，在北京做杂志编辑。除间或写了几篇小玩意，长期搁笔。

丁酉之难，汪曾祺算是漏网之鱼，侥幸逃脱。但到了1958年10月就被调到张家口参加劳动。他说:“我愿意是个疯子，可以不感觉自己的痛苦。”即便这类文字，汪氏在结尾也用诗一般的语言写道:“我爱我的国家，并且也爱党，否则我就会坐到树下去抽烟，去看天上的云。”

他丢了工作，没了房子，从此被家人戏称为“寄居蟹”，被发配到张家口农业科学研究所劳动改造。摘帽后，经老同学援引，到北京京剧院任编剧。他写了《王昭君》等三个传统剧本，还参加了几个京剧现代戏的创作，是《沙家浜》和《杜鹃山》的主要编剧。这位被“控制使用”的作家，还风光过一把，上了一回天安门。仍在受难的老友黄裳以此被人警告：不要翘尾巴！

回到北京后，汪曾祺还写了《羊舍一夕》等三个儿童题材的短篇小说，拢共四万余字，后来凑成戋戋小册《羊舍的夜晚》，1963 年 1 月由中国少年儿童出版社推出。封面和插图，都是他请老友黄永玉刻的木刻，书名则自行题写。这是他的第二本书。俗话说得好：拳不离手，曲不离口。汪曾祺算是重操旧业，赓续上了写作生涯。他对同在难中、促成此书出版的作家萧也牧一直心存感激。

花甲之岁，禹域春回地暖。时势的变化，家乡的来客，林斤澜、邓友梅等友人的敦促……，时来天地皆同力，各种因素综合发酵，汪曾祺压抑积蓄了多年的才情和能量突然爆发，佳作迭出，好评如潮，为当代中国文坛奉献出《异秉》《受戒》《岁寒三友》《大淖记事》《徙》《职业》等一批清奇洗练、醇厚隽永的杰作，并以此当之无愧地晋身二十世纪中国最优秀作家前列。

最后十年，汪老创作重心和风格又有明显变化：改写《聊斋志异》；多写随笔；偶写短篇，也是越来越短，越来越直白……

除写作外，汪曾祺能写会画，是既能吃也能动手做更能写的大名鼎鼎的美食家，嗜烟，好酒，喜茶。晚年因健康原因，一度戒酒，萎靡不振。

1997 年 4 月，汪老应邀参加了四川的一个笔会。对索求字画的各色人等，他一视同仁，有求必应。兴之所至，“常常忘乎所以”（汪朝语），忙到深夜，累得够戗。又破了酒戒，大喝五粮液，过足酒瘾。回京后，打算接着参加太湖的一个笔会，机票都订好了。夫人施松卿当时精神已经很衰弱，冥冥之中似有预感，一反常态，坚决不让他去。

正争执不下，5 月 11 日晚，尚未成行，汪曾祺突然消化道大出血，当即被救护车送至友谊医院。16 日，汪老病逝，享年七十七岁。据说，他留给世界的最后一句话是：“哎，出院后第一件事，就是喝他一杯晶明透亮的龙井茶！”

天若有情亦老，人难再得为佳。

妙处难与君说

汪老晚年，常常念叨：我还可以活几年。我还可以写几年。我可能长寿……颇为在意生死之事。这是老年人的常态。他走得很突然，未能留下更多更好的作品。不曾亲承謦欬，曾让我在相当长的一段时间内感觉憾恨。

终于有一天，我想明白了，释然了：人生不满百，人总是要死的，就是活上一百岁，又怎样呢？汪曾祺一生，活得实在，干得漂亮，走得潇洒。还要怎样呢？还能怎样呢？一位“文章圣手”（贾平凹语），一介高邮酒徒，未及病愈喝上龙井茶，未及老态龙钟，没让自己体验临终的万般痛楚，没给家人留下任何负累，当断则断，说走就走——这何尝不是最好的永别方式？

汪曾祺已在北京福田公墓安眠近二十年。长留人间的，是他约两百万字的作品。《汪曾祺文存》则蒐集了其中的泰半与精华。

书画萧萧余宿墨，文章淡淡忆儿时。文如其人，于汪老起码可谓差之不远。为人为文，我最欣赏他的就是：随便。他成为我最偏爱的当代作家，其来有自。我喜欢他一以贯之的真诚朴素，惊叹他观察描述平民百姓和生活细节的温馨细致，佩服他下笔如有神的不羁才气。庸常岁月读汪，是爱好，也是习惯，更是享受。他写人物，写地方风情，写花鸟虫鱼，写吃喝，写山水，写掌故，惯于淡淡着墨，却又有那么一股说不清道不明、回甘独特的韵味。汪著给我带来的阅读快感和审美情趣，历久弥深，挥之不去。

汪曾祺说：人家写过，我就决不这样写。又意有所指地说：我对一切伟大的东西总有点格格不入。他自认：我不是大家，算是名家吧。坦言：我所追求的不是深刻，而是和谐。他呼吁："让画眉自由地唱它自己的歌吧！"他期待：自己的写作"有益于世道人心""人间送小温"。性情的温和与骄傲，对生活的随意与用心，对民族传统的继承与对西方文化的吸收，写作态度的无可无不可与不离不弃，文字的典雅考究与接地气，无处不在的悲悯与一种不可遏止的生命的内在的欢乐，在他的身上和笔下得到奇妙的融合与统一，浑然无间。他的语感，他的文字，是当代汉语文学的最高结晶。

如果您想阅读更具质地，生活更加美好，那么，选择读汪，当为上策。跟汪曾祺交个朋友吧。至于他的作品究竟具有怎样出类拔萃不同凡响的特质与魅力，纵有万管玲珑笔，难写瞿塘两岸山；悠然心会，妙处难与君说。还请读者诸君自行体验罢。

汪老仙逝，倏忽廿载。他曾写道：

很多人都死了。(《桥边小说三篇：詹大胖子》)

很多歌消失了。

……

墓草萋萋，落照昏黄，歌声犹在，斯人邈矣。(《徙》)

赵宗浚第一次认识了王静仪。他发现了她在沉重的生活负担下仍然完好的抒情气质，端庄的仪表下面隐藏着的对诗意的、浪漫主义的幸福的热情的，甚至有些野性的向往。他明明白白知道：他的追求是无望的，他第一次苦涩地感觉到：什么是庸俗。(《星期天》)

笃——笃笃，秦老吉还是挑着担子卖馄饨。

真格的，谁来继承他的这副古典的，南宋时期的，楠木的馄饨担子呢？(《晚饭花·三姊妹出嫁》)

菌子已经没有了，但是菌子的气味留在空气里。风流不见秦淮海，寂寞人间五百年。要等多久，才会再出现这么一位可爱的老头儿，才能再看到如此精妙神奇的文字呢？

——汪曾祺可以当之无愧称为二十世纪中国的文学大师，他的『大』在于融汇古今、贯彻中西，将现代性和民族性成功地融为一体，将中国的文人精神与民间的文化传统有机地结合，成为典型的中国叙事、中国腔调，他的价值是中国文学和文化的瑰宝，随着人们对他的认识深入，其价值越来越弥足珍贵，其光泽将会被时间磨洗得越发明亮迷人。

——王干

黄子平

汪曾祺的意义

原载1989年第5期《作品与争鸣》

一、“现代抒情小说”

1980年秋，花甲老人汪曾祺重新提笔写小说。先写了《异秉》，是将三十二年前的旧稿（早已遗失），重写了出来。接着写了《受戒》。这一篇，据汪先生说，写之前跟一些朋友谈过，“他们感到很奇怪：你为什么要写这个作品？写它有什么意义？再说到哪里去发表呢？”

事实上，《异秉》被江南的一家杂志拿去，压了好长时间，几经周折才发表，后来也并未引起太多的人注意。至于《受戒》，因比《异秉》早发表于京城，则较引人注目。汪先生说：“最初写时我没打算发表，当时发表这种小说的可能性也不太大。要不是《北京文学》的李清泉同志，根本不可能发表。在一个谈思想创作问题的会上，有人知道我写了这样一篇小说，是把它作为一种文艺动态来汇报的。”人们毕竟是敏感的。无论喜欢还是不喜欢，他们都意识到了：汪曾祺小说在当时文坛的出现具有显而易见的“异质性”——当然，直至今天，这种“异质性”也未得到很好的阐明，更谈不到从文学史的角度去探讨其意义了。

当时的文学创作，可以大致分析出两大潮流。一是“伤痕文学”和初见端倪的“反思文学”，是感伤的、愤怒的、政治化和道德化的、英雄主义的和悲剧色彩的，是以上种种情调的粗糙混合物。一是受了点刚刚介绍过来的卡夫卡、萨特的影响，面对荒谬的世界探讨“生存”本身的充满了困惑和不安的尝试之作。前者依据的是五十年代理想主义的价值体系，试图恢复所谓“十七年”的“革命现实主义传统”；后者直接与两次大战后的西欧文学认同，凭藉大劫难中的共同体验表达青春的抗议。突然，出来了一篇充满了内在欢乐的《受戒》，而且这欢乐是“四十二年前的旧梦”，是逝去的“旧社会也不是没有的欢乐”。小说撇开了几十年统帅一切的政治生活的纠缠，用水洗过了一般清新质朴的语言叙写单纯无邪的青春和古趣盎然的民俗。悲愤哀伤惶惑、“愁云密布”的文学天空中蓦地出现了一抹“亮色”，却不是主张“走出伤痕”（其实是“粉饰伤痕”）的批评家们所希望的那种“亮色”，从探讨“生存”困惑的新进作家眼中看来，对生活的这种诗意化肯定也是不可接受的。“姥姥不疼，舅舅不爱”。谈到自己的作品时，汪曾祺某次引述了这句北京俗语。

他清醒地意识到其作品存有一个是否“合时宜”的问题。在当时，如下的解释绝不是多余的，而且也是真诚的：“我们当然是需要有战斗性的，描写具有丰富的人性的现代英雄的，深刻而尖锐地揭示社会的病痛并引起疗救的注意的悲壮、宏伟的作品。悲剧总要比喜剧更高一些。我的作品不是，也不可能成为主流。”富有讽刺意味的是，作家本人和他的批评者，都没有预见到数年后的“文化热”“寻根文学”和李陀所说的“意象的激流”的出现。数年后，年轻的、激烈反传统的批评家著文指责汪的小说是“怀恋传统文化”的始作俑者。汪先生说：“我看后哑然。”这可以说都是始料不及的事情。

熟悉新文学史的人却注意到了一条中断已久的“史的线索”的接续。这便是从鲁迅的《故乡》《社戏》，废名的《竹林的故事》，沈从文的《边城》，萧红的《呼兰河传》，师陀的《果园城记》等作品延续下来的“现代抒情小说”的线索。“现代抒情小说”以童年回忆为视角，着意挖掘乡土平民生活中的“人情美”，却又将“国民性批判”和“重铸民族品德”一类大题目蕴藏在民风民俗的艺术表现之中，藉民生百态的精细刻画寄托深沉的人生况味。在“阶级斗争为纲”愈演愈烈的年代里，这一路小说自然趋于式微，销声匿迹。《受戒》《异秉》的发表，犹如地泉之涌出，使鲁迅开辟的现代小说的多种源流（写实、讽刺、抒情）之一脉，得以赓续。

事实上，据汪先生自己说，写《受戒》之前几个月，因为沈从文先生要编小说集，他又一次比较集中、比较系统地读了他的老师的小说。“我认为，他的小说，他的小说里的人物，特别是他笔下的那些农村的少女，三三，夭夭，翠翠，是推动我产生小英子这样一个形象的一种很潜在的因素。这一点，是我后来才意识到的。在写作过程中，一点也没有察觉。大概是有关系的。我是沈先生的学生。我曾问过自己：这篇小说像什么？我觉得，有点像《边城》。”

但是，“现代抒情小说”这一条“文学史线索”只说明了汪曾祺复出的一方面意义，其乡土的、抒情的特征，可能遮掩了不易为人察觉的另一面。

二、四十年代·八十年代

前边讲到，八十年代初的文学中大致可以分析出两大潮流。“伤痕—反思文学”试图承继“十七年”的“革命现实主义”传统，骨子里却弥漫着与“五四”时期相似的感伤情绪和浪漫憧憬。“生存文学”则直接从域外汲取灵感和整理浩劫体验的技巧和模式。汪曾祺的旧稿重写和旧梦重温，却把一个久被冷落的传统——四十年代的新文学传统带到“新时期文学”的面前。

不妨先看看八十年代初发生的另一件颇重要的事情:《九叶集》的出版。四十年代9个较年轻的诗人的作品的选集，30多年后重新刊印问世，立即使治文学史的人们对当年诗歌状况的理解产生重大调整。9诗人与汪曾祺年龄相当，其中的数位亦正求学于昆明的西南联大。其时，年轻的英国现代诗人兼评论家威廉·燕卜荪（William Empson）正在这个大学任教，将叶芝、艾略特和奥登的诗介绍给了他们。“九叶”之一袁可嘉后来总结说:“中国三十年代的新诗运动经过前辈诗人戴望舒、卞之琳、艾青、冯至等的努力，已在借鉴西方现代诗艺方面开辟出一条道路。他们结合着实际生活（国家的和个人的）和民族传统（古典的和新诗本身的），又溶合西方现代诗艺，正日益丰富着“五四”以来的新诗。当穆旦和一批青年诗人，在三十年代末、四十年代初在昆明西南联大开始创作的时候，他们既受到前辈诗人们的影响，又受到西方现代派诗人里尔克、叶芝、艾略特和奥登等人的薰陶”，遂形成了推进新诗“现代化”的四十年代的“新诗潮”。四十年代的青年诗人所接受的外来影响显然与五四时期的郭沫若们有很大的不同——郭沫若们从一九世纪的浪漫主义文学中汲取营养，“九叶”诗派却与本世纪的“反浪漫”的现代主义文学相通。与时下许多人仍从浪漫主义的角度去理解现代派的想法正相反，叶芝、艾略特的骨子里却对古典主义一往情深。正是在这样的世界文学背景下，四十年代新文学（不光是诗）全面走向成熟。成熟的标志是:“五四”以来激烈对立冲突的那些文化因子，外来的与民族的，现代的与传统的，社会的与个人的，似乎都正找到了走向“化”或“通”的途径。明白这一点，或许有助于理解何以像沈从文或汪曾祺式的“古典式”的乡土抒情小说却具有现代意味，何以穆旦等一批诗人的创作在海内外越来越引起重视。

“九叶”诗人之一唐湜回忆说：1947年秋，一次我去上海致远中学找汪曾祺，当时我读了曾祺的许多剪报与手稿，想给他写篇像样的评论；可他拿出一本《穆旦诗集》，在东北印得很粗糙的，说：“你先读读这本诗集，先给穆旦写一篇吧，诗人是寂寞的：千古如斯！”我这才“细细读了这厚厚的一本诗集，感到是这么阔大、丰富、雄健、有力，有我从来没有读到的陌生感或新鲜感。”其实穆旦诗作的沈雄、凝重、生涩、自我搏斗的风格，与汪曾祺后来的作品风格相去甚远。但当时汪曾祺也写诗，并试图“打破小说、散文和诗的界限”，与穆旦们有文心诗心的相通之处，是毫无疑问的。

人们果然也就读到了汪曾祺写于二十世纪四十年代的那些小说。比如《复仇》：

> 太阳晒着港口，把盐味敷到坞边的杨树的叶片上。海是绿的，腥的。
>
> 一只不知名的大果子，有头颅那样大，正在腐烂。
>
> 贝壳在沙粒里逐渐变成石灰。
>
> 浪花的白沫上飞着一只鸟，仅仅一只。太阳落下去了。
>
> 黄昏的光映在多少人的额头上，在他们的额头涂上了一半金。
>
> 多少人逼向三角洲的尖端。又转身，分散。

人看远处如烟。自在烟里，看帆篷远去。

来了一船瓜，一船颜色和欲望。

一船是石头，比赛着棱角。也许——

一船坞，一船百合花。

深巷卖杏花。骆驼。

骆驼的铃声在柳烟中摇荡。鸭子叫，一只通红的蜻蜓。

惨绿色的雨前的磷火。

一城灯！

“意识流”，闪过了背剑的旅行人一生中的“各色的夜”。现代的“意识流”小说，流的却是某种很古很古的东西——一种天涯漂泊感，你能分得出它是属于传统，还是属于现代？汪曾祺谈到过他颇受影响的两篇中国人写的“意识流小说”：“中国第一个有意识地运用意识流方法，作品很像弗·吴尔芙的女作家林徽因（福州人），她写的《窗子以外》《九十九度中》，所用的语言是很漂亮的道地的京片子。这样的作品带洋味儿，可是一看就是中国人写的。”八十年代初再读《复仇》这样的小说是令人惊喜莫名的，须知当时的批评界还在为王蒙的小说是不是“意识流”，“意识流”洋人用得我们用得用不得而争论不休哩。人们还读到了《老鲁》《落魄》和《鸡鸭名家》。正如《九叶集》的出版改写了“新诗史”那样，一个30多年前就展露才华的青年小说家被重新认识了。

30年来，中国当代文学走着曲折坎坷的路，其中的一大教训是它拒绝了四十年代除延安文艺以外的新文学遗产；郭沫若机灵地转去写《防治棉蚜歌》和旧体诗词；茅盾撇下众多未完成的长篇小说去搞行政；巴金到了晚年才在《随想录》中大彻大悟；老舍的《茶馆》若不是焦菊隐的卓见就会写成配合人民代表选举的宣传品；曹禺再也未能贡献一部与《雷雨》《日出》《北京人》《原野》水平相当的剧作；沈从文转业成了文物专家；冤案断送了胡风作为杰出的文学批评家、理论家的生涯。还可以数出好些名字：艾青、何其芳、张天翼、吴组缃、卞之琳、冯至、艾芜……有人说，损失最大的还不是这些在二三十年代就已经成名的作家，毕竟，他们已经写出了他们当年可能写出的最好的作品。最令人惋惜的是四十年代末才20来岁的那批大有希望的青年诗人和作家，刚刚开花，还来不及结果就枯萎了，比如说，穆旦和路翎等人。这种说法，前半过于绝对，后半却不无道理。

汪曾祺将他近几年谈论文学的文字编成个集子，取书名曰《晚翠文谈》，用的是《千字文》里的典。“枇杷晚翠”。他说，枇杷是常绿的灌木，叶片经冬不落，愈是雨余雪后，愈是绿得惊人：再就是花期极长，头年冬天就开始着花，“你就等吧，要到端午节前它才成熟，变成一串一串淡黄色的圆球。枇杷呀，你结这么点果子，可真是费劲呀！”这“典”当然有点夫子自道的意思：“我自20岁起，开始弄文学，蹉跎断续，40余年，而发表东西比较多，则在60岁以后，真也够‘费劲’的。呜呼，可谓晚矣。晚则晚矣，翠则未必。”尽管汪曾祺说他“并没有多少迟暮之思”“没有对失去的时间感到痛惜”，倘若超出个人的角度，着眼于文学史，则这“费劲”的感慨和自嘲就深而且广了。

汪曾祺是四十年代新文学成熟期崛起的青年小说家在八十年代的少数幸存者之一。历史好像有意要保藏他那份小说创作的才华，免遭多年来“写中心”“赶任务”的污染，有意为八十年代的小说界“储备”了一支由四十年代文学传统培育出来的笔。显而易见的事实是，并非每一个活到了八十年代的人都能将多年前的花结成果。“晚”而能够“翠”，必有些特殊的原因吧？

三、复苏与中介

汪曾祺说：“我赶上了好时候。”

“30多年来，我和文学保持一个若即若离的关系，有时甚至完全隔绝，这也有好处。我可以比较贴近地观察生活，又从一个较远的距离外思索生活。我当时没有想写东西，不需要赶任务，虽然也受错误路线的制约，但总还是比较自在，比较轻松的。我当然也会受到占统治地位的带有庸俗社会学色彩的文艺思想的左右，但是并不‘应时当令’，较易摆脱，可以少走一些痛苦的弯路。文艺思想一解放，我年轻时读过的，受过影响的，新中国成立后被别人也被我自己批判的一些中外作品在我心里复苏了。”这话说的是实情，也确实是汪曾祺的幸运之处。漫画家廖冰兄曾画过瓮中人于瓮碎之后仍作瓮状而立，见之令人苦笑，汪曾祺却“较易摆脱”，一旦断而后续，其小说创作立即如“晚饭花”一般赫然开成一片。前边讲到过，这幸运具有超出个人的、文学史的意义。

令人感兴趣的是在他的心里“复苏”了的是哪一些中外作品。与那些只是重刊旧作的老作家不同，汪曾祺是八十年代相当活跃且影响颇大的仍在创作的小说家，他所承受的文学传统以他的创作为中介，被带进了“新时期文学”。所以弄清楚这些还“活”在八十年代小说创作中的文学传统，就不是毫无意义的了。这些“复苏”的文学作品，我们现在知道，古人有庄子、归有光、桐城派和一些“杂书”；洋人有契诃夫、阿左林、纪德、弗·吴尔芙；近人有鲁迅、废名、沈从文。这些名字的集合乍看有点古怪，其实并非毫无相通相同之处，毋宁说其相关性是很明显的，它们显现了“中国现代抒情小说”在一个作家身上体现出来的古今中外的某些渊源。我曾在别处谈到，作为“印象主义”小说家和剧作家的契诃夫，在贯通中外古今文学传统时所起的重要“中介”作用。一个少年时熟读《先妣事略》《项脊轩志》《寒花葬志》的人，欣赏归有光“以清谈文笔写平常人事”的手法，当他读到契诃夫时将感觉如何呢？汪曾祺的一个颇新鲜的说法回答了我以前模糊的揣测：“我觉得归有光是和现代创作方法最能相通，最有现代味儿的一个中国古代作家。我认为他的观察生活和表现生活的方法很有点像契诃夫。我曾说归有光是中国的契诃夫，并非怪论。”显然，这种已经“归有光化”了的契诃夫传统或已经“废名化”“林徽因化”了的吴尔芙传统，是较易被后起的作家们接受的。

所谓“复苏”也只是相对而言，传统不可能原原本本地“保鲜”然后“解冻”，只能被八十年代的当代人“重构”。就汪曾祺自己而言，那些中外作品的影响，如今也都已消融在自己的风格中去了：“我现在岁数大了，已经无意于使自己的作品像谁，也无意于使自己的作品不像谁了。别人是怎样写的，我已经模糊了，我只知道自己这样的写法，只会这样写了。我觉得怎样写合适，就怎样写。”时间从记忆和遗忘两方面帮助了作家，前者使四十年代接受的文化遗产重新进入了八十年代的创作系统，后者使这些遗产以“酿制”过的浑成的而不是生涩的形态进入这一系统。菌子已经没有了，但是菌子的气味留在空气里。现代与传统的虚假对立在这团搓揉了近40年的面里已经消弭了。当新进作家笨拙地从头学习“意识流”或“笔记小说”时，汪曾祺的小说令人惊喜地提供了可作参考的由“生”至“熟”的一条路径，而且，他带你由这条路径去重新认识了沈从文、废名和鲁迅，重新认识了那些古人和洋人。尽管，汪曾祺说“你要认老师，还得先见见太老师”，取法乎上，得乎其中；但是，成功的学生的榜样毕竟比老师或太老师更易亲近。

现代派的意识、技巧，四十年代新文学成熟期的经验，怎样有机地组合在渗透、碰撞中上下求索的一部分是新进作家深感兴趣的事情。汪曾祺的小说遂成为八十年代中国文学——主要是所谓“寻根文学”——与四十年代新文学、与现代派文学的一个“中介”。

不必夸大这一点，却也无法忽视它。

四、语言和态度

从风格、文体、叙述语言等方面来讨论这一“中介”作用自然是对路的。汪曾祺本人极重视这些方面，他的小说成为许多从事“文本批评”的朋友的好材料。但在汪先生本人看来：“小说作者的语言是他的人格的一部分。语言体现小说作者对生活的基本的态度。”文本连着人本。限于篇幅，我想直截了当地切入“态度”这一层面来讨论问题。由他承继的文学传统和汲取的外来营养，汪曾祺的叙述风格给八十年代中国文学提供了何种

"对生活的基本的态度"？从分析小说入手是另一篇文章的任务，从我现在的角度（文学史的角度），我对汪曾祺的两类文字感兴趣：一是由他所强调的他的老师沈从文的当代意义；一是他对年轻作家阿城和何立伟所作的评论。

有关沈从文的文章有好些篇，值得注意的要数《沈从文的寂寞》："沈先生的重造民族品德的思想，不知道为什么，多年来不被理解。'我作品能够在市场上流行，实际上近乎买椟还珠，你们能欣赏我故事的清新，照例那作品背后蕴藏的热情也忽略了，你们能欣赏我文字的朴实，照例那作品背后隐伏的悲痛也忽略了'。'寄意寒星荃不察'，沈先生不能不感到寂寞。"那么什么是沈先生所希望重造的民族品德呢？

汪曾祺大段引述了《从文小说习作选·代序》里的话，相信在"另外一时"，人们将"从一个乡下人的作品中，发现一种燃烧的感情，对于人类智慧与美丽的永远的倾心，康健诚实的赞颂，以及对愚蠢自私极端憎恶的感情"。汪曾祺发问道："莫非这'另外一时'已经到了么？"这或许是满怀希望的发问，这正可以解释他读到阿城和何立伟的小说时的那种欣喜的心情。

惯于用哲学史的大范畴来硬套当代文学作品的人，或许以为汪曾祺会往"道家思想"方面与阿城认同。出乎意料，汪先生说："我不希望把阿城和道家纠在一起""我不希望阿城一头扎进道家里出不来"。就凭棋呆子王一生的那副吃相，恐也与道家风范相去甚远。汪曾祺欣赏的恰恰是阿城写了"吃"和"下棋"。"正面写吃，我以为是阿城对生活的极其现实的态度。"汪先生自己的小说也极注意写"吃"，把吃看作人的基本生存方式，在《卖蚯蚓的人》里有极醒豁的表露。"下棋"则体现了另一层次的生存价值，自我实现的需要。人是需要这么一点精神的。汪曾祺笔下的许多人物，也正体现了这种日常劳作中的“真人生”。他赞赏阿城这一代“知青”在底层得来的领悟：“老老实实地面对人生，在中国诚实地生活。”

对何立伟，则是从他与废名的异同来立论的。何立伟“像一个坐在发紫发黑的小竹凳上看风景的人，虽然在他的心上流过很多东西。”他写一种封闭的古铜色的生活，溢着栀子花一样的哀愁，这哀愁与废名相似，出于对生存于古朴世界的人的关心。但汪曾祺欣喜于他的不停留在哀愁里，终于表现了忧愤，在手法上也突破了“绝句”式而接近了“五古”，认为何立伟走过的这条道路和自己“有点像”。

汪曾祺对前辈后生的阐释其实也阐释了自身。集中在两点上：一是热爱生活，在任何逆境中也不丧失对生活带有抒情意味的情趣；一是要在事业、职业、日常劳作中追求一种人生境界。可以说并无多少深刻或高超之处，简单得近乎老生常谈。但是，在每一个“价值失落”因而急需“价值重建”的年代，人们总是先回到最简朴最老实的价值基线上。有一些基本需要决定了一些基本价值，比如前面提到的“吃”。蔑视老百姓的基本生理需求带来的恶果至今仍在困扰国人。还有一些建立在安全、人际交流等需要上的价值，如勇气、谨慎、忠诚等等。最后是建立在自我实现的需要上的价值，如信仰、理想等等。我们的时代决非价值的缺乏，价值的内容和结构有所变易，但其基线不会消失，也很难设想文学创作会往“价值真空”中进行。我们的时代是价值系统的冲突混乱。在这旷日持久的混乱中，一批“知青”作家回到了最简朴的价值基线上思考“真人生”，因而与二十世纪中国文学中一些先辈的思考不谋而合。只停留在这条基线上是危险的，但取消一切基线的态度不可能被他们接受。你会说，用审美主义或抒情的人道主义来维持中国知识分子的独立人格和生活勇气，是软弱无力的，正如一些自恃掌握了“铁的必然性”并自认“残酷”的批评家一再申说的那样。然而我们将继续在混乱中细心比较各种“态度”。比较的责任是沉重的。但必须先有“态度”。

我愿意这样来理解汪曾祺的意义。

1988 年 10 月于海淀蔚秀园

杨 志

汪曾祺的性情

原载 2018 年第 1 期《清华大学学报》

谈到汪曾祺，通常想到的是：人性、柔情、儒家、道家、士大夫，等等，最公认的，估计是“士大夫”。汪曾祺不是复杂的作家，这些基本可概括他的风貌，但到底笼统。毕竟，人有三教九流，士大夫与士大夫也不一样：苏东坡与秦观、黄庭坚、米芾不同；同是“最后的士大夫”，汪曾祺与黄裳、张中行、余英时也不同。

笔者更期待看到有血有肉的解释。我们来到这个世界上，禀赋不同、家境不同、信仰不同、时代不同……决定了谁的生命体验都是独一无二的。用现象社会学创始人许茨（Alfred Schutz）的话讲：人之所以成为他自己，而非他人，归根到底，是由他的“生平情境”（biographical situation）决定的。理解一个作家，理解他的童年、青春与晚年，知人论世，或许是最好的方法。

笔者的问题是：到底是怎样的“生平情境”，造就了汪曾祺这个作家的性情？

一、理想男性 · 理想女性

摩罗的《末世的温馨——汪曾祺创作论》指出，汪曾祺年少漂泊，寻求父性权威以获安全感。这发现很敏锐，笔者想进一步展开。该文 1996 年发表时，汪先生的生平资料，除了他的文章，可参考的甚少。陆建华的《汪曾祺传》（江苏文艺出版社 1997 年版）和子女的回忆录《老头儿汪曾祺——我们眼中的父亲》（中国人民大学出版社 2000 年版，2012 年修订版）的问世，改变了这种情况。子女是“家人”，陆建华是“家乡人”，有这些资料，我们可以进一步理解汪先生的精神世界。

谈到影响汪曾祺最大的男性，通常都想到沈从文，其实，父亲汪菊生的影响更大。据汪曾祺回忆，父亲是画家，多才多艺，“会刻图章，画写意花卉”“会摆弄各种乐器，弹琵琶，拉胡琴，笙箫管笛，无一不通”。思想开通：学校开同乐会，他去伴奏；喝酒，也给儿子倒一杯；抽烟，自己与儿子各一支；儿子早恋写情书，他在旁参谋……又说：“我父亲是个随便的人，比较有同情心，能平等待人……他的这种脾气也传给了我，不但影响了我和家人子女、朋友后辈的关系，而且影响了我对我所写的人物的态度以及对读者的态度。”

不过，如同汪曾祺的老师沈从文、闻一多，汪菊生比儿子更勇敢，更有行动力。他能文还能武，精通体操、骑马、游泳、足球，还会武术。1931年，高邮遭遇大水灾，城乡成了泽国，汪菊生每天横执一根粗竹篙，趟齐胸的洪水出门办理赈济，给困难百姓送去面饼。这段事迹，汪曾祺印象很深，后来写进小说《钓鱼的医生》。汪曾祺自承“不是具有抗争性格的人”“不能设计自己的命运，只能由着命运摆布”。纵观他一生，的确缺乏父亲、闻一多、沈从文那样的勇敢和行动力。大学时期，他陪两位女同学去昆明翠湖夜游，秀才遇到兵，被巡逻兵剋了一通，半世纪后还念念不忘：“身为男子，受到这样的侮辱，却还不出一句话来，实在是窝囊。我送她们回南院（女生宿舍），一路沉默。”因此，对这些“父性权威”，他是抱着“虽不能至，心向往之”的态度，视为“理想男性”的。而父亲，正是这种理想的“原型”，直到70岁，汪先生“还常常做梦梦到他”。

这就产生了一个问题：汪曾祺的“理想女性”，又如何？

我们可从他的爱情小说，如《受戒》《大淖记事》《薛大娘》《小姨娘》《小孃孃》中，找到答案。这些小说里的爱情，有一个共同点：女方占据主动，年龄通常比男方大。《受戒》的小英子，《大淖记事》的巧云，《薛大娘》的大娘，《小姨娘》的小姨娘，《小孃孃》的谢淑媛，皆如此。

《受戒》里的小英子，没提年龄，但显然比男主人公小明子大，更活泼也更主动，两人如同姐弟恋。两人划船经过一片芦花荡子，“芦苇长得密密的”“四边不见人”，小明子“总是无端端地觉得心里很紧张”“就使劲地划桨”，为何紧张？答案在结尾，他们再次来此时：

小英子忽然把桨放下，走到船尾，趴在明子的耳朵旁边，小声地说：

“我给你当老婆，你要不要？”

明子眼睛鼓得大大的。

“你说话呀！”

明子说：“嗯。”

“什么叫‘嗯’呀！要不要，要不要？”

明子大声地说：“要！”

“你喊什么！”

明子小小声说：“要——！”

“快点划！”

英子跳到中舱，两只桨飞快地划起来，划进了芦花荡……

这结尾，以前只觉得美，没多想，后来蓦然悟到：写的是“野合”，汪曾祺够“狡猾”的！一年后，《大淖记事》又写了沙洲的野合，也是女方主动：

> 一天，巧云找到十一子，说：“晚上你到大淖东边来，我有话跟你说。”
>
> 十一子到了淖边。巧云踏在一只“鸭撇子”上……把蒿子一点，撑向淖中央的沙洲，对十一子说：“你来！”
>
> 过了一会，十一子泅水到了沙洲上。
>
> 他们在沙洲的茅草丛里一直呆到月到中天。
>
> 月亮真好啊！

两则片段，“脚本”相同，只不过小英子说“我给你当老婆，你要不要？”，巧云则说“你来！”。

《受戒》这个“小和尚的恋爱故事”，取材于汪曾祺 17 岁的初恋。写于 1980 年，无处发表，但汪曾祺视为“旧梦”，执意要写：“我要写！我一定要把它写得很美，很健康，很有诗意！”《受戒》是投射了他的爱情理想的。

最终，汪曾祺在现实生活中也找到了自己的“理想女性”。其妻施松卿，大他两岁，子女回忆，“妈妈是家中的老大，下面还有一个弟弟三个妹妹，在兄弟姐妹中，她是绝对权威”；“她的体育也可以，游泳、羽毛球都不错，还是校排球队的，打二排中，这一点比爸爸要强得多”。还回忆，“爸在家里除了做饭别无所长。妈既主内又主外，一切都是她说了算”。

汪先生对男性的“理想”，源于父亲；对女性的“理想”，源于母亲么？

答曰：否。

他生母杨氏患有肺病，当时的绝症。她自知病重难治，只勉强抚养他到断奶，就坚决独住在一间偏房里，跟家人自动隔离，尤其不让人把汪曾祺抱去见她。过世时，汪曾祺3岁。考虑到断奶后就跟母亲隔离，他事实上的“丧母”更早，对生母“一点印象都没有”，可见生母跟他的“理想女性”关系不大，也不像。两年后，汪菊生继娶张氏，张氏也有肺病，“婚前咳嗽得很厉害”，过门后育有两子，在汪曾祺16岁时去世，也不会有太多精力照顾他。至于第二任继母任氏，过门时，汪曾祺在外读高中，相处日短。她们都不可能是“理想女性”的“原型”。

从现有资料看，他“理想女性”的“原型”，倒有可能是大他三岁的姐姐。汪曾祺为三房长子，不缺女性长辈的爱护，但她们无法提供长期稳定的关爱。长期呵护童年汪曾祺的，实为姐姐汪巧纹。子女回忆，“他们很小失去亲娘后，姑姑总是拉着爸爸，护着他，怕他受欺负，一个6岁的小姐姐，一个3岁的小弟弟”。由此推测，姐姐至少是“原型”的一个重要来源。

审视汪曾祺的“理想男性”与“理想女性”，我们发现：两者反映了他对自己的“无意识定位”。“理想男性”，一为父亲，一为老师，摩罗称为“父性权威”，反射的是自我定位为“孩子”的汪曾祺（小学生常把父性权威移植到老师身上，有一种奇特的膜拜）。“理想女性”，反射的是自我定位为被动、弱势的汪曾祺。显然，在潜意识里，汪曾祺是把自己定位为“孩子”和“弱者”的。汪曾祺认为，孔孟的核心是“大人者，不失其赤子之心”。孔孟是否如此另说，但他自己倒真是“不失其赤子之心”的。

童年时期的关系模式，会发展为相对稳定的人格。童年丧母的重创，使汪曾祺内心始终活动着一个惴惴不安的“小孩”，从未摆脱渴望强者保护的恐惧和不安。只是他重返文坛时，年届花甲，我们才疏忽了。其实，童年创伤，成年后未必就能痊愈。日本小说家谷崎润一郎有恋母情结，晚年弥烈，还专门写了小说《少将滋干之母》宣泄伤痛。

弗洛伊德后的精神分析学，一大发展是把“母婴关系”提到“父子关系”（俄狄浦斯情结）之前，认为0-3岁时，母亲对孩子的影响无可代替。英国精神分析学家温尼科特（D.W.Winnicott）有名言：“从没有婴儿这回事”，意为婴儿跟母亲为“共生”关系。如果母亲缺席，婴儿无法获得安全感，只依赖自己不成熟的心理机制调适，则可能造成精神创伤。这时，即使有父亲疼爱，那也是不够的。所以，也就无怪乎汪曾祺的妻子说他从小没了亲娘，“生活习惯特坏”了！

幼年汪曾祺，是遭遇了精神创伤的。

这还可从一个性格侧面看出来。子女们写汪曾祺“一辈子都不愿麻烦别人”，晚年得了急性胆囊炎，不愿麻烦单位，甚至怕麻烦家人，疼得缩成一团，却故作轻松说自己只是“不大舒服”，直到“起身去厕所，挣扎了半天实在力不从心”，才招呼家人帮忙。子女一搀，才发现汗水浸透了睡衣，“好歹扶起来，浑身颤抖，站都站不稳”。不麻烦人是中国美德，但怕麻烦人到如此程度，就令人心酸了。童年关爱不足者，成年后缺乏自信，担心自己不受欢迎，怕麻烦他人（哪怕是家人），过分多礼，其实很常见。摩罗认为汪曾祺“在蜜罐里长大”，拥有一切孩子“羡慕的童年”。这是资料不足的误判。

正因内心有一个惴惴不安的“小孩”，汪曾祺才能深切体会弱小者的苦痛，才会“须知世上苦人多”。他的许多主人公都是孩子和弱者，这是有心理根源的。

二、从“否认”到“和谐”

子女们还谈到了这样一件小事：1980 年，描写五十年代末的小说流行，妻子提议汪曾祺也写，他便写了《寂寞和温暖》。家人一读，“没有大苦没有大悲，没有死去活来撕心裂肺的情节，让人一点也不感动”，要求“向当时流行的小说看齐，苦一点，惨一点，要让人掉眼泪，嚎啕大哭更好”！结果，汪曾祺改了六稿，“还是温情脉脉，平淡无奇”。子女推测，这是他认为：“作家应该通过作品让人感觉生活是美好的，是有希望的，有许多东西弥足珍贵。因此，无论是写旧社会的生活，还是写解放后办的一些错事，爸爸都是虚化苦楚，渲染真情。”

实际上，“虚化苦楚，渲染真情”——汪曾祺对社会生活如此，对私人生活也如此。70 岁后，他写系列自传散文《逝水》，回忆家世童年，津津乐道，貌似全无烦恼。这“骗”过了摩罗，但子女看出了端倪：“爸爸在少年还是有烦心事的，只不过他不愿在文章中过多涉及，只想把美好的事情呈现在人们面前。”

其实，这是从意识层面消除不愉快情感的一种“心理防御”。童年时，外界很强大，孩童只能依靠父母遮风挡雨，其次便是借助心理防御机制调适，缺乏父母关爱的孩子尤赖于此。毕竟，汪曾祺的姐姐也是孩子，不可能为他提供完全的关爱和保护，他只能更多依赖心理防御。

“虚化苦楚，渲染真情”这一心理防御策略，弗洛伊德的女儿安娜·弗洛伊德（Anna Freud）在《自我与心理防御机制》中命名为“否认”（Denial）。所谓“否认”，就是尽量否认某些痛苦的事实或经历，当它没发生，减轻心理压力。这是最简单的心理防御，人皆有之，只不过汪先生因为童年创伤，更强烈一些。

关注汪曾祺的童年，是因为影响巨大，而非宣扬“童年决定论”。人生是不断“挑战＋应变”的，谁都会根据成长中的挑战，改写原有的心理防御。打个比方，童年如同素描的起稿，形成了大体轮廓，我们随着成长逐渐修改之，丰富之，强化之，最后的“成稿”“轮廓”尚在，但跟“起稿”多少有差别。实际上，汪曾祺的“否认”机制，也有一个逐渐改造的过程。

大学毕业后，汪曾祺到中学教书，把这段生活写成小说《老鲁》，“那一段日子实在很好玩”“挺好”。怎么“好玩”？没薪水，饭有一顿没一顿，菜则是野菜和甲虫。他还兴趣盎然写了“采薇”的过程。童年养成的“否认”机制又发挥了作用。

但“否认”机制不是万能的，挡不住全部现实。这时汪曾祺的真实精神状态，我们可从他为朋友代笔的《黑罂粟花——李贺歌诗编读后》里窥见一二。该文认为，李贺“如千年老狐，吐出灵丹便无法活”“精神既不正常，当然诗就极其怪艳了”“是一条在幽谷中采食百花酿成毒，毒死自己的蛇”，云云。里面还有一段对李贺的描写，可视为自画像：“守在窗前望着天，头晕了，脸苍白，眼睛里飞舞着各种幻想。”西南联大时期的舍友何兆武这样回忆他：

> 他和我同级，年级差不多，都十八九岁，只能算是小青年，可那时候他头发留得很长，穿一件破旧的蓝布长衫，扣子只扣两个，趿拉着一双布鞋不提后跟，经常说笑话，还抽烟，很颓废的那种样子，完全是中国旧知识分子的派头。

汪曾祺也跟子女坦承，年轻时悲观厌世，甚至想自杀，“特赖”“简直没个人样”。可见，这时期的他，颓废、虚弱，缺乏爱的力量。之所以缺乏，是他没有获得足够的关爱、信任与尊重。这些“正能量”来自实实在在的关系，不是靠“飞舞的各种幻想”就能获得的。

1980 年代后，汪曾祺复出文坛，青春期的颓废消失无踪，转变为一名“乐观主义者”：

> 总起来说，我是一个乐观主义者。对于生活，我的朴素的信念是：人类是有希望的，中国是会好起来的。我自觉地想要对读者产生一点影响的，也正是这点朴素的信念。我的作品不是悲剧。我的作品缺乏崇高的、悲壮的美。我所追求的不是深刻，而是和谐。这是一个作家的气质所决定的，不能勉强。

此处的“深刻”，指鲁迅代表的“直面人生”的文学标准，有人以之为标准批评汪曾祺，他有自辩的意思。此处的“和谐”，核心还是“虚化苦楚，渲染真情”，实为“否认”机制的改造版。

汪曾祺晚年有诗云：“我有一好处，平生不整人。写作颇勤快，人间送小温。”“整人”，表明见识过社会的龌龊；“平生不整人”，是对自己人格的确认；“人间送小温”，是对“否认”机制的有意升华。他晚年谈自己的创作，反复强调宗旨是予人温暖。

批评汪曾祺“不深刻”，对么？那就仁者见仁，智者见智了。不过，“作家的气质”，即作家在“自我生平情境”里习得的人格，的确“不能勉强”。

再说了，就是做到“人间送小温”，也谈何容易？

汪曾祺特别喜欢一句话：“我与我，周旋久”。他的大器晚成，正源自他对“昨日之我”的克服与发展。

三、小心又大胆的“致青春”

汪曾祺写小说，有一个微妙变化——越到晚年，越不避讳写性，甚至有点爱写。

青年时，汪曾祺不怎么写爱情，更别说性了。六旬复出，《受戒》(1980)、《大淖记事》(1981)淡淡点到了性。去世前几年，七十五六岁，写《鹿井丹泉》(1995)、《兽医》(1995)、《薛大娘》(1995)、《窥欲》(1995)、《钓鱼巷》(1995)、《关老爷》(1996)、《小孃孃》(1996)等，性的成分突然浓烈起来。

垂垂老矣，即将离世，为何念念于兹？其中原因，说复杂，复杂，说简单，也简单，人到老年，作为机能的性欲或已不重要，但日趋衰老，就不由越来越眷恋青春。这期间，汪曾祺跟夫人相继住院，寂寞缠身，死亡逼近，记忆力退化，不是很愉快。谷崎润一郎讲：“爱欲是青春才懂的欢乐。”青春不是性，但性里有青春，那些小说便是汪先生的“致青春”！

性是生活的重要内容，忠实的作家很难避开，但它不好写。大胆如王朔，写《过把瘾就死》时，也不敢直写，承认“像缺了一条腿似的”。

王朔如此，汪曾祺又如何？

据我所知，有两名日本小说家晚年写过老年与性欲的小说：一是谷崎润一郎，青年嗜写变态情欲，中年改走委婉路线，晚年患高血压，记忆退化，感伤之余，故态复萌，七十五六岁写《疯癫老人的日记》，宣泄七十病翁的色情受虐心理。一是川端康成，61岁时的作品《睡美人》写丧失性机能的老男人热衷爱抚年轻女体，宣泄老年的种种愁绪。《薛大娘》与《疯癫老人的日记》《睡美人》对读，更能明白汪曾祺内心活动之一二，也更能见出他的性格特点。

《薛大娘》写一名拉皮条兼私通的中年妇女：

> 有一次，薛大娘到了家门口，对吕三说：“你下午上我这儿来一趟。”
>
> 吕先生从万全堂办完事回来，到了薛家，薛大娘一把把他拉进了屋里。进了屋，薛大娘就解开上衣，

让吕三摸她的奶子。随即把浑身衣服都脱了，对吕三说：“来！”

她问吕三：“快活吗？”——“快活。”——“那就弄吧，痛痛快快地弄！”薛大娘的儿子已经二十岁，但是她好像第一次真正做了女人。

……薛大娘不爱穿鞋袜，除了下雪天，她都是赤脚穿草鞋，十个脚趾舒舒展展，无拘无束。她的脚总是洗得很干净。这是一双健康的，因而是很美的脚。

薛大娘身心都很健康。她的性格没有被扭曲、被压抑。舒舒展展，无拘无束。这是一个彻底解放的，自由的人。

这里，汪曾祺写得小心翼翼。薛大娘有“原型”，他还写过一篇同名散文。对照散文可知，小说对原型做了调整，比如把她丈夫改成缺乏性能力，为其出轨提供“合理性”，消解道德压力。其次，主人公设为女性，汪曾祺就避开了自己的嫌疑（川端和谷崎的主人公是男性，且不忌讳读者往自己身上猜疑）。此外，汪先生还动用人性自然的“道家言论”来支持薛大娘。这种小心翼翼，不难理解，中国的性观念没日本开通，也缺乏公开的“好色”文学传统（《疯癫老人的日记》获日本“每日艺术大奖”，这就在当今中国也是不可想象的），更别说北京出版社推出的《废都》被禁。汪先生不是爱惹事的人，当然加倍小心。

但另一方面，汪先生又很大胆。跟同名散文相比，小说加大了性意味和性场面的描写力度，“她一对奶子，尖尖耸耸的”“一把把他拉进了屋里”“解开上衣，让吕三摸她的奶子”，如此“性趣盎然”，同名散文望尘莫及。结尾更重重撂下两段，先歌颂薛大娘身体“干净”“健康”，再赞美性格“没有被扭曲”“自由”。汪先生文章，向来点到为止，但此处“画龙点睛”得近乎啰嗦。

汪先生的性观念，不是惊世骇俗，只是含蓄而已。《受戒》写：“一场大焰口过后，也像一个好戏班子过后一样，会有一个两个大姑娘、小媳妇失踪，——跟和尚跑了”，是有点欣赏的。《大淖记事》写：

> 这里人家的婚嫁极少明媒正娶，花轿吹鼓手是挣不着他们的钱的。媳妇，多是自己跑来的；姑娘，一般是自己找人。她们在男女关系上是比较随便的。姑娘在家生私孩子；一个媳妇，在丈夫之外，再“靠”一个，不是稀奇事。这里的女人和男人好，还是恼，只有一个标准：情愿。

巧云跟刘号长没“明媒正娶”，但她跟十一子，也近似“丈夫之外，再‘靠’一个”。只是她处境凄苦，十一子又几乎被保安队打死，所以转移了读者的视线。在汪先生看来，性欲是“自然”的，压抑了就“畸形”。“发乎情”的婚外恋，他不以为非。他跟中国台湾作家施叔青讲：“像小英子这种乡村女孩，她们感情的发育是非常健康的，没有经过扭曲，跟城市教育的女孩不同。她们比较纯，在性的观念上比较解放……读书人表面上清规戒律，没乡下人健康。”

这种性观念，首先跟汪先生“内心的小孩”向往充满活力的“理想女性”有关。其次，也跟老师沈从文有关。沈从文宣称：“我不大能领会伦理的美。接近人生时我永远是个艺术家的感情，却绝对不是所谓道德君子的感情。”沈从文不是不讲道德，但他的“道德”跟世俗的道德不是一回事。汪曾祺也如此。

或许，还有一点谷崎“恶魔主义”（或曰“唯美主义”）的影响。谷崎小说，民国译介不少，汪曾祺少年就读过，晚年坦承在思想和艺术上都受了影响。《小孃孃》写乱伦，《窥欲》写男生偷窥竟获女老师垂青，有谷崎的味儿。尤其是《鹿井丹泉》，写和尚归来与鹿性交，最有谷崎之风：

> 鹿毛柔细温暖，归来不觉男根勃起，伸入母鹿腹中。归来未曾经此况味，觉得非常美妙。母鹿亦声唤嘤嘤，若不胜情。

该篇改自民间传说，汪曾祺说“故事本极美丽，但理解者不多”。“美”是他常用的词，但这则故事的“美”与传统语境的“美”，味道大不同。虽然浓淡有别，汪曾祺与谷崎实有某种精神呼应，只不过他的笔墨，没谷崎那样声嘶力竭，三言两语，淡淡出之，但有“千斤”在焉，用戏曲的行话讲是“千斤台词四两唱”。

川端康成宣称：“要敢于有‘不名誉’的言行，敢于写违背道德的作品，做不到的话，小说家就只好灭亡。”跟川端比，汪先生的限制更大，顾忌更多，依然敢写，勇气比川端康成大。

他自命为“顺乎自然，超功利”的曾皙派儒家，其实思想更近李贽、金圣叹、袁枚这些叛逆者。

王 干

被遮蔽的大师

—— 论汪曾祺的价值

原载 2015 年第 1 期《山花》

我们一直呼唤大师，也一直感叹大师的缺席。但有时候我们常常容易忽略大师的存在，尤其是大师在我们身边的时候，我们会选择性地色盲。有一个作家去世十八年了，他的名字反复被读者提起，他的作品反复被重版，年年在重版，甚至比他在世的时候，出版的量还要大，我们突然意识到一个大师就在我们身边，而我们却冷淡了他，雪藏了他。

他就是汪曾祺。

翻开当代的文学史，他的地位有些尴尬，在潮流之外，在专章论述之外，常常处于“还有”之列。“还有”在文学史的编写范畴中，常常属于可有可无之列，属于边缘，属于后缀性质，总之，这样一个大师被遮蔽了。

汪曾祺为什么会被遮蔽？有其现实的合理性。纵观这些年被热捧的作家常常是踩到“点”上，引发了人们的关注和围观。那么这个“点”是什么，“点”又是如何形成的？

形成中国文学的“点”，大约由两个纵横价值标杆构成。纵坐标是沿袭已久的革命文学传统价值，横坐标则是外来的文学标准，在1978年前这个外来标准，是由前苏联文学的传统构成，稍带一点俄罗斯文学的传统，比如列宁肯定过的“俄国革命的一面镜子”托尔斯泰等；而1978年以后的外来标准则偏重欧美现代主义文学体系。而汪曾祺的作品，则恰恰在这两个价值标杆之外。

先说革命文学传统。这一传统在鲁迅时代已经形成，这就是“遵命文学”，鲁迅在《呐喊》的自序里明确提出要遵命，遵先驱的命。之后发展起来的新文学传统，将“遵命文学”的呐喊精神和战斗精神渐渐钝化，慢慢演化为配合文学，配合政治，配合政策，配合运动。改革开放以后的新时期文学，出现了“伤痕文学”“反思文学”“改革文学”，这些思潮在历史的进程中发挥着巨大的作用，而汪曾祺的创作自然无法配合这些重大的文学思潮，因而就有了“我的作品上不了头条”的感慨。汪曾祺对自己作品在当时价值系统里有一个清醒的认识。“头条”在中国文学期刊就是价值的核心所在。“我的作品和政治结合得不紧。”“不是也不可能成为主流。”“我的作品和我的某些意见大概不怎么招人喜欢。”“三十多年来，我和文学保持着若即若离的关系。”这些话正好说明汪曾祺在文坛被低估的原因。苏北在《汪曾祺二三事》一文中曾经记述了汪曾祺和林斤澜的一段往事：

晚上程鹰陪汪、林在新安江边的大排档吃龙虾。啤酒喝到一半，林忽然说：“小程，听说你一个小说要在《花城》发？”

程鹰说：“是的。”林说：“《花城》不错。”停一会儿又说：“你再认真写一个，我给你在《北京文学》发头条。”

汪丢下酒杯，望着林：“你俗不俗？难道非要发头条？”林用发亮的眼睛望着汪，笑了。

汪说：“我的小说就发不了头条，有时还是末条呢。”

叶兆言在谈到汪曾祺的作品时一段话很有意思：“如果汪曾祺的小说一下子就火爆起来，结局完全会是另外一种模样。具有逆反心理的年轻人，不会轻易将一个年龄已不小的老作家引以为同志。好在一段时间里，汪曾祺并不属于主流文学，他显然是个另类，是个荡漾着青春气息的老顽童，虽然和年轻人的方式完全不一样，然而在不屑主流这一点上找到共鸣。文坛非常世故，一方面，它保守，霸道，排斥异己，甚至庸俗；另一方面，它也会见风使舵，随机应变，经常吸收一些新鲜血液，通过招安和改编重塑自己形象。毫无疑问，汪曾祺很快得到了年轻人的喜爱，而且这种喜爱可以用热爱来形容。”汪曾祺不屑于主流，主流自然也不屑于他，他被文学史置于不尴不尬的位置也就很自然了。

这也是目前的文学史对汪曾祺的评价过低的第一个原因。革命文学传统语境中的文学史评判规则所沿袭的前苏联模式，简单地说就是政治标准第一，艺术标准第二。也就是说以革命的价值多寡来衡量作品的艺术价值。“上不了头条”的汪曾祺自然就难以占据文学史的重要位置，汪曾祺很容易被划入到休闲淡泊的范畴，容易和林语堂、梁实秋、周作人为伍，只能作为文学的二流。

长期以来新文学的评判标准依赖于海外标准。这个海外标准就是前苏联的文学价值体系和西方文学尤其是现代派文学的价值体系为主、外加派生出来的汉学家评价系统所秉持的标准。汉学家的评价系统是通过翻译来了解中国的文学作品的。而汪曾祺正好是最难以翻译的中国作家之一，渗透在他作品中的中国气息和中华文化，却是通过他千锤百炼的语言精华来体现的。而翻译正好将这样的精华过滤殆尽，汪曾祺的小说如果换成另一种语言就难以传达出韵味来，而在故事的层面汪曾祺的小说是没有太多的竞争力的。因为汪曾祺奉承的就是“写小说就是写语言”。而翻译造成的语言物质的流失，无异于锅底抽薪。而汪曾祺在这两个标准中都没有地位，是游离的状态，以苏联的红色标准来看汪曾祺的作品，无疑是灰色。

1978 年新时期以来的西方现代主义热潮为何又将汪曾祺置于边缘呢?

这要从汪曾祺的美学趣味说起。汪曾祺无疑受到西方现代主义文学的巨大影响，但汪曾祺心仪的作家正好是国内现代主义热潮中不受追捧的阿索林，他写过一篇《阿索林是古怪的》，称“阿索林是我终生膜拜的作家”，在《谈风格》说到阿索林：“他是一个沉思的、回忆的、静观的作家。他特别擅长于描写安静，描写在安静的回忆中的人物的心理的潜微的变化。他的小说的戏剧性是觉察不出的戏剧性。他的‘意识流’是明澈的，覆盖着清凉的阴影，不是芜杂的，纷乱的。热情的恬淡，入世的隐逸。”而二十世纪八十年代一般人认为的现代派常常是喧嚣的、颓废的、疯狂的、不带标点符号的，叛逆而不羁，泥沙而俱下，我们从当时走红的两篇被称为“现代派”代表作的小说《你别无选择》《无主题变奏》的走红，就可以看出它恰恰是纷乱的、芜杂的、炎热的，宗旨是不安静的。之后出现的以《百年孤独》引发的拉美文学热，那种魔幻和神奇以及混合在魔幻神奇之间拉美土地的政治苦难和民族忧患，好像也是汪曾祺的作品难以达到的。

而汪曾祺所心仪膜拜的西班牙作家阿索林在中国的影响，就远远不能和那些现代主义的明星相比了。这位出生于 1873 年、卒于 1967 年的西班牙作家，在民国时期被译作“阿左林”，戴望舒和徐霞村合译过他的《塞万提斯的未婚妻》，卞之琳翻译过《阿左林小集》，何其芳自称写《画梦录》时曾经受到阿左林的影响。但即便如此，阿索林在中国翻译的外国作家里，还是算不上响亮的名字，很多研究现代文学的人也不见得了解多少，至今关于他的论文和随笔译成中文的也就二十篇左右。阿索林在中国的冷遇，说明了汪曾祺在相当一段时间内偏安一隅的境地是可以理解的。设想如果没有泰戈尔在中国的巨大影响，怎会有冰心在现代文学史上的崇高地位呢？

汪曾祺游离于上述两种文学价值体系之外，不在文学思潮的兴奋“点”上，也就不难理解了。而今他在读者和作家中的慢热，持久的热，正说明文坛在慢慢消褪浮躁，夸张地现出原形，扭曲地回归常态，被遮蔽地放出光芒。当中国文学回归理性，民族文化的自信重新确立的时候，汪曾祺开始释放出迷人而不灼热的光芒来。

汪曾祺光芒来自于他无人能替代的独特价值。汪曾祺的价值首先在于连接了曾经断裂多时中国的现代文学和当代文学。现当代文学之间的断裂是历史造成的，现代文学史上的作家在新中国成立后鲜有优秀作品出现，原因很多，有的是失去了写作的权利，有的是为了配合而失去了写作个性和艺术的锋芒。郭沫若、茅盾、巴金、曹禺等大师虽然有写作的可能，但艺术上乏善可陈，而老舍唯一的经典之作《茶馆》，按照当时的标准是准备作为废品丢弃的，幸亏焦菊隐大师慧眼识珠，才免了一场经典流失的事故。而新中国成立后出现的作家，在文脉上是刻意要和“五四”文学划清界限的，因而当代文学与现代文学隔着一道鸿沟。汪曾祺是填平这道鸿沟的人，不仅是跨越了两个时代的写作，更重要的是汪曾祺将两个时代天衣无缝地衔接在一起，而不像其他作家在两个时代写出不同的文章来。早年的《鸡鸭名家》

和晚年的《岁寒三友》放在一起，是同一个汪曾祺，而不像《女神》和《放歌集》，是两个截然不同的郭沫若。最有意味的是，汪曾祺还把他早年的作品修改后重新发表，比如《异秉》等，这一方面表现了他艺术上的精益求精，同时也看出他愿意把现代文学和当代文学进行有效的缝合。这种缝合，不是言论，而是他自身的写作。

现在人们发现汪曾祺在受到他尊重的沈从文先生的影响外，还受到了“五四”时期另一个比较边缘化的作家废名的影响。废名是一个文体家，不过他在现代文学史上的境遇不仅不如沈从文，连前面说到的二流也够不上。但废名在小说艺术上的追求、对汉语言潜能的探索不应该被忽略。而正因为汪曾祺优雅而持久的存在，才使得废名的名没有废，才使得废名的作品被人们重新拾起，才使得文学史有了对他重新估评、认识的可能。这是对现代文学史的最好传承和张扬。布鲁姆在《影响的焦虑》一书中，曾经说到这样一个观点：不是前人的作品照亮后人，而是后人的光芒照亮了前人。汪曾祺用他的作品重新照亮了沈从文，照亮了废名，也照亮了文学史上常常被遮蔽的角落。

人们常常说到汪曾祺受到沈从文的影响，而很少有人意识到“青出于蓝而胜于蓝”。如果就作品的丰富性和成熟度而言，汪曾祺已经将沈从文的审美精神进行了扩展和延伸，发展到一个新的高峰。沈从文的价值在于对乡村的抒情性描写和摒弃意识形态的叙事态度，他从梅里美、屠格涅夫等古典主义作家那里汲取营养，开创了中国风俗小说的先河。汪曾祺成功地继承了老师淡化意识形态的叙事态度和诗化、风俗化、散文化的抒情精神，但汪曾祺将沈从文的视角从乡村扩展到市井，这是一个了不起的创举。一般来说，对乡村的描写容易产生抒情、诗化意味，在欧洲的文学传统和俄罗斯文学的巨星那里，对乡村的诗意描绘已经有着庞大的“数据库”，在中国文学传统里，虽然没有乡土的概念，但是中国的田园诗歌以及由此派生出来的山水游记、隐士散文，对乡村的诗意描绘和诗性想象也有着深厚的传统积淀。而对于市井来说，中国文学少有描写，更少诗意的观照。比如《水浒传》，作为中国第一部全方位地描写市井的长篇小说，取得了卓越的成就。但《水浒传》里的市井很难用诗意来描写，这是因为市井生活和乡村生活相比，有着太多的烟火气，有着太多的世俗味。但生活的诗意是无处不在的，人们常常说不是生活缺少诗意，而是缺少发现诗意的眼睛。汪曾祺长着这样一双能够发现诗意的眼睛，他在生活当中处处能够寻觅到诗意的存在。好多人写汪曾祺印象时，会提到他那双到了晚年依然充满着童趣和水灵的眼睛。眼睛是心灵的外化。汪曾祺那双明亮、童心的眼睛让他在生活中发现了一般人忽略或不以为然的诗意。像《大淖记事》《受戒》这类带着乡村生活的题材自然会诗意盎然，当然在汪曾祺的同类题材作品中，这两篇的诗意所达到的灵性程度和人性诗意也是同时代作家无人能及的。而在《岁寒三友》《徙》《故里三陈》等纯粹的市井题材的小说中，汪曾祺让诗意润物细无声地渗透到日常生活的每一个角落。当然，或许有人说，描写故乡生活的“朝花夕拾”，容易带着记忆和回忆的情感美化剂，容易让昔日的旧人旧事产生温馨乃至诗意的光芒，因为故乡是人的心灵出发点，也是归宿点。但当你打开汪曾祺的《安乐居》《星期天》《葡萄月令》等以北京、张家口、昆明、上海为背景的作品，还是感到那股掩抑不住的人间情怀、日常美感。汪曾祺能够获得不同文化层次、不同地域读者的喜爱，是有道理的。市井，在汪曾祺的笔下获得了诗意，获得在文学生活中的同等地位，而不再是世俗的代名词，而是人的价值的体现。汪曾祺自己意识到这种市井小说的价值在于“人”的价值，他说，“‘市井小说’没有史诗，所写的都是小人小事。‘市井小说’里没有‘英雄’，写的都是极其平凡的人。‘市井小说’嘛，都是‘芸芸众生’。芸芸众生，大量存在，中国有多少城市，有多少市民？他们也都是人。既然是人，就应该对他们注视，从‘人’的角度对他们的生活观察、思考、表现。”可惜这样的文学创造价值被人忽略太久。

就语言的层面而言，沈从文可谓达到了炉火纯青的地步，他的叙述语言和人物语言都是那么的精确和自然。但不难看出，沈从文的小说语言显然带着新文学以来的痕迹，这个痕迹就是西方小说的文体，当然这就造成新文学的文体与翻译的文体形成了某种“同构”。在白话文草创时期，新文学的写作自然会下意识地接受翻译文体的影响，像鲁迅的小说语言和他翻译《铁流》的文体是非常相像的。沈从文在同时代的作家中，是对翻译文体过滤得最为彻底的作家，但毋庸置疑，沈从文的小说语言虽然带着浓郁的中国乡土气息和民间风味，也带着“五四”新文学的革新气息，但读沈从文的作品，很少会去联想到中国的古典文化和中国的文人叙事传统。而汪曾祺比之沈从文，在语句上，平仄相间，短句见长，那种比较欧化的长句几乎没有，读汪曾祺的小说，很容易会想到唐诗、宋词、元曲、笔记小说，想到《聊斋》《红楼梦》，这是因为汪曾祺自幼受到中国古典文化的熏陶，对中国文化的传统有着切身的体验和感受。比沈从文的野性、原生态要多一些文气和典雅。作为中国小说的叙事，在汪曾祺这里，完成古今的对接，也完成了对翻译文体的终结。翻译文体对中国文学的影响由来已久，也促进了中国新文学的诞生，但是翻译文体作为舶来品，最终要接上中国文化的地气。汪曾祺活在现代文学和当代文学之间，历史造就了这样的机会，让人明白什么是真正的“中国叙事”。尤其是1978年以后，中国文学面临着重新被欧化的危机，面临着翻译文体的第二潮，汪曾祺硕果仅存地提醒着意气风发一心崇外的年轻作家，“回到现实主义，回到民族传统。”汪曾祺作为“现代”文学的过来人，在当代文学时期仍然保持旺盛的创作力，他不是那种只说不练的前辈自居的过来人，他的提醒虽然不能更正一时的风气，但他作品的存在让年轻人刮目相看，心服口服。

汪曾祺的另一个价值在于用他的作品激活了传统文学在今天的生命力，唤起人们对汉语言文字的美感体验。早在二十世纪八十年代现代主义文学风起云涌的时候，他在各种场合就反复强调“回到现实主义，回到民族传统”，当时看来好像有点不合时宜，而现在看来却是至理名言，说出了中国文学的正确路径。时过三十多年，当我们在寻找呼唤“中国叙事”时，蓦然回首，发现汪曾祺已经为我们提供了经典的文本。汪曾祺通过他的创作唤醒了沉睡已久的汉语美感，激发了那些隐藏在唐诗、宋词、元曲之间的现代语词的光辉，证明了中华美文在白话文时代同样可以熠熠生辉。传统文化的影响和传承渗透在汪曾祺作品的每一个角落，他的触角在小说散文之余遍及戏剧、书画、美食、佛学、民歌、考据等诸多领域，他的国学造诣润物细无声地滋润着读者。对这方面的成就已经有很多人论述过，我不再赘述。

汪曾祺的价值还在于打通了文学创作与民间文学的内在联系，将知识分子精神、文人传统、民间情怀有机地融为一体。“五四”以来的新文学运动，是现代知识分子对旧的文化的一次成功改造。由于“五四”作家大多有着深厚的古典文学底蕴，他们的作品虽然都是拿来主义的色彩比较浓，但因国学融入到血液之中，他们的作品并不是白开水式的无味。但毋庸置疑，“五四”以来的文学存在着过于浓重的文人创作痕迹，不接地气。汪曾祺早期的小说，也带着这样的痕迹。而新中国成立之后的小说，则发生了巨大变化，他的小说文气依旧，但接地气，通民间，浑然天成。这种“天成”，或许是被动的，因为新中国成立后的文艺政策以毛泽东《在延安文艺座谈会上的讲话》为准绳，讲话的一个核心内容，就是文艺家要向民间学习，向人民学习。这让汪曾祺和同时代的作家必须放下文人的身段，从民间汲取养分，改变文风。而汪曾祺得天独厚之处，是他和著名农民作家赵树理在《说说唱唱》编辑部共事五年，赵树理是当时文学界的一面旗帜，又是汪曾祺的领导（赵树理是主编，汪曾祺是编辑部主任），汪曾祺很自然会受到赵树理的影响，汪曾祺后来曾著文回忆过赵树理对他的影响。而《说说唱唱》具体的编辑工作，又让他有机会阅读了大量来自全国各地的民间文学作品，据说有上万篇。时代的风气，同事的影响，阅读的熏陶，加之汪曾祺天生的民间情怀（早年的《异秉》就是市井民间的写照），让他对民间文学产生了浓厚的兴趣，并且融入到自己的创作之中。而 1957 年到远离城市的张家口乡村之后，更加体尝到民间文化的无穷魅力。

他的一些小说章节改写于民间故事，而在语言、结构的方面处处体现出民间文化的巨大影响。已经有一些研究者对汪曾祺所呈现出来的民间文化的特点进行了多方面的研究。也许汪曾祺的“民间性”不如赵树理、马烽、西戎等人鲜明，但汪曾祺身上那种传统文化的底蕴是山药蛋派作家难以想象和企及的，雅俗文野在汪曾祺身上得到高度和谐的统一，在这方面，汪曾祺可以说是当代文学第一人。

汪曾祺可以当之无愧地被称为二十世纪中国的文学大师，他的“大”在于融汇古今、贯彻中西，将现代性和民族性成功地融为一体，将中国的文人精神与民间的文化传统有机地结合，成为典型的中国叙事、中国腔调，他的价值是中国文学和文化的瑰宝，随着人们对他的认识深入，其价值越来越弥足珍贵，其光泽将会被时间磨洗得越发明亮迷人。

杨 早

由此进入“汪曾祺的高邮”

——重读《八千岁》

原载 2013 年 6 月 26 日《文艺报》

时间的意义

汪曾祺的故里小说中，《八千岁》不算特别显眼。它不像《受戒》(1980)、《大淖记事》(1981)那样有“破界”的意义，逮至1983年《人民文学》第2期发表《八千岁》，汪曾祺关于高邮的小说已经层见叠出：《岁寒三友》《故乡人》《徙》《王四海的黄昏》《故里杂记》《鉴赏家》《晚饭花》，连他二十世纪四十年代写高邮的《鸡鸭名家》也已重新面世。接着《八千岁》发表，还有众口称赞的《故里三陈》(尤其是《陈小手》)。《八千岁》在汪曾祺这一“高邮序列”里，似乎只是大运河中一朵浪花。

尤其是《八千岁》的题材，只是写一个吝啬的商人被当地驻军敲诈，既非抒写劳动人民的“精神美”“人情美”，也不代表“最后一个士大夫”的文人雅趣。在当年，《八千岁》可以说将《受戒》引出的“汪曾祺之问”——“小说可不可以没有意义？”推到了极致。似乎也正是因此，少有评论文章单独讨论《八千岁》，多是将它放在一连串的汪曾祺高邮小说中，说是书写了“小人物的悲欢”。

30年后回看《八千岁》，它的特别之处正在于超越了读者熟悉的劳动者、文人这两个汪曾祺笔下常见的群体，展现了小城高邮更多的社会层面与生活场域。如果我们将汪曾祺看作一个为高邮作传的写者，《八千岁》以其人物之丰富、描写之凝练，堪称进入“汪曾祺的高邮”的一把钥匙。与汪曾祺其他高邮小说相较，《八千岁》的时间比较明晰，八舅太爷进入里下河地区是“抗战军兴”之后，而这一带呈现出畸形的繁荣，是在“‘八一三’以后，日本人打到扬州，就停下来，暂时不再北进”，扬州沦陷，是1937年12月14日，而高邮被日军占领，是1939年10月2日，而汪曾祺在这年夏天离开高邮，经上海、香港往昆明考西南联大。《八千岁》的主要故事，就发生在1938年初至1939年上半年这一时段。

这一时段，念高中二年级的汪曾祺为避战乱，辗转借读于淮安中学、私立扬州中学、盐城临时中学，1938年还随祖父、父亲到高邮北乡庵赵庄住了半年——这里正是《受戒》故事的发生地，可是从《受戒》中我们完全看不出战乱的背景。时间明晰的意义，在于它决定了文本的方向。《受戒》的末尾注明“写43年前的一个梦”，这个梦是没有确切时间，它可以发生在汪曾祺高邮19年生涯的任何一个时段。甚至在那之前、之后，也没有太大的关系，只要庵赵庄没有改成人民公社，善因寺没有申请非物质文化遗产，明海与小英子的故事就会一次一次地上演（善因寺方丈石桥的原型叫铁桥，此人在高邮沦陷后投靠日本人，那时汪曾祺已不在高邮，可即使《受戒》的故事放到那时，又有什么不同？）《大淖记事》犹如一幅里下河的风俗画，而这风俗画也是长时段的，锡匠与挑夫，日复一日地重复劳作，小说结尾，巧云也挑起担子，十一子伤好了还是锡匠，刘号长被赶走了，水上保安队依然存在。日子似乎会永恒地这样过下去。但《八千岁》不一样，这篇小说写的是“变”。前半篇的“不变”，映衬着后半篇的“变”。在《八千岁》中，汪曾祺的高邮不再是一个梦，或一幅风俗长卷，视线所及，满纸都是大堤将决前的波荡。

八千岁

《八千岁》的开头算得奇崛：

> 据说他是靠八千钱起家的，所以大家背后叫他八千岁。八千钱是八千个制钱，即八百枚当十的铜元。当地以一百铜元为一吊，八千钱也就是八吊钱。按当时银钱市价，三吊钱兑换一块银元，八吊钱还不到两块七角钱。两块七角钱怎么就能起了家呢？为什么整整是八千钱，不是七千九，不是八千一？这些，谁也不去追究，然而死死地认定了他就是八千钱起家的，他就是八千岁！
>
> “八千岁”在高邮话中不知有无别义，我只猜是来自杨家将戏中的“八贤王”，即八王千岁。八千钱起家，怎么就引申成了“八千岁”？不知。但这个人总括起来，一句话就说完了：“八千岁那样有钱，又那样俭省，这使许多人很生气。”

民国的银价是逐渐走高的。按陈存仁《银元时代生活史》，1910年代，一块银元兑铜元128枚，因为3吊钱兑一块银元，当是1920—1930年的市价。而据陈存仁记载，1914年的上海米价，每担3.6元，1929年，高邮米价每担6元（大旱大涝灾时曾涨至一担24元），抗战前夕，江南米价只有5元一担（丰子恺《伍圆的话》）。在八千岁发迹的这一时期，八吊钱连一担米都买不到，而八千岁能以此贩米起家（不熟不做，他应该别无他业），靠的什么？一靠俭省，二靠“不变”。所谓“不变”，首先是米价，“早晚市价，相差无几”，十多年来，也不过从3.6元涨到了五六元。“卖稻的客人知道八千岁在这上头很精，并不跟他多磨嘴”，自然，卖米的利润也是固定的，而且做的是街坊生意，“买米的都是熟人，买什么米，一次买多少，他都清楚”。其次是他的生产方式。“这二年，大部分米店都已经不用碾子，改用机器轧米了，八千岁却还用这种古典的方法生产”，机器轧米的革新还不曾影响到八千岁的生财之道，因为“本县也还有些人家不爱吃机器轧的米，说是不香，有人家专门上八千岁家来买米的，他的生意不坏”。托庇这相对安稳的时世，八千岁才能一点一点靠着“不变”积攒起他的财富。

他的俭省，说穿了也是“不变”。永远的青菜豆腐饭，永远的草炉烧饼，汪曾祺不断用“非常简单”“非常单调”来形容他的生活。八千岁最有标志的衣着“二马裾”，用老蓝布做，“自从有了阴丹士林，这种老蓝布已经不再生产，乡下还有时能够见到，城里几乎没有人穿了”，阴丹士林创于民初，可见老蓝布已是前清的产物，款式也与“长衫兴长”的时样背离，只能盖住膝盖。而这“长衫兴长”怕也快过时了，据《高邮县志》，“二三十年代出现了学生服、西服、中山服、衬衫、卫生衫、汗衫，服装向短装发展，男子较少穿长衫”。那么，八千岁的穿着，真是双重的不合时宜，土气到家了，难怪“全城无二”。他的儿子小千岁，才十六七岁，不但也穿一身老蓝布二马裾，而且被父亲收拾得同样的嗜好全无。八千岁到底允许他养了几只鸽子，不光是宋侉子的说情，重点还在于“米店养鸽子，几乎成为通例”。八千岁虽然俭省，但也遵守行规成例，如卖稻客人来，要加荤菜，要吃茶点，他都循例招待，只是自己绝不染指。

旧时的中国看重勤俭持家，这没错，但同时也时时嘲笑那些吝啬鬼。从《笑林广记》到《儒林外史》，出格的吝啬总是人们轻蔑乃至讽骂的对象。然而八千岁的俭省至于让很多人“生气”，不光是他的行径独特，更因为这份俭省被应用到了社会生活里，那就成了“不通人情”。“竖匾两侧，贴着两个字条，是八千岁的手笔。年深日久，字条的毛边纸已经发黄，墨色分外浓黑。一边写的是‘僧道无缘’，一边是‘概不做保’。”年深日久，足见八千岁一开始营商，就坚守这两条信则。“僧道无缘”，是舍不得出钱；“概不做保”，是不愿惹麻烦。这很符合八千岁的性格，但也将他推到了“路人侧目，同行议论”的地步。

斋僧布道，打发乞丐，不仅关乎民间信仰，更重要的是传统社会的慈善互助形式。老中国是自治化程度较高的熟人社会，比如地保李三，发现了孤寡去世或“路倒”，就会“拿了一个捐簿，到几家殷实店铺去化钱，然后买一口薄皮棺材装殓起来”，同时他也帮店家驱赶串街的叫花子（《故里杂记》）。“做保”也是熟人社会的特色，是前现代的信用评估体系，所以需要“殷实铺保”，财产多寡与信用程度成正比。虽然“僧道无缘”“概不做保”的店铺不止八千岁一家，但人人都知道八千岁有钱，肯花800大洋买两匹大黑骡子，但偏偏不肯施舍，不愿做保，这是很犯众怒的作风。八千岁的为人处世，一是“万事不求人”，二是“肥水不流外人田”，这样的风格，虽然不招人待见，但和平年月，熟人社会，多半也不会有人找他的麻烦。小说里没有写到他的妻室，猜想多半被这种苦日子压死了，将来八千岁给小千岁娶亲，仍然会有人图他家的殷实把女儿嫁过去，再给他家生下小小千岁。

但这样的稳当日子，被战争一手挑破了。

八舅太爷

八舅太爷这样的人最适应乱世，聪明、胆大、不安分，而且无赖不讲理，“八舅太爷”这个绰号就是这么来的，因为高邮人“把不讲理的人叫做‘舅舅’，讲一种胡搅蛮缠的歪理，叫做‘讲舅舅理’”。如果没有战乱，八舅太爷多半在上海当他的白相人，“放浪形骸，无所不至”。即使混进了军队，也未必能公开地鱼肉乡里。然而抗战军兴，和江苏省政府委员兼江南行署主任冷欣、第三战区司令长官顾祝同都能拉上关系的八舅太爷，就成了里下河几县轮流转、说一不二的“霸王”，骂一声“汉奸”，就可以拉一个人出去军法从事，“城里和乡下的狗一见他的车队来了，赶紧夹着尾巴躲开”。

汪曾祺对这段时间高邮社会的描述极为准确而精彩：

>“‘八一三’以后，日本人打到扬州，就停下来，暂时不再北进。日本人不来，‘国军’自然不会反攻，这局面竟维持了相当长的时间。起初人心惶惶，一夕数惊，到后来大家有点麻木了；竟好像不知道有日本兵就在一二百里之外这回事，大家该做什么还是做什么。种田的种田，做生意的做生意。长江为界，南北货源虽不那么畅通，很多人还可以通过封锁线走私贩运，虽然担点风险，获利却倍于以前。一时间，几个县竟呈

现出一种畸形的繁荣，茶馆、酒馆、赌场、妓院，无不生意兴隆。”

非常时期，军事第一，八舅太爷俨然成了本地的“最高军政长官，县长、区长”。最妙的是，“当地人觉得有一支军队驻着，可以壮壮胆，军队不走，就说明日本人不会来，也似乎心甘情愿地孝敬他”。高邮社会的规则已经变换，锡匠们“顶香请愿”，虽然不见于《六法全书》，但县长不愿把他们逼急，会邀请县里的绅商商议，通过协商了解十一子与刘号子的恩仇，而在战时，军队领袖的统治合法性至高无上，八千岁这样的富商自然无法与抗。

八舅太爷在汪曾祺小说里还出场过一回，那是1992年创作的《鲍团长》。鲍团长是保安团的团长，在国民革命军里当过营长。八舅太爷闹得实在不像话，商会会长王蕴之请鲍团长出面，以军伍前辈的身份规劝八舅太爷。哪知名片递进去，回话说：“旅长说：不见！”鲍团长自觉愧对乡亲父老，这成为他去职的原因之一。

政权、绅权、行伍伦理，八舅太爷一概不顾，偏偏他还自称“戎马书生”“富贵英雄美丈夫”，占了宋侉子的踢雪乌骓，画一张画当谢礼。这样一个“风雅”的兵痞流氓，倒也是小说中民国人物形象的创格。

小城中的商人、小手工业者，受到的迫害往往来自军队与流氓。《岁寒三友》中，王瘦吾毁于流氓式商人王伯韬之手（流氓商人的穿着很特别：不论什么时候，长衫里面的小褂的袖子总翻出很长的一截。料子也是老实商人所不用的。夏天是格子纺，冬天是法兰绒。脚底下是黑丝袜，方口的黑纹皮面的硬底便鞋），陶虎臣的炮仗店，一败于当地驻军严禁冬防期间燃放鞭炮，二败于蒋介石的“新生活运动”（其实是某种意义上的全民军事化运动），最后连女儿也卖给了一个驻军连长，备受欺凌。军队与流氓，都是民国社会中的“变数”。传统社会依靠官绅共治，以此达成社会的稳定，而军队与流氓是或明或暗的破坏力量。一旦像八舅太爷那样，将军队与流氓结合起来，又恰逢乱世，便几乎可以摧毁一切人们熟知的伦理规则。

边缘人

在汪曾祺的高邮世界里，社会下层有他们的委屈、辛酸与悲苦。但他们可以依仗自己的努力寻求希望与出路，巧云与十一子的相恋，《异秉》里的陈相公有梦里与母亲对话的慰藉，“岁寒三友”都靠技艺与变革迎来过好运，八千岁更是全凭俭省起家。他们各有特色，但合在一起，构成了其乐融融、有板有眼的人间。然而新的破坏力量自外而来，不仅是流氓、军队这些有形的力量，还有时代的变动那种“惘惘的威胁”（张爱玲）。

八千岁古井不波的生活里，偶尔也会有所触动。看小千岁玩鸽子，他也觉得有趣。看见“长得像一颗水蜜桃”的虞小兰，他也会想：“长得是真好看，难怪宋侉子在她身上花了那么多钱。不过为一个姑娘花那么多钱，这值得吗？”结论且不说，八千岁肯定觉得想想这个问题，都能把自己吓一跳！所以“他赶快迈动他的大脚，一气跑回米店”。

八舅太爷一来，八千岁生活里的很多规则都守不住了。他往仙女庙贩粮，却不肯事前花钱运动。这种做法以前行，现在不行，立即被扣上了“资敌”的罪名。宋侉子是他这辈子唯一信得过的朋友，肯帮忙。宋侉子叫他拿100块钱送给虞芝兰，讲好800大洋赎人，又“说了好多好话”，才请到两个同行出面做保，将八千岁保了出来。

八千岁给自己和小千岁换上了蓝阴丹士林的长袍，刮去了“概不做保”与“僧道无缘”两道字条。跟着就是那句点睛之笔：

吃晚茶的时候，儿子又给他拿了两个草炉烧饼来，八千岁把烧饼往账桌上一拍，大声说：

“给我去叫一碗三鲜面！”

结尾的况味，与老舍《断魂枪》结末沙子龙抚摸着冰凉的枪杆，说的那句“不传，不传”有异曲同工之意。一个时代的逝去，不是升斗小民所能看清，但他们能够清晰感觉那种动荡。

这种动荡，在有些语境里，或许还是一种进步或革新的象征。但在汪曾祺的高邮世界里，那些手艺高超的匠人，那些安分守己的坐商，甚或只凭力气吃饭的贫民，都被这种动荡剥夺了按照自己意愿或常例生活的权利。

八千岁为什么只跟宋侉子要好？从生活习性、饮食爱好各方面看，两人都格格不入。或许他们的共同点，在于对米粮古典生产方式的恋慕。宋侉子喜欢贩马贩骡的浪子生涯，八千岁舍不得他的碾子与大骡子。显然，这种生产方式马上就将被机器轧米取代，而且较大的米如春裕米厂已在高邮出现，职工达数十人，碾米车间300余平方米，有16匹柴油内燃机与大小碾米机，日产大米5000至15000斤。可以想象，八千岁和宋侉子怎么敌得过这样的潮流？

跟宋侉子关系不浅的虞小兰母女，看似风光无限，其实也是时代波荡的牺牲品。虞芝兰本是前清盐务道关老爷的小妾，关老爷死后被大妇逐出，只能重张艳帜，年老色衰后又以女儿瓜代。原本的大户人家子女，被迫只能以色相事人。她们同样是新生活中的边缘人。虞小兰出来走走，“路上行人看见，就不禁放慢了脚步，或者停下来装作看天上的晚霞，好好地看她几眼。他们在心里想：这样的人，这样的命，深深为她惋惜”。美是大家都喜欢的，但这份美难以将养，只能为有权人或有钱人攫夺。

《八千岁》从一个吝啬的富商，写到一个骡马贩子，再写到一个美貌妓女，看上去并无任何叙事的逻辑，实际上，汪曾祺写的是这座小城里的一些边缘人。时代对他们的改变，就是将他们逼回生活的常态。没有这些改变，他们虽然被路人侧目，同行议论，却生活在自足的世界中。当宋侉子无马可贩；虞小兰辗转于驻军首领之间；八千岁脱下了二马裾，晚茶吃上了三鲜面，一个时代就此逝去。

当年读《八千岁》，看到最后一句，似乎作者的描写同情里夹着嘲讽。现在重读，字里行间传递的东西要复杂得多，其中一层一层的滋味，纵是起汪先生于地下，也未必说得清楚。而文学的无可替代，不正在这点儿“说不清楚”上面吗？

——尽管汪曾祺在家乡不过16年，但他日后在文学艺术上的成就，却给高邮带来意想不到的荣誉。对于汪曾祺来说，童年以及少年时代的生活是其文学创作的一个源头，而在更加漫长的外乡生活中，家乡则成为心灵的最后归宿。出发即回归，汪曾祺时刻走在归乡的途中，在他精妙绝伦的小说中，我们可以找到最好的印证。

——吴静

尤泽勇

汪老，

高邮老乡

录自《高邮人写汪曾祺》，广陵书社，2017年版汪曾祺先生有许多头衔，而在家乡人眼里，最重的头衔，是“高邮老乡”。与外地人交往，相互介绍，高邮人过去都习惯说高邮出双黄蛋；不知不觉间变了，现在不少人都爱说“高邮出了汪曾祺”，“我们跟汪曾祺是老乡”。汪老成了高邮人的名片，一张提高自己身份的名片。

我最初知道汪老，甚至大胆猜度汪老是老乡，是通过他的作品。八十年代初，汪老的《受戒》《大淖纪事》等一批以家乡为背景的优秀作品喷薄而出，万众瞩目，让我第一时间如期读到了汪老。文学在当时是“显学”，让人感动的作品，甚至引人瞩目的作品很多。过后再看，其中大多数是用笔用纸写的，让人读了就读了，感动一阵就过去了，现在还能记得的有多少呢？而汪老的作品是用心写的，入眼入脑，沁人心脾，耐人琢磨，久久挥之不去。

我也用心琢磨过。首先，直感告诉我，汪老是我们老乡，至少是里下河的。汪老小说从未直接点明高邮，我之依据是作品描绘的风物，极富地方特色的语言（我以为用高邮方言读汪老作品比看更有趣，更生动，这是家乡人的专利），以及作品塑造的人物品性，与高邮人之相近。其次琢磨的就是汪老到底写了什么，让人爱看耐看？专家的说法很多，依我不才，汪老写了人和人之本性：这个“人”，是具体的普通人，是高邮人，直至今天还在我们身边。亚里士多德说过：“诗人可能比历史学家更真实，因为他们能够看到普遍的人性的深处。”汪老透过层层迷障，让潜伏在深处的普遍的人性，真实地经由自己眼睛，诗意地流诸笔端。这是汪老作品让人普遍接受之处，高人一筹之处，也是能保持长久生命力之处。

当时汪老作品出的还不多，自己收藏就更少。而与外地的高邮籍朋友相逢，送他们的最好礼物，就是汪老作品。起初他们还漠然，我都会夸张地说：“汪曾祺之于高邮，会像鲁迅之于绍兴。”现在看来已不太夸张了。

汪老散文《故乡的食物》甫成，在某报纸连载，每天一段。我十分喜爱，悉心收集。我对烹饪一窍不通也无兴趣，但就是爱读这段段讲“吃”的文字，它表面上讲的是吃，骨子里写的是人，是故乡的人。收齐之后，寄给一个高邮籍上海人，他读了，唏嘘不已，又转寄给我们共同的朋友，一位定居在美国的高邮人。那个“美国人”回信说，读后黯然神伤，远在他国思念故土……他们都读懂了汪曾祺。

见到汪老是他第一次回故乡。第一感觉是既陌生又不陌生。如我猜测和琢磨过的，他身上富集了高邮人的种种元素，就像我们身边一个平常的人。他在高邮的短暂时间安排了许多活动，其一是给“两办”秘书讲了一课。我至今记得的，他上来就讲，秘书在古代称“幕僚”，“幕僚”就是站在大帐两边的人。这风趣的开场白，这一“汪氏定义”，让大家都放松地笑了，他自己也笑了。他说写作要“袖手于前，疾书于后”，就是写之前要想仔细，想透彻，不要急于动手，写起来则要一气呵成。汪老这一说法，让我后来受益多多。

汪老1991年秋季是第三次回乡，也是我第二次与汪老见面，这次见到了汪夫人。我不属文学圈子，汪老与我不熟，但待我很客气。那次陪他吃了一次饭，在新建的北海饭店，是当时高邮档次较高的饭店。汪老感奋家乡的变化，特题诗一首，饭店后来制作成折扇，作为小礼品赠送客人，因而汪老的小诗在小城广为流传："家近傅公桥，未闻有北海。突兀见此屋，远视东塔矮。开轩揖嘉宾，风月何须买。翠釜罗鳊白，金盘进紫蟹。酒酣挂帆去，珠湖云叆叆。"汪老赞美家乡从来是不吝啬的。席间有人托汪老为我写幅字，要汪老字的人很多，想必是不胜其烦，我以为说说也就算了。谁知不几天，汪老托人将字捎带给我。竖幅："泽勇同志嘱求实一九九一年十月高邮　汪曾祺"，下钤大大的名章。"求实"二字是汪老少用的小篆。

我有幸见过汪老三次，第三次是1994年夏季，汪老参加家乡在北京举办的经贸洽谈会，地点在全国总工会的"职工之家"酒店。那次主要请经济部门的领导和合作单位的朋友，也邀请了高邮在北京的名人，如姜恩柱、秦华孙等。会议之后一起用餐，气氛很好。汪老显得很活跃，有说有笑。我想，可能谈吃，谈高邮是他的强项，他也乐此不疲。饭后，老人面色酡然，步履踉跄，但没有急于离开，而是主动与散于各处的熟人打招呼，更多的是会议工作人员——老人几次回过家乡，已是有些朋友和熟人了。一个同事试探着想请汪老写幅字，我在一旁撺掇。汪老没有拒绝，仰着脸，眯缝着眼睛，边想边说：写什么呢？我灵机一动，说：写"我的家乡在高邮"。《我的家乡在高邮》是汪老写家乡的诗，四段，把高邮写得美极，深得家乡人的喜爱。汪老说好，就写它。说着便一边计算字数一边折起纸来，很是认真。旁边马上围起一圈人，大家凝神屏息，看着清癯秀丽的"汪体"在纸面流淌，那也是汪老对家乡，对老乡的满腔深情在流淌："我的家乡在高邮，风吹湖水浪悠悠。岸上栽的是垂杨柳，树下卧的是黑水牛……"

吴 静

家乡
在心灵回归的
路上

录自《高邮人写汪曾祺》，广陵书社，2017 年版汪曾祺自十九岁负笈昆明求学，至1981年重归故里，其间整整睽隔42年之久。汪曾祺生前对故园旧土的一往情深，以高邮为题材的文学作品，已成为当代文学的经典之作。

一、元宵佳节，酉时之子

民国九年，1920年，正月十五。这天是元宵节，高邮城处处挂起了红灯笼，满眼都是舞龙、荡湖船、送麒麟等民俗喜庆节目。当人们沉浸在新年的祈福之中，城北科甲巷汪家大院诞下一男婴，这个孩子便是日后在中国文坛享有盛誉的汪曾祺。彼刻正是日落时分的酉时，一声响亮的初啼，划破初春的暮霭，似乎兆示着这个甫降人间的孩子，将有一个不同凡响的未来。而这一天，也是唐代诗人白居易的诞辰日。

汪家似与节日有缘。汪曾祺的姐姐生于七月初七乞巧节，而其生母，生肺痨离世那天，是七月十五，即民间的"鬼节"！不知其间有何玄妙？汪曾祺既生于元宵节，自然对这一天格外钟情。汪老至晚年仍记得，小时候这样过生日："到了那天，我总是鼓捣一个很大的、下面安四个轱辘的兔子灯，晚上牵了自制兔子灯，里面插了蜡烛，在家里厅堂过道里到处跑，有时还要牵到相熟的店铺中去串门。"（《我的家》）家乡上元夜摇曳的烛光，一直映照在他记忆的深处。

汪曾祺在写高邮时说，"江浙一带人见面问起我的籍贯，答云高邮，多会肃然起敬。曰：你们那里出咸鸭蛋。好像我们那里就只出咸鸭蛋似的！"作为汪先生的故乡人，我读到这样的文字不禁莞尔。这样的经历，外出的高邮人几乎都曾遇到过。高邮咸鸭蛋之声名在外，诱人可餐，实在因为那里的水荡多，高邮麻鸭本品种优良，再兼以螺蛳和小鱼虾为天然饲料，营养丰富，下的蛋自然也好。不过，让我倍感到荣幸的是，今日提及高邮，人们除对咸鸭蛋赞不绝口，还会对汪曾祺肃然起敬，会说，哦，汪曾祺也是你们那里的！就连国家领导人，在提到高邮时也说："高邮还有个汪曾祺。"许多人正是通过汪曾祺的作品，认识了高邮，并了解那里韵味十足的风土人情。秦观是高邮最大的文人，此后虽有明代散曲家王磐、清代训诂学家王念孙父子，终究名家、大家为数不多。当代有了汪曾祺，"风流不见秦淮海，寂寞人间五百年"的慨叹就此可以休矣。

除江阴高中三年，汪曾祺在家乡只生活了十六年。但这十六年的记忆，对汪曾祺的一生却有着深远影响。他的女儿犹记得这样一件事——1976 年后，电视里播映大量的老电影，有一天是《柳堡的故事》。"插曲一唱，爸马上竖起耳朵听，继而放下手里面的文章，兴冲冲地奔向那台九吋的电视机。他端坐在那儿，聚精会神，那里平平淡淡的情节竟使他感动不已，眼中炯炯地射出亮光……"并且铁口直断："这是我家乡的事！"柳堡在宝应县，与高邮比邻，其自然风貌大类相似。"你看河边的大水车，那是我们家乡最典型的风景，那支歌是怎么唱的来着？"汪曾祺不禁哼起插曲"十八岁的哥哥哟，惦记着小英莲……小英莲！这是我们高邮姑娘的名字，我们家乡的女孩子，尽是小名叫作莲子的，大莲子，小莲子……即使不是高邮的事，也一定是在那儿拍的！"

后来，由陆建华先生策划，江苏电视台为汪曾祺拍了一部专题片，片名即《梦故乡》，大部分镜头采自高邮的风光。汪曾祺把这部片子看了一遍又一遍，儿女逗趣地说，“表现不俗，可以评一个最佳男主角”，汪曾祺竟未回话，女儿猛回头，一下子惊呆了：父亲直直地盯着屏幕，泪水顺着面颊直淌下来！

能不忆家乡?！家乡的风物景致，其一草一木，抑或一人一事，不由分说地成为汪曾祺小说中最为让人津津乐道的细节。原来，他是在以另一种方式重返家园，梦回故乡。

二、名士风度，父子相沿

著名作家叶兆言曾说：“和汪曾祺接触过的人，都应该有这样的体会，那就是他确实有本钱做名士。”是真名士自风流，做名士的第一个本钱是要博学多才。汪曾祺的文学成就时人尽知，除了这个，他还有别才，琴棋书画，起码占了三样，汪老的书画多有示人，其功底和韵味，自不待言。一般人想不到的是，他亮开嗓子摆起阵势即能昆曲，拿起笛子、看着工尺谱亦能伴奏。他嗜酒到了不要命的地步，曾自撰藏尾联“断送一生唯有，消除万虑无过”，后头藏着个“酒”字。落拓江湖载酒行，好喝酒、能喝酒是做名士的第二个本钱。其实汪曾祺的这些“本钱”都是打从他父亲那里一路相承而来的，也可以说，是19岁外出求学前在高邮打下的“底子”。

汪曾祺的父亲汪菊生当年就是高邮的一位名士。其一生风流俊雅，擅长治印与绘画。别人画画是消遣，汪菊生画画则不惜工本，花费惊人。扬州画家吴笠仙的菊花有名，菊图按朵论价，每朵大洋两元，汪菊生竟请他画了一套菊谱，花了几百大洋。受父亲影响，汪曾祺自小即喜画画，不过汪菊生并不指点儿子，只在一旁观看。倒是父亲收藏的画谱让汪曾祺受益不小，从小翻来翻去，然后胡乱涂抹。幼学如刻，贯穿一生，晚年汪曾祺以书画为乐，甚至下面条等水开的工夫，也能画一幅荷花。有内行说汪老的字比画更胜一筹，这也是小时候在父亲的建议下写“张猛龙”的结果。汪菊生还会摆弄各种乐器，弹琵琶，拉胡琴，笙箫管笛，无一不通。常带了一帮同好在大花厅里吹拉弹唱。汪曾祺初中时即爱唱戏，父亲拉胡琴，儿子唱。儿子学校开同乐会，他到学校去伴奏。汪曾祺在西南联大参加学生剧社，再后来到京剧团做编剧，尽管前者出于爱好，后者为命运的安排，但倘若不是自小受其父亲的影响，在梨园里亦未必如鱼得水。汪菊生还喜欢养花养蟋蟀养金铃子。这些都是名士的“时尚”。汪曾祺与汪菊生是“多年父子成兄弟”的那种，这一“家风”传了下来，汪曾祺家里也是“没大没小”，儿女们甚至孙女外孙们，都可以直呼他“老头儿”。多才多艺，热爱生活，为人善良，处事随和，这些方面，汪家父子庶几相似。一次，单位联欢，互赠礼物，一般人都是带点家中闲置物品或随便买点什么，汪曾祺却带了一只上好的砚台，直让同事们怀疑他家里“老货”多得很。他的字画，也是随手送人，从不吝惜。如此种种做派，让人无不忆及当年，每到寒冬腊月，或者灾荒无收之年，汪家便要发放数百担米筹子，让那些饥寒之人直接到米店兑付，此等义举传赞至今。

三、三位母亲，宅心仁厚

汪曾祺幼年失恃，虽有父亲宠爱，生活无忧，其内心毕竟多了一层悲苦。好在两位继母对他视如己出，至仁至爱。

汪曾祺曾说，生母去世时，他年方三岁。而据他的大姐巧纹说，母亲去世时，汪曾祺应是五岁。其实三岁离娘与五岁离娘都是一件让人可惜可怜之事。生母杨氏出自高邮城望族，外公杨菁曾任试用知县，杨家一向注重子女教育，后人多有成就。杨氏娘读过书，练过字，是位闺秀，惜乎体质孱弱，不幸染上“痨疾”，即肺病，娘家婆家为她四处寻医，终究不治。汪曾祺断奶后，杨氏即坚决独住一隅，自动与家人隔离，尤其不让家人把儿子抱去见她，以至汪曾祺对生母几乎一点印象都没有，甚至连她的名字都不知道。杨氏娘生前每天写一张大字以自娱，直到卧病不起。汪曾祺看过厚厚一摞母亲留下的大字习稿。

汪曾祺的第一位继母姓张，张家是高邮南乡张家庄的地主，后来迁居于高邮南门。张氏也是自幼失母，父亲再婚后，对她关心甚少，她是跟着姑妈长大的。也许是自己有着刻骨的丧母之痛，张氏嫁入汪家后，将心比心，对杨氏留下的孩子倒是十分怜爱。有一年冬天，汪曾祺将大便拉在裤子里，张氏二话不说，赶紧打来热水给他擦洗，然后抱他上床，替他围上棉被。旧时高邮有个风俗，姑娘从娘家回婆家，要让孩子手里拿着两根点着的安息香。70多年后，汪曾祺依然记得，“拿着两根安息香，偎在娘怀里。黄包车慢慢地走着，两旁人家、店铺的影子向后移动着，我有点迷糊。闻着安息香的香味，我觉得很幸福。”可以说，张氏给了汪曾祺亲生母亲般的爱。可惜的是，张氏继母也因肺病而去，刚刚得到母爱的汪曾祺又成了没娘的孩子。

第二位继母任氏进门时，汪曾祺已17岁，在外读高中。两年后，汪曾祺远赴昆明，嗣后长达40多年未曾回家，所以与任氏娘在一起的时间并不长。不过这不影响他们母慈子孝。任氏娘比汪曾祺大不了几岁，对他很客气，称他“大少爷”，汪曾祺则对其敬重有加，因为她陪着他的父亲走过了漫长的沧桑岁月。在二十世纪五十年代，汪曾祺每月会寄60元回家，相当于高邮老家两个人的工资。后来，汪的工资连降3级，仍然一次寄40元给家里，虽不再是按月寄，但这勉力挤出的钱却亦可见汪曾祺夫妇的一片孝心……即使父亲去世，汪曾祺对任氏娘与弟妹亦常有接济，尽其长子、长兄之责任。

1981年，离乡42年的汪曾祺终于回到阔别已久的家乡，一到高邮，他即提出，要回去看娘。当时任氏娘住在竺家巷，汪曾祺见面就欲行大礼，被身旁亲友拉住，乃改为向娘深鞠一躬。1986年第二次回乡，晚宴后夜已深，汪曾祺坚持回家看任氏娘。陪同他一起回家的高邮学者陈其昌先生至今犹记，顶着满头白发、已有满堂儿孙的汪曾祺固执地在任氏娘房前的台阶上长跪不起，其情其景令人动容。任氏拉他起来，他说，我是出远门常年不归的人，这是汪家规矩。任氏90大寿时，汪曾祺写信回来，嘱弟妹们一定要代他向娘磕头祝寿。

生母的过早离世固然给汪曾祺造成终身的遗憾，两位继母的慈爱却也让他有了另一番人生体验，收获了更多的亲情，使他在长长的漂泊岁月里始终心存几缕温暖。

四、桑榆之年，梦回高邮

科甲巷向北通向高邮东大街，那是旧高邮的一个繁华处所，街边店铺一家挨着一家。科甲巷的西边还有一条与之平行的巷子叫竺家巷。汪曾祺的祖父在高邮开有两家药店，汪家家境不错，宅子的气魄也不小，前门开在科甲巷，后门则在竺家巷。诸多的堂屋、房间、套房间，有四个天井，一大家子人住着，仍显宽敞有余。宅子的北边，是两间大花厅，南边一溜的大玻璃窗，阳光明媚。汪曾祺的父亲时常邀请一些新知旧雨在此喝酒唱戏，吹弹歌舞，这种雅致的情调，或许使汪曾祺自小耳濡目染，成为他文学开蒙之内因。再北边，还有一个大花园，园中有蜡梅四株，主干粗如汤碗，近春节时，繁花满树。汪家大院与东大街之间是临街的店铺，从科甲巷到竺家巷，有豆腐店、南货店、剃头店等九家店铺。汪氏两家药店之一的保全堂，就在这条街上。少年汪曾祺经常在此玩耍，在他的故园记忆中，这里无疑是最清晰的一段，以至于他以高邮为题材的《受戒》《异秉》《故里三陈》《侯银匠》等小说，都可以在这条街上找到原型，或成为其经典小说的文本源头。

这些年，汪曾祺故居不时有远道而来的造访者，他们多多少少带有一种朝圣般的心情。王安忆夫妇去年悄然去高邮，出租车复三轮车，七拐八拐，一路打听到汪曾祺的故居，如此虔诚，只因为那里曾有汪老的足迹与身影。不过，今日所见的汪曾祺故居仅为 60 平方，乃当年汪宅后门旁的小偏屋。其胞弟江海珊曾绘制汪宅的平面图，从图上看，现存的这几间偏屋应是当年的柴草房，而正屋早在私房改造时即归了公。汪曾祺晚年曾希望房管部门能归还一点祖屋供其回乡暂住，他在信中说："曾祺老矣，犹冀有机会回乡，写一点有关家乡的作品，希望能有一枝之栖。"然此区区愿望，直至汪老去世，终未能实现，想来不胜凄然。于今"死者常已矣"，憾事终成过去，后人缅怀汪老，也只有“生者当勉力”了。

又是花灯满街的元宵节，九十年前的今天，高邮城里有幸诞生了一个名叫汪曾祺的孩子。尽管汪曾祺在家乡不过16年，但他日后在文学艺术上的成就，却给高邮带来意想不到的荣誉。对于汪曾祺来说，童年以及少年时代的生活是其文学创作的一个源头，而在更加漫长的外乡生活中，家乡则成为心灵的最后归宿。出发即回归，汪曾祺时刻走在归乡的途中，在他精妙绝伦的小说中，我们可以找到最好的印证。

朱延庆

汪曾祺与

东大街

录自《高邮人写汪曾祺》，广陵书社，2017 年版汪曾祺的青少年时代是在东大街度过的。东大街在清代叫孝义东铺，新中国成立后叫人民路，年长者则通称东街。

人民路上有竺家巷和竺家小巷，可以想见历史上竺氏家族之庞大。现在大概一个姓竺的人家都不在这儿住了。竺家巷有挂牌的“汪曾祺故居”，门朝西几间低矮的瓦屋，现在是汪曾祺的弟弟汪海珊，妹妹汪丽纹、妹婿金家瑜居住。1981年汪曾祺阔别40年后在这里住过一段时间。其实这里是汪家的后门，是附属用房，汪曾祺家有好几十间房，大门在东边的科甲巷（今傅公桥路），有庭院，有花园，有客厅，有店面房，汪曾祺青少年时期怎么会住这里！汪家在臭河边还有一二十间房，另有2000多亩地，多为草地；开了“万全堂”“保全堂”两爿药店：这些都是在他祖父汪嘉勋手上置的家产。

先说竺家巷。巷口是“七拳半烧饼店”，进巷是如意楼（坐西）、得意楼（坐东）两家茶馆兼酒楼。向东在现在的“汪曾祺故居”的对面是吴大和尚烧饼店，他有漂亮的妻子，眼角上有块小疤，却疤得很美。从美学角度看，这是有缺陷的美。他有四个儿子，老四还在，七十多岁，中风了，住在老地方。问他为什么人称他父亲为吴大和尚，他摇摇头，不知道。再向南就是顾家豆腐店，有一个相当美的女儿。斜对面就是江曾祺小学同学邱麻子家，小学三年级时因为“摸”了女生，被学校开除了。巷尾是严氏阁，至今还有一个阁楼在，不知为什么老百姓都说成“胭脂阁”。严氏阁是个大的牛集市，有水塘给牛打汪汪。向东是唐家小新娘子家，汪曾祺母亲时常在自家花园里摘上几朵鲜花送给刚结婚的小新娘子。小新娘子健在，八十多岁了，还经常同人谈起那美好的回忆。再向东，即今傅公桥路东边是薛大娘家和她家的大片菜地。薛大娘是一个身心都很健康，性格没有被扭曲、被压抑，无拘无束的自由的人，她的道德观念与大户人家的太太、小姐完全不同。她主动与保全堂的蒲相公发生性关系，是因为蒲相公一年只有一个月在家与妻子相会，却要熬上十一个月。青年男女双方有意思的，她会从中撮合，急人之困，成人之美，心好。而从道德的另一个层面看，她是撮人“野合”，是与那个社会的伦理道德相抵牾的。

竺家巷的斜对面是马家线店，老板是樊川人。樊川一直属高邮管辖，二十世纪三十年代初才划归江都。马老板有个老儿子马鸿增，毕业于中央美术学院，是全国知名的美术评论家，现住南京。

马家线店的隔壁是源昌烟店，《异秉》中有详细的介绍。汪曾祺是一个老烟民，这或许与小时候常在源昌烟店玩有关吧。有关烟的知识大概也是从老板那儿学得的。源昌的老板姓韦，老邻居说：“韦家是洲上的。”“洲上”即长江中的沙洲，大概是镇江人。

源昌烟店的斜对面是戴车匠家。当时高邮城做车匠的只有三家，南门一家，北门一家，戴车匠则是东街一景。戴车匠年老时耳朵聋了，人很和善，他养了几个女儿，最后养了个儿子，惯得很。在汪曾祺的《故人往事》中特别写到，戴车匠为了独儿子养了一窝洋老鼠，装在一个一面有玻璃的长方木箱里，挂在东面墙上，引来孩子们到他家看白老鼠踩车、推磨、上楼、下楼，整天不闲。其实戴车匠对洋老鼠并无多大兴趣。每到清明节，戴车匠总为儿子车一个特大号的螺狮弓，令小朋友们都很羡慕。他的独子后来在南京中医学院药材系毕业，留在南京工作。戴车匠的手艺失传了，门面还在。高高的坡台、新漆的铺门。戴车匠左邻是侯家银匠店，后来搬到吉升酱园旁。右邻是杨家香店。这两家都有后人在。

戴车匠对面是陶家炮仗店，门面还在。《岁寒三友》中的陶虎臣的原型即是陶老板。上了年纪的人至今还记得陶家的“遍地桃花”的鞭与大花炮，还有特制的“酒梅”，尤其是会做焰火，会做“炮打泗州城”，会做别有情趣的“芦蜂追瘌子”。

陶家炮仗店西面是蓝廷芳儿子开的碗盏店。在《道士二题》中写到蓝廷芳请五坛道士到他家为他父亲超度亡灵的故事，令人惊恐色变，这是一个令汪曾祺听了很不舒服且莫名的故事。蓝廷芳是个医生，好像是镇江人。蓝家碗盏店再向西就是谈家大门楼了，这是汪曾祺祖母的父亲谈人格的家，有几十间房，连万顺酱园家的人也住在里面。汪曾祺自己说，他《徙》中的谈甓渔原型就是谈人格，他是清代同光体的诗人，编过《高邮竹枝词》，他没有做过什么大官，他的学生有的很有出息。汪曾祺在《故里杂记》中特地引录了谈人格的《警火》诗和小序。谈人格的后人开设过私塾，笔者曾在那里就读过。

谈家大门楼已经不那么高大了，只在中间留了一个过道。斜对面是竺家小巷，巷口坐西朝东的第一家住着汪曾祺小学、初中的国文老师高北溟，临街的两间门面房犹在，几易住户。如果在大门上贴上“辛夸高岭桂　未徙北溟鹏”的对联，人们会猜想，高老先生大概在家认真编校他的老师谈甓渔的诗文集吧。高家三代都是租住在这里，面积不大，还有小花园。高北溟为人正直，对学生要求很严，如今年长者还记得他的模样，当时的人给他起了个绰号“高红脸”。他遇到不如意的事就涨红了脸。他有两个女儿，大女儿高冰，一直在镇江教书，其子却一直在高邮，如今是一个规模不小的工厂的厂长。二女儿高雪因感情上的不得意、志向未酬，郁郁寡欢、抑郁而逝的凄惨故事至今还感染着很多人。高雪的丈夫汪厚基的家在草巷口，他结过三次婚，高雪前是仲氏，高雪后是戚氏。汪曾祺很尊敬、很怀念高北溟老师，高老师对他后来的写作产生了深远影响。

竺家巷斜对面是王家熏烧店，那条街上的人们都称这家为“南京老”。他家上代是从南京迁来的，“熏烧”的味道好，五香牛肉、五香兔肉、卤豆腐干、桃花鶏等都很受欢迎。尤其是蒲包肉，汪曾祺在《异秉》中特别介绍蒲包肉的做法。蒲包肉是高邮特有的熏烧，很有可能是“南京老”从南京香肚的制作中得到启发，结合本地人的口味改造、创新而成的。扬州、南京、上海等地的朋友——来过高邮的——都很赞赏味美的蒲包肉。《异秉》中的主人公王老二即是“南京老”后代的原型。“南京老”的后代改行了，不卖熏烧了，他家的手艺却传开了。在高邮城像昔日王二摆的熏烧摊很多，人们一看到熏烧摊就自然会想到王二，想到他发达的重要缘由即异秉——大小解分开。

竺家巷向东两家是邵家茶炉子，开了六七十年了，隔壁就是保全堂药店，两间铺闼子门，门对子是汪曾祺祖父亲自拟的：“保我黎民，全登寿域”，亦俗亦雅，这是药店的经营宗旨、郑重承诺，很有气势。汪曾祺常到保全堂来玩，店里的管事、刀上、同事、相公都亲切称他为“黑少”，汪曾祺很高兴，他小名叫“小黑子”，“黑少”即“小黑少爷”，那是尊称了。他几乎每天都到保全堂，他会在保全堂见到来买药的、闲坐的各种各样的人，听他们讲在家里、在书本上听不到、看不到的生动的故事，而且在保全堂里边发生着各种各样的生动的、有趣的故事。管事蒲三的艳事曾令相公们羡慕不已。保全堂是汪曾祺了解生活、观察生活、研究生活的一个重要窗口，是他青少年时期积累创作素材的一个重要来源。有的故事很离奇，汪曾祺记住了，后来写在小说里。

汪曾祺对生活感兴趣，对保全堂感兴趣，对保全堂的“相公”等也感兴趣，而且关注他们的生活、命运、遭遇。像陈相公这样的青年学徒，在那个时代很多，他们处于社会的底层，他们希望改变自己的命运，在他听到王二介绍发达的异秉后，立即到厕所上仿效之，令人忍俊不禁，但又笑不出来。保全堂几个“相公”笔者都见过，都操淮安口音，有陶相公、罗相公、陈相公等。陈相公蹲的厕所至今还在竺家巷。

保全堂的信誉很好，不卖假药，那时的药店一般都不卖假药。而可贵的是坚持卖“地道药材”。小时候曾经随父亲去保全堂配过药，后来还请汪曾祺父亲汪淡如看过迎风掉泪的眼疾。

保全堂对面是连万顺酱园，一度改成炕坊，前几年改成“如意泉”浴室了。连万顺酱园是两扇黑漆大门，不像一些店家是铺闼子门，有点像北京的“六必居”。《桥边小说三篇》中的《茶干》就是写的连万顺酱园的事。连家弟兄俩，连万顺酱园是老大连登寿开的，老二连同寿在酱醋厂做工。据说他们的父亲为他们分家而征求意见时，老大要店，老二要田，要田的境遇似乎更差些。汪曾祺笔下的连万顺是写实的，是小说，也是散文。汪曾祺喜欢的连万顺茶干还能恢复生产么？

连万顺酱园向东，隔大淖巷，再5家就是吉升酱园，老板姓张，是从车逻张家庄迁上来的，人称张二房。吉升酱园产一种陈瓜酒，近似于黄酒，其性温和，其味醇厚。患筋骨病、风湿病者都以陈瓜酒泡药材。尤其盛销于东台、大丰一带，妇女分娩时都以陈瓜酒代替姜艾汤。吉升酱园在东台刘七巷内设立分店，老板的一个儿子就是客寓在东台。一个产品消亡了，一个时代过去了；一个时代过去了，一个产品消亡了；而有的产品与时代并无多大关系。

吉升酱园正对面是科甲巷，巷内住着王姓、陈姓、夏姓人家，汪曾祺不明白为什么叫“科甲巷”，其实他们的上代有人做过官，不小的官。科甲巷扩大即现在的傅公桥路，这是汪曾祺在高邮中学读书三年时每天的必经之路，也是笔者在高邮中学读书时的必经之路。那时去傅公桥的路上，中间是很不平的不宽的砖路，20 厘米见方的大砖高高低低，两边是池塘，池塘边是稻田。傅公桥是木桥，一度年久失修，只好在桥下走跳板过河。护城河上经常有小渔船出没，坐在船后的人敲着梆子，前面的男子用小网取鱼。过了傅公桥就是大马路了。

由吉升酱园出来走一二十米就是螺蛳坝旧址，二十世纪七十年代修路时挖出大量的木桩。螺蛳坝是通向下河的重要坝口。

由螺蛳坝南向东不远是五坛，五坛是个道观。汪曾祺《道士二题》中写到。五坛离汪曾祺家很近，他常去玩。五坛的门匾上三个大字“五五社”，为什么叫“五坛”“五五社”，汪曾祺不知其意，他写道：“我小时候不知道，现在也还是不知道，真是‘道可道，非常道’！”汪曾祺出了个难题。笔者查阅了一些资料，“五坛”“五五社”都是有来历的。《礼记・三年问》：“三年之丧，何也？曰：称情而立文，因以饰群，别亲疏贵贱之节，而弗可损益也。”“三年之丧，二十五月而毕。”意思是，父母去世要服三年的孝，这是根据什么制定的呢？这是根据人的哀情制度定的礼，用它表明亲属关系，区别亲疏贵贱的界限，而且是不能任意增减的。三年之哀，二十五个月就算结束了。五五相乘为二十五，因此汉代时人常称三年之丧为“五五”。《汉堂邑令费凤碑》：“菲五五，缞杖其未除。”“菲五五”是说微服居丧二十五月。如此看来，“五坛”“五五社”是超度父母等亡灵的地方。五坛有一位入坛、在道的有身份的人，即新巷口恒记桐油楼的老板叶恒昌，汪曾祺的邻居，道行很深。蓝廷芳曾谈到叶老板到他家为父亲超度亡灵的故事，似可以作佐证。草巷口头的姜大升茶食店老板也喜欢到五坛穿上道袍开坛。

五坛不大，正面的三清殿供奉着太上老君的金身像。据年长者说，每逢荒年、水灾、旱灾，五坛成了粥厂，慈善机构在这里放粥救济穷人。五坛周围没有人家，后来被缫丝厂占用了，后来拆了，建了宿舍楼。

在汪曾祺的200万字的作品中，有90多篇、100多万字是写故乡的人和事的，其中又有一大半是写东大街，即他家周围的人和事。汪曾祺善于观察生活，观察得很认真、很仔细，他从不做笔记，但很少有差错。难忘的人和事鲜活地存在他的记忆中。随着年龄的增长，视野的拓宽，经历、阅历的丰富，他审视存在于记忆中青少年时代的故乡，因而对生活的理解更加深刻，蕴含更加隽永，给人们的启迪教育也就更加深广。回忆好像陈年的酒，时间愈长，情意愈醇、愈浓、愈厚，回味更加无穷。

汪曾祺深深爱恋着他的家乡、家乡的土地、家乡的人民。

在他的笔下，家乡的土地、家乡的水流、家乡的草木、家乡的方物、家乡的人民是何等的美丽，何等的可爱。美丽的故乡他常常魂萦梦绕，他希望家乡兴旺发达，他为文游台盍簪堂撰写了一副对联：

拾级重登，念崇台杰阁几番兴废，千载风云归梦里；

凭栏四望，问绿野平湖何日腾飞，万家哀乐到心头。

读读汪曾祺写东大街的文章，再到东大街走走看看，你会感慨良多，你会深深敬仰、怀念汪曾祺，也怀念汪曾祺笔下的繁华的东大街，怀念东大街发生的感人的故事。

如果有一家旅游公司推介出东大街风情游，那是别开生面、另有情致、别具一格的旅游。

陈其昌

骨肉情深

——汪曾祺与其兄弟姐妹

原载2007年5月16日《扬州日报》

汪曾祺自幼生活在一个有教养的传统的大家庭中，尽管十九岁离开家乡以后，家人很少有机会见面，但是汪家以汪巧纹为大姐、汪曾祺为大哥（被称为老大）的姐妹们一直相依为命、骨肉情深。

汪家姐妹不会忘记1981年那天曾祺乘班车抵达运河堤上高邮汽车站的那一刻，姐妹们久别相会，亲切问候，泪眼模糊。他们也不会忘记在当时高邮唯一的风景佳胜地——人民公园假山旁姐妹们手臂挽着手臂的合影，那是巧纹、曾祺、海珊（又名曾庆）、丽纹、锦纹谈起往事不堪回首时的临时动议，由汪曾祺的妹夫金家渝拍下了这难忘的瞬间，此时汪曾祺的脸上没有一点曾经挨整遭批、饱尝艰辛的痛楚，有的是凝神专注、满怀希望的神色。

依然满脸凄苦的巧纹确实是汪家姐妹中最苦的一个。这位上世纪的三十年代镇江师范毕业生一直心雄气傲，对其父不让她上高中考大学至今耿耿于怀，但与曾祺一直手足情深。汪曾祺上小学的时候头上生了瘌痢，年长三岁的巧纹经常为他洗头、搽药。1938年夏秋之际，巧纹执意要离家去大后方考大学，是曾祺将姐姐送到大淖河边踏上航船。一年之后，正是巧纹的信促成曾祺走出封闭小城去了大后方。后来，姐姐在重庆工作，弟弟在昆明西南联大求学。当姐姐将自己的婚事告诉曾祺时，曾祺竟然断言，姐姐与未来姐夫的婚姻走不到头。后来，果然不幸言中，就在1957年，姐夫在政治运动中自杀。从此，直到其平反，中年丧夫的姐姐巧纹含辛茹苦地将儿女拉扯成人。汪曾祺在自身不保的境遇中，仍然惦记姐姐，后来有作品问世，便将自己得到的一笔稿费的一半40元寄给姐姐。让她买些东西吃吃。于是，巧纹便用这钱作路费去了北京，有了姐弟的首都重逢，也有了曾祺阔别家乡四十二年后的合家团聚。途经巧纹住的镇江市万家巷：汪曾祺书写了一幅篆体条幅“灯火万家巷，笙歌一望江”，并画了一幅生机勃勃的“兰杜图”送给姐姐。展现在姐弟面前的已不是寒风衰草的景象，而是“兰叶春如水”、万象花似镜的情景了。汪曾祺第一次、第三次回乡，姐弟常相伴而行，拜会老师、走亲访友、逛街串巷、朝花夕拾，游者悠者。有时俩人为买一根耳朵扒子伫足挑选，有时买到了一种叫做油端子——是用面粉和萝卜丝做成放在一种铁皮模子油炸的小吃，边走边吃，津津有味。有时，姐姐对弟弟也有些意见——让我去宾馆等他，不去！叫曾祺回家找我。大作家在老姐姐面前不会有一点架子。汪曾祺出名以后，在家能直率批评他的，除了孙女便是巧纹大姐。就在汪曾祺离世前夕。他收到了巧纹大姐的一封信和祖传的一个笔筒。巧纹在信上说：“我托媳妇带给你一件爷的遗物，就是爷去年放在画桌上一个不起眼的笔筒，虽有个裂痕，权作个纪念。……这东西随我东搬西迁四十多年了。你现在画画写字，是爷唯一继承衣钵的人。”在病床上，汪曾祺听完了“信”，看到笔筒十分欣慰。

至今仍然住在汪曾祺故居的是汪曾祺的弟弟海珊、妹妹丽纹、妹婿金家渝。海珊是一位有才有艺、平和淡泊的性情中人。他待人接物、于公于私、对友对己，平和谨慎，与其大哥十分相似。在家中，他更是与大哥能够等量对饮的一位。1981 年，汪曾祺用淡墨书写了一副对联给他：“金罂密贮封缸酒，玉树双开迟桂花。”浅斟低唱的弦外之音，包含着大哥对小弟的关爱和祝福。到了 1993 年 10 月，汪曾祺以其自身的感悟书赠又一副关于酒的藏尾式的对联：断送一生唯有，消除万虑无过，钤盖的印章是“人书俱老”。其时，汪曾祺的肝部因长期饮酒已不太好，但是又改不了嗜酒的积习，因此就向小弟祖露心声：断送一生唯有（酒），三年多后，汪曾祺终因肝硬化病变恶化而去世了。海珊睹物思兄，泪流满襟。

汪曾祺与妹妹丽纹、锦纹一直是亲密无间。汪曾祺对锦纹的丈夫赵怀义常以“汪家双料女婿”戏言。赵怀义先以曾祺的大妹小纹为妻，有子三人，皆已成才。1958年小纹病逝，赵怀义又娶锦纹为妻。锦纹治家有方，深得曾祺大哥的喜爱。

1981年10月汪曾祺回乡，被安排住在县政府第一招待所一座四合院内，参加过县里接待后便直接回到老家，那是位处于城区竺家巷9号的原先汪家的几间偏房，任氏娘就住在这里。汪曾祺在大门口见到了娘，立即下跪，任氏抓住了汪的手，不让他下跪。汪曾祺第二次回乡是1986年10月27日，在家乡只有一天。他参加宴请后已经很晚，仍然执意要回去见见娘。在家里娘住的小房子台阶上下跪不起，任氏说，你快起来，你已有孙儿辈了，还要行这种大礼。汪曾祺说，我是出远门常多年不归的人，这是汪家规矩。1991年9月汪曾祺第三次回乡，见到任氏娘又要跪拜，被家里人拦住了，汪曾祺就向娘打了个丁儿。任氏过九十岁时，汪曾祺写信回来，嘱弟妹一定要点蜡烛，代磕头。

经历过政治和人生坎坷的汪曾祺是否流过泪，未见到过文字记载。然而，有几次他为友情、乡情、亲情却潸然泪下，一次是他的老师沈从文逝世时候，另一次是在北京看江苏电视台拍摄的关于汪曾祺的电视专题片《梦故乡》；还有一次则是在

1981年秋天的高邮，汪曾祺见到1947年在扬州出生的小妹陵纹时，因得知其悲凄的身世而与小妹相视而泣，语不成声。上世纪六十年代，汪曾祺“跻身”劳动改造队伍之中，高邮的汪家自从汪淡如病逝后，留住在老家偏屋的是任氏娘、汪陵纹和一个哥哥，生活一贫如洗，加之住处接连几次“奉命搬家”，又遭小偷光顾，全家立身安命异常艰难，先是陵纹的哥哥饿死，后是任氏娘欲投大运河（因熟人相劝未遂）。其时，海珊在外地自身难保，已经出嫁的丽纹、锦纹的小家庭日子也十分艰难，她们在想方设法维持着任氏娘和陵纹的生计。1963年农历二月初十，即丽纹的丈夫金家渝过三十岁的那天中午，早就想逃荒到安徽的陵纹苦苦地向母亲、姐姐和姐夫哀求，放她一条生路，让她随人去安徽谋生。当天夜晚，任氏娘、金家渝等人将陵纹送到码头上，十六岁的少女陵纹就从此漂泊他乡。后来，她十八岁在安徽嫁人成家，开始了她似乎幸福但更多的是遭打受骂的婚姻生活。1981年汪曾祺回乡见到小妹，在灯光下望着望着就哭了，陵纹流着泪讲家事、讲自己的身世，讲曾祺过去不知道的汪家人受过的苦难，更使汪曾祺泪水不止。当然，小妹见到过去未曾谋面的大哥也很高兴，她说曾祺像父亲。有时，送大哥回到住宿的招待所，膀子套膀子，心里乐滋滋的。那几天，陪大哥到高邮湖边玩，风大，大哥拉着她拍照片。陵纹到老家附近新河里洗菜，曾祺就随她到新河边，看小妹洗菜，看新河，把自己写的一首关于新河的诗读给陵纹听。汪曾祺为小妹画画、写诗，促使她从此在婚姻与家庭上开始了新的生活。当年，汪曾祺写给小妹的诗是：

陵纹小妹存玩

故乡存骨肉，有妹在安徽。
所适殊非偶，课儿心未灰。
力耕怜弱质，怀远问寒梅。
何日归欤赋，天崖暖气吹。

大哥哥　曾祺

金传捷

我与大舅舅

原载 2017 年 5 月 12 日《光明日报》

王树兴先生从北京给我微信，嘱我写一篇纪念舅舅汪曾祺的文字，并约定15号前交稿。我想了想，自我出生以来，与大舅舅仅有四回见面，每次见面时间长短不一。但虽如此，大舅舅却多次关心我，无论从文学、书法，还是个人婚姻等方面，都时时牵挂着。

我第一次见着传说中的大舅舅是在1981年10月一天的下午，当时我跟着爸妈在高邮通湖路最西端运河边的汽车站接他。这次回乡，是他应高邮县政府邀请，第一次回到阔别了42年的高邮。一车人从车上下来了，因为没见过这位大舅舅，我茫然地看着人群。这时一位60来岁，中等个子，身着中山装的老人，缓步走向我们，眼睛与我母亲汪丽纹刚一碰上，没有任何迟疑，便很笃定地拥抱在了一起。我知道了，眼前这位老人就是我的大舅舅。

大舅舅这一次回乡的时间最长，前后40天左右，前30余天住县第一招待所，后一周住家里（即现在的故居）。在高邮的这段时间，是大舅舅这一生最感惬意的时光。爸妈下班后，带着我和姐，几乎天天去招待所坐一会儿，喝茶、谈高邮往事、聊家常。只要没有官方应酬，大舅舅总会提议：回家去。我们便从招待所一路步行回家，边走边谈。一进家门，大舅舅就对我爸说，桌子搭开来，炒个鸡蛋，抓把花生，先喝起来。爸爸随即下厨做小菜。于是，我们就都围桌而坐，我就陪大舅舅先喝起来。大舅舅喝酒很慢，吃菜也很少，只是用筷子夹一条醉虾或一小撮大蒜炝茶干，品个味。更多的时候，他是问东问西，说这说那，并时时开怀大笑。有一次酒后，他让我爸把宣纸铺下来，提笔写下“滨河野筑”四个字的横幅。他自己看了这幅字说，还有点意思。我爸说这幅字有日本书法的味道。他哈哈大笑，说这是洋河大曲作的怪！

大舅舅得知我已经报名参军，问我验的是什么兵种，部队在哪儿。我告知是海军水兵，部队在上海。几天后，他即买了本紫色绒面的影集送我，并在影集的扉页用毛笔题写了：

乘长风破万里浪

送捷甥参军

曾祺一九八一年十月三十日

在我到部队写信回家报平安后，大舅舅又专门作了一首诗，写成条幅送我：

东海日升红杲杲，
水兵搏浪起身早。
昂首浩歌飘然去，
茫茫大陆一小岛。

写与小捷　一九八一年十一月　大舅舅

1986年秋，大舅舅与黄裳、林斤澜等受扬州市政协邀请到扬州参加文学活动，活动间隙，他专门回了趟高邮，这次回来只逗留了三天。回到高邮，他首先要回家看望我外婆（任氏娘）。在进家门前，他在门口的水泥台阶上给任氏娘行了跪拜礼。外婆赶紧挽住他，对他说："曾祺，不可，你也是见孙子的人了。"他说："那不行，这是汪家的规矩。"大舅舅那天很兴奋，坐在家里的瓷鼓（过去汪家花园花厅内陈设的鼓形钧窑瓷凳）上，回忆起过去花园内长了哪些植物，说他经常挟一本书，带一块王二家的牛肉，倚在树杈上，边啃牛肉边看书，一待就是半天。还说到太爷为防孩子们在花园玩得时间久，编说花园有个白胡子老头，专抓孩子。我乘兴拿出几幅练写的书法和几篇已发表过的散文，请他指点，他很仔细地看了一遍，还用铅笔为其中一篇文字改了一个词。他对我写的《傅老先生》一文大加赞赏，说这篇文章的结尾尤其好。此次他回到北京，在写给家里的信中特别提到了我："小捷很有才气，他的字很有希望，叫红梅督促他用功。让小捷学学做旧诗，写字老是抄唐诗，没劲。写自己的诗，字可以更有个性。写旧诗，不难，要他慢慢来。一开始总会不像样子，写写就好了。太爷就跟我说过：'文从胡画起，诗从放屁来。'"过不久，大舅舅又写信来，说是已为我联系好去北京鲁迅文学院学习深造，但必须要脱产学习，并寄来了入学登记表格。我当时在高邮中医院上班，找院长谈脱产学习的事，院长回说，我们医院不需要学文学的，脱产不可能。此事遂成为憾事！

大舅舅最后一次回乡是在1991年秋天，当时是应高邮商业局邀请参加北海大酒店开业活动，因"北海大酒店"的店名是由大舅舅题写的。此次，大舅舅携大舅母一起到了高邮，这是大舅母这辈子唯一一次来到高邮。他们被安排住在北海大酒店五楼的套房内，套房有会客厅和卧室组成。所住套房的客厅中，无论白天还是晚上，常常有人到访，有官方的、有民间的，也有学生。大舅舅是来者不拒，与来访者皆相谈甚欢。因北海大酒店距家里很近，步行仅三五分钟的路程，所以，一天里我们能往返好几次酒店与家中。大舅母是新华社高级记者，习惯性地随手带着相机，于是我们家人与他们在宾馆、街头、家里都拍了不少照片。著名的“高邮湖上老鸳鸯”这帧照片，是他们此次回高邮的意外收获。大舅舅与大舅母得知我当时已谈定了女朋友，都很为我高兴。临行前，大舅母从北京买了真丝料子给我的女朋友，大舅舅则亲自跑到荣宝斋买来洒金宣纸，为我书写了新婚喜联（嵌字联）：

风传金羽捷

雨湿小梅红

我最后一次见着大舅舅是 1997 年 5 月 27 日。此前表哥从北京打来电话，告知家里，老头儿已于 1997 年 5 月 16 日上午 10 时 30 分在北京友谊医院去世，遗体存放在友谊医院，定于 5 月 28 日在八宝山举行告别仪式。5 月 25 日，我妈带着我和大姐，还有高邮的几个亲戚，从高邮出发，在南京乘火车赶赴北京吊唁。5 月 27 日下午 4 时 50 分，天下着细雨，汪朝问要不要带伞，我们说不用。我们一众人步行去了友谊医院，直奔医院太平间。隔着玻璃门窗，我看到工作人员正给大舅舅整容。整容室玻璃门外站着一个全身黑衣的年轻女子，问是曾明了。我们连同汪明、汪朝都进了整容室，看工作人员为大舅舅整容。大舅舅显得很安详，面部还很饱满，依然是他活着的样子。不一会，林斤澜、李陀、李悦、俞华及坐着轮椅的史铁生也到了，他们是提前来悼唁的。5 月 28 日上午 9 时 20 分，我们到了八宝山革命公墓，参加了大舅舅的遗体告别仪式。在签名处，每人领取一枝玫瑰花和一张汪曾祺生平简介。我们作为家属，先在大舅舅遗体边分两排站好，目光接送 4 人一组从全国各地前来悼唁的人们。大舅舅躺在一片鲜花丛中，前来告别的人，一个个把手中的玫瑰花轻放在他的遗体旁。整个大厅回响着低沉的大提琴声——圣桑的《天鹅》。

这是我最后一次见着大舅舅，却没能与他说话。因为，他再也不能与我说话了！

——爸不会再回来，妈也渐渐地不再问，而且对开门的声音也淡漠了。我们知道，她的心里是明白的。她不要求我们证实，是为自己的生命留下一线希望。妈的病不断加重，话越来越少了，她常常目不转睛地望着天花板，有时露出一丝不易被察觉的笑容。

——汪明

『她看到爸了吗？』

汪 朗

老头儿“三杂”

原载 2014 年第 12 期《北方人》

我们家“老头儿”虽然被人戴上了“最后一个士大夫”“学者文学的代表”之类的帽子，杂七杂八的东西也知道一些，但是很不成体系，有杂而无学。

老头儿之杂，起码有三，看杂书，写杂文，吃杂食。

父亲看杂书的习惯，早在上大学时就有了。他在聊天时说过，当时西南联大中文系开的课，他是喜欢的上，不喜欢的就不怎么上。像闻一多先生、沈从文先生的课，他是听得很认真的。朱自清先生的课，他有时就溜号，因为觉得朱先生上课一板一眼的，不太适应。他大学肄业后，生计无着，中文系主任罗常培先生推荐他给朱先生当助教，朱先生不干，说：“这个汪曾祺连我的课都不认真听，怎么给我当助教。”这下他可傻了眼。

不过，父亲白天上课虽然有时溜号，晚上却没闲着，总泡在中文系的资料室看书，有时一直看到天亮，然后回宿舍睡觉，接着逃课。我问他都看什么书，他说：“没准儿，就是瞎翻，看到有意思的就读下去。有一次看到一本《饮膳正要》，里面有一道驴皮汤，翻完之后还琢磨，这东西能好吃吗？结论是，不好吃。”《饮膳正要》是元代饮膳太医忽思慧撰写的营养学专著。

老头儿虽然是搞文学创作的，但是家里像样的文学书却很少。1966 年之前，我们家里的书满打满算不到一书柜。别说什么孤本善本，就是人们熟知的中外名著、大师文集，都和他嘴里的牙一样，残缺不全。他曾说过，对他创作影响最大的中国作家是鲁迅、沈从文和废名，外国作家是契诃夫和阿索林。可是家里的《鲁迅全集》只有第一卷，沈从文的书只有 1957 年出版的一本小说选集，废名的作品集则一本没有。

家里虽然没有什么像样的书，但老头儿书却读了不少。他在剧团的同事说，团里资料室的书都让他翻遍了。他在剧团宿舍的床头有一个凳子，上面摞满了书，睡前总要翻翻。他在1972年底给大学同学朱德熙写信说：“今天我还为剧团买了一套吴其濬的《植物名实图考》及其长编。那里的说明都是一段可读的散文。你说过‘中国人从来最会写文章’，怎么现在这么不行了？对于文章，我寄希望于科学家，不寄希望于文学家。因为文学家大都不学无术。”当时很少有像样的书可看，但老头儿并没有闲着，但凡觉得有些意思的书刊，都要拿来翻翻。老头儿重入文坛后，很快就恢复了以往的语言风格，写出了不少有影响的作品，与他看杂书的爱好是分不开的。

老头儿书看得杂，懂得的东西也多，文章内容自然也杂。

他不是书法家，但是谈过对书法作品的印象。他不是专业画家，也写过关于中国画的文章。

他还写过一本《释迦牟尼传》，里面有大段大段韵文，据他说是参照佛教经典风格写的。父亲去世后，他的小同乡王干对我说，老头儿以前应该读过佛经，因为他的文章中涉及佛教的用语都十分精确。这些我们确实不清楚，因为只见他写过《受戒》，却从来没见他读过一部佛经。

老头儿的文章中，有许多是写吃喝的，他还编过一本《知味集》，收录了几十个文人谈吃的文章。他和我说过，这本书只有王世襄先生和李一氓先生的文章最好，一是真懂吃，二是会写。王先生一生坎坷，但对于生活始终持乐观态度。李一氓是老革命，又是文人，他在文章中写了不少当年在缺吃少喝的情况下如何改善伙食的故事，让人知道革命者其实也很懂生活。老头儿很赞同他们的人生态度，无论环境怎样，都不忘品味生活。

这其实也是他的风格。

看杂书、写杂文之外，老头儿还喜欢吃杂食，自称是个杂食动物。他生在高邮，在昆明、上海、北京住过，还跑了不少地方，对各地的吃食都很有兴趣，都想品尝一番，特别是那些稀奇古怪的东西。他去内蒙古，专门要试着生吃羊肉。

有一年他和一帮作家到广西桂林，放着宾馆的大菜不享用，非和贾平凹到街头吃小饭馆，最后相中了老友面，好像就是酸笋肉丝面。而后两人一走进小馆子，贾平凹就高叫一声："两碗老友面！"老头儿对贾平凹印象不错，除了觉得他有才外，还因为两人曾经是"面友"。

老头儿也会做上几样拿手菜，在朋友中间有点名气。

一个是煮干丝。这本来是扬州的名菜，但他进行了改良。一次他受作协之托在家中招待聂华苓，做了一道煮干丝，结果客人把碗里的最后一点汤汁都喝得干干净净，让他很是得意。还有一次，朱德熙来家里吃饭，一大碗煮干丝还剩一小半，他就对夫人何孔敬说："你不吃了吧！"随即把碗抱过来，吃了个底儿朝天。朱伯伯平时很谦和，对夫人也很好，但真碰上合口的东西就不管不顾了。真有意思。

老头儿的"三杂"对他的文学创作多有裨益。

老头儿多年的朋友黄裳先生写过一篇《也说汪曾祺》，追忆了两人的交往故事，还对他的一些作品进行了评价，都十分精到。真的是懂老头儿。

"才子文章"这等评价，也就是黄裳说得出来，因为他看清了里面的道道。

如今，老头儿和黄裳都已离去。如果真有另一个世界，他们该有许多闲聊的话题吧。

老头儿和王世襄先生也属于“杂交”。两人都喜欢写些关于饮食的文章，都能做两道菜，彼此又都认可，一来二去就有了联系。他曾经写过一篇《食道旧寻》，里面谈到王先生：“学人中真正精于烹调的，据我所知，当推北京王世襄。世襄以此为一乐。据说有时朋友请他上家里做几个菜，主料、配料、酱油、黄酒……都是自己带去。听黄永玉说，有一次几个朋友在一家会餐，规定每人备料去表演一个菜。王世襄来了，提了一捆葱。他做了一个菜：焖葱。结果把所有的菜全压下去了。此事不知是否可靠。如不可靠，当由黄永玉负责！”

王先生接着写了一篇《答汪曾祺先生》，对老头儿文章中的一些“不实之词”进行了澄清，说自己去朋友家做饭，自带食材、调料是有的，因为一般货色不尽合用，但连圆桌面都用自行车驮去则是没影儿的事。有意思的是，王先生在文中先说自己才疏学浅，怎敢厕身于学人之林，后面又说自己做的菜既不能称作“学人菜”，“名士菜”就越发地不敢。他老先生真是谦逊得可以，都是人们公认的多少行当的权威了，居然连“学人”的帽子都嫌大，不愿戴。

老头儿住在蒲黄榆时，有个周末的上午，王先生突然打来电话问地址，说是要过来一下。进门之后，他打开手里拎的一个布袋子，跟老头儿说：“刚才在红桥市场买菜，看到茄子挺好，多买了几个，骑车送过来，尝个鲜。”那是个大夏天，王先生上身一件和尚领背心，下面一条短裤，光脚穿了双凉鞋，和胡同里的老大爷没什么两样。两人没说几句话，王先生就起身走了。蒲黄榆在红桥市场南边，王先生家在北边，为了送这几个茄子，他老先生一来一去得多骑半个多小时。那年他好像已经78岁了。

那一辈文人的交往，就是这么简单纯粹。

汪　明

生死相依的

“老鸳鸯”

原载 2014 年第 12 期《北方人》

爸和妈在高邮湖上照过一张照片。微风吹拂着他们的白发，两人都笑眯眯的。爸在讲，妈在听。都说这张照片拍得好，人戏称“高邮湖上老鸳鸯”，爸和妈对这个称呼是赞许的。

这对“老鸳鸯”在风风雨雨中携手走过了近半个世纪。他们同甘苦，共荣辱，没有高谈阔论，也很少甜言蜜语；他们并不相互表白自己的忠诚，也不把彼此真挚的感情作为宣扬的资本。爸搞创作，浪漫的色彩多一些；妈搞新闻，比较实际。他们这一辈子，真是“浪漫主义与现实主义融合”的产物。

他们相识于昆明。“昆明”和“西南联大”几十年来都是最让他们兴奋的话题。说起那时的印象，妈说：“我们外文系的女生谁会看得上学中文的男生？尽是些穿长衫布鞋的乡下人！倒是听说过有个才子叫做汪曾祺。”爸说：“都说外文系有个林黛玉式的美人，远远地看过。长得真是清秀，可是病歪歪的！”大学毕业以后，他们同在一所由联大同学办的号称“中国建设中学”的学校教书，才有了交往。我们起哄：“从那时开始‘才子配佳人’的？”妈说：“那时候呀，才子穷得叮当响！”爸不甘示弱：“佳人也快‘过景’啦！”

抗战胜利后，联大的同学各奔东西。爸去上海寻求发展，妈则回福建养身体。后来北京大学西语系给妈妈寄了聘书，请她担任英语助教。妈从福建到北京，在路过上海时，爸的父亲特地跑了去，要为这位“准儿媳”买一些钻戒首饰。妈很不屑，不接受。爸爸对此也没有意见，无所谓。我问过妈：“那么值钱的东西，怎么不要呢？”妈淡淡地说：“当时觉得这很俗气。谁要他的东西呀，一个土地主！”

妈到北大后，爸也从上海到了北京。那时爸没有收入好的固定职业，精神颓唐，在作品中都有所流露，但是也有许多有滋有味的日子。爸对我们模仿妈当年站在沙滩的红楼前叫一辆三轮车："三轮！东安！"（边学边捂着嘴咕咕地笑）于是两个人一起去东安市场，吃一顿简便的西餐，逛一天旧货摊。

1958年，爸被批判之后，降了三级工资，"发配"到张家口沙岭子劳动改造。我们小时候并不明白家里出了这样大的变故。妈不愿这个阴影罩在孩子幼小的心灵上，总是说爸在沙岭子下放。爸爸每次回北京探亲，都乐呵呵地背回好些土豆、蘑菇之类的土产。正是三年自然灾害时期，家里不时有可消化的东西，真是一件值得高兴的事儿。爸的工资基本不能用来养家，一向花起钱来大手大脚的妈学会了节俭——节衣而不缩食。我记得小时候老是穿着各色补丁的衣服，显得很寒碜，让人有一种自卑的感觉。可是妈却尽可能地保证我们的营养，甚至偷偷买了一只奶羊雇人养着，让我们每天有新鲜羊奶喝。这在当时可是犯错误的事。妈一再嘱咐我们不许跟人提起这回事。我常在上学路上与这只羊擦身而过，它很瘦，乳房从未充盈。"文革"时，妈为瘦奶羊做了深刻的检讨，反省"剥削阶级"的思想倾向。

生活上和工作上的重担都压在妈一人肩上，她没法整天和颜悦色。在我的印象中，那一阵子妈的脾气很暴躁。有时爸回来，就与我们一起受呵斥。我们那时真不懂事，觉得爸从不发火，也不与妈争执，爸比妈好。于是就一边倒地偏着爸。有一次陪爸去朱德熙家，朱伯伯诚恳地说："松卿可是世上难找的好女子！你落魄，她不跟你离婚；你下去那么多年，她一个弱女子拖着三个孩子过活；人家说什么不好听的，她都得听着，受着，怎么过来的！我对她实在是钦佩之至。"爸沉默了几分钟，深深地点了点头，眼圈都红了。

爸和妈离、退休以后，爸有了更多的时间思考和写作，妈妈则不断揽回许多新闻和其他学术方面的文章翻成英文——这是她的本行。爸老说她：“我真不明白，你干这些有什么乐趣？还不是给别人做嫁衣！”“你自己有那么丰富的经历，为什么不踏踏实实地写些东西留下来呢？”妈直截了当地说：“我得这么干。我得多挣点钱，我要让家里的日子过得好一点，我要补贴孩子们的生活！”爸不断地替妈惋惜，而妈却始终没有把她多彩的经历变成优美的文字。

都说爸的文章清新、洒脱，他真是常常处于云里雾里，半人半仙的状态。他不善于，也不屑于料理俗务。文章写出来了，发表在哪些杂志上，有多少稿费，都不大搞得清楚。妈是爸真正的秘书，寄书、寄信、寄稿子，取稿费、整理文稿都是妈的事。七十几岁的人，整天在家里忙，在外面跑，乐此不疲。我笑妈：你这个老秘未免太老了吧？她就对爸说：“汪明说让你换个小秘呢！”爸直着眼，想也不想：“不要！我就对付着用这个老秘，不行吗？”“行啊，跑得动就给你跑！”

人家都是“男主外，女主内”，我们家可不是这样，妈是“大拿”——孩子、房子、票子都是妈妈操心的事。1958年以后，我们一直住妈妈单位的房子，妈说爸“没有一寸房子”。让爸给“上面”打个报告要房子，可那支生花妙笔好像有千斤重，憋得他半天也写不出一句像样的词来。最终扔出一句话：“我写不出！我不嫌挤！我愿意凑合！”只要一讨论“房子”，爸就赶快“开溜”，像一个孩子不敢正视自己最差劲的那门功课。

1995年底，妈妈一下子摔倒了，因为心脑血管病。在急救中心，她在脑子不十分清楚的状态下问我：“几点钟了？”“十二点多吧。”“叫爸爸别写了，准备吃饭啦！”我叹了口气：什么时候了，还这样瞎操心。

妈住院了，没有人管着爸抽烟，限制他喝酒，没有人和他拌嘴，也没有人大呼小叫着“老头儿”，趿拉着拖鞋在他身边走来走去地“影响”他写东西。家里真的清静了。假期我带了女儿回家小住，爸神色黯然地说：“老头儿寂寞。”

每天早晨，我和女儿还没起床，爸已经从早市上回来了，他买了鸡、牛肉，买可以滋补的东西煮汤，催着小阿姨趁热送到医院去。一到探视日，爸就早早准备好：“今天看老妈去！”有报社记者约见，“今天不行，我得去看老伴！”记者与妈也熟识，就陪了一起去。妈见有年轻人来看她，很高兴，于是爸也高兴。

妈出院后，身体很弱，一直卧在床上，心脏也经不得喜怒哀乐的刺激了。爸在书房写作，只要妈一叫“曾祺——”，就马上放下笔，颠颠地过去看。爸尽量和妈聊些轻松的，让她愉快的话题，连声音都是轻柔的。有一次妈妈忽然说：“曾祺，我爱你”，爸竟一脸惊异，大概在过去的几十年里极少甚至没有听到过妈说这句话。那段时间里，爸摊上了那场倒霉的官司，他想息事宁人，可是人家不肯善罢甘休。如果在过去，他一定有许多话要对妈讲，妈也会给他出主意，给他安慰和忠告，但现在他只有忍着，孤独地承受着这一切。我们无法扮演与妈妈同样的角色。

1997 年 5 月 16 日，爸因肝硬变而匆匆地离去。我们知道，他心里有许多放不下的事情，然而他一句话也没有交待。商量了许久，我们决定不把这个噩耗告诉妈妈。没有勇气，也没有办法。我们轮番编出谎话骗妈，强颜欢笑地说爸怎样怎样了。每次门一响，有人进屋，妈无神的双眼马上就会炯炯起来，用足了气力说：“爸爸回来了！”

爸不会再回来，妈也渐渐地不再问，而且对开门的声音也淡漠了。我们知道，她的心里是明白的。她不要求我们证实，是为自己的生命留下一线希望。妈的病不断加重，话越来越少了，她常常目不转睛地望着天花板，有时露出一丝不易被察觉的笑容。

她看到爸了吗？

汪　朝

怀念父亲

录自《你好，汪曾祺》，山东画报出版社，2007 年版

今年，父亲去世整整十个年头了。

现在，我已经习惯了没有父亲的日子，做梦也很少梦见他。父亲刚离去的那两年，我在市场上看见他最爱吃的螃蟹，或是在街头水果摊上看见新上市的瓜果，都会眼睛湿润，心里发紧，现在不会了。

父亲是地地道道的慈父，他爱孩子，只因为我们是他的孩子。和很多中国的知识分子一样，父亲一生很坎坷，可我没见过他冲我们发脾气，甚至一次严厉的脸色也没有过。对于我们学习的好坏，工作的优劣，他很少过问，并不是不关心，而是对我们完全尊重。他把自己放在跟我们完全平等的地位上，从没有指派我们为他干过什么事，直到他老了，身体不好了，他依然保持着他的自尊，不愿麻烦我们。

父亲在家里话不多，我不记得跟他有过长时间的很正式的谈话，随便聊天是常有的，但也想不起有什么特别的内容。倒是他跟一些朋友们谈得高兴了，妙语连珠，风趣幽默，满屋都是笑声。哎，那时候可真是高兴啊！

父亲在外面是个作家，可是在家里毫无威信，我们对他没大没小，极其随便，儿女和孙女们都叫他“老头儿”，他欣然接受，并且乐在其中。父亲有些驼背，我和姐姐经常会拍拍他的背，喝道：“站直！”父亲就顺从地勉力把双肩向后扳扳，然后微闭着眼睛，享受着我们的捶捶打打。有些来过我们家的人羡慕地说：“你们家气氛真好。”有的年轻作家或是编辑到家里来，由于不熟识，见到“汪老”很拘谨，我们就安慰他们：“别怕，他在家最没地位了，我们都欺负他！”

我在工厂当工人的时候，一次到同事家去，她父亲下班一进门，呼啦，全家人都涌到正房来了，接提包的、打洗脸水的、拿拖鞋的、倒茶的，各司其职。她父亲擦过脸，坐下来，每个孩子都认真地汇报自己一天的行为，她父亲略作品评，大家才各自散去。我见了这样的场面真是瞠目结舌。回来看看自己的父亲，简直一点“谱”也没有。

父亲表达父爱的方式就是给我们做好吃的，然后看着我们吃。我们爱吃什么他都知道。父亲是自己买菜的，这样他可以在买菜的路上就可以筹划着怎么做，不过他还是经常要征求我们的意见。时常拎着一块肉到屋里来问：“买了一块牛肉，怎么做，清炖还是红烧？”我们漫不经心地看看那块肉，发号施令：“清炖吧。”父亲就兴冲冲地回厨房做菜去了。有时正写着文章，他会忽然起身去给晾在阳台上的小平鱼翻个面。父亲做菜是有一定之规的，他做的菜不能太“平庸”，得有一些说法，倒不是多讲究，但必须有特点。他常在饭桌上很有兴致地给我们讲各地不同的风味特色，我却只顾大快朵颐，将那些食文化抛诸脑后。不过，在他的影响下，我们什么都吃，乐于尝试任何稀奇古怪的东西，从不挑食。前些时候我和同事一起去吃寿司，回想起多年前，父亲曾用紫菜和米饭、肉松、海米、榨菜、黄瓜丝给我做过这东西，味道清鲜，比起店里的寿司强多了。我才痛感到，原来我们吃过那么多美味的，富于意蕴的食物。现在，也只有我哥哥汪朗对父亲美食家的声誉还有所传承。

父亲在家里写文章、写字、画画、做饭、喝酒，我们都已寻常看惯，没觉得有什么特别。那些对他评价甚高的评论文章和印象访谈，他看，我们也看，看了都挺高兴，但丝毫不会对我们产生什么作用。我们还是和母亲一起攻击他，或者对他的文章乱提意见，横加指责。只要他觉得有道理，就会照着我们的意见修改。父亲的才华、文墨是无法继承的。在一次纪念西南联大的活动上，有人问，为什么在抗战那么困难的条件下，那么短的时间里，西南联大能够培养出那么多杰出的人才？父亲想了想，很有感触地说了四个字：时运使然。这句话作为父亲的写照也是很恰当的。而我们兄妹三人都性情宽厚，心境平和，那应该是得益于父母的影响和遗传。

在我们家里，说什么都百无禁忌，也常常笑谈生死。父亲晚年，身体精神都不太好，偶尔我也由不得想到他的身后。但只有在父亲去世后，我才觉得我的生命中空了一大块，知道有父亲在，是多么幸福和幸运。父亲这个称呼一般只见诸于书面，一旦这样称呼我们叫惯的“爸”和“老头儿”，其实就已经是“先父”了。父母都还健在的人们，珍惜吧。

汪 卉

“名门之后”个中味

录自《老头儿汪曾祺》，中国青年出版社，2012 年出版祖父祖母育有子女3人，父亲居长，且是独子，自然须得担负传宗接代之责。

无怪乎当得知自己怀胎十月诞下的是一名女婴时，母亲心头的自责多过喜悦：受党教育栽培多年，自是不敢违背“只生一胎好”的基本国策；汪氏这一脉，便在自己手中断了。但爷爷在见到这个猴子一般皱巴巴的小女娃时，并未显露任何不悦之色，轻轻点了点裹在襁褓之中的幼嫩手脚，老人展颜一笑：“十个指头，没多没少，挺好。”

方才降生的我自然不可能辨得这些心境与对话，然而多年后父母、姑姑笑谈当日的情景时，我却总似重新变回了那一只襁褓中的“小猴子”，懵懂地被一双双大手传来递去，心下满是迷惑与忐忑，直待落到一个有些生硬无措的怀抱中，看到一张老脸笑得漾平了皱纹，说“挺好”时，我那一颗悬在半空中的心，才静静地、缓缓地落了下来。也许就是那一刻决定了我对那个老人终生的感情，爷爷于我而言，永远是温暖、宽和、包容，可以接纳我的一切的避风之港。直到去世，他给我的始终只有满满的宠溺和爱护，从未让我产生一丝恨未生就男儿身的不甘。

蒲桥漫忆

因为父母工作忙，我人生中的最初3年是在爷爷奶奶身边度过的。两位老人虽都是学贯中西、知书明理的高级知识分子，但早已被岁月锻就一副散淡随和的性子，对我这个长孙宠爱有余而管束不足，我的日子自然过得无拘无束，无法无天。在蒲黄榆那套小小的三居室里度过的童年时光，至今仍是我人生最美好的回忆。

还记得客厅的东北角上摆放着一张桌面开裂的折叠餐桌，相邻的墙面上挂着爷爷的画作，卷轴很长，餐桌铺开便会从中将画压住，用餐时稍不注意便会有饭菜、汤汁溅洒其上。每有此事，犯错之人往往会向爷爷幽怨一瞟，大有“你的画很碍事，挡了我擦墙”之意。待至搬家时，那幅画上已黄迹斑斑，惨不忍睹。全家经研究一致认为，此画属老头儿难得之佳作，更兼有纪念意义，必须慎重压箱，珍藏。

客厅南侧东西分列着写字台和一排书柜，都是平日难见真容的事物：写字台上、下堆满了书籍杂志、报纸信函，时常呈现摇摇欲坠之势；书柜里横码竖塞、见缝插针自不必说，柜门外也码放着一摞摞小几高低的书本字纸，蔚为壮观。餐桌对面一张老旧的 3 人沙发总会因弹簧失效而让人“深陷其中”。于是，来访的编辑读者、娇人雅客往往只能落座于客厅正中一张临时架起的折叠椅上，享受书山环伺、纸堆围抱的“风雅”意境。

每逢周末，客厅便会成为我和小表妹为害全家的主要战场，我们时而将之改造为公车车厢，勒令家人买票付款，时而将之幻想为美容院，拉人进来“改头换面”。不论我们从事何种营生，最终留下的“客人”总是爷爷。那个被很多人尊敬、崇拜着的老人从没有在我们面前摆出“老头儿”以外的姿态，只是依着我们的要求呵呵笑着从存钱罐里抓出 1 分、5 分的硬币，或者一脸委屈无奈地坐在沙发上，让我们为他稀疏的白发编上小辫，再在头上裹上花头巾、套上毛线帽。

与客厅相比，爷爷的书房兼卧室自然多了几分神秘感，因为在老头儿动笔杆期间，那里是禁止出入打扰的。也许是因为年迈少眠，也许是因为清晨文思敏捷、清静无扰，印象中爷爷早上总是起得极早，凌晨四五点钟起床写作，待到八九点钟众人皆醒，他便搁笔了。我睡饱闯入时，爷爷大约已在洗笔清砚，端详品评自己刚刚完成的墨宝。我于书画一道知之甚少，只觉得老头儿的书法大略还是拿得出手的，但水墨丹青的水准却不甚稳定。山水之壮阔难以拿捏，风月之景色不擅描绘，花鸟之雅趣尚可品评，人物之勾画……往往不看则已，一看惊心。睹画知人，品文见心，爷爷的画便如他的文一样，见不得硝烟烽火壮怀激烈，却只有小桥流水脉脉温情；勾画不出庞大的结构，缜密的布局，磅礴的气势，浓烈的情仇；只是浅淡的，细腻的，清风拂杨柳、蜻蜓戏菡萏一般，让你的心痒痒的却不得挠搔；那情，那意，便在这微妙的酥麻中沁了进去，不见浓烈，却可以盘桓许久，待到形散了，意淡了，味儿却还是在的。

有美食家之誉的爷爷厨艺其实算不得过人，只是对各色菜品"背后的故事"知之甚详，总能在文章中将口腹之欲联系上几分文化内涵，让人食欲大动的同时亦得精神餍足之感，久而久之竟为汪府的"家宴"闯出一番名头，至今老家高邮仍有餐馆以此为噱头招揽生意。这位在西南联大穿过"开裆裤"，辗转京沪落魄到有意轻生，戴过"帽子"，种过葡萄画过土豆的爷爷，对于美食虽有追求之热情，却无讲究之矫情。街角小馆的一碟毛豆、路边菜摊的几把香椿，都可以让他眯起老眼，美美咂摸许久。天坛南门附近原来有个叫安乐林的公园，很小，还不及现在很多住宅小区里景观绿植的面积，爷爷时常带我去。依稀记得园里有个小秋千，总有很多遛鸟下棋聊天的老人，其他便什么也没有了。照老头儿的说法：

“安乐林围墙上开了个月亮门，门头砖额上刻着3个经石峪体的大字，像那么回事。走进去，只有巴掌大的一块地方，有几十棵杨树。当中种了两棵丁香花，一棵白丁香，一棵紫丁香，这就是仅有的观赏植物了。这个林是没有什么逛头的，在林子里走一圈，5分钟就够了。附近一带养鸟的爱到这里来挂鸟。他们养的都是小鸟，红子居多，也有黄雀。大个的鸟，画眉、百灵是极少的。他们不像那些以养鸟为生活中第一大事的行家，照他们的说法是‘瞎玩儿’。他们不养大鸟，得那太费事，‘是它玩我，还是我玩它呀？’把鸟一挂，他们就蹲在地下说话儿，——也有自己带个马扎儿来坐着的。”

爷爷不是个好鸟的，偶尔见只能言人语的画眉鹩哥上前逗弄一下，也不怎么招鸟待见。这样的园子对我一个娃娃显然无甚趣味，爷爷总爱带我来此“放风”自有他的小九九：安乐林紧挨安乐居，安乐居这家馆子虽小，兔头的美味却是极出名的。兔头是下酒之物，老头儿是贪杯之人，我便是他出门偷酒喝的幌子。爷爷于酒的贪恋绝非止于小饮怡然之境，大饮既然伤身，家人自然会有所拦阻。不同于爸爸姑姑们收效甚微的念叨劝解，奶奶的暴吼厉喝于爷爷还是颇具威慑效果的。当家主母自然知道烟酒于爷爷是才情文思的重要源泉，断不可禁绝，只能实行严格的定量控制。每每爷爷“超标”被抓，奶奶慵懒糯软的腔调便会骤然转为河东狮吼，“曾祺！”一声爆出，家人立时作鸟兽散状，以给这对老夫妻留下足够的空间“切磋”，结果当然永远是爷爷低头赔罪认错。家中空间有限，奶奶的侦查手段又远高于爷爷藏酒的心机，于是带孙辈外出游玩买菜便成了爷爷搞小动作的最佳时机。虽然奶奶和我父母多番告诫，但我和表妹偏生是两个见利忘义的，得了爷爷的“封口费”，回家自然缄口守秘，待到无人时再暗自消化、摆弄爷爷用来贿赂的糖球、玩物。可惜老头儿自己是个最瞒不住事儿的，出门的经历或早或晚都成了他散文小说的素材——若不是多日相处、观察入微，又怎能写出《安乐居》里那些入木三分、栩栩如生的酒客。

搬离蒲黄榆的时候，我暗自哭了很久。舍不得楼下让我抓虫喂兔子的那片草地；舍不得每年春节和表妹一起去买大红氢气球的那家小店；舍不得马路对面百乐饭店让人垂涎三尺的奶油蛋糕；舍不得阳台上我和表妹用来过家家和泥丸的破锅烂盆；舍不得卧室里照着奶奶翘着二郎腿看报纸的温暖日光；舍不得每天晨昏伴着鸽哨掠过清空的鸽群；舍不得爷爷卧室里供全家人挤做一堆谈天说地的那张小床；舍不得客厅里周末全家齐聚打地铺的亲热；舍不得大年三十我和表妹满脸面粉举着大姑捏的小兔子、小刺猬满屋追逐的喧闹……舍不得我懵懂无忧的童年。

但终究家搬走了，我们也长大了。福州会馆的房子大些，但总觉得有些阴冷。我和表哥、表妹年纪越长，需要补的课、报的班便越多，相聚的日子自然渐少。两个老人年过古稀，身体的问题也多了起来。那些纯洁美好的日子，便永远留在了记忆中的蒲黄榆村，成为了一个个泛着淡金色光芒的幻梦。每每忆起，泪湿眼眶。

厂甸淡梦

平心而论，爷爷奶奶从蒲黄榆搬到福州馆，居住条件还是改善不小的。若不是二老都于此离世，念及成伤，我大概也不会对那所房子这般抵触。搬家后，全家人仍是每周末在爷爷奶奶家相聚，但我们几个孙辈年岁渐长，自然耐不得永远玩些过家家、捉迷藏之类的室内游戏。福州馆的房子距鼎鼎有名的厂甸不过一站地左右，爷爷在迁居后又是画兴大发，各色颜料消耗量骤增，于是借采购颜料、装裱字画之机逛琉璃厂，探海王村，访中国书店，便成了我们表兄妹3人最为热衷的消遣。

因为嗜酒之故，爷爷的肝脏一直不甚好，搬家后终于在大夫医嘱与家人炮轰双重压力之下答应了戒酒。离开了相伴多年的杯中之物，爷爷的精神状态明显消沉下去，铺开稿纸爬格子的时候少了，转而花费了大把时间作画。画得最多的却不再是墨菊素荷，而是大片色彩艳丽的花，还有满架青青紫紫的葡萄。不得不说那个阶段爷爷的画量高而质低，颇感几分诡异的色块大量堆叠占据着画面，总给人一种意求突破而不得，欲越藩篱而难过的纠结之感。当然，这都是多年后我回想当初情景才有的感受，对于那时深为补习加课所苦的我而言，爷爷的烦闷懊丧，看在眼里，却没放在心上，只觉得老头儿的画是越练越“抽抽”了。

频繁作画，带来的必然后果就是颜料不足。我和表妹几乎每周都会根据爷爷的“订单”到荣宝斋去进购颜料，锌白、太白、花青、朱砂、赭石、铬黄、曙红……

几次下来，店员几乎都认识了我们这对小姐妹，也便宽容地看着我们对门口巧夺天工的招牌砚台“上下其手”，或是趴在柜台上对新到货的镇纸水盂大放厥辞。

买完颜料，我们通常会大摇大摆巡视一下琉璃厂街面上摆摊的行商们又进了些什么新奇玩意。时不常会有一簇来中国修学旅行的日本女学生和我们一起在摊位前驻足观看，我们姐妹二人便会很有默契地向她们投以羡慕加“鄙视”的目光：短大衣配水手服真萌，日本妞的萝卜腿好丑。

担任画材买办还是偶有薄利可图的，为了自身地位的稳固，我和表妹自觉应为提高作画之人的艺术水平做些贡献。爷爷的人物画已经接近了人神共愤的水准，花果菜蔬的绘画技法也已基本定型，改造空间不大，经过认真分析，我们决定以“禽、兽”为目标对他进行“打击”。一日我在一家小店里看到一个用草编扎染色的鸟窝摆件，心里顿时一动，咬紧牙关从我的小金库里拽出张 10 元票子递给了老板。那个鸟窝有点像织布鸟的建筑风格，巢口不是向上而是向旁开启，窝里有两只刚刚破壳的雏鸟，还有两只尚未孵化的鸟蛋，母鸟立于巢口之上，偏头斜睨着自己的骨血，整个场景极为灵动，最难能可贵的是母鸟眼中似能看出几分关怀。回到家我很欣悦地将这个摆件送给了爷爷，收礼之人对这份礼物的含义却颇感疑惑。我翻出老人颇为自满的一幅新作，指着图中雀儿呆滞外凸的眼珠，笑道：“这鸟儿的眼睛都赶上死鱼眼了，木呆呆一点灵气都没有。看我买来的鸟儿多可爱，就当模特儿送给爷爷您，以后画鸟时多学着点吧。”爷爷先是怔然，随即呵呵一乐，大呼我批评的是，以后一定好好学习改进，那只鸟窝便被他收进了书柜中最接近画案的位置，直至他离世也没挪过地方。

琉璃厂的古玩字画固然稀奇金贵，但对于年少的我们，那些买不起碰不得的东西远不及在中国书店用一点点零花钱淘换到的旧书残本。九十年代的书价远没现在夸张，虽然纸张和装帧都嫌粗陋，但编辑和出版商的负责程度却比今日高上数倍，况且中国书店除了新版图书外，更有许多二手旧本贩售。我们表兄妹几人最爱在那一堆堆纸页泛黄、封皮残破的书堆中淘宝。每每用块儿八毛的价格收走心仪的书本，小脸上会灼灼放光。家中藏书颇丰，我们虽未尽阅，但也能做到心中大致有数，买回的书册自然是爷爷书房中没有的。那一阵表妹对民俗学颇为痴迷，搜罗了一堆灶王爷的传说、水母娘娘的故事之类的薄册，爷爷的知识虽然博杂，却也算不得通晓万事，加之他对民间故事甚感兴趣，便时常追在外孙女身后，但求小丫头让出手中书册让他先一睹为快。于是常见到祖孙二人共执一册，时而对着书中内容指指点点，时而满脸认真窃窃私语，大有求知不论长幼，得道不分先后之意。

提到厂甸，自然离不开每年春节在此举办的民俗庙会。记得很小的时候父母与姑姑曾带我和表妹一起去过一次，那时庙会还没恢复到在和平门到虎坊桥之间的那段马路上举办，似乎只是在一栋大楼里聚拢些摊贩。年幼的我被大人抱在怀中，只见人头攒动，摩肩接踵，什么好玩的把戏事物都没有看到，最后留的纪念物竟是一组迪士尼卡通人物的特种邮票。2001 年，传统的厂甸庙会终于又回到了京城街头，但爷爷和奶奶此时都已不在了。那之后的每年春节，全家都会相约回到福州馆的家中，进门时手上各自拿着从庙会上搜得的诸般玩意，然后统统堆放到爷爷和奶奶的遗像面前。各色的银柳、大红的剪纸、小巧的空竹、精美的皮影……全家人便在一片浓浓的年味中挤坐在屋中的两张单人床上，聊聊近况，议议时事；碰碰最近又整理了老头儿几篇旧稿，有几家出版社上门接洽；时不时还会有人向照片里那两张眉眼含笑的和蔼面容征求下意见。

“前两天梦见爸了。”开口的是小姑，她和二老共同生活的时间最长，性格宽和心思细腻，家中诸般事务几乎都是由她打理，有“小妹如母”之称。

“又来让咱们给他烧东西改善生活？”接茬的是大姑，我生平所见最为才思敏捷牙尖嘴利之人，总是语不惊人死不休。

“烧个美人气死妈，让妈好好管管他。”我的爸爸蔫坏蔫坏地窃笑道，一点没有长兄如父的家长做派，倒是把爷爷的懒散狡黠学了个十成十。言罢全家哄笑，一派热闹中，照片中爷爷那散仙般的淡然面容似乎多了丝紧张畏惧，奶奶那春风般的舒心微笑似乎多了分威吓凌厉，于是笑声更欢，暖意更浓。

“名门”之骄，长孙之愧

记得爷爷的老友曾经逗问幼时的我，“你长大以后想干什么呀？”我蹙眉思索了一会儿，应道：“和爷爷一样，当作家。”“那作家是干什么的你知道吗？”回忆了一下我家老头子的日常做派，我成竹在胸底气十足地答道：“作家，就是坐在家里。”顿时满堂笑倒。爷爷听闻笑得尤为开心，摸着我的小脑瓜，直道：“说得好！说得好！”

随着时光流逝，我渐渐明白，虽然爷爷每天的基本功课确实是坐在家里，但是“作家”和“宅男”还是有一定区别的。作家要在纸张上码很多字，这些纸要有人愿意收走整理然后变成铅字登出来，之后邮递员会送来绿色的汇款单，单子到了邮局可以换成花花的票子，再之后我的面前便会摆上票子换来的打卤面乃至烤鸽子。

伴在爷爷奶奶身边的那些日子里，我见到了很多登门拜访爷爷的“粉丝”。虽然年幼的我还读不懂爷爷的文字，但从那些人的声音神态里，我能读懂他们对爷爷的憧憬和拜服。于是小小的心里渐渐有了大大的骄傲，在那之后的一些年里，我总喜欢在自我介绍时加上一句“我的爷爷是汪曾祺”。然而慢慢却发现，其实爷爷是一个并不太大众的作家，除了真正欣赏他文字的人和中文系的学生外，听说过汪曾祺之名的人并不多，往往提及他主笔的样板戏作品，才能得到些许响应几声喝彩。不甘的我开始通过种种可笑的方式证明老头儿的存在：书店里，我会在现当代文学区逡巡许久，然后拽着一同前往的伙伴站定在某一本书面前，自豪地指着书脊上爷爷的名字；课堂上，我发现《文学描写手册》里收录有《受戒》的片段，于是眉开眼笑地让身边的同学传阅，欣赏我家祖父的传神妙笔……直到有天听人问我：“你爷爷写的东西好在哪儿？”我才一懵。是啊，我只知道为自己有一个名人爷爷而骄傲，但却不知道我的爷爷何以成为名人，何以获得他人的尊崇和敬佩。

那之后我发奋图强，抱着一本字典，啃下了很多自己认不全读不懂的书。但凡小学到高中语文课本、教辅材料里提及的世界名著，我在四五年级时基本已翻过了一遍。之后便是困惑，看着课本里的鲁迅老舍，读着课本外的但丁雨果，哪一个都和老头儿不是一个调调，不属一种风格。他们是大家名家，那爷爷算是什么呢。于是我更加发奋地品《蒲桥》，念《旅食》，待读到《晚饭花集》，我的迷惑和矛盾已经攀升至顶峰：这些语句轻短、辞藻平淡，总结不出主要内容，分析不出中心思想，划分不出段落结构的文章，真的是好的吗？偏巧此时爷爷刊载了新作《胡同文化》，家人传阅品评的时候，我和表妹也自动自发地掺了一脚。拿着小学语文课上学来的分析方法横剖纵切一番，表妹和我得出了一样的结论：主题不明，结构松散，写胡同说着说着跑到冬储大白菜上去了，也就一篇二类文。

之后我很是伤心，觉得爷爷在我心目中的崇高地位瞬间崩塌，成了一个在小学作文课上只能拿个及格分的人物。

上了高中后，我重新鼓起勇气读起了爷爷的文章，此时方才咂摸出些门道，对这形散神不散，笔淡情却浓的境界很是钦羡。我甚至努力改变自己的行文风格向其靠拢，此举带来的直接后果是我的应试作文成绩一落千丈，引得很是看好我的语文老师捶胸顿足，于是只能回头走结构严谨、夹叙夹议的保守路线。待到大学选择了一个与文学沾不到半点关系的专业，我这长孙便算将这“名门”的承继彻底断绝了。

既与文墨无缘，我便不再轻易透露自己的家世，更尽量避开爷爷的旧友故交们，免得一见面便满耳长吁短叹，听得一片批驳我这不肖子孙弃笔从法的谴责。谁承想上班后偶然被人得知爷爷的身份，一片赞誉崇拜之词后又是一地惋惜，更有甚者认为我进入法院工作太过屈才，白白浪费了家学渊源，让我受宠若惊同时深感羞愧，不敢坦白自己腹中薄才远远无法迎合众家期待。平心而论，爷爷奶奶虽有满腹经纶，但在子孙教养方面实在贡献甚微，除了一室藏书任小辈取用翻阅外，两位老人既未传授过金石字画，也没辅导过洋文外语，他们对读者学生不吝指教，面对我们却从来想不起传道授业，害我们十余年间白白守着两座宝库，始终没有挖到宝。爷爷奶奶去世后，我时常以此为憾，但细细想来，其实二老已经将最为珍贵的财富传承给了我们：爸爸文字中的犀利睿智，大姑言辞中的妙语如珠，小姑行事间的恬淡随和，无处不见爷爷奶奶的影子。即使是我，也不时被妈妈调侃有“一身臭知识分子的假清高”，和爷爷、爸爸一个味儿。每每被如此评价，心下便一片释然，虽然没能承继爷爷的冠绝才华，但与那个淡然却执着，天真而深刻的老人相处的点点滴滴已融入我的骨血，让我如他一般不求人，但信己，倾尽全力为我能为，爱我所爱，求我所欲。

自古逢冬惟萧寥，今觉数九胜春朝，但思先祖生平事，便引豪情冲碧霄。其实很久以前我就想为爷爷写些什么，但每每思及总是难从千头万绪中理出线索脉络。此次终让我寻得了一个契机，两日间仓促成文，未及深思，下笔难免滞涩凌乱，但确是字字由心，句句肺腑。便以此文，与诸君分享一个世间最为温和良善的爷爷，一个我心目中的汪曾祺。

2011 年

后记

梁由之

百年曾祺，

歌声正酣

原载 2020 年 3 月 5 日《文汇报 · 笔会》

日征月迈，岁月如流。转眼一瞬间，享年77岁的汪曾祺先生，去世快23年了。生前，作为作家的汪老，段位极高却相对小众。年届花甲，机缘巧合才情迸发，十余年间，写出了平生泰半作品，“人间送小温”——如此而已。

改革开放以来，社会发展变迁风驰电掣，沧海桑田。热闹喧嚣的文学市场，则大幅度急剧萎缩。曾几何时，当年远比他名气大地位高的若干作家，早已门清灶冷无人问津。而汪曾祺和他的作品，经过时间和市场的双重淘洗，受欢迎的范围与程度，反倒与日俱增，沛莫能御。他的读者群，源源不断浩浩荡荡谱系驳杂蔚为大观，洵为难得的异数。舒群曾说：在生时，作品多以作家的命运为命运；而在死后若干年，作家却以作品的命运为命运。旨哉斯言。

汪曾祺出生于1920年3月5日，适逢农历庚申年元宵，肖猴。2020年3月5日，将迎来汪先生百年冥诞。自二十世纪八十年代迄今，我一直是汪老作品的忠实读者。近几年，进而成为出版界的票友，汪曾祺著作的策划者、推广者和出版人。

我正在编撰的重点书籍，有一套多卷本大部头，名为《清晰或模糊的背影——百年文人》(暂名)。除手头既有的相关书刊外，又专门搜购阅读了大量已故知名作家、学者的纪念文集。受益之余，不免私下叹息：一世文豪，驰誉当时，繁花过眼，风流云散。这类书籍，往往选文芜杂，良莠不齐，成本低廉，印刷粗糙。

没有书号、印数极少的家属或家乡自印本，亦不罕见。堪称文章精粹、印制精良、广为流布，能与逝者平生功业相称的公开出版物，委实寥若晨星。

当即发愿：汪曾祺先生百年诞辰之际，一定要编选出版一本有型有款像模像样的纪念文集，缅怀逝者，分飨同好，以为永念。随后，开始预作准备，承担起这项自认为兼具现实价值和历史意义的工作。历时经年，终告竣工。其果实，便是呈示在您面前的这本厚朴俊朗的《百年曾祺：1920—2020》。

本书近三十万字，全方位展示了几代人从不同时段、层面、角度对汪老其人其书的解读、分析和议论，精彩纷呈，饶有意趣。同时，也为汪曾祺研究提供了一份不可多得的文本。所选文章，文质并重，务必言之有物。内容广泛，举凡生平、故乡、家庭、师友、性情、爱好、阅读、创作、小说、散文、诗歌、戏剧、饮食、烟酒、书画、旅行、早中晚期、书缘人缘……，都有涉及。尽量充分覆盖，又突出重点。同时，确保局部与整体之间的丰富、驳杂、饱满和平衡。

得正文62篇，存目16篇。按时间，跨度超过70年。按地域，作者遍布东南西北中，远及海外。按辈分，有好几代人。按身份，千差万别百无禁忌。按内容，近乎包罗齐整应有尽有。至于文本价值、史料价值和可读性，敬候读者评判。每篇文章都保持原貌，一仍其旧，只有几篇论文删除了注释。因篇幅所限及其他原因，将16篇精彩且重要的文章，予以存目。

部分作者，写过多篇关于汪老的篇什，有的还出过专书（如陆建华、苏北、孙郁）。本书原则上，每人只选一篇。不计前言后记，唯有汪老多年好友、他重新开始写作并终于“总爆发”的重要推手，同时本身也是文章高手的林斤澜和邓友梅，各有两篇入选——难以割舍，不可替代。陆建华、郭娟两人，分别有一篇收入正文，一篇存目。入选文章，包括存目，能找出最初出处的，均予载明。找不到或没有把握的，则注明录自何处。

选文、分辑，花了不少心思，颇费斟酌。姑举一例：女作家那辑前4篇，宗璞、张抗抗、范小青、袁敏所写，都涉及汪老字画，情形各各不同，各有韵味。王安忆、韩蔼丽的两篇，分别写到江苏高邮、北京甘家口故居，细节侧重，各具文心。文章都好看，耐看，见性情，见手眼，可对比着看，又自成一个小单元。凡此种种，不一而足。明眼人扫一眼便知，粗心人看了也未必明白，毋庸细说。

段春娟、金实秋、苏北、王彬彬等，先后编选或主编过汪曾祺纪念文集和研究论文集，为我遴选文章提供了不少便利。各位作者，都深爱汪氏其人其文，对《百年曾祺》，无不热心襄助，乐观其成。汪家三兄妹一如既往倾力支持，帮助良多。天津人民出版社、康瑞锋兄和领读文化传媒，做了大量认真细致的具体编辑工作。张今亮兄和今亮后声团队，负责装帧设计，精益求精，尽心尽力（早在2015年，我首次做汪老的书，即商务印书馆精装新版《汪曾祺自选集》，便是今亮做的装帧设计。颇受好评，迄今已8印，叫好又叫座）。借此一并致谢。遗珠之憾，在所难免，欢迎批评、补充。日后如有机会，当予采纳、修订。

刘基诗云：人生无百岁，百岁复如何？汪老百年，不该让老头儿感觉寂寞。能为之做点实事，颇感欣慰。

汪曾祺肯定很喜欢听歌，他经常写到歌声：

墓草萋萋，落照昏黄，歌声犹在，斯人邈矣。

让画眉自由地唱它自己的歌吧！

歌声还是那样悠扬，那样明朗。

……

我想，不妨把文风卓异识别度极高的汪老作品，视同清隽美妙宛如天籁的歌声。百年曾祺，歌声正酣。千载曾祺，歌声永存。

2020年1月7日，己亥小寒后一日，初稿。

2月8日，庚子元宵深夜，改定于深圳天海楼。

时值汪曾祺先生夏历百年诞辰。

附录一：存目

1. 唐湜：虔诚的纳蕤思——谈汪曾祺的小说

录自《新意度集》，三联书店，1990年版

2. 杨义：汪曾祺

录自《中国现代小说史》第三卷第二章第六节，人民文学出版社，1991年版

3. 王尧："最后一个中国古典抒情诗人"——再论汪曾祺散文

原载1998年第1期《苏州大学学报》

4. 李陀：汪曾祺与现代汉语写作——兼谈毛文体

原载1998年第5期《花城》

5. 季红真：汪曾祺与"五四"新文化精神——汪曾祺小论

原载2009年第8期《文艺争鸣》

6. 解志熙：汪曾祺早期小说片论

原载1990年第3期《中国现代文学研究丛刊》

7. 王彬彬："十七年文学"中的汪曾祺

原载2010年第1期《文学评论》

8. 郭娟：那些明亮的忧伤——汪曾祺在一九六〇年前后

原载2018年第1期《书城》

9. 陈徒手：汪曾祺的"文革"十年

录自《人有病 天知否：一九四九年后中国文坛纪实》，人民文学出版社，2000年版

10. 罗岗：“1940”是如何通向“1980”的？——再论汪曾祺的意义

原载 2011 年第 3 期《文学评论》

11. 郭洪雷：汪曾祺小说“衰年变法”考论

原载 2013 年第 6 期《文学评论》

12. 毕飞宇：倾“庙”之恋——读汪曾祺的《受戒》

录自《小说课》，人民文学出版社，2017 年版

13. 李国涛：读《矮纸集》兼及汪曾祺小说文体描述

录自《矮纸集》，长江文艺出版社，1996 年版

14. 陆建华：谨防捧杀汪曾祺

原载 2016 年 7 月 29 日《中国艺术报》

15. 程绍国：文坛双璧——林斤澜与汪曾祺

原载 2005 年第 1 期《当代》

16. 李辉：高山流水，远近之间——黄永玉与汪曾祺交往漫记

原载 2009 年第 3 期《收获》

附录二：汪曾祺著作目录

1949—1997（详目）

《邂逅集》（小说集），文化生活出版社 1949 年 4 月。

《羊舍的夜晚》（小说集），中国少年儿童出版社 1963 年 1 月。

《汪曾祺短篇小说选》，北京出版社 1982 年 2 月。

《晚饭花集》（小说集），人民文学出版社 1985 年 3 月。

《寂寞和温暖》（小说集），中国台湾新地出版社 1986 年 8 月。

《汪曾祺自选集》（小说、散文、诗集），漓江出版社 1987 年 10 月。

《晚翠文谈》（文论集），浙江文艺出版社 1988 年 3 月。

《茱萸集》（小说集），中国台湾联合文学出版社 1988 年 9 月。

《蒲桥集》（散文集），作家出版社 1989 年 3 月。

《旅食集》（散文集），广东旅游出版社 1992 年 4 月。

《汪曾祺小品》，中国人民大学出版社 1992 年 10 月。

《中国当代作家选集丛书 · 汪曾祺》（小说、散文集），人民文学出版社 1992 年 12 月。

《汪曾祺散文随笔选集》，沈阳出版社 1993 年 6 月。

《菰蒲深处》（小说集），浙江文艺出版社 1993 年 6 月。

《榆树村杂记》（散文集），中国华侨出版社 1993 年 9 月。

《草花集》（散文集），成都出版社 1993 年 9 月。

《汪曾祺文集》（全 4 卷 5 本，选集），江苏文艺出版社 1993 年。

《塔上随笔》（散文、随笔集），群众出版社 1993 年 11 月。

《中国当代名人随笔 · 汪曾祺卷》，陕西人民出版社 1993 年 12 月。1995 年 10 月二印，封面书名加署《老学闲抄》。

《异秉：汪曾祺人生小说选》，甘肃文化出版社 1994 年 9 月。

《五味集》（散文集），中国台湾幼狮文化事业公司 1996 年 1 月。

《逝水》（散文集），中国青年出版社 1996 年 3 月。

《矮纸集》（小说集），长江文艺出版社 1996 年 3 月。

《独坐小品》（散文集），宁夏人民出版社 1996 年 11 月。

《汪曾祺散文选集》，百花文艺出版社 1996 年 12 月版。

《去年属马》（京味作品集，包括小说、散文和一个剧本），北京燕山出版社 1997 年 8 月版。

《中国当代才子书 · 汪曾祺卷》（书法、绘画、诗歌、散文、小说集），长江文艺出版社 1997 年 9 月。

（按：依次为书名、内容、出版社、初版时间。最后两本，汪老生前未及见到样书。）

1998 — 2020（简目）

《汪曾祺全集》（全 8 册），北京师范大学出版社 1998 年 8 月。

《汪曾祺书画集》，子女自印本，北京雅昌彩色印刷有限公司制版，2000 年 2 月。

《汪曾祺散文》，浙江文艺出版社 2001 年 6 月。

《晚翠文谈新编》（文论集，增订本），北京三联书店 2002 年 7 月。

《人间草木》（散文集），江苏文艺出版社 2005 年 1 月。

《大家小集 · 汪曾祺集》（小说、散文集），花城出版社 2008 年 1 月。

《汪曾祺自选集》（小说、散文、诗集，精装新版），商务印书馆 2015 年 8 月。

《汪曾祺书画》，故宫出版社 2016 年 8 月。

《汪曾祺书信集》，上海三联书店 2016 年 9 月。

《后十年集 · 小说卷》，上海三联书店 2016 年 9 月。

《后十年集 · 散文随笔卷》，上海三联书店 2016 年 9 月。

《汪曾祺文存》（全 6 卷 6 本，选集），中信出版社 2017 年 8 月。

《前十年集》，上海三联书店 2017 年 9 月。

《汪曾祺自编文集》（全 16 册），上海三联书店 2018 年 6 月至 2020 年 3 月陆续出版。

《汪曾祺全集》（全 12 册），人民文学出版社 2019 年 1 月。

《汪曾祺书画小品》，文津出版社 2020 年 3 月。

《钓人的孩子：青少年读本之汪曾祺小说》，天津人民出版社，2020 年 4 月。

《翠湖心影：青少年读本之汪曾祺散文》，天津人民出版社，2020 年 4 月。

（梁由之　编订）

附录三：汪曾祺年表

1920 年 3 月 5 日（农历正月十五）

生于江苏省高邮县（今高邮市）县城一个旧式地主家庭。祖父汪嘉勷是清朝末科的“拔贡”。父亲汪菊生，字淡如，中学毕业后在家，性情随和，多才多艺，对汪曾祺的影响很深。

1923 年（三岁）

生母杨氏死于肺病。

1926 年（六岁）

进高邮县立第五小学读书。

1932 年（十二岁）

7 月从五小毕业，9 月入高邮县立初中读书。

1935 年（十五岁）

初中毕业，同年 9 月考入江阴县（今江阴市）南菁中学读高中。

1937 年—1939 年（十七岁至十九岁）

1937 年 7 月 7 日抗日战争爆发。7 月离开南菁中学回家度暑假，不久江阴即沦陷，无法回校继续读书。此后两年中先后在淮安中学、江苏省立第二临时中学（在盐城）、私立扬州中学（迁至高邮）辗转“借读”。因为日寇逼近，时读时辍，大部分时间过着“逃难”生活。

1939 年（十九岁）

夏天由上海转道香港、越南至昆明，以第一志愿考入西南联合大学中文系。

大学期间，老师中有三位优秀的五四作家：沈从文、闻一多、朱自清。对汪曾祺影响最大的是沈从文。他在西南联大开的三门课：“各体文习作”“创作实习”“中国小说史”，汪曾祺都选了。同学之中，有后来成为著名语言学家的朱德熙、李荣和以写作《未央歌》《人子》等作品闻名于中国台湾的作家鹿桥等人。

1941 年（二十一岁）

与同学合办校园刊物《文聚》，并在第一、第二合期上刊登小说《待车》。此后，不断在刊物上发表小说、散文、诗歌等，所用笔名有“曾祺”“西门鱼”。1949 年以后，改以“曾歧”“曾芪”等笔名。

1943 年（二十三岁）

本应于这一年大学毕业。但是由于未参加必修课体育和大二英语的考试而不能毕业，留校补修课程。

1944 年（二十四岁）

这一年补习课程合格，但当局征调应届毕业生充当美军翻译，否则作开除论处。汪曾祺没有应征，故仍未取得西南联大毕业证书，只算肄业。

1945 年（二十五岁）

1 月离开西南联大，来到昆明由联大同学开办的私立中国建设中学任教。学校先是在白马坡，后迁至观音寺。此时施松卿也在建设中学任教，两人接触逐渐增多。同年 8 月，日本投降，抗战结束，汪曾祺因回家路费无着，继续滞留昆明。这一阶段，完成小说《职业》初稿，以及《小学校的钟声》《老鲁》等小说，当时无处发表，后来由沈从文推荐给郑振铎在上海主办的《文艺复兴》杂志发表。

1946 年（二十六岁）

7 月离开昆明经越南、香港转上海。由于没有大学毕业文凭，难以找到合适工作，先是在同学朱德熙的母亲家闲住，后经沈从文向李健吾推荐，9 月间由李健吾介绍到私立致远中学任中文教员。

这一期间继续写作小说、散文，在《文艺复兴》第一卷第四期上发表以意识流手法写作的存在主义小说《复仇》。

1947 年（二十七岁）

这一年发表作品较多。

4 月，《老鲁》刊登于《文艺复兴》第三卷第二期。

8 月，《绿猫》刊登于《文艺春秋》第五卷第二期。

9 月，《牙疼》刊登于京派文学刊物《文学杂志》第二卷第四期。

10 月，《戴车匠》刊登于《文学杂志》第二卷第五期；《囚犯》刊登于《人世间》复刊第七期。

11 月，《落魄》刊登于《文讯》第七卷第五期。

1948 年（二十八岁）

因施松卿上一年从老家福建到北京大学任英文系助教，3 月离开上海转赴北京。在北京大学闲居两个月后，5 月到北京历史博物馆工作。

3 月，《异秉》刊登于《文学杂志》第二卷第十期；《鸡鸭名家》刊登于《文艺春秋》第六卷第三期。

5 月，《三叶虫与剑兰花》刊登于《文艺工作》第一期。

第一本作品选集《邂逅集》由上海文化生活出版社出版。

1949 年（二十九岁）

1 月中国人民解放军进入北平，北平宣告和平解放。

春，与施松卿结婚。

3 月报名参加中国人民解放军第四野战军南下工作团，5 月离京南下到武汉，5 月至 8 月留在武汉文教局，接管了几个学校。9 月被派往汉口第二女中任副教导主任。

1950 年（三十岁）

7 月离开武汉回到北京，在北京市文联工作，在《北京文艺》杂志任编辑。

1954 年（三十四岁）

创作京剧剧本《范进中举》刊登于 1955 年《剧本》增刊。后在 1956 年获北京市戏剧调演剧本一等奖。

1955 年（三十五岁）

2 月调至中国民间文艺研究会，任《民间文学》杂志编辑。

整理评书《程咬金卖柴筢》等。

1956 年（三十六岁）

写作散文《冬天的树》《下水道和孩子》等。

1957 年（三十七岁）

发表散文诗《早春》、散文《国子监》等一些作品。

因在单位的黑板报上的一篇文章提出人事安排能否征求党外人士的意见，遭到不公正批判。

1958 年（三十八岁）

夏秋之际在文联系统整风复查中被撤销职务，连降三级，10 月下放到河北省张家口农业科学研究所劳动改造。

1960 年（四十岁）

继续留在农业科学研究所。主要工作是画了两部图谱：《中国马铃薯图谱》和《中国口蘑图谱》，但都没有出版。后来两部图谱的手稿在农科所都被毁掉了。

1962 年（四十二岁）

1 月调回北京，任北京京剧团（后改名为北京京剧院）编剧，直至离休。

根据在农科所的生活经历创作短篇小说《羊舍一夕》，经调查后在《人民文学》杂志上发表。这是汪曾祺在新中国成立后发表的第一篇小说。以后，又连续发表了《看水》和《王全》两篇短篇小说，均以农科所为背景。

创作京剧剧本《王昭君》（由李世济演出）、《凌烟阁》（未演出）。

1963 年（四十三岁）

小说集《羊舍的夜晚》由中国少年儿童出版社出版，集中收录了上述三篇小说，共四万字左右。这是汪曾祺新中国成立后出版的第一部作品集。

创作京剧《小翠》（与薛恩厚合作。当时未演出，1976 年改名为《狐仙小翠》，由中国评剧院上演逾百场）。

冬天，接受指派的任务，与杨毓岷、肖甲、薛恩厚一道，将文牧原著的沪剧《芦荡火种》改编为现代京剧。京剧剧名最初叫《地下联络员》，负责人看过彩排后很不满意，下令重新改编。

1964 年（四十四岁）

《地下联络员》二稿改用沪剧原名《芦荡火种》，并参加了当年举行的全国京剧现代戏观摩演出。毛泽东看过后提出具体修改意见，并指出戏名可改为《沙家浜》或《芦苇荡》。

1965 年（四十五岁）

《沙家浜》改定并正式演出，剧本于 1966 年由北京出版社出版。参加现代京剧《红蓍》的编剧工作。

1966 － 1976 年（四十六岁至五十六岁）

1968 年 6 月，因需要创作修改“样板戏”。

1970 年 5 月，参加《沙家浜》剧本定稿工作。以后还参与了京剧《杜鹃山》的编剧工作。

此外，还参与了许多京剧剧本的编剧工作，如《山城旭日》《草原烽火》《敌后武工队》《平原游击队》等，全部奉命行事，基本徒劳无功。

1978年（五十八岁）

小说《骑兵列传》在《人民文学》杂志上发表。这是汪曾祺1964年后发表的第一篇小说。

12月，中共中央十一届三中全会召开。

1980年（六十岁）

1月，写成小说《塞下人物记》，发表于当年《北京文艺》9月号。

5月，重写旧作《异秉》。

8月，写成小说《受戒》，发表于当年10月号的《北京文艺》，并获该年度北京文学奖。

8月下旬，写成小说《岁寒三友》。

12月，写成小说《寂寞与温暖》。

随着一批文学作品的问世，在中国文坛上重新引起人们注意。

1981年（六十一岁）

1月，《异秉》在《雨花》杂志发表。

2月，写作小说《大淖记事》，在《北京文学》4月号上发表，并被《小说月报》《新华月报》等杂志转载。这一作品获得1981年度全国优秀短篇小说奖和北京文学奖。

发表的作品主要还有：

小说《岁寒三友》，《十月》第三期。

《鸡毛》，《文汇月刊》9月号。

《徙》，《北京文学》10月号。

《七里茶坊》，《收获》第五期。

文论《沈从文和他的〈边城〉》，《芙蓉》第二期，后获《芙蓉》文学奖。

散文《关于葡萄》，《安徽文学》12月号。

10 月，应高邮县人民政府的邀请回乡访问，这是汪曾祺自 1939 年离家之后第一次回到故乡。

1982 年（六十二岁）

《汪曾祺短篇小说选》由北京出版社出版。

发表作品主要有：

小说《晚饭花》，《十月》第一期。

《皮凤三楦房子》，《上海文学》3 月号。

《王四海的黄昏》，《小说界》第二期。

《钓人的孩子》，《海燕》4 月号。

《鉴赏家》，《北京文学》5 月号。

散文《旅途杂记》，《新观察》第十四期。

文论《小说笔谈》，《天津文艺》第一期。

《大淖记事是怎样写出来的》，《读书》8 月号

新编历史剧《擂鼓战金山》，《北京剧作》1 月号。

1983 年（六十三岁）

作品首次被介绍到中国台湾，《文季》第三期转登小说《黄油烙饼》。

发表作品主要有：

小说《八千岁》，《人民文学》2 月号。

《星期天》，《上海文学》9 月号。

《故里三陈》，《人民文学》9 月号。

《云致秋行状》，《北京文学》11 月号。

散文《天山行色》，《北京文学》1 月号。

《桃花源记》《岳阳楼记》（湘行二记），《芙蓉》第四期。

《菏泽游记》，《北京文学》11 月号。

文论《美学感情的需要和社会效果》，《文谭》第一期。

《回到现实主义，回到民族传统》，《新疆文学》2 月号。

《小说技巧常谈》，《芙蓉》第四期。

这一年，关于汪曾祺作品的评论开始增多。

1984 年（六十四岁）

发表的主要作品有：

小说《金冬心》，《现代作家》2 月号。

《日规》，《雨花》9 月号。

《昙花、鹤和鬼火》，《东方少年》第一期。

散文《翠湖心影》，《滇池》8 月号。

《泡茶馆》，《滇池》9 月号。

《昆明的雨》，《北京文学》10 月号。

《沈从文的寂寞》，《读书》8 月号。

文论《谈谈风俗画》，《钟山》第三期。

《漫评〈烟壶〉》，《文艺报》第四期。

《谈风格》，《文学时报》第六期。

1985 年（六十五岁）

小说集《晚饭花集》由人民文学出版社出版。

发表的作品主要有：

小说《拟故事两篇》，《中国作家》第四期。

《讲用》，《大西南文学》9 月号。

散文《跑警报》，《滇池》3 月号。

《故乡水》，《中国》第二期。

文论《人之所以为人——读〈棋王〉笔记》，《光明日报》3 月 21 日。

京剧剧本《裘盛戎》，《新剧本》第三期。

在中国作家协会第四届会员代表大会上当选为理事。

10月随中国作协代表团访问香港。

1986年（六十六岁）

发表的作品主要有：

小说《安乐居》，《北京晚报》10月连载。

《桥边小说（三篇）》，《收获》第二期。

《虐猫》，《北京晚报》6月10日。

《八月骄阳》，《人民文学》9月号。

散文《昆明的果品》，《滇池》4月号。

《沈从文先生在西南联大》，《人民文学》5月号。

《故乡的食物》，《雨花》5月号。后获《雨花》“双沟文学奖”。

文论《从哀愁到沉郁》，《文学自由谈》第二期。

《小小说是什么》，《文艺学习》第三期。

《用韵文想》，《剧本》第三期。后获北京市八六年度艺术评论奖。

京剧剧本《一捧雪》，《新剧本》第五期。

秋季再回故乡高邮。被聘为高邮县文联名誉主席。

加入中国共产党。

1987年（六十七岁）

5月，中国台湾《联合文学》第31期刊出《汪曾祺作品选》。

中国台湾新地出版社出版汪曾祺在中国台湾的第一个小说选集《寂寞和温暖》。

漓江出版社出版《汪曾祺自选集》，收录了诗歌、散文和小说各类作品。

发表作品主要有：

散文《金岳霖先生》，《读书》第五期。

《滇南草木状》，《滇池》8月号。

文论《林斤澜的矮凳桥》，《文艺报》1月31日。

9月，赴美国爱荷华，参加为期三个月的国际写作计划。其间开始创作系列小说“聊斋新义”，次年陆续发表。被爱荷华大学聘为荣誉研究员。

12月，被聘为北京市艺术职务系列高级职务评审委员会委员，参加一、二级艺术人员职务任职资格评审工作。

被聘为北京京剧院艺术咨询委员会委员。

1988年（六十八岁）

第一部文论集《晚翠文谈》由浙江文艺出版社出版。

小说集《茱萸集》由中国台湾联合出版社出版。

9月底，《北京文学》杂志社举办“汪曾祺作品研讨会”，次年1月，《北京文学》与中国台湾《联合文学》同步刊出会议记录“来自大地的声音——汪曾祺作品探索”专辑。

发表作品主要有：

小说“聊斋新义”——《瑞云》《黄英》《蛐蛐》《石清虚》，《人民文学》3月号。《陆判》，《滇池》5月号。

《画壁》，《北京文学》8月号。

散文《林肯的鼻子》，《散文世界》4月号。

《星斗其文，赤子其人》，《人民文学》8月号。

《自报家门》，《作家》8月号，后获第三届《作家》奖。

《吴大和尚和七拳半》，《人民日报》12月7日，后获该报散文征文一等奖。

文论《〈到黑夜我想你没办法〉读后》，《北京文学》6月号。

《漫话作家的责任感》，《文学自由谈》，第五期。

《字的灾难》，《光明日报》6月5日。

担任美孚飞马文学奖评委。

被聘为文汇文艺奖评委。

1989 年（六十九岁）

第一部散文集《蒲桥集》由作家出版社出版。

法文版小说集《受戒》由《中国文学》杂志社出版。

发表作品主要有：

小说"聊斋新义"——《双灯》，《上海文学》1 月号。

《捕快张三》《同梦》，《小说家》第六期。

《荷兰奶牛肉》，《钟山》第二期。

散文《我的解放》，《东方纪事》第一期。

《四方食事》，《中国文化》创刊号。

文论《认识到和没有认识到的自己》，《北京文学》1 月号。

《中国戏曲和小说的血缘关系》，《人民文学》8 月号。

剧本《大劈棺》，《人民文学》8 月号。

1990 年（七十岁）

英文版小说集《晚饭后的故事》由《中国文学》杂志出版。

发表作品主要有：

散文《皖南一到》，《花城》第二期。

《七十书怀》，《现代作家》第五期。

《食道旧寻》，《中国烹饪》11 月号。

1991 年（七十一岁）

发表作品主要有：

小说《迟开的玫瑰或胡闹》，《香港文学》第一期。

《小芳》，《中国作家》第五期，后获《中国作家》1991—1992 年度优秀短篇小说奖。

散文《多年父子成兄弟》，《福建文学》1 月号。

《随遇而安》,《收获》第二期。

《烟赋》,《十月》第四期。

1992 年(七十二岁)

散文集《旅食集》由广东旅游出版社出版。

《汪曾祺小品》由中国人民大学出版社出版。

《中国当代作家选集丛书·汪曾祺》由人民文学出版社出版。

发表作品主要有:

小说《老虎吃错人》《人变老虎》,《小说林》第一期。

《樟柳神》《明白官》《牛飞》,《上海文学》1 月号。

散文《泰山片石》,《绿叶》创刊号。

《遥寄爱荷华》,《中华儿女》第二期。

《故乡的野菜》,《钟山》第三期。

戏剧小品《讲用》,《新剧本》第六期。

1993 年(七十三岁)

小说集《菰蒲深处》由浙江文艺出版社出版。

五卷本《汪曾祺文集》由江苏文艺出版社出版。

随笔集《老学闲抄》由陕西人民出版社出版(初版时书名为《中国当代名人随笔·汪曾祺卷》)。

散文集《榆树村杂记》由中国华侨出版社出版。

散文集《汪曾祺小品》由中国人民大学出版社出版。

发表作品主要有:

小说《护秋》《尴尬》,《收获》第一期。

《鲍团长》,《小说家》第二期。

《黄开榜的一家》,《精品》创刊号。

散文《样板戏谈往》,《长城》第一期。

《食豆饮水斋闲笔》，《长城》第二期。

文论《又读〈边城〉》，《读书》1月号。

《当代散文大系总序》，《当代作家评论》第一期。

1994年（七十四岁）

散文集《塔上随笔》由群众出版社出版。

《异秉：汪曾祺人生小说选》由甘肃文艺出版社出版。

发表作品主要有：

小说《卖眼镜的宝应人》，《中国作家》第二期。

《辜家豆腐店的女儿》，《收获》第三期。

散文《七载云烟》，《中国作家》第四期。

《夏天》《一技》，《大家》第六期。

文论《使这个世界更诗化》，《读书》10月号。

1月8日，中国台湾《中国时报》主办为期一周的“从一九四〇到一九九〇——两岸三边华文小说研讨会”，汪曾祺以衔接四十年代的重要小说家身份应邀赴台与会。

1995年（七十五岁）

发表作品主要有：

小说《鹿井丹泉》，《上海文学》7月号。

《喜神》《丑脸》，《收获》第四期。

《水蛇腰》，《中国作家》第四期，后获《中国作家》小小说征文佳作奖。

散文《草巷口》，《雨花》1月号。

《难得最是得从容》，《新剧本》第六期。

1996年（七十六岁）

自传体散文集《逝水》由中国青年出版社出版。

小说集《矮纸集》由长江文艺出版社出版。

散文集《独坐小品》由宁夏人民出版社出版。

《汪曾祺散文选集》由百花文艺出版社出版。

散文集《五味集》由中国台湾幼狮文化事业公司出版。

发表作品主要有：

小说《名士和狐仙》，《大家》第二期。

《关老爷》，《小说界》第三期。

《唐门三杰》《死了》，《天涯》第四期。

散文《晚翠园曲会》，《当代人》第五期。

《北京的秋花》，《北京晚报》10 月 28 日。

出任世界福州十邑同乡会主办"冰心文学奖"决审委员。

12 月，中国作家协会第五届第一次全会决定汪曾祺为中国作家协会顾问。

1997 年（七十七岁）

《中国当代才子书·汪曾祺卷》由长江文艺出版社出版。

小说散文集《去年属马》由北京燕山出版社出版。

发表作品主要有：

小说当代野人系列三篇——《三列马》《大尾巴猫》《去年属马》，《小说》第一期。

散文"四时佳兴"一组，《南方周末》1 月至 5 月。

《林斤澜！哈哈哈哈……》，《时代文学》第二期。

《万寿宫丁丁响》，《芙蓉》第二期。

《铁凝印象》，《北京晚报》6 月 16 日。

5 月 16 日因消化道大出血在北京逝世。

（汪朗、汪明、汪朝　编）

编辑附记

本书系汪曾祺先生百年诞辰纪念文集。

编辑过程中，我们通过种种途径，获得了绝大部分选文作者或版权所有人的亲自授权。但仍有少数几篇的作者，暂时没能联系到，样书、稿酬暂存。敬请相关作者或版权所有人获知信息后，尽快与我们联络，以便奉上样书和稿酬。谢谢。

联系电话：022-23332459　13439812535

联 系 人：康先生

图书在版编目（CIP）数据

百年曾祺：1920—2020 / 梁由之编 . -- 天津：天津人民出版社，2020.2（2023.6 重印）

ISBN 978-7-201-15815-0

Ⅰ. ①百… Ⅱ. ①梁… Ⅲ. ①汪曾祺（1920–1997）—纪念文集 Ⅳ. ① K825.6-53

中国版本图书馆 CIP 数据核字 (2020) 第 004769 号

百年曾祺：1920—2020

BAINIANZENGQI：1920–2020

出　　版　天津人民出版社
出 版 人　刘　庆
地　　址　天津市和平区西康路 35 号康岳大厦
邮政编码　300051
邮购电话　（022）23332469
网　　址　http://www.tjrmcbs.com
电子信箱　reader@tjrmcbs.com

责任编辑　李　荣
装帧设计　今亮后声 HOPESOUND pankouyugu@163.com

印　　刷　北京金特印刷有限责任公司
经　　销　新华书店
开　　本　880 毫米 × 1230 毫米　1/32
印　　张　18
字　　数　388 千字
版次印次　2020 年 2 月第 1 版　2023 年 6 月第 2 次印刷
定　　价　100.00 元